한국인은 왜 이렇게 먹을까?

한국인은 왜 이렇게 먹을까?

주영하 지음

식사 방식으로 본 한국 음식문화사

Humanist

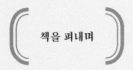

2011년 1월, 나는 KBS1-TV의 설날 다큐멘터리 〈김치 오디세이〉의 진행을 맡아 전국을 돌며 김치를 소개하느라 무척 바빴다. 하루는 조선 제23대 왕 순조의 둘째 딸 복온공주(福溫公主, 1818~1832)의 후손인 김숙년 여사의 댁을 방문해 '감동젓'이란 김치에 대한 설명을 듣는 장면을 촬영했다. 밥과 국, 반찬 몇 가지, 그리고 '감동젓'이 정갈하게 차려진 사각 소반을 받아 식사하는 장면을 화면에 담을 예정이었다. 카메라에 빨간불이 켜지자 나는 익숙한 자세로 숟가락을 들었다. 그런데 갑자기 김숙년 여사가 카메라를 막아서더니 곧장 나에게 와서 숟가락을 쥔 내 오른손을 잡는 게 아닌가. 그녀는 내가 숟가락을 잡는 방법이 잘못되었음을 알려주려 했던 것이다.

음식의 역사와 문화를 30년 가까이 연구해온 나는 동서양의 오래된 식사 예절을 잘 아는 편이다. 그러나 식사를 하면서 조금이라도 신경을 쓰지 않으면 내 팔꿈치는 어느새 식탁 위에 올라와 있기 일쑤고, 좋아하는 반찬이 나오면 뺏길세라 먼저 밥그릇에 가득 담아놓기도 한다. 심지어 숟가락까지 잘못된 방법으로 잡고 있었다. 그동안 한국을 비롯해 중국·일본은 물론 서양의 식사 예절까지 두루 공부해왔지만 이제껏 내가 해온 공부는 이론일 뿐이었지, 나의 식습관에 전혀 영향을 미치지 못했던 것이다!

사실 나는 20대 이후 식탁 위에서의 '민주화'를 내세워 내 몸에 고리타분한 식사 예절의 옷을 입히지 않으려고 애썼다. '음식인문학자'로 세상에 알려진 이후 몇몇 고위층으로부터 식사 초대를 받은 적이 있지만, 그들은 나와 식사를 한 뒤로는 다시 연락하지 않았다. 그 이유는 아마도 나의 거친 식사 태도 때문이 아니었을까 생각한다.

이렇게 음식과 관련된 연구를 오래 해온 나도 몸에 밴 식사 방식과 습관이 있는데, 다른 사람들은 어떻게 먹을까 하는 궁금증이 생겼다. 개개인의 식사 방식, 더 나아가 한국인의 식사 방식, 주변의 아시아 국가들, 유럽 여러 나라 사람들의 식사 방식은 어떨까, 그리고 그런 식사 방식은 어디에서 유래했을까 하는 호기심에서 이 책은 출발했다.

《한국인은 왜 이렇게 먹을까?》는 한국인의 식사 방식에 대해 사회사와 비교문화사적 연구 방법에 입각해 고찰한 책이다. 이 책은 프롤로그와 13가지 주제의 본문, 그리고 에필로그로 구성되어 있다. 프롤로그에서는 본격적으로 한국인의 식사 방식을 살피기에 앞서 외국인의 시선으로 본 '이상한' 한국인의 식사 방식을 들여다본다. 이 글을 통해서 여러분은 한국인에게는 아무렇지 않은 식사 방식이 외국인의 눈에 얼마나 이상하게 보이는지를 알게 될 것이다. 본문에서는 한국인의 식사 방식을 신발을 벗고 앉는 행위부터 디저트를 먹기까지 식사 과정을 따라 13가지 주제로 나누어 살폈다. 특히 한식음식점에서 한국인들이 하는 행동에 주목했다.

이 13가지의 식사 방식은 학문적으로 결코 만만한 연구 대상이 아니다. 그와 관련된 문헌자료를 찾기가 쉽지 않기 때문이다. 그럼에도 불구하고 가능한 많은 사료를 활용해 주제마다 사실(史實)에 기초해 설명하고자 했으며, 사료 속에 담긴 복선을 찾아내 역사를 재구성하고자 했다. 또한 한국인의 식사 방식이 한국인만의 특수한 것인지, 인류 보편의 문화인지를 확인하기 위해 중국, 일본, 유럽 등 다른 나라의 식사 방식과 비교해보는 과정도 놓치지 않았다.

따라서 이 책은 인류의 식사 방식이라는 전체적인 배경 아래 한국인의 식사 방식에 초점을 맞추어 퍼즐처럼 엮어나간 글이라 할 수 있다. 그런 만큼 1장에서 13장까지를 반드시 순서대로 읽지 않아도 된다. 프롤로그를 가장 먼저 읽은 다음, 장의 순서대로 읽어도 되고, 관심이 더 가는 장부터 읽어도 된다. 심지어 에필로그를 먼저 읽어도 괜찮다. 다만, 이 책을 읽을 때 독자 여러분은 가능하면 역사적 증거만을 쫓지 말고, 왜 그런 사료가 논리적 전개를 위해 쓰였는지에 주목하면 좋겠다. 책의 말미에 실린 〈본문의 주〉를 놓치지 말아야 하는 이유이기도 하다.

서양음식점에서 많이 사용하는 표현 중에 "미장!"이란 말이 있다. 이 말은 본래 프랑스어 "미즈 앙 플라스(mise en place)"에서 왔다. 손님을 맞이하기에 앞서 레스토랑 주방에 모든 식재료와 요리도구를 완벽하게 준비해놓는다는 뜻이다. 이것을 확인하기 위해 셰프(chef)는 함께 일하는 직원들을 향해 "미장!"이라 외친다. 즉, "모든 것이 제 위치에 놓여 있죠!"라는 말이다. 나도 이제 "미장!"을 외칠 때다. 다만, 그에 앞서 이 책을 집필하는 데 도움을 준 많은 분에게 감사의 말을 전하고 싶다.

한국학중앙연구원 한국학대학원과 서울대학교 인류학과 대학원, 한국문학번역원에서 내 강의를 들으며 한국인의 식사 방식에 대한 나의 질문과 의견에 개인적인 경험과 의견을 들려주고 에세이를 써준 한국인·외국인 학생들, 내가 한국인의 식사에 대해 연구한다는 말에 한 치의 망설임도 없이 자신의 일주일치 식단을 알려준 사단법인 궁중음식연구원 수강생들, 나의 문제의식을 자신의 것인 양 함께 토론해준 〈솔로이코노미(solo-economy)〉 프로젝트의 공동연구원들과 옵서버 학자들,

그리고 관련 자료를 아낌없이 제공해준 국내외의 학자들, 바로 이 분들 덕택에 이 책의 구상을 바로 세울 수 있었다.

책이 인쇄되어 서점에 놓이기 전까지 편집자들은 저자의 '적'이다. 이 책의 초고(草稿)와 재고(再稿)는 3년여의 긴 시간 동안 휴머니스트의 뛰어난 편집자들의 손을 거치면서 다듬어졌다. 이제 같은 진영에 서게 된 과거의 적들에게도 감사의 말을 보낸다. 마지막으로 아내 김정선은 나와 반평생을 함께 살고 있다는 이유만으로 나의 글을 가장 먼저 읽어야 했다. 비판을 제대로 받아들이지 못하고 화만 내던 나에게 항상 용기를 준 아내에게 이 책을 바친다.

프랑스 작가 마르셀 프루스트(Marcel Proust, 1871~1922)의 소설 《잃어버린 시간을 찾아서》에서 주인공 '나'는 홍차에 적신 마들렌 하나로 어린 시절의 기억을 되찾는다. 미국의 전설적인 저널리스트 리블링(Abbott Joseph Liebling, 1904~1963)은 이 소설의 주인공이 미각을 통해 기억을 떠올렸고, 그럼으로써 소설의 이 대목이 쓰이게 됐다는 '미각(Taste)→기억(Memory)→책(Book)'이라는 'TMB 공식'을 찾아냈다(Between Meals: An Appetite for Paris, 1959, p.3). 또한 그는 거꾸로 'BMT 공식'도 가능하다고 보았다. 즉, 책을 읽으면서 기억이 되살아나고 그것이 다시 미각을 자극하게 된다는 것이다. 여러분도 'BMT 공식'을 경험해보시라. 이 책을 읽는 독자 여러분이 한반도에서 살아온 사람들의 식사 방식의 역사를 통해 자신의 기억을 되살리고, 더불어 그 맛까지 떠올리는 즐거움을 느끼길 바란다.

2018년 새해 아침, 캐나다 밴쿠버에서
주영하

차례

· 책을 펴내며 4

프롤로그 **한식당에서 현지인처럼 식사하는 방법** ·················· 13

수저를 찾아서 냅킨 위에 놓아라 ····· 15

당신의 음식을 공유하라 ····· 20

오래되지 않은 오늘날 한국인의 식사 방식 ····· 24

1장 **왜 신발을 벗고 방에서 식사를 할까?** ·················· 33

1 살림집의 형태에 따라 달랐던 식사 장소 ····· 35

2 18세기 온돌의 일상화와 신발 벗고 식사하기 ····· 40

3 2000년대 이후 좌식에서 입식으로 전환되는 중 ····· 44

2장 **왜 양반다리로 앉아서 식사를 할까?** ·················· 47

1 주거 방식과 생업 방식에 따라 달랐던 식사 자세 ····· 49

2 고려 왕실, 등받이 없는 의자를 사용하다 ····· 57

3 퇴계가 제안한 책상다리 자세, 조선의 표준이 되다 ····· 61

4 1970년대, 책상다리가 양반다리로 바뀌다 ····· 64

5 다리에 쥐가 났어요 ····· 67

3장 **왜 낮은 상에서 식사를 할까?** ·················· 69

1 식사 자세에 따라 다른 식탁의 형태 ····· 71

2 조선 초기부터 유행한 소반 ····· 76

3 조선 후기 남성 가부장의 상징이 된 소반 ····· 83

4 거안제미, 소반을 나르는 규칙 ····· 90

4장 왜 집집마다 교자상이 있을까? ························· 95

1 공자는 소반에, 주자는 높은 식탁에서 식사하다 ····· 97

2 교자상의 원형이 된 일본의 나가사키식 '탁복' 식탁 ····· 102

3 20세기 초반 소반·교자상·입식 식탁의 공존 ····· 108

4 2010년대 한국의 아파트에 교자상이 있는 이유 ····· 115

5장 왜 회식 자리에 명당이 따로 있을까? ················· 123

1 나라마다 다른 연회의 좌석 배치 규칙 ····· 125

2 조선시대 양반들은 북벽·동벽·서벽 순으로 ····· 133

◑ 북벽·동벽·서벽의 규칙은 어디서 유래했을까? ····· 142

3 대한제국에서 수용한 서양식 좌석 배치 규칙 ····· 144

4 혼란스러워진 좌석 배치 규칙 ····· 151

6장 왜 그 많던 도자기 식기가 사라졌을까? ················ 157

1 동아시아의 대표 식기, 도자기 ····· 159

2 백성의 그릇, 막사기 ····· 162

3 도자기를 닮은 멜라민 수지 그릇 ····· 169

◑ 조선 후기의 식기 종류: 바리·보시기·종지·접시 ····· 173

7장 왜 밥을 스테인리스 스틸 그릇에 담을까? ················ 181

1 산업혁명 이전, 서양의 오래된 식기들 ····· 183

2 양반의 그릇, 놋그릇 ····· 186

3 1960년대 중반, 스테인리스 스틸 그릇의 전성기 ····· 192

4 스텐 밥공기의 규격화 ····· 197

5 재생 중인 놋그릇, 그러나… ····· 202

8장 왜 숟가락과 젓가락을 함께 사용할까? ⋯⋯⋯⋯⋯⋯⋯ 205

1 포크·스푼·나이프, 손, 그리고 젓가락 ⋯⋯ 207

2 조선 후기, 숟가락의 술자루가 달라진 이유 ⋯⋯ 214

3 19세기 말 외국인이 경험한 숟가락·젓가락 사용기 ⋯⋯ 218

4 21세기에도 숟가락과 젓가락을 함께 사용하는 한국인 ⋯⋯ 222

9장 왜 한 상 가득 차려놓고 먹을까? ⋯⋯⋯⋯⋯⋯⋯⋯⋯ 227

1 여러 명이 함께 식사할 때의 상차림 방식 ⋯⋯ 229

2 조선 왕실의 진연·진찬 상차림은 〈개별형+시계열형〉 ⋯⋯ 239

3 조선 선비의 일상 식사는 〈개별형+공간전개형〉 ⋯⋯ 246

4 1980년대 〈시계열형〉 한식 상차림의 등장과 실패 ⋯⋯ 252

◖ **십이첩·구첩·칠첩·오첩·삼첩 상차림 규칙의 유래** ⋯⋯ 256

10장 왜 밥·국·반찬을 한꺼번에 먹을까? ⋯⋯⋯⋯⋯⋯⋯ 261

1 주식에 따라 다른 상차림과 식사 방식 ⋯⋯ 263

2 조선 최고의 맛, 상추쌈밥 ⋯⋯ 267

3 '밥+국+반찬'의 〈공간전개형〉 상차림이 익숙한 이유 ⋯⋯ 270

4 21세기 초, 밥의 양이 줄어들면서 생긴 일들 ⋯⋯ 275

11장 왜 식사 후에 꼭 커피를 마실까? ⋯⋯⋯⋯⋯⋯⋯⋯ 279

1 19세기 말에야 자리 잡은 디저트 개념 ⋯⋯ 281

2 1971년, 한국식 후식의 등장 ⋯⋯ 287

3 1980년대 전성기를 맞이한 믹스커피 ⋯⋯ 293

4 2000년대 믹스커피의 위기와 디저트의 탄생 ⋯⋯ 300

12장   왜 술잔을 돌릴까? · 305

1   오래된 술잔 돌리기의 역사 · · · · · 307

2   조선시대 선비들은 '원샷'이 기본 · · · · · 315

3   술잔 돌리기가 지속되는 이유 · · · · · 323

◐   고대 중국과 조선시대의 술잔 · · · · · 326

13장   왜 반주를 할까? · 331

1   술마다 어울리는 안주가 있다 · · · · · 333

2   조선요리옥에서 밥상과 술상이 합쳐지다 · · · · · 336

3   조선 후기부터 이어져온 반주 습관 · · · · · 342

4   1970년대 술집의 쇠퇴와 밥집의 술집화 · · · · · 345

에필로그   밥 한번 같이 먹읍시다 · 349

인간은 '함께 식사'하는 동물이다 · · · · · 351

변화 중인 한국인의 '함께 식사' 규칙들 · · · · · 354

밥 한번 같이 먹읍시다 · · · · · 357

· 본문의 주 360

· 참고문헌 405

· 찾아보기 417

한식당에서
현지인처럼
식사하는 방법

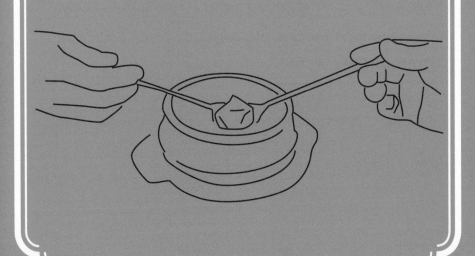

◇◇

2016년 국내 체류 외국인 204만여 명, 연간 외국인 입국자 1,741만여 명.[1] 한반도에 사람이 살기 시작한 이래 이렇게 많은 외국인이 함께 섞여 살았던 적은 없었다. 1980년대만 해도 외국인 중에서 한국음식 이름을 한 가지라도 말할 수 있는 사람이 얼마 되지 않았다. 그러나 요즘은 사정이 많이 달라졌다. 지구촌 곳곳에서 케이팝(K-POP, Korean Popular Music)에 푹 빠진 젊은이들을 만날 수 있을 뿐 아니라, 그들에게 한국음식을 아느냐는 질문을 하면 곧바로 한두 가지 이상 음식 이름을 들을 수 있다.

이뿐인가? 심지어 한국음식을 직접 만들어 먹는 외국인도 있다. 구글(Google) 같은 인터넷 검색 엔진을 이용해 'Korean food & recipes' 같은 간단한 영어 키워드로만 검색해도 한국음식 요리법이 넘쳐난다. 글로 설명된 요리법에 만족하지 못한다면 유튜브(YouTube)에 들어가서 한국음식을 만드는 장면을 담은 동영상을 찾아보자. 외국인들이 'Bibimbap(비빔밥), Miyeokguk(미역국), Kimchi(김치), Gimbap(김밥)' 같은 한국음식을 만드는 장면을 쉽게 찾아볼 수 있다.

◇◇

수저를 찾아서 냅킨 위에 놓아라

이렇듯 한국음식을 만드는 방법에 관해 알려주는 정보는 많지만, 이상하게도 한국음식을 먹는 방법에 관한 정보는 그다지 많지 않다. 게다가 인터넷 웹사이트에 소개된 한국인의 식사 매너나 예절과 관련된 내용을 읽어보면 현실과 동떨어진 내용이 대부분이다. 그러다 놀라운 웹사이트를 하나 발견했다. 바로 한국계 미국인 키이스 킴(Keith Kim)*이 운영하는 웹사이트이다.

이 웹사이트에 실린 '한식당에서 현지인처럼 식사하는 방법(How to Eat in a Korean Restaurant Like a Local)'[2]이라는 글은 그야말로 경험해본 사람만이 아는 한국인의 식사 방법이다. 그의 글에는 외국인들끼리 한식음식점에 갔을 때 '바보처럼(foolish)' 보이지 않기 위해서 알아야 할 실질적인 '조언(guide)'이 담겨 있다. 지금부터 그의 조언을 한번 들어보자.

키이스 킴의 첫 번째 조언은 "당신 마음에 드는 곳에 앉아라(Sit

---

* 키이스 킴은 서울에 살고 있는 30대 초반의 한국계 미국인 블로거(Blogger)이다. 뉴욕에서 자란 그가 운영하는 'SEOULISTIC(http://seoulistic.com)'이라는 블로그에는 미국인이 한국에서 살 때 알아야 할 정보들이 아주 재미있게 정리되어 있다. 자세한 프로필은 다음 웹사이트를 참고하기 바란다. http://iamkoreanamerican.com/2013/02/27/keith-kim/

Wherever You Like)"이다. 보통 한식음식점에 가면 종업원이 입구에서 손님을 맞이하면서 앉을 자리를 안내해주는 경우가 드물다. 어디에 앉을까 두리번거리다가 종업원에게 물으면 "아무데나 앉으세요!"라는 대답이 돌아온다. 미국이나 캐나다, 서유럽, 심지어 일본과 중국에서도 이렇게 손님을 응대하지는 않는다. 물론 한국에서도 중급 이상 레스토랑에만 가도 입구에서 매니저가 손님을 테이블로 안내해주는 등 좀 더 나은 서비스를 받을 수 있다. 하지만 이런 사정을 모르는 외국인의 입장에서는 자리를 따로 안내하지 않는 중급 이하의 한식음식점에 가면 어리둥절해질 수밖에 없다. 그래서 키이스 킴은 '앉고 싶은 데' 아무데나 앉으라고 조언하고 있다.

이렇게 자리를 잡고 앉아 있더라도 종업원이 주문을 받으러 곧장 오지는 않는다. 키이스 킴은 이럴 때 당황하지 말고 "버튼을 누르라(Press a Button)"고 조언한다. 사실 이 조언에는 약간의 과장이 섞여 있다. 자리에 앉아서 좀 기다리면 종업원이 주문을 받으러 온다. 그런데 한국인 대다수가 그 짧은 시간을 못 기다리고 앉자마자 "저기요"나, 아니면 "이모", "언니"를 고함쳐 부른다. 친절하게도 키이스 킴은 종업원을 '저기요'나 '이모'나 '언니'라고 부르는 것이 결코 예의 없는 행동이 아니라 친숙한 표현이라는 팁(tip)도 알려준다. 그렇다고 손님이 한참 많을 때 '빨리빨리'를 꾹 참고 마냥 기다리면 안 된다. 나보다 늦게 온 사람이 먼저 음식을 먹고 있는 모습을 발견하게 될지도 모른다. 그러니 식탁에 앉으면 잊지 말고 '딩동' 버튼*을 눌러야 한다.

한식음식점 가운데는 종업원이 메뉴판을 가져다주는 곳도 있고, 벽면에 메뉴판을 붙여놓은 곳도 있다. 외국인 입장에서는 이런 메뉴판을 보고 주문하는 일도 그리 간단치는 않을 것이다. 어쨌든 이런저런 과정

키이스 킴의 블로그에 실린 '웨이트리스 부르기-버튼을 누르라' 부분.

을 거쳐 메뉴를 주문했다 치자. 손님은 다음에 무엇을 해야 할까?

키이스 킴은 "수저를 찾아서 냅킨 위에 놓아라(Find Utensils then Place on Top of a Napkin)"라고 조언한다. 요사이 한국인들은 한식음식점에 가면 식탁에 앉자마자 가장 먼저 냅킨을 한 장씩 뽑아 식탁 위에 펼쳐놓고 그 위에 숟가락과 젓가락을 놓는 습관이 있다. 키이스 킴 역시 이런 한국인의 행동을 놓치지 않았다. 세계 어디에서도 보기 힘든 이런 습관

＊무선전화기가 나오고 나서부터 그동안 개인 통신수단으로 각광받던 일명 '삐삐'라고 불리던 호출기 시장이 갑자기 쇠락했다. 2003년 한 호출기 회사 사장이 한식음식점에서 종업원을 부르기가 어렵다는 사실에 착안하여 음식점 식탁에 놓는 무선 호출기를 개발했다. 손님이 식탁 위에 부착된 호출기를 누르면 LED 화면에 식탁 번호가 표시되는 방식이다. 이 호출기는 음식점 운영자에게 대단한 인기를 끌었고, 많은 한식음식점에 이 기기가 설치되었다. 수시로 울리는 '딩동' 소리는 한식음식점 고유의 소리가 되었다. 일본의 일부 음식점에도 '탁상형 발신기(卓上型発信器)'라는 제품이 식탁에 놓여 있다. 누가 발명했는지에 대해서는 좀 더 조사를 해보아야 한다.

Find Utensils then Place on Top of a Napkin

At local Korean restaurants in Korea, utensils are typically found at the table you're sitting at. Look for a box with a lid on the table. Once you do find them, place a napkin on the table and put your utensils on top of it. Most Korean locals do this to ensure whatever is going into your mouth is clean. It's not that the restaurants in Korea are unclean. It's just an added level of security. Germaphobes unite!

Tip 1: Can't find the utensils? Don't forget to look under the table as well—they might be tidily placed in a drawer.

키이스 킴의 블로그에 실린 '수저를 찾아서 냅킨 위에 놓아라' 부분.

이 왜 생긴 것일까?

당연한 말이지만, 음식점의 식탁은 깨끗해야 한다. 그런데 손님이 한참 몰리는 시간에 종업원이 정신없이 앞의 손님이 식사한 자리를 치우는 모습을 보노라면 그 위생 상태에 대해 의심이 갈 수밖에 없다. 그러다 보니 식탁에 앉은 손님들은 음식을 먹기 전 수저를 챙기면서 선뜻 식탁에 바로 놓지 못하고 망설이게 되는 것이다. 결국 종이 냅킨 한 장을 뽑아서 그 위에 수저를 놓아야 마음이 좀 놓인다. 한국인의 이런 행동을 두고 '기분 위생학상' 수저받침용 종이 냅킨을 깔아둔다는 지적을 한 미술평론가도 있다.[3]

냅킨은 원래 서양음식점에서 식사 중에 입이나 손을 닦을 때 사용하거나 옷에 음식물이 떨어져도 더러워지지 않도록 무릎에 펼쳐놓을 용도로 만든 물품이다. 서양음식점에서는 주로 클로스 냅킨(cloth napkin)을 사용하는데, '크레이프지(crepe paper)'라는 쪼글쪼글한 잔주름이 있는 종이로 만든 냅킨도 있다.

한국에서 종이 냅킨이 사용되기 시작한 때는 석유화학공업이 꽃을 피우기 시작한 1970년대 초반부터다. 그런데 1976년 몇몇 식품학자에 의해 형광증백제를 사용하여 흰색으로 표백한 종이 냅킨이 암을 일으킬 가능성이 있다는 주장이 제기되어,[6] 1977년 11월에 보건사회부에서 표백한 종이 냅킨을 사용하지 못하도록 금지하기도 했다.[5] 그러나 1980년대 중반까지도 이런 종이 냅킨을 음식점에서 사용한다는 고발 기사가 신문에 심심찮게 등장했다.[6] 2016년에도 한 언론사에서 음식점의 종이 냅킨을 검사했더니 갈색 종이 냅킨에서는 형광증백제가 검출되지 않았지만, 흰색 종이 냅킨에서는 미미한 수준이지만 형광증백제 성분이 검출되었다는 보도를 한 적이 있다.[7]

이런 문제 제기가 끊이지 않고 이어짐에도 불구하고 21세기 초입의 오늘날 한국인은 왜 음식점 식탁에 앉으면 습관적으로 종이 냅킨을 깔고 그 위에 수저를 놓을까? 과연 이 종이 냅킨은 위생 면에서 믿을 만한 제품일까? 한국인은 대체로 '화학적 처리 과정'을 거쳐 생산된 물품은 과학적이고 안전하다고 생각하는 경향이 있다. 1950~70년대 설립된 식품회사들의 이름만 보더라도 대부분 '화학(chemical)'이란 단어가 들어가 있다. 한국인의 이런 근대적 계몽정신이 지금까지 이어져 화학적 공정을 거쳐 생산된 종이 냅킨을 '위생적'이라 생각하고 이를 수저받침으로 사용하고 있는 것은 아닐까? 여기에 1990년대부터 급격하게 증가한 한식음식점에서 수익성을 고려해 테이블매트나 수저받침 같은 부대물품을 간소화한 탓도 있을 것이다. 이처럼 손님들의 '기분 위생학' 같은 심리적 요소와 음식점 업주들의 수익성 고려가 어우러져 이제는 음식점에서 종이 냅킨을 수저받침처럼 사용하는 것이 자연스러운 일이 되어버렸다.[8]

당신의 음식을 공유하라

이제 밥을 먹을 차례다. 키이스 킴은 네 번째로 "당신의 음식을 공유하라(Share Your Food)"는 조언을 한다. 키이스 킴이 공유하라고 한 '당신의 음식'은 밥이나 국이 아니라 가짓수대로 한 접시씩 차려진 반찬과 냄비째 나오는 찌개나 전골이다. 한국인에게는 아주 익숙한 상차림이지만, 미국인·캐나다인이나 유럽인, 혹은 일본인에게는 당황스러운 상차림이다.[9]

한식음식점에서는 같은 식탁에 앉은 사람들이라면 너 나 할 것 없이 된장찌개 같은 국물 있는 음식을 각자의 숟가락을 사용해 함께 먹게 된다. 반찬도 마찬가지로 누구나 가릴 것 없이 다 같이 젓가락으로 집어 먹어야 한다. 이런 상차림에 익숙지 않은 외국인 입장에서는 식사를 함께하기가 아주 난감할 것이다.

그러나 키이스 킴은 "놀라지 마세요, 아주 당연한 일이에요!(Don't be freaked out, it's bound to happen!)"라고 덧붙이면서, 이것이 바로 한국 문화라고 단언한다. 키이스 킴의 설명은 이렇다. 한국인은 음식을 나눠 먹는 것을 좋아하고 식탁에서도 그렇게 해야 '정(情)'이 생긴다고 믿는다는 것이다. 그렇지만 이런 문화에 적응하지 못하는 외국인을 위해서

키이스 킴의 블로그에 실린 '당신의 음식을 공유하라' 부분.

키이스 킴은 찌개나 반찬을 덜어 먹을 수도 있으니 '여벌 접시(extra dish)'를 달라고 부탁하면 된다고 조언한다. 심지어 그는 이 여벌 접시를 '앞접시'라고 부른다며 발음을 알려주기 위해 'apjeobshi-앞접시'라고 병기해놓았다. 그러고는 한국인들이 여벌 접시를 달라는 당신의 행동을 이해할 것이니 걱정하지 말라고 안심시킨다.

한식음식점의 이런 공유형 상차림을 두고 많은 외국인이 거부 반응을 보이지만 내가 인터뷰한 유럽이나 북미(North America)에서 온 20대 외국인 중에서는 처음에는 약간 어색했지만, 익숙해지면 아주 편하다고 응답한 사람도 있다. 그들 역시 가정에서의 식사는 특별한 날을 빼고는 가족들이 다 함께 먹는 공유형 상차림이 일반적이라고 한다. 만약 가정에서 고급 레스토랑처럼 개별 상차림을 하려면 일손을 거들 '하인'을 두어야 가능하다고 한다. 그러니 음식을 공유해야 하는 한국식 상차림이 모든 외국인에게 낯설고 어색한 것은 아니다.

키이스 킴의 다음 조언은 "식사를 끝내고서 물을 마셔라(Drink Water

at the End of the Meal)"이다. 대체로 한국인은 특별한 경우가 아니면 식사 중에 물을 거의 마시지 않는다. 대신 식사 전후로 한 잔씩 마실 뿐이다. 그런데 '인간 낙타(human-camel)'라 불릴 정도로 식사 중에 물이나 음료수를 자주 마시는 미국인이라면 이런 상황이 잘 이해가 안 될 것이다. 그렇다고 키이스 킴은 예의에 어긋나니 무조건 물 마시는 행동을 자제하라고 조언하지는 않는다. 다만, 한국인 중에는 '인간 낙타' 같은 사람의 행동을 보고서 예의가 없다고 생각하기보다는 건강을 해칠까 염려할 수도 있다고 덧붙였다. 키이스 킴은 한국인이 식사 중에 물을 마시지 않는 이유가 소화에 좋지 않다고 믿기 때문이라고 설명한다. 즉, 이 금기는 문화가 아니라 건강의 문제라는 것이다.

과연 그럴까? 사실 한식 상차림에는 국이나 찌개가 있으니 굳이 물을 마시지 않아도 된다. 식사 전에 물로 입을 헹구어 음식을 먹을 준비를 하고, 식사 후에 물을 마셔 입 안의 음식물 찌꺼기를 헹구는 행위는 한국인의 오래된 문화이다. 다만, 최근에 의료계 일각에서 위장 계통의 질환이 있는 경우에는 식사 후에 곧장 물을 마시면 건강에 좋지 않다는 지적을 하기도 했다.[10] 또한, 식사 중에 물을 마시는 행동을 보고서 어떤 사람들은 식사를 끝냈다고 생각할 수도 있다. 예전부터 한국인은 숭늉이나 물을 마시면 식사를 끝냈다는 표시로 여겨왔기 때문이다. 그래서 식사 중에 물을 마시는 행위를 한국인들은 되도록 삼가려는 것이다.

이제 식사가 끝났다. 그러나 키이스 킴의 조언은 아직 끝나지 않았다. 그는 "주문서를 찾아서 계산하라(Find the Check and Pay Upfront)"고 당부한다. 키이스 킴이 식사를 끝낸 뒤에 주목한 점은 한식음식점의 주문서이다. 한국인이면 잘 알겠지만, 주문서에 메뉴 목록이 적혀 있고, 종업원은 주문이 추가될 때마다 여기에 표시를 한다. 이것을 들고 음식점의 정문에 있는 계산대에 가서 계산을 하고 나서야 식당 문을 나설 수 있다. 키이스 킴은 갈비구이 음식점의 경우 종종 냄새를 빼는 환기통에 주문서가 붙어 있을 수도 있다는 팁도 소개하는 등 주문서를 다루는 방식까지 한식음식점의 특성을 세밀하게 안내해주고 있다.

키이스 킴의 조언은 여기까지다. 한국인의 식사 문화에 익숙하지 않은 외국인이라도 이 정도만 알고 있으면 한식음식점에서 큰 곤란을 겪지 않고 식사를 할 수 있을 것이다. 키이스 킴 외에도 한국음식과 한국인의 식사 방식을 체험하고 쓴 외국인의 글은 매우 많다. 그러나 대체로 한국인들은 외국인들이 쓴 글에서 유독 음식 이야기에만 주목하는 경향이 강하다.[11] 아마도 음식문화라고 하면 음식물 그 자체가 가장 먼저 떠오르기 때문일 것이다. 한국인이 한국음식에 대해서 외국어로 쓴 글도 대부분 음식 이야기에 초점이 맞추어져 있다.

간혹 한국인의 식사 방식에 관해 외국인에게 소개하는 글이 있지만 키이스 킴의 글처럼 구체적이고 솔직하지는 못하다. 대부분 '전통적인' 식사 예절을 간단히 소개하는 정도에 그친다.[12] 한국인들도 자신이 속한 현재 사회에서 실천되는 식사 방식을 알리기보다는 조선시대 사대부들의 식사 예법에 대해 언급하는 경우가 많다.[13] 아마도 성리학적인 예법을 일상생활에서 실천하려고 했던 조선시대 사대부들의 문화를 가장 고급스럽다고 생각하는 일부 지식인들 때문일 것이다.

오래되지 않은
오늘날 한국인의 식사 방식

보통 몸가짐의 '예의' 혹은 '예절'로 번역되는 '에티켓(étiquette)'은 프랑스어로 '표찰'을 뜻하는 말에서 유래한 단어이다. 18세기 중엽부터 서유럽에서 특정 계층이나 집단이 지향하는 가치 기준이 반영되어 있는 행동 규범을 뜻하는 말로 사용되어왔다. 이와 비슷한 말로 행동하는 방식이나 자세를 뜻하는 '매너(manners)'라는 용어가 있다. 매너는 보통 개인의 행동을 강조하지만, 그 기준은 사회적으로 공인된 규칙에서 나왔다. 그래서 '좋은 매너(good manners)'와 '나쁜 매너(bad manners)'의 구분이 있다. 한 사회가 '좋은 식사 매너(good table manners)'를 사회 구성원에게 가르치는 이유는 그것이 사교 기술(social skills)과 사회 윤리(social ethics)에 해당할 뿐 아니라 사회적 규제(social regulation) 등을 가능하게 하는 핵심 요소 가운데 하나이기 때문이다.[14]

하지만 한국인들은 에티켓과 매너라는 용어를 별다른 구분 없이 예의 혹은 예절로 이해한다. 더욱이 비유럽 사회인 한국 사회에서는 20세기 이후 유입된 서양식 식사 에티켓과 식사 매너를 마치 '문명'과 '야만'을 가르는 기준처럼 여기는 경향이 강하다. 1920년대만 해도 서양음식을 먹는 일은 '문화의 개량'[15]에 해당하는 행위이자 서양처럼 문명화되는 과정이었다. 1937년 한 신문에서는 서울의 어느 백화점 양식당에서 "옆의 손님의 본을 받아 양식 같은 것을 주문해놓고는 먹을 줄 몰라 쩔쩔매는" 손님이 있다고 기사로 소개했다.[16] 조선인이 난생 처음 보는 서양음식과 포크·나이프를 앞에 두고 '쩔쩔매는' 것은 어쩌면 아주 자연스러운 모습일 수 있다. 그런데 이 당시 생겨난 서양인처럼 먹어야 한다는 강박관념은 세계체제에 포섭된 오늘날 한국 사회에서도 여전히 영향을 미치고 있다. 그래서 서양식 식사 에티켓에 버금가는 조선시대 선비들의 식사 예법 발굴에 열중하는지도 모른다.

미국의 문화인류학자 개릭 말레리(Garrick Mallery, 1831~1894)는 비교적 이른 시기에 매너와 식사(meals)의 문화적 맥락에 대해 주목한 학자다. 그는 식사가 더 이상 끼니가 아니라 사회적 제도(institution)라고 보았다.[17] 서구 사회가 문명 단계에 접어들면서 사회적으로 식사 시간이 정해지고, 정찬 때의 좌석 배치 규칙이 생겨났다고 한다. 식사 전에 하는 기도는 기독교의 종파에 따라 다른데, 이는 종파마다 성경에 대한 해석이 달라서 다양한 양상을 띠게 되었다고 보았다. 건배의 방식 역시 문화권마다 다른 상징을 담고 실천된다는 것이 그의 설명이다.

오늘날 사람들이 당연한 것처럼 여기는 서양식 식사 에티켓도 알고 보면 역사가 그다지 오래되지 않았다. 15세기의 유럽 귀족들은 대부분 식사 때 포크를 사용하지 않고 손으로 직접 음식을 집어 먹었다. 유럽 사회에서 처음으로 포크를 사용한 사람들은 14세기의 이탈리아 귀족들이었는데, 이것을 본 로마의 일부 가톨릭 사제들이 저주를 퍼부었다고 한다. 그러나 네덜란드의 가톨릭 사제였던 에라스무스(Desiderius Erasmus, 1466~1536)는 《어린이들의 예절에 관하여(De civilitate morum puerilium)》(1530)라는 책에서 "소스가 담긴 접시에 손가락을 담그는 행

동은 촌스러운 짓이다. 먹고 싶은 음식을 포크나 나이프로 집어라"[18]고
했다.

포크와 나이프 사용을 강조한 에라스무스의 주장이 점차 유럽 귀족
들에게 수용되어 16세기 이후부터 개인용 포크가 식탁에서 사용되기
시작했다. 이런 식사 방식은 프랑스에서부터 점차 이탈리아의 베네치
아로 느리게 퍼져나갔다. 대체로 1750년경에 가서야 개인용 포크는 식
탁의 필수품이 되었다.[19]

18세기 프랑스의 루이 14세(Louis XIV, 1638~1715) 시기 궁정에서 살
거나 드나들던 귀족들은 식사를 할 때 포크·나이프·스푼·냅킨을 사
용했다. 냅킨은 무릎 위에 펼쳐놓고, 포크와 나이프는 빵과 고기를 잘
라 먹을 때, 스푼은 수프를 떠먹을 때 사용했다.[20] 독일의 사회학자 노
르베르트 엘리아스(Norbert Elias, 1897~1990)는 나이프와 포크, 그리고
스푼이나 냅킨의 사용 방법 같은 식사 예법은 귀족·중산층·노동자·
농부 등 계층에 따라 전파 수준이 달랐다고 보았다.[21]

엘리아스는 상층부 계층에서 형성된 유럽식 식사 예법이 하층민에
게까지 퍼지는 현상을 '문명화 과정(civilizing process)'이라고 불렀다. 또
한 오늘날 서양인들의 테이블 에티켓은 개인의 감정을 사회적으로 통
제하는 문명화 과정에서 생겨난 결과물이라고 보았다. 즉, 손으로 집어
먹는 행위가 다른 사람에게 수치심을 준다는 인식이 귀족들 사이에서
퍼지면서 포크를 사용하게 되었다는 것이다. 특히 어린이가 아닌 성인
들은 다른 사람들에게 불쾌감을 주지 않기 위해서, 혹은 스스로 '소스
가 묻은' 손을 남에게 보이는 것은 수치스러운 일이라고 여겼기 때문에
손가락으로 먹지 않고 포크를 사용하게 되었다는 주장을 펼쳤다. 엘리
아스는 이러한 수치심이라는 제재가 개인의 내면에 새겨진 사회의 지

문, 즉 '초자아(superego)'로 자리 잡았다고 설명했다.[22] 엘리아스는 에라스무스가 처음으로 사용한 '시빌리테(civilite, 예절)'라는 개념에 근거해 18세기 말 프랑스혁명 이후 유럽의 식탁에서 포크를 사용하는 것이 에티켓으로 자리 잡아갔다고 분석했다.

엘리아스보다 한 세대 앞서 살았던 독일의 사회학자 게오르그 짐멜(Georg Simmel, 1858~1918)은 유럽의 상류 계층이 식사 매너를 사회적 규범으로 만들어 식사 행동에 내재된 개인주의적 속성을 통제했다고 보았다.[23] 인류의 먹고 마시는 행위가 다른 행동과 달리 지극히 개인주의적 욕망과 관련이 있다는 것이 그의 인식이다. 이 개인주의적 욕망을 통제하는 사회적 양식화를 통해서 사회가 안정된다고 보았다. 따라서 상류 계층은 자신들의 사회적 지위에 걸맞은 식사 매너를 철저히 지키면서 이를 확대할 필요성이 커졌다는 것이다.[24]

에라스무스가 유럽에서 식사 에티켓을 주창한 대표적인 학자라면, 공자(孔子, BC 551~BC 479)는 동아시아에서 식사 예법의 기초를 마련한 대표적인 학자다. 공자와 그의 제자들이 편찬에 간여했을 것으로 여겨지는 《예기(禮記)·예운(禮運)》에 "무릇 예의 시초는 모두 마시고 먹는 데서 시작되었다(夫禮之初, 始諸飮食)"는 구절이 나온다. 즉, 마시고 먹는 일이 시작되면서 사람들 사이에 예절이 생겨났다는 말이다. 공자는 식사할 때 이야기를 나누지 않았고, 반듯하게 썰지 않은 음식은 먹지 않았으며, 술을 마실 때는 연장자가 먼저 마신 다음에 자신이 마셨다. 그리고 집안에 상(喪)을 당한 사람이 주위에 있으면 안타까운 마음에 음식을 배불리 먹지 않았다고 한다.[25]

숟가락과 젓가락을 사용하고 관직의 서열에 따라 상차림의 규모와 메뉴 구성에 차등을 두고, 좌석 배치도 서열을 두는 유학(Confucianism)

의 식사 예법은 기원전에 이미 중국에서 만들어졌다. 공자는 에라스무스보다 거의 2,000년이나 앞서서 식사 예절을 강조하고 실천했다. 그러니 중국이야말로 식사 예절의 발상지인 셈이다. 프랑스의 역사학자 페르낭 브로델(Fernand Braudel, 1902~1985)은 적어도 15세기 이전에 식탁에 앉아서 유약을 바른 식기를 사용하고, 허리띠에 칼과 함께 젓가락을 넣은 주머니를 차고 다니다가 식사 때 사용했던 사람은 중국인뿐이었으며, 그들은 식탁에서 가장 세련된 사람들이라고 칭송했다.[26]

페르낭 브로델이 몰라서 그렇지 한반도에 살았던 상층부의 지식인들도 고대 중국인 못지않았다. 특히 조선의 사대부들은 주희(朱熹, 1130~1200)가 편찬한 《소학(小學)》을 읽으면서 공자 이후 강조된 식사 예절을 몸소 실천하려 노력했다.[27] 심지어 이덕무(李德懋, 1741~1793)는 《사소절(士小節)》을 편찬하여 사대부 남성과 여성, 그리고 아동이 갖추어야 할 식사 예절을 꼼꼼하게 일러두었다. 이 책은 1853년 활자본으로 인쇄되어 많은 이들이 읽기 시작했는데, 1870년에는 언문본, 즉 한글본까지 나와 한문을 모르는 이들도 이 책을 통해 식사 예절을 익히게 되었다.[28] 조선 사회만큼 선비들이 중심이 되어 식사 예절을 중요하게 여겼던 사회도 세계 역사상 드물 것이다.

지난 100여 년 동안 한국 사회는 식민지, 전쟁, 그리고 급속하게 산업화와 도시화의 길을 걸었다. 그 와중에도 숟가락과 젓가락 두 가지 도구를 사용하여 식사를 하는 모습은 달라지지 않았다. 다만, 숟가락과 젓가락의 재질과 용도가 약간 바뀌긴 했다. 식기의 재질이 바뀌고 상차림의 구성이 바뀌면서 요사이 한국인 중에는 밥그릇이나 국그릇을 일본인처럼 손에 들고 먹는 사람도 생겨났다.

식탁을 둘러싼 변화는 이뿐만이 아니다. 키이스 킴이 말했듯이 밥과

얼핏 보면 도자기 식기처럼 보이는 멜라민 수지 식기에 음식을 담아 식탁에 한꺼번에 차려놓고, 젓가락과 숟가락을 사용해 다 같이 먹는 한식 식사 방식에는 그동안 한국인이 겪어온 역사적 경험이 깃들어 있다.

국을 제외한 나머지 모든 음식을 식탁에 앉은 사람들이 공유하는 행위는 적어도 100여 년 전 한반도에 살던 양반 남성들에게는 아주 어색한 일이었다. 그들은 특별한 경우가 아니면 소반(小盤)마다 밥·국·반찬이 따로 놓인 밥상을 받아서 오로지 자기 몫의 음식만 먹었다. 즉, 조선시대 양반 남성들이나 조선을 방문했던 외국인에게는 "당신의 음식을 공유하라"는 키이스 킴의 조언이 굳이 필요하지 않았던 것이다.

이 책은 오늘날 한국인의 식사 방식이 어떤 역사적 과정을 통해서 형성되었을까 하는 의문에서 시작되었다. 외국인의 시선에서 한국인의 식사 모습을 보면 궁금한 점이 한두 가지가 아니다. 신발을 벗고 방에 들어가서 책상다리 자세로 낮은 교자상(交子床)에 앉아 식사를 하는 일은 한국인에게는 매우 익숙하다. 그러나 지구상의 모든 사람이 이런 행동을 당연한 것처럼 여기지는 않는다. 모든 음식을 식탁에 한꺼번에 차려놓고 함께 앉은 사람이 같이 먹는 식사 방식은 한국과 중국에서는 아주 익숙한 관습이지만 여타 지역에서는 아주 낯선 관습이기도 하다. 음식을 담는 그릇은 어떤가? 중저가 한식당에서는 얼핏 보면 도자기처럼 보이는 멜라민 수지(melamine resin)로 만든 그릇을 반찬그릇으로 사용하는 곳이 많다. 그런데 밥은 스테인리스 스틸(stainless steel) 그릇에 담아서 내온다. 왜 이럴까? 한국인을 비롯해 중국인·일본인·베트남인도 젓가락을 사용하지만, 왜 유독 한국인만 젓가락과 숟가락을 함께 사용할까? 한국인이 식사 후에 커피를 식후 음료로 마시는 모습이나 술을 마실 때 술잔을 돌리는 모습도 외국인에게는 아주 낯설다. 왜 이런 관습이 생겨났을까?

미국의 문화인류학자 마가렛 미드(Margaret Mead, 1901~1978)는 "음식 습관(food habits)을 바꾼다는 것은 종교를 바꾸는 것보다 어렵다"[29]고 말했다. 그러나 사람들의 식사 방식은 정치·경제·사회·문화 등 여러 가지 요소의 변화에 따라 바뀌기도 한다. 엘리아스는 식사 방식이라는 문화는 역사적 과정을 통해서 새로운 규정이 첨가되고, 옛것은 느슨해진다고 보았다.[30]

그렇다. 문화는 고여 있는 물이 아니라, 변함없이 흘러가는 물이기 때문이다. 나는 오늘날 한국인의 식사 방식이 형성된 과정을 풀어내기 위해서 엘리아스의 접근법을 따라 사회사의 연구 이론을 채택했다. 사회사는 지난 100여 년 동안 한반도에서 급격하게 이루어진 정치·경제·사회·문화적 변화 양상을 반영할 뿐 아니라, 문화·관습(custom)·습관

(habit)이 고정되어 있지 않고 변한다는 사실을 보여줄 수 있는 연구 이론이다. 아울러 비교문화의 연구 방법을 통해 한국인의 식사 방식이 지닌 세계적 보편성과 특수성을 살펴보고자 한다. 이러한 접근을 통해 한국인의 시선에서뿐 아니라 외국인의 시선에서도 "한국인은 왜 이렇게 먹을까?" 하는 궁금증을 풀어갈 수 있을 것이다.

한국인은 왜 이렇게 먹을까?

1장

왜 신발을 벗고
방에서
식사를 할까?

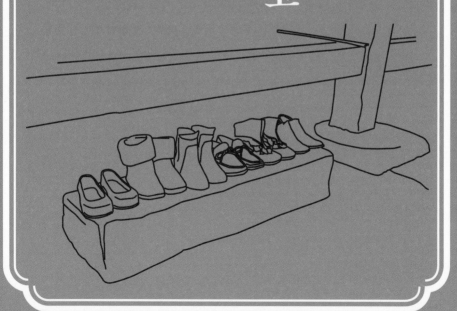

한국에 와서 방송활동을 하고 있는 러시아인 마슬로바 이나(Maslova Inna)의 블로그에 이런 글이 나온다. "제일 신기한 한국의 식당 문화는 식당에 들어가서 신발을 벗는 것이었습니다. 러시아에서는 양말이나 스타킹에 구멍이 날 수도 있어서 식당에서 신발을 벗는 것은 부끄럽고, 또 발 냄새가 날까 봐 예의도 아니라서……."[1] 이처럼 서양인이나 중국인 중에는 신발을 벗고 방에 들어가 앉아서 식사하는 것을 싫어하는 사람들이 많다. 그렇다고 한국음식을 마다한다는 말은 아니다. 단지 한국인들이 아무렇지 않게 여기는 문제가 외국인들에게는 불편할 수도 있고 이상하게 보일 수도 있다는 것이다. 최근에는 높은 식탁과 의자가 구비된 한식음식점이 많아졌지만 여전히 신발을 벗고 들어가 앉아서 식사를 해야 하는 음식점의 비중이 꽤 높은 편이다. 한국인들은 대부분 서양식 주택인 아파트에 살면서도 현관에 신발을 벗어두고 실내로 들어간다. 그러니 한식음식점도 한국인의 생활습관을 반영해 신발을 벗고 방에서 식사하도록 꾸며질 수밖에 없다.

살림집의 형태에 따라 달랐던 식사 장소

요사이 한국인이 살고 있는 살림집의 종류는 크게 아파트, 다가구주택, 단독주택으로 나뉜다. '연식'에 따라 약간의 차이가 있지만 아파트의 실내는 침실·거실·주방·식당방·욕실 등으로 공간이 구분되어 있다. 다가구주택의 실내 공간도 아파트와 별반 다르지 않다. 심지어 1970년대 중반부터 도시에 많이 지어진 단독주택의 일종인 슬래브주택도 아파트와 구조가 비슷하다. 2010년 통계청 조사에 따르면, 전체 주택 가운데 아파트가 차지하는 비중은 58.4%에 이른다.[2] 여기에 다가구주택을 포함하면 전체 주택의 64.4%가 아파트와 비슷한 실내 구조를 갖춘 살림집이다. 또 단독주택 중 아파트와 실내 구조가 비슷한 일부를 포함하면 침실·거실·주방·식당방·욕실 등의 구조를 갖춘 살림집의 수는 거의 70%를 웃돌 것이다.

주거 공간을 침실·거실·주방·식당방·욕실 등으로 나누어 생활하는 문화는 유럽에서 유래된 것이다. 유럽에서는 산업혁명 이후 도시 거주민들을 위해 베드룸(bedroom), 리빙룸(living room), 다이닝룸(dining room), 키친(kitchen), 배스룸(bathroom) 등을 갖춘 주택을 보급했다. 이러한 구조의 살림집은 휴식과 수면, 그리고 식사 같은 사적인 일상생활이 이루어지는 전형적인 공간이 되었다. 이에 비해 산업화 이전의 살림집은 경제활동과 일상생활이 엄격하게 구분되지 않았다. 한 공간에서 경제활동과 일상생활이 함께 이루어졌던 것이다. 그래도 주방시설만큼은 독립적인 공간이었다.

인류학자들의 민속지(ethnography)를 보면 세계 어느 지역이든 살림집에는 모두 주방시설을 갖추고 있다. 인간은 먹지 않으면 생물학적으로 존재할 수 없기 때문에 살림집의 주방은 에너지 공급원인 음식을 마련하는 중요한 시설이었다. 다만 그 형태가 지역과 문화마다 다를 뿐이다. 그 가운데 주택에 식사 공간을 별도로 두는 사례는 서유럽이나 중국처럼 의자에 앉아서 식사를 하는 문화권에서만 보인다. 특히 옮기기 어려운 무거운 식탁과 의자를 갖추어놓고 생활하는 문화권에서는 식사 공간인 '다이닝룸'이 일찍부터 등장했다.

14~16세기 르네상스시대를 거치면서 유럽의 봉건영주들은 자신의 저택에 연회를 할 수 있는 홀(hall)을 마련하여 그곳에 커다란 식탁과 등받이가 있는 개인용 의자를 들여놓고서 연회를 즐겼다.[3] 이와 함께 상류층의 살림집에는 별도의 다이닝룸이 설치되기 시작했다. 일부 귀족은 여전히 침실에서 식사를 했지만,[4] 점차 거울을 비롯한 각종 장식이 갖추어진 다이닝룸이 저택의 한 공간을 차지했다.[5] 하지만 농민들은 소규모의 열악한 주거 환경 탓에 요리를 하는 공간과 식사를 하는 공간을 따로 구분할 여유가 없었다.[6]

왕과 귀족들의 전유물이었던 다이닝룸은 15세기 이후 부르주아 계급에게도 확산되었다. 당시 부르주아는 요리사와 하인을 한두 명 두고서 여러 방 중 한 곳에서 식사를 했다. 부부만 식사를 할 경우에는 침실에 식탁을 두고 긴 의자에 앉아서 식사를 하기도 했지만, 점차 다이닝

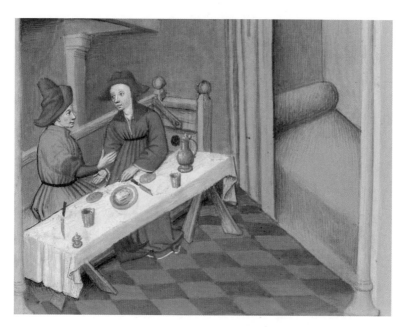

부르주아 부부의 식사. 15세기 이후 부르주아 가정에도 다이닝룸이 설치되기 시작했지만, 부부만 식사를 할 경우에는 침실에 마련된 식탁에서 식사를 했다. 채식 사본, 플랑드르, 1440년경, 프랑스국립도서관(BNF) 소장.

룸을 별도로 두는 가정이 늘어났다. 다이닝룸은 유럽의 근대화와 함께 이루어진 시민 주택의 보급과 함께 보편화되었다. 특히 산업혁명 이후 회사·공장·학교·군대 등 공적 공간에서 작업대로 사용하던 다리가 높은 테이블과 등받이가 있는 의자가 일반 시민의 가정에 들어와서 다이닝룸의 식탁과 의자로 자리 잡았다.[7]

중국의 경우 명나라 이후 한족 지배층의 살림집이었던 사합원(四合院)에 따로 다이닝룸이 설치되었다. 사합원은 명나라 때 베이징에서 형성되어 청나라 때 유행한 주택 양식이다. 정원이 하나인 사합원이 기본형이고, 정원이 둘 이상인 대규모 사합원도 있다. 기본형 사합원의 경

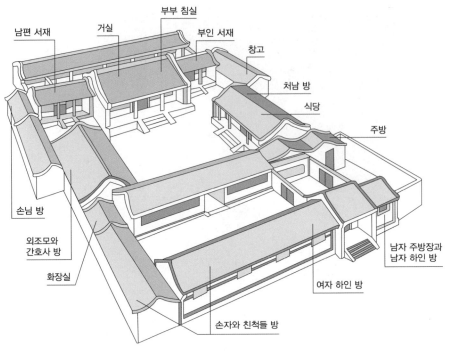

남편 서재
거실
부부 침실
부인 서재
창고
처남 방
식당
주방
손님 방
외조모와
간호사 방
화장실
여자 하인 방
남자 주방장과
남자 하인 방
손자와 친척들 방

량쓰청, 린후이인 부부가 살았던 1930년대 베이징 시내의 사합원 배치도.

우, 북쪽 가운데 방은 조상의 위패를 모신 조당(祖堂)이고, 서쪽 방은 서
재, 그리고 동쪽 방은 침실이다. 정원의 동쪽과 서쪽에는 자녀와 손자
들의 방이 각각 세 칸씩 있다. 보통 동쪽 방은 남성, 서쪽 방은 여성의
침실이다. 일반적으로 이런 규칙에 따라 사합원 각 방의 용도가 정해졌
지만, 집주인에 따라 달리 이용되기도 했다. 가령 건축사학자 량쓰청(梁
思成, 1901~1972)과 그의 부인 린후이인(林徽因, 1904~1955)이 1930년대
에 살았던 베이징 시내의 사합원에는 동쪽의 세 칸 건물 중 두 칸이 다
이닝룸(식당)이고, 바로 그 남쪽에 주방이 있었다.[8] 한족은 자주 옮기기
어려운 다리가 달린 높은 식탁과 의자를 사용했기 때문에 평상시에 별

　한국인은 왜 이렇게 먹을까?

도의 공간을 다이닝룸으로 정해놓을 수밖에 없었다.

이에 비해 한반도에서 조선 후기에 유행한 부유층의 한옥⁹에는 다이닝룸이 따로 없다. 99칸 규모의 부유한 살림집이라 하더라도 '부엌' 혹은 '정지'라고 불리는 주방시설*만을 갖추고 있을 뿐이다. 심지어 조선시대에 가장 넓은 건축물이었던 궁궐에서조차 다이닝룸이 없다. 왕이나 왕비, 세자는 평소 식사를 침실인 침전에서 주로 했다. 관청에서 일하는 관리들도 마찬가지로 집무실에서 식사를 했다. 사정이 이러하니, 일반 백성들의 살림집에도 다이닝룸이 있을 리가 만무하다. 조선 후기에 건축되어 지금까지 남아 있는 양반의 오래된 살림집을 보아도 부엌이나 정지는 있지만, 다이닝룸은 없다. 이렇듯 한옥에는 다이닝룸이 따로 없다 보니, 집안의 어느 곳이든지 상만 차리면 바로 식사 장소가 되었다.

한옥은 식사 장소에 큰 구애를 받지는 않았지만 다만 실내가 온돌과 마루로 이루어진 탓에 꼭 신발을 벗고 들어가야 한다. 음식을 판매하는 식당도 마찬가지다. 최근에는 실내에서 신발을 벗지 않아도 되는 입식(立式) 구조의 한식당이 날로 늘어가고 있지만, 50대 이상의 한국인들은 한식당 하면 좌식(坐式) 구조의 방을 먼저 떠올린다. 그렇다면 한국인은 언제부터 신발을 벗고 방에서 식사하게 되었을까?

---

* 부엌이란 말은 '불의 언저리'란 뜻에서 나온 단어로, 실제로 아궁이 혹은 부뚜막을 지칭한다(강영환,《집의 사회사》, 웅진출판, 1992, 206쪽). 부엌을 부르는 지방어로 '정지'란 말도 있다. 이 말은 '정조(鼎俎)'란 한자어에서 나온 것이다. 즉, 솥과 도마가 놓여 있는 곳이라는 뜻이다. 또 '정주간'이란 말도 있다. 한자로 '정조간(鼎俎間)'에서 나온 이 말은 살림집에서 음식을 생산하는 공간을 뜻하는 용어로 쓰인다. 조선 중기 이후 살림집의 난방시설로 온돌이 설치되면서 요리 공간인 정지와 난방시설 겸 요리 공간인 부엌이 합쳐진 '주방'이 생겨났다.

2 · 18세기 온돌의 일상화와 신발 벗고 식사하기

조선시대 사람들이 신발을 벗고 실내로 들어가서 식사하는 모습은 1592년 임진왜란이 일어나기 전에 많이 그려진 계회도(契會圖)에서 쉽게 볼 수 있다.[10] 가령 1550년 호조의 전 현직 낭관들의 회식 장면을 그린 〈호조낭관계회도(戶曹郞官契會圖)〉에는 비록 댓돌에 신발이 놓여 있지는 않지만 참석자 모두가 신발을 벗고 실내에 앉아 있는 모습이 나온다. 또 1584년 이전에 그려졌을 것으로 여겨지는 〈기영회도(耆英會圖)〉에서도 참석자들은 신발을 벗고 두꺼운 보료 위에 앉아 있다.[11] '기영회'는 보통 음력 3월이나 9월에 열렸는데, 장소가 건물 대청이다 보니 바닥이 차가웠을 것이다. 그렇지만 조선의 양반들은 바닥에 온돌시설이 없는 곳이라 하더라도 실내에서는 반드시 신발을 벗고서 지냈다.

조선시대 양반들이 실내에서 신발을 벗고 생활할 수 있었던 것은 가옥의 형태가 방과 방, 방과 마루 등 각 공간 사이를 쉽게 오갈 수 있는 '꺾음집'이었기 때문이다. 즉, 조선시대 한옥은 'ㄱ', 'ㄷ', 'ㅁ' 자 형태로 두 채 이상의 건물이 모서리 부분에서 직각으로 연결되어 있다. 이 모서리 부분의 '꺾음부'는 지붕의 빗물 처리 등에서 굉장한 기술을 요하는 건축 양식이다. 이를 두고 건축학자들은 "꺾음부의 발달은 주거 기

벗어놓은 신발이 그림에 그려져 있지
않지만, 이들은 모두 신발을 벗고 실내
로 들어갔을 것이다. 〈호조낭관계회도〉
부분, 작자 미상, 1550년, 비단에 채색,
93.5×58.0cm, 국립중앙박물관 소장.

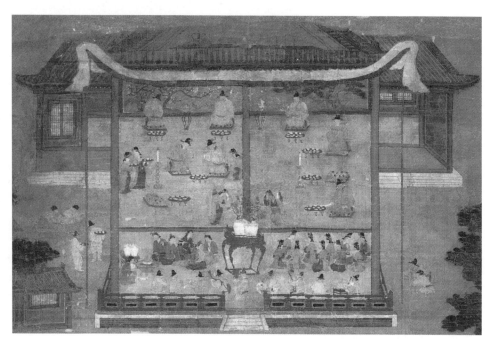

〈기영회도〉 부분, 작자 미상, 1584년 이전, 비단에 채색, 163.0×128.5cm, 국립중앙박물관 소장.

능과 밀접하게 연관되어 있으며, 이는 결국 신발을 벗고 생활하면서 각 공간 사이를 쉽게 오갈 수 있도록 만든 결과"[12]라고 설명한다.

그렇지만 '꺾음부'가 있는 가옥의 역사가 오래된 것은 아니다. 고대의 건축 유적에서는 '꺾음부'가 거의 나타나지 않는다.[13] 고려시대에 들어와서야 몇몇 살림집에서 '꺾음부'를 둔 사례가 있다. 실제로 방과 마루가 연결된 가옥의 형태가 뚜렷하게 나타나는 시기는 고려 후기이다. 이때가 되면 신발을 벗고 실내를 왔다 갔다 했다. 겨울이면 방에 보료를 깔고 식사를 했을 것이다.

한편, 고려 초 10세기경에 살림집은 아니지만 대형 사찰의 유적에서 구들이 여러 줄로 깔려 있는 흔적이 발견되었다.[14] 이로 미루어보아 10세기경에 이미 대형 사찰을 중심으로 실내에 '통구들'의 온돌을 깔기 시작했을 것으로 여겨진다.[15] 통구들은 방 전체에 구들을 깐 것을 말하는데, 이처럼 실내 난방이 가능해지면서 겨울에도 신발을 벗고 실내에서 지내는 일이 좀 더 수월해졌을 것이다.

그러나 통구들 온돌이 일반인의 살림집에까지 확산된 때는 18세기에 와서다. 이익(李瀷, 1681~1763)은 "일찍이 여러 노인들의 말을 들으니 100년 전에는 고위 관리들의 좋은 집에도 온돌[난돌煖堗]이 한두 칸에 불과하여 노인과 병자의 처소가 되었고, 나머지는 모두 공중에 들린 마루[판가板架] 위에서 자고 거처했다. 마루에 병풍[병장屛障]을 두르고 돗자리[인齒]를 겹으로 깔아 각기 여러 자녀들의 방으로 삼았다"[16]고 했다. 이 글을 오롯이 신뢰한다면, 이익이 살던 때로부터 100년 전인 17세기만 해도 고위층 관리들의 집에서나 노인이나 병자를 위해서 여러 방 가운데 한두 칸 정도 겨우 온돌을 설치했던 것 같다.

이익의 말처럼 18세기에 와서 온돌이 일반인의 살림집에도 도입되

꺾음부와 온돌시설이 갖추어진 'ㄷ' 자형 한옥 살림집. 조선 숙종 때 학자인 윤증(尹拯, 1629~1714)이 지었다고 전하는 '논산 명재 고택'의 안채다. 사진 문화재청 제공.

면서 방에서 신발을 벗고 생활하는 일이 더욱 보편화되었다. 온돌이 깔리지 않은 곳에 앉을 때는 보료를 깔아서 냉기를 막았다. 고고학적 발굴 자료에 의하면, 이익이 살던 18세기가 되면 통구들의 온돌시설이 서울을 중심으로 왕실과 고위 관리의 가옥은 물론이고 일반인의 가옥에까지 설치되었다.[17]

이처럼 가옥에 '꺾음부'와 난방이 가능한 온돌시설이 설치되는 등 주거 환경이 개선되면서 실내에서 신발을 벗고 생활하는 문화 또한 정착되어갔다. 온돌방과 마루로 연결된 꺾음부 구조의 살림집에서 사람들은 하루 종일 실내에서 신발을 신지 않고 생활할 수 있었다. 그러니 굳이 의자에 앉아서 식사를 할 필요가 없었던 것이다. 조선시대 이후 지금까지도 한국인들은 실내에서 신발을 벗고 책상다리 자세로 앉아 식사를 하거나 일을 보는 좌식 생활 방식을 이어가고 있다.[18]

2000년대 이후
좌식에서 입식으로
전환되는 중

1977년 8월에 건축학자 김홍식(金鴻植)이 조사한 경기도의 오래된 한옥 살림집에 살던 사람들도 계절이나 식사 인원수에 따라 식사 장소를 수시로 바꾸었다.[19] 하지만 대부분 평상시에는 안방에서 식사를 하고, 여름이 되면 더위를 피해 바람이 잘 통하는 마루에서 주로 식사를 했다. 안방과 마루는 1970년대 한옥 살림집에 살던 사람들에게 가장 일반적인 식사 장소였다. 한여름이면 간혹 마당에 놓아둔 평상에서 식사를 하기도 했다.

농촌에서는 농번기가 되면 들판에서 식사를 하는 일이 많았다.[20] 그럴 때는 식탁이나 깔개도 없이 땅바닥에 음식을 놓고 책상다리 자세로 앉아서 식사를 했다. 김홍도(金弘道, 1745~?)가 그린 것으로 알려진 〈점심〉이란 작품에 농부들의 식사 모습이 담겨 있다(167쪽 참조). 독일인 신부 노르베르트 베버(Norbert Weber, 1870~1956)가 1925년 5월에 조선에 와서 찍은 기록영화에는 더욱 생생한 농촌의 식사 장면이 나온다(112쪽 참조). 모내기철에 촬영한 것으로 보이는 기록영화에는 농촌의 한 살림집에서 툇마루에 가족들이 둘러앉아 부채를 부쳐가면서 책상다리 자세로 앉아서 식사를 하고 있다. 또 남성들이 마당에 소반을 차려놓고 쪼

그리고 앉아서 한잔하는 장면도 나온다. 부인들이 머리에 이고 온 광주리를 미처 다 풀지도 못했는데, 논에서 일하던 남자 둘이 논두렁으로 나와 바닥에 털썩 주저앉아 식사를 서두르는 모습도 기록영화에 담겨 있다.

이처럼 한국인의 식사 장소는 계절이나 생활 환경에 따라 조금씩 달라지기도 했지만, 한편으로는 계층에 따라 식사 장소에 대한 인식이 달랐다. 양반 남성은 대체로 사랑방이나 대청마루에 앉아서 식사를 해야 한다고 믿었다. 그런데 잔치나 상례(喪禮)를 가정에서 치를 경우에는 사정이 달라졌다. 방이나 대청마루에 식사를 다 차려내기 힘들 정도로 방문객들이 많이 몰리기 때문이다. 결국 방문객 중에서 연장자나 지위가 높은 사람은 방이나 대청마루에 앉고, 나머지 사람들은 마당에 자리를 펴고 앉도록 할 수밖에 없었다. 이런 과정에서 한국인은 방에 앉아야 제대로 대접받는다는 인식을 갖게 되었다.

식사 장소에 대한 이런 인식은 20세기 이후 근대 도시에 생겨난 음식점에도 반영되었다. 20세기 초반에 개업한 고급 조선요리옥은 모두 방으로 구성되었다. 마치 살림집의 사랑채나 안방처럼 꾸며진 방에서 식사를 해야 손님들은 제대로 대접받는다고 여겼다. 이런 고급 조선요리옥은 대저택에 방불할 정도로 규모가 컸다. 이에 미치지 못하는 중저급 음식점에서는 방을 따로 두는 대신 주방을 터서 그 앞에 긴 식탁을 두고 장의자(長椅子)를 설치하여 손님들을 앉도록 했다.

식민지 시기는 물론이고 해방 이후에도 한식음식점의 구조는 대체로 이 두 가지 형태가 지속되었다. 외식경영학에서는 앞의 형태를 '테이블 서비스(table service)형', 뒤의 형태를 '카운터 서비스(counter service)형'이라고 부른다. 그런데 테이블 서비스형이라 하더라도 서양식 음식점에서는 홀에다 입식 식탁과 의자를 갖추었지만 한식음식점에서는 대부분 방으로 구획 지어 교자상을 놓았다. 이런 한식음식점에서는 신발을 벗고 들어가 책상다리 자세로 앉을 수밖에 없다.

그런데 전국의 주택 유형이 70% 이상 아파트형으로 변모된 2000년대 이후, 한식음식점의 구조도 바뀌기 시작했다. 이 시기에 도심에 새로 개업한 한식음식점은 온돌방을 없애고 넓은 홀에 입식 식탁과 의자를 갖추었다. 아파트 같은 주거 환경에서 입식 생활에 익숙해진 손님들의 생활양식을 반영한 변화인 것이다.

식사 공간이 좌식에서 입식 형태로 바뀌는 현상은 가정에서도 마찬가지다. 60대 이상의 가장이 있는 가정에서는 비록 입식 식탁과 의자가 놓인 다이닝룸이 있어도 거실에 교자상을 놓고 책상다리 자세로 앉아서 식사를 한다. 그러나 40~50대가 가장인 가정에서는 입식 식탁에서 식사하는 경향이 높은 편이다.

오늘날 한국인의 몸은 세대 차이는 있지만, 좌식에서 입식으로 전환되고 있는 중이다. 주택 구조와 생활하는 방식이 바뀌면 책상다리 자세처럼 아주 오래된 생활습관도 덩달아 바뀔 수밖에 없는 것이다. 하지만 신발을 벗고 방에 들어가 식사해야 편하다는 인식은 여전히 변하지 않고 있다.

2장

왜 양반다리로 앉아서 식사를 할까?

◇◇◇

1986년 6월 12일 서울에서 열린 외국인 웅변대회에 참석한 한 외국인은 한국 생활에서 "가장 고통스러웠던 것은 책상다리의 '양반앉음새'"였다면서, "앉을 수는 있지만 시간이 흐른 뒤에 일어설 적엔 한참 동안 주물러야 했다"[1]고 토로했다. 그가 말한 '양반앉음새'란 곧 '책상다리' 자세를 뜻한다. 유럽인이나 미국인, 그리고 중국인 들은 보통 등받이가 있는 의자에 앉아서 식사를 비롯해 대부분의 일상생활을 한다. 이 때문에 외국인이 한국에 오면 책상다리 자세의 좌식 생활이 불편할 수밖에 없다. 특히 한식음식점의 방에 앉아서 외국인들이 식사하는 모습을 보면 겉보기에는 맛있게 음식을 먹는 듯하지만, 실제로는 다리에 쥐가 나서 정신이 없을지도 모른다.

◇◇◇

주거 방식과
생업 방식에 따라 달랐던
식사 자세

유럽인이든 아시아인이든 문화 공동체마다 식사를 할 때 편하게 생각하는 자세가 따로 있다. 공동체 내에서 통용되는 식사 자세는 구성원들이 오랫동안 익혀온 일종의 사회적 습관 가운데 하나다. 그렇다면 이러한 식사 자세는 어떤 요인에 의해서 결정되는 것일까?

가장 큰 영향을 끼치는 요인은 주거 형태이다. 요사이 한국인 중에 낮은 식탁에서 책상다리 자세로 식사를 하는 것을 그다지 좋아하지 않는 사람들이 많이 생겨난 이유도 어릴 적부터 침대와 소파, 그리고 입식 식탁이 갖추어진 아파트에서 생활하기 때문이다. 이에 비해 태어나면서부터 이른바 '한옥'에서 살았던 사람들은 나중에 아파트에 살게 되더라도 거실에 교자상을 펴놓고 바닥에 앉아서 식사를 한다. 이들에게 입식 식탁과 등받이가 있는 의자는 식생활과는 무관한 '물리적 장치'에 불과하다.[2] 이렇듯이 주거 환경은 식사 자세를 결정짓는 중요한 조건 가운데 하나다.

1996~97년에 현지조사를 위해 중국 쓰촨성(四川省) 남부의 량산(凉山) 지역을 방문한 적이 있는데, 그곳에서 만난 롤로족(Lolo, 이족彝族)은 식사 때 낮은 의자를 사용했다. 유목과 밭농사를 생업으로 삼고 있는

그들은 주로 해발 1,500~3,000m의 산 중턱에 마을을 이루고 살아간다. 부자들이 사는 '전통가옥'은 길이가 10~15m, 너비가 5~6m의 직사각형 형태로, 나무로 지은 집이다. 이 나무 집에 설치된 하나뿐인 문을 열고 안으로 들어가면, 문에서 먼 벽면 양쪽으로 침대가 가족 수에 맞추어 설치되어 있다. 침대 외에 나머지 공간은 온통 흙바닥이다. 창문이 없어서 실내는 어둡다. 실내 한가운데에 설치된 화덕은 어둠을 해결하는 시설이면서 동시에 주방 역할을 한다.

화덕에는 쇠로 만든 큰 솥이 하나 걸려 있다. 식사 때가 되면 식구들은 이 솥 주위에 둘러앉는데, 나무로 만든 등받이가 없는 낮은 의자에 각자 앉아서 식사를 한다. 식탁은 따로 없이 굽이 높은 나무 그릇에 음식을 담아 바닥에 차려놓는다. 국물이 없는 음식은 손으로 집어서 먹고, 국물이 있는 음식은 국자처럼 생긴 손잡이가 긴 나무 숟가락을 사용해 먹는다.

고향을 떠나 도시의 공동주택에 사는 롤로족은 한족의 생활양식을 따르는 경우가 많다. 하지만 그들 중에는 입식 생활을 하는 한족처럼 주방에 높은 식탁과 의자를 갖추어놓고서도 식사를 할 때는 중국어로 '소판등(小板凳)'이라 불리는 앉은뱅이 의자에 앉아서 식사를 하는 사람들이 있다. 그래야 그들은 편안하다고 여긴다.

일본의 문화인류학자 이시게 나오미치(石毛直道, 1937~)는 여러 인류학자가 보고한 민속지를 종합한 결과, 과거뿐 아니라 현재에도 수렵 채집이나 유목 생활을 해온 사람들은 대부분 지면이나 실내의 바닥에 풀이나 짐승의 가죽, 털로 만든 방석을 깔고 앉아서 식사를 한다고 보았다.[3] 서아시아의 아랍인들도 실내에 양탄자(carpet)와 방석을 깔고 그 위에 앉아 식사를 한다. 이런 까닭에 한국에 온 아랍인들 대부분은 '책상

중국 쓰촨성 남부의 량
산 롤로족의 식사 모습
(1997년 1월). 낮은 의자
에 앉거나 의자가 없으면
쪼그려 앉아서 식사를 한
다. 사진 필자 제공.

다리' 자세를 능숙하게 하지는 못하더라도 한식음식점에서 방바닥에
앉아서 식사를 하는 데 큰 불편을 느끼지 않는다.[4] 물론 모든 유목민이
바닥에 방석을 깔고 식사를 하는 것은 아니다. 지금은 유목 생활을 하
지 않는 시베리아의 야쿠트인(Yakut)은 중국의 롤로족처럼 방석이 아닌
앉은뱅이 의자에 앉아서 식사를 한다. 앉은뱅이 의자에서 식사를 하다
보니 등받이가 있는 높은 의자에 앉아서 식사하는 것을 그다지 편안하
게 여기지 않는다.[5] 하지만 그들도 한국에서의 좌식 식사 방식에 대해
서는 그리 불편해하지 않는다.

한편, 고대 그리스 상류층의 식사 자세는 매우 특이했다. '트리클리
니움(triclínium)'이라고 불리는 '세 개의 긴 의자(the three-couch)'에 두세
명씩 자리를 잡고서 왼쪽 팔꿈치를 베개에 괴고 엎드려 식사를 했다.[6]
고대 그리스에서 유행했던 엎드려서 먹는 식사 자세는 기원전 7세기
초에 고대 로마의 상류층에까지 전해졌다.[7] 고대 로마의 역사를 연구하
는 학자들은 신성로마제국이 성립된 962년 전후로 엎드려서 먹는 식사

두바이 관광객을 위해 설립된 '셰이크 모하메드 문화체험센터(Sheikh Mohammed Centre for Cultural Understanding)'에서 아랍에미리트 음식문화를 체험하고 있는 관광객들. 양탄자가 깔린 바닥에 차려놓은 음식을 관광객들이 각자 접시에 담아 방석에 앉아서 먹고 있다.

자세가 의자에 앉는 방식으로 바뀌었다고 주장한다.[8]

그런데 그 이유에 대해서는 학자들마다 의견이 다르다.[9] 고대 로마사를 연구하는 일본 역사학자 야마우치 히사시(山內昶, 1929~2006)는 여러 학자의 의견을 다음과 같이 정리했다. 첫 번째 주장은 가톨릭이 국교로 선포된 이후 주교들이 의자에 앉아서 식사를 하자, 로마의 상류층도 의자에 앉기 시작했다는 것이다. 본래 로마의 평민들이 주로 의자에 앉아서 식사를 했기 때문에 상류층은 의자에 앉기를 주저했다. 그런데 가톨릭이 확산되면서 상류층도 트리클리니움 대신 의자에 앉게 되었다는 주장이다.

둘째는 로마인들이 고기를 구워 먹기 시작하면서 트리클리니움에서의 식사가 불편해지자 의자에 앉는 식사 자세를 채용하게 되었다는 것

고대 로마시대 트리클리니움에서 식사하는 모습을 재현한 그림.

이다. 셋째는 5세기경에 로마제국으로 이동해온 게르만족이 트리클리니움의 식사 자세를 비웃자 의자에 앉아서 식사를 하게 되었다는 것이다. 이처럼 여러 의견이 있지만 결과적으로 12세기 이후 서유럽의 상층부 사람들은 의자에 앉아서 식사하기 시작했고, 산업혁명 이후에는 시민들도 의자에 앉아서 식사를 하게 되었다.

그렇다면 의자에 앉는 오늘날 중국 한족의 식사 자세는 얼마나 오래되었을까? 요사이 중국 한족은 결코 상상조차 못할 일이지만, 당나라 (618~907) 이전만 해도 지배층은 의자 없이 바닥에 앉아서 식사를 했다. 공자도, 맹자(孟子, BC 372~BC 289)도, 진시황(秦始皇, BC 259~BC 210)도, 유방(劉邦, BC 247~BC 195)도 방바닥에 방석을 깔고 앉아서 식사를 했다. 한나라 때의 지배층 무덤에서 발견되는 화상석(畵像石, 잘 다듬은 판

한나라 때의 화상석에 그려진 '선인육박(仙人六博)' 장면. 방석을 깔고 앉아서 육박(윷놀이와 비슷한 고대의 놀이)을 하고 있는 선인들 옆에 낮고 작은 식탁이 놓여 있다. 쓰촨성 신진(新津) 출토 화상석.

석에 얕은 부조로 새긴 그림)과 화상전(畫像磚, 벽돌 위에 회칠을 하고 그림을 그려 넣은 것)은 이러한 사실을 증명해주는 좋은 사료이다.

중국에서 식사할 때 의자를 사용하는 풍습은 장건(張騫, ?~BC 114)이 실크로드를 개척한 이후 서역에서 들여온 것이다. 당시에 사용된 의자는 오늘날처럼 긴 다리가 달린 높은 의자가 아니라, 앉은뱅이 의자였다. 중앙아시아와 서아시아의 유목민들이 중국 대륙으로 유입된 초창기만 해도 한족은 이 앉은뱅이 의자를 '호좌(胡坐)'라고 부르면서 오랑캐 풍속이라고 비난했다. 그러나 동한(東漢, 25~220) 때의 영제(靈帝) 유굉(劉宏, 156~189)은 '호식천자(胡食天子)'라고 불릴 정도로 북방 유목민의 음식과 풍속을 좋아했다. 황실의 영향을 받은 수도 뤄양(洛陽)의 귀족과 외척 들도 호좌를 즐겨 사용했다.[10] 동한 이후 남북조시대(420~

산시성에서 출토된 당나라 때의 〈연음도〉. 산시역사박물관(陝西歷史博物館) 소장.

589)가 되면 중국 대륙의 북쪽 반은 유목민의 후예가 지배하는 왕조가 들어서게 되면서, 식사 때 앉은뱅이 의자를 사용하는 풍습이 민간에까지 널리 퍼졌다.

동아시아 역사상 문화적 융합이 가장 왕성했던 당나라 때가 되면 좌석을 길게 만든 장의자가 지배층의 식사 때 사용되었다. 당시의 식사 모습은 당나라 때의 유물로 추정되는 산시성(陝西省) 장안난리(長安南里) 왕춘탕묘(王邨唐墓) 벽화의 〈연음도(宴飮圖)〉에서 볼 수 있다. 높고 넓은 식탁이 가운데 놓여 있고, 그 삼면에 관모를 쓴 남성들이 세 명씩 장의자에 앉아서 식사를 하고 있다. 유목민의 앉은뱅이 의자가 당나라 때 장의자로 변형된 것이다.

그로부터 무려 600여 년 뒤인 명나라의 구영(仇英, 1494?~1551)이 그

〈춘야연도리원도〉, 구영, 종이에 수묵채색, 17.5×55.0cm, 일본, 개인 소장.

린 〈춘야연도리원도(春夜宴桃李園圖)〉에는 장의자가 아니라 1인용 등받이 의자와 등받이가 없는 의자가 나온다. 나이가 많고 벼슬이 높은 사람은 등받이 의자에 앉고, 그렇지 않은 사람은 등받이가 없는 의자에 앉았다. 오늘날 중국인들의 식사 자세와 유사한 모습이 명나라 때 완성되었다고 볼 수 있다. 명나라 이후 중국 한족 지배층은 '사합원'이란 주택에서 살았다. 사합원은 독립적인 '일자형' 건물 네 채가 중앙에 마당을 두고 'ㅁ'자 형태로 연결된 구조로, 다른 방이나 건물로 이동할 때는 신발을 신고서 옮겨 다녀야 했다. 이런 사합원의 구조 때문에 한족들이 앉은뱅이 의자 대신 신발을 벗지 않아도 되는 등받이가 있는 의자를 사용하게 되었을 가능성이 많다.[11]

2 고려 왕실, 등받이 없는 의자를 사용하다

한반도의 지배층은 삼국시대나 고려시대에 중국 대륙에 사는 사람들과 교류가 빈번했다. 심지어 고려 말에는 원나라의 지배 아래 100년 가까이 지냈다. 이런 역사적 사실에 비추어보면, 적어도 삼국시대부터 고려시대의 지배층은 당나라 이후 중국 대륙의 지배층처럼 장의자나 등받이가 있는 의자에 앉아서 식사를 했을 가능성이 있다. 그 가능성을 북송(北宋) 사람 서긍(徐兢, 1091~1153)이 1123년, 개경(오늘날 개성)에서 약한 달간 머물렀던 경험을 기록한 《선화봉사고려도경(宣和奉使高麗圖經)》*에서 찾아볼 수 있다.

서긍은 자신이 참석했던 고려 왕실의 연회에 대해 이렇게 기록했다. "고려 풍속에는 술을 마시는 일을 중요하게 여긴다. 궁궐에서 열린 연회에서는 오직 왕과 주요 관리에게만 상(床)과 탁(卓), 그리고 반찬(盤

* 서긍은 1123년 5월 28일에 오늘날의 닝보(寧波)를 떠나 같은 해 6월 13일에 개경에 도착해 한 달가량 머물렀다. 이 짧은 기간에 보고 들은 이야기를 기록으로 남겼으니, 아마도 주로 개경 지역을 중심으로 고려인의 생활 모습이나 풍습을 살폈을 것이다. 특히 서긍은 황제 휘종(徽宗, 재위 1100~1126)에게 보고하기 위해 이 책을 썼기 때문에 개경 사람들의 생활 모습을 있는 그대로 기록했다고 볼 수는 없다.

饌)이 놓인다.”[12]

서긍의 글에 나오는 왕은 고려 제17대 인종(仁宗, 1109~1146)이다. 인종은 1122년 4월에 14세의 나이로 왕위에 올랐으니 서긍이 방문한 당시 겨우 15세였다. 하지만 서긍도 참석했을 이 연회에서 주인 역할을 수행했다. 인종과 함께 일부 고위직, 즉 중서문하성(中書門下省) 재상(宰相)들에게는 '탁'과 '상'이 제공되었다고 서긍은 적었다. 서긍의 글에 나오는 '탁'과 '상'의 정체를 밝히면 이 연회에 참석한 사람들의 식사 자세를 추정할 수 있다.

먼저 '탁'이다. 요사이 중국어로는 '桌(탁)'이라 쓰지만 고대 중국의 문헌에는 서긍이 적은 '卓(탁)' 자를 많이 사용했다. 동한의 허신(許慎, 58?~147?)이 편찬한 사전 《설문해자(說文解字)》에서는 '탁'을 "높은 것이다[高也]"라고 설명했다. 그러면서 제사에 사용하는 낮은 상인 '궤(几)'보다 높은 것이라는 설명도 덧붙였다. 그러니 탁은 식탁이다. 앞에서도 설명했듯이 당나라 때 지배층은 다리가 높은 식탁을 사용했다. 후대에 주로 나무로 만들었기 때문에 '卓(탁)'이라는 한자에 '나무 목(木)' 자를 붙여 '桌(탁)' 자로 쓰게 되었다.[13]

그렇다면 서긍이 언급한 '상'은 무엇일까? 한국어에서는 밥상을 가리키는 용어로 '상'이 쓰이기 때문에 이것을 식탁이라고 오해할 수도 있다. 요사이의 중국어에서도 비슷한 오해가 있는데, 중국인들은 침대를 '상'이라고 부른다. 하지만 당나라 때의 '상'은 등받이가 없는 앉은뱅이 의자나 그보다 높은 의자를 가리키는 말로 쓰였다.[14] 서긍이 말한 고려 인종이 사용했던 식탁과 의자는 5세기경에 조성되었을 것으로 여겨지는 중국 지린성(吉林省) 지안시(集安市)에 있는 고구려시대 고분벽화인 무용총(舞踊塚)에도 나온다.

5세기경에 조성된 것으로 알려진 중국 지린성 지안시에 있는 고구려시대 고분벽화인 무용총의 식사 장면 그림. 등 장인물들은 등받이가 없는 장의자에 앉았다.

주인과 손님 두 사람은 음식이 차려진 다리가 높은 식탁인 '탁'을 각각 받았다. 그들이 앉은 의자는 등받이가 없는 '상'으로,[15] '호상(胡床)' 이라고 불리던 앉은뱅이 의자가 아니라 다리가 달린 높은 의자다. 인종과 그의 신하들 역시 이런 의자에 앉았을 것으로 보인다.

그런데 서긍은 '상'만을 언급하지 않았다. 즉, "나머지 관리와 선비(士民)들은 좌탑(坐榻)에 앉을 뿐이다"[16]라고 덧붙였다. 그러면서 '좌탑'은 동한 때의 예장태수(豫章太守) 진번(陳蕃, ?~168)이 서치(徐稚, 97~168)를 위해서 특별히 마련했던 '서치탑(徐稚榻)'과 닮았다고 했다.[17] 진번과 서치에 관한 이야기는 《후한서(後漢書)》에 나온다. 예장태수 진번은 평소 연회를 베풀지 않는 걸로 유명한 사람이었다. 그런 진번이 자신이 아끼던 서치를 위해서 연회를 베푼 적이 있었는데, 그때 서치에게 제공한 의자가 바로 '탑(榻)'이다. '탑'은 서한과 동한 때 지배층이 주로 사용했던 평상(平床)을 가리킨다.

조선 중기에 중국어에 능통했던 최세진(崔世珍, 1473~1542)은 《훈몽
자회(訓蒙字會)》에서 평상을 '평상(平牀)'이라 적고 보통 '와상(臥牀)'이
라고 부르며, '교상(交牀)'이라고 부르기도 한다고 했다. '와상'은 누워서
자는 침대를 가리키는 말이고, '교상'은 '호상'을 가리키는 말이다. 앞에
서도 설명했듯이 호상은 등받이가 없는 앉은뱅이 의자다. 그러니 서긍
이 적은 '탑'은 침대 크기인 평상을 가리켰을 것이다. 왜냐하면 서긍은
이 '탑'에 앉을 수 있는 사람은 오직 두 명으로 서로 마주 보고 앉았다
고 했다. 그리고 손님의 수가 늘어나면 이 탑의 개수도 늘려나갔다는
말도 덧붙였다.

그렇다면 '탑'에 앉아서 식사를 할 때의 자세는 어떠했을까? 아마도
요사이 한국인이 평상에 앉는 자세와 같았을 것이다. 신발을 벗지 않으
면 평상에 걸터앉을 수 있지만, 신발을 벗고 올라가면 다리를 접고 앉
아야 한다. 서긍은 넓지 않은 평상 위에 두 명만 앉았다고 했으니, 하급
관리들은 신발을 벗고 '탑'에 올라가서 다리를 접고 앉았을 것으로 보
인다.

두 사람이 앉을 수 있는 좁은 '탑'에서 효과적으로 앉으려면 다리를
어떻게 접어야 좋을까? 일본인들처럼 무릎을 꿇고 앉으면 공간 활용에
가장 좋다. 이 자세가 불편하면 불교의 승려들이 수도할 때 취하는 자
세인 '가부좌(跏趺坐)'로 앉을 수도 있다. 즉, 오른발의 발바닥을 위로 올
려서 왼편 넓적다리 위에 얹고, 왼발을 오른편 넓적다리 위에 얹는 가
부좌의 앉음새 말이다. 서긍이 방문했던 당시 고려는 왕실과 지배층 모
두 불교에 푹 빠져 있었으니, 선종의 수도 자세인 '가부좌'도 익숙한 자
세였을 것이다.

퇴계가 제안한 책상다리 자세, 조선의 표준이 되다

'가부좌'의 앉음새는 책상다리 자세와 무척 비슷하다. 조선 중기 이후의 연회 장면을 그린 그림을 보면, 참석자들은 '가부좌'와 비슷한 식사 자세를 하고 있다. 그런데 불교를 배척했던 조선시대 사대부들이 '가부좌' 자세를 그대로 수용했다고 할 수 있을까? 성리학자들이 불교에서 유래된 앉음새를 그대로 취했다고 단언하기는 어렵지만, 이미 고려 때부터 이런 앉음새가 널리 퍼졌던 것으로 보인다.

그렇다면 성리학에서는 '가부좌'와 비슷한 앉음새에 대한 논의가 없었을까? 성리학을 완성한 송나라 주희가 선비가 공부할 때 앉는 자세에 대해 〈궤좌설(跪坐說)〉에 밝혀놓았는데, 이것을 퇴계 이황(李滉, 1501~1570)이 다음과 같이 설명했다.[18]

주자는 바닥에 무릎을 꿇고 허리를 곧게 펴서 앉는 자세를 '궤(跪)'라고 불렀고, 바닥에 엉덩이를 대고 다리를 포개어 조금 편안히 앉는 자세를 '좌(坐)'라고 불렀다. 유자(儒子), 즉 선비가 심신을 단속하여 가지런하고 엄숙하게 앉으려면 반드시 무릎을 꿇고 허리를 곧게 세우는 '궤'의 방식으로 앉아야 한다는 것이 주자의 주장이었다. 그렇다고 엉덩이를 붙이고 앉는 '좌'의 방식을 두고 주자가 안 된다고 하지는 않았다.

조선시대 선비들은 '좌'의 앉음새를 높이가 낮은 책상에서 책을 읽을 때 앉는 자세라 하여 한자로 '반좌(盤坐)'라고 적었다. 이황은 '가부좌' 자세를 닮은 '반좌'가 조선 사람들의 오래된 앉음새임을 알고, 이런 해석을 내놓았던 것이다. 즉, 주자가 "반좌가 어찌 해가 되겠는가!"라고 했다면서 요사이 일본인처럼 앉는 '위좌(危坐)', 즉 '궤'가 가장 좋은 자세지만 '반좌', 즉 책상다리 자세도 선비의 자세로 크게 문제가 되지 않는다고 보았다. 주자가 허용했으니 힘들게 '위좌'의 자세로 앉지 말고, 익숙한 '반좌'로 앉아도 괜찮다는 것이다. 이러한 이황의 해석으로 책상다리 자세가 선비의 표준 자세로 '공인(公認)'된 셈이다.

그렇다고 '반좌', 즉 책상다리 자세가 조선의 모든 선비에게 익숙한 자세는 아니었다. 명문 남양 홍씨 가문의 홍낙명(洪樂命, 1722~1784)은 '반좌'로 앉지 못해서 곤욕을 치르곤 했는데, 그 경험을 글로 남겼다.[19] 그는 신체 조건상 '반좌' 자세를 취할 수가 없어서 연습에 연습을 거듭했지만, 발만 저릴 뿐이었다. 외국인이 좌식 구조의 한식음식점에서 겪는 고통을 18세기 선비 홍낙명도 경험했던 것이다. 결국 홍낙명은 자신의 신체 조건에 맞추어 '반좌'로 앉는 방법을 찾아냈다. 즉, 다리를 접어서 발을 포개고 앉되 발이 반대편 허벅지까지 닿지 않으니 그저 '반좌' 흉내만 내는 식이었다. 그래도 이렇게라도 앉으니 사람들이 흉을 보지는 않았다고 한다. 당시 선비들에게 '반좌'는 선비다움을 나타내는 자세였다. 어릴 때부터 '반좌'로 앉는 훈련을 한 조선시대 선비들은 오히려 그렇게 앉지 않으면 불편하다고 생각할 정도로 습관이 되었다.

조선 제21대 왕 영조(英祖, 1694~1776)는 바닥에 책상다리 자세로 앉는 것이 의자에 앉는 것보다 더 편하다고 여겼다. 한번은 어느 신하가 매일 책상다리를 하고 업무를 보는 영조의 건강을 염려하여 영조에게 의자에 앉아 업무를 보시는 게 어떻겠느냐고 건의를 했다. 그러자 영조는 "평생 궤좌(跪坐, 반좌의 다른 말)에 익숙해서 그런지 평좌(平坐)를 하면 오히려 편안하지 않다"[20]고 말했다. 영조가 말한 '평좌'는 의자에 앉는 자세이다. 책상다리 자세에 익숙한 한국인이 등받이가 있는 의자에 앉아서도 발을 들어 올려 책상다리 자세를 취해야 편하다고 여기는 것과 비슷한 느낌을 영조도 갖고 있었던 모양이다.

18세기 이후 조선의 선비들 가운데 청나라에 다녀오는 이들이 많아졌다. 베이징에서 그들은 의자에 앉아서 식사를 하고, 중국인이 쓰는 침대에 누워서 잠을 잤다. 또 실내에서 신발을 벗고 싶은 마음을 억누르고 중국인들처럼 신발을 신고 실내에서 생활했다. 그러던 이들이 조선에 돌아오면 언제 그랬느냐 싶게 바로 신발을 벗고 실내 생활을 하며 책상다리 자세로 앉아 책도 보고 식사도 했다.

당시 조선인들은 청나라에 가서 신문물을 접하고 직접 조선 땅에 들여오기도 했는데, 왜 청나라의 의자는 수용하지 않았을까? 앞에서 소개한 이황의 글에서 그 답을 찾을 수 있다. 이황은 의자에 앉는 자세를 '의좌(椅坐)'라고 하면서, 이 습관이 '중고(中古)'에 겨우 나타난 것이라고 했다. '중고'는 오래지 않은 옛날을 가리키는 말이다. 그러면서 그 이전에는 모두 땅에 자리를 펴고 앉아서 예(禮)를 행했다고 적었다.[21]

그가 말한 '중고'라는 말 속에는 공자나 맹자, 심지어 주자도 의자에 앉지 않고 '위좌'나 '반좌'를 했을 것이라는 강한 추측의 뜻이 담겨 있다. 성현의 말과 행동을 금과옥조(金科玉條)로 여겼던 조선시대 성리학자의 입장에서 보면 '의좌'는 결코 예에 어울리는 자세가 아니었다. 공자도 맹자도 '의좌'의 앉음새를 취하지 않았다. 그래서 조선시대 성리학자들은 의자에 앉아서 식사하는 자세를 받아들이지 않았던 것이다.

4

1970년대, 책상다리가
양반다리로 바뀌다

1980~90년대 매일 아침 신문 칼럼을 통해 한국인의 자긍심을 불러일으켰던 칼럼니스트 이규태(李奎泰, 1933~2006)는 책상다리 자세가 농업 중심의 자연친화적인 한국인의 오래된 성정에서 나왔다는 주장을 펼쳤다. 그는 본래 농경민족의 후손인 한국인은 동작이 식물적이고 평화적이기에 보다 많은 육체 부위를 땅바닥에 접촉시켜 안정을 찾는 '좌식'을 좋아한다고 했다. 이에 비해 서양인들은 동적이고 동물적이며 도전적인 수렵 유목민의 후손이라서 의자에 앉거나 서서 식사를 한다고 설명했다.[22]

이규태는 이런 식으로 오래된 관습을 동양과 서양이라는 이분법적인 잣대로 설명하여 한국인의 마음에 내재된 식민지 경험과 가난에 대한 콤플렉스를 자극했다. 그러나 식사 자세는 결코 동양과 서양으로 나누어 이분법적으로 설명할 수 없다. 앞에서 살펴본 바와 같이 아랍인은 한국인의 식사 자세인 책상다리 자세로 앉는 것을 편안하게 생각한다. 그러니 동물적인 수렵 유목민의 후손이라서 서양인이 의자에 앉거나 서서 식사한다고 보는 생각은 잘못되었다. 그보다는 퇴계의 책상다리 수신론과 온돌의 확산으로 인해 책상다리 자세가 일상화되었다고 보아

이 그림에서처럼 원래 책상에서 책을 볼 때의 자세라서 '책상다리'라 부르던 앉음새가 1970
년대에 '양반다리'라는 말로 대체되었다. 〈훈장 글 가르치고〉, 김준근,《기산풍속도첩》, 19세
기 말, 독일 함부르크민족학박물관 소장.

야 옳다.

그런데 요사이 사람들은 퇴계가 말했던 책상다리 자세인 '반좌'를
'양반다리' 자세라고 부른다. 이 말은 1970년대 이전만 해도 널리 쓰이
지 않았다. 주자나 이황이 '반좌'를 선비의 심신 단속에 알맞은 앉음새
라고 한 이유도 책상에서 책을 볼 때의 자세이기 때문이다. 그래서 조
선 후기 사람들은 이런 자세를 구어체로 '책상다리'라고 했지, 결코 '양
반다리'라고 하지 않았다. 더욱이 그 당시 지체 높은 이들을 상징하던
'양반'이란 단어를 붙여 '양반다리'라고 공공연히 부를 수 있는 분위기
도 아니었을 것이다.

제도적으로 양반 계층이 사라진 20세기 이후의 신문이나 잡지에서
도 '양반다리'라는 말은 거의 등장하지 않고, 오직 '책상다리'라는 용어

만 나온다. '양반다리'라는 말은 1973년 2월 23일자 《동아일보》에서야 겨우 찾아볼 수 있다.[23] '양반다리'라는 표현이 신문에 처음 등장했다고 해서 이 말이 이때 처음 사용되었다고 단언할 수는 없지만, 1970년대 초반에 이 말이 널리 사용되었음을 짐작할 수 있다. 그즈음에 이미 학교나 사무실에서는 대부분 높은 책상과 등받이가 있는 의자를 사용하고 있었기 때문에 '책상다리'라는 말이 앉음새를 일컫는 표현으로서 대표성을 점점 잃어가고 있었다. 그러다 '책상다리'가 '양반다리'라는 말로 대체되었을 것이다.

그런데 묘하게도 서양의학을 전공하는 의사들 중 일부는 그즈음에 '양반다리'의 앉음새가 치질에 걸리기 쉽다는 주장을 펼쳤다.[24] 심지어 서양식 의자에서 '양반다리'를 하는 행동은 에티켓에 어긋난다고 주장한 지식인도 있었다. 1983년 1월 15일자 《경향신문》에서 정치학자 이헌진은 일등 국민이 되기 위해서는 의자에 앉을 때 양반다리 자세로 앉아서는 안 된다면서 "서양 물건은 서양식으로 쓰는 것이 그 기능상에도 옳은 일"이라고 주장했다.[25]

그의 주장은 일견 타당한 측면이 있다. 그러나 오래된 습관은 쉽게 바뀌지 않는다. 영조도 그랬듯이 오래된 습관인 책상다리 자세가 하루아침에 바뀌겠는가? 심지어 '구들장 온돌'을 시멘트 건축에 옮겨서 '동파이프 온돌'로 진화시킨 한국인에게 책상다리의 앉음새는 지금도 여전히 유효한 식사 자세이다. 그러나 1980년대 이후 높은 식탁과 의자를 갖춘 한식음식점이 늘어나면서 의자에 앉게 된 한국인은 그 좁디좁은 의자 위에서 책상다리 자세를 취하는 곡예를 펼쳤다. 식사 때 신발을 벗고 싶은 욕구와 책상다리 자세로 식사를 해야 편안함을 느끼는 오래된 몸의 습관 탓이다.

지금으로부터 100년도 더 전인 1911년 2월부터 6월까지 조선을 여행했던 성베네딕트 수도회의 독일인 신부 노르베르트 베버는 당시 조선인의 생활과 문화를 엿볼 수 있는 많은 기록을 남겼다. 4월 17일 경기도 안성의 가톨릭 교우촌을 방문한 베버 신부는 그곳에서 식사를 대접받았는데, 조선인 집에서 "어색한 자세로 방바닥에 앉으려니 다리가 어쩔 줄" 몰라서 고통스러웠다고 고백했다.[26]

조선인 신자들은 서양인 신부들의 신체 조건을 미처 생각지 못하고 어른 진짓상을 차려서 내놓았다. 즉, 높이가 30cm도 안 되는 소반에 밥과 국, 그리고 반찬 너덧 가지에 김치 등을 차려낸 것이다. 이 외국인 신부들은 작고 낮은 식탁도 낯설었지만, 그 앞에 앉아서 식사를 하는 일이 더 큰 문제였다. 평소 의자에 앉아서 생활했던 베버 신부는 이렇게 낮고 소담스런 식탁을 앞에 두고 다리를 어떻게 놓아야 할지 몰라서 계속 자세를 고쳐 앉을 수밖에 없었다.[27] 얼마나 힘이 들었으면 남은 여정이 있어 떠날 채비를 하니 은근히 좋았다고 했겠는가.

식탁 위에 진수성찬이 차려져 있더라도 책상다리 자세에 익숙지 않은 외국인이라면 그 자리가 마냥 좋지만은 않을 것이다. 그들에게는 음

1911년 4월 17일, 노르베르트 베버 신부 일행은 경기도 안성의 가톨릭 교우촌에서 조선식으로 차린 식사를 대접받았다. 책상다리 자세로 앉아서 식사를 하고 있는 네 명의 외국인 신부 가운데 왼쪽에서 두 번째가 베버 신부다.

식을 맛보는 일보다 쥐가 난 다리를 해결하는 일이 더 급할지도 모른다. 음식점이나 가정집이나 가릴 것 없이 모두 소반에 음식을 차려서 방에 앉아 식사를 했던 100년 전 조선에서 조선음식을 먹었던 외국인의 고통이 충분히 짐작되고도 남는다.

그런데 21세기 초입, 세계화된 한국의 한식음식점에서도 여전히 이런 모습이 재현되고 있다. 단지 일본인·베트남인·아랍인만이 이 고통에서 약간 자유롭다. 그들은 한국인처럼 방바닥에 엉덩이를 붙이고 앉아서 식사를 해왔기 때문에 한식음식점의 좌식 식탁이 그리 불편하지 않다. 하지만 좌식 생활에 익숙지 않은 외국인이 한국음식을 대접한 한국인 앞에서 "다리에 쥐가 났습니다!(I have got a cramp in the leg!)"라고 용감하게 말할 수 있는 경우는 그렇게 많지 않다.

한국인은 왜 이렇게 먹을까?

3장

왜 낮은 상에서
식사를 할까?

◇◇◇

"식사 때는 1평방피트보다 약간 더 큰 조그마한 상이 한 사람당 하나씩 주어지며, 식사가 끝나면 그것을 다시 밖으로 내간다."[1] 이 이야기는 미국의 천문학자 퍼시벌 로웰(Percival Lowell, 1855~1916)이 1883년 12월 20일 고종(高宗, 1852~1919)의 초청으로 조선에 와서 약 3개월간 머물다 돌아간 뒤에 쓴 책에 나온다.[2] '1평방피트'는 0.092903평방미터이다. 즉, 가로와 세로의 길이가 30cm쯤 되는 식탁이다. 조선시대 사람들이 '소반'이라고 불렀던 이 작은 상은 당시에는 가정이든 음식점이든 어디서고 볼 수 있을 정도로 흔했지만, 요즘은 박물관이 아니고서는 보기도 힘들고 직접 사용하는 경우는 더욱 드물다. 오늘날 한식음식점에서는 보통 네 사람이 함께 앉아서 식사를 할 수 있는 '교자상'이란 식탁을 사용하고 있다. 100여 년 전만 해도 소반은 조선에서 아주 쉽게 볼 수 있는 식탁이었는데, 그동안 무슨 일이 있었기에 지금은 박물관에 가서야 볼 수 있게 되었을까?

◇◇◇

1

식사 자세에 따라 다른
식탁의 형태

식탁의 형태는 앞의 2장에서 살펴본 식사 자세와 밀접한 관련이 있다. 땅바닥에 방석을 깔고 앉아 식사를 하는 사람들은 식탁을 사용하지 않거나 식탁을 사용하더라도 높이가 낮은 식탁을 쓰는 경우가 대부분이다. 이에 비해 의자에 앉아서 식사를 하는 사람들은 긴 다리가 달린 높은 식탁을 사용한다. 물론 산업화 이전 시기에 식탁을 갖추고 식사를 해온 계층은 문화권에 상관없이 대부분 부유층이나 지배층이었다. 이집트의 파라오 중에는 원형의 상판에 다리가 하나뿐인 식탁을 사용한 경우도 있었다.

고대 그리스와 로마의 시민들은 2장에서 소개했듯이 '트리클리니움'이란 의자에 엎드려서 식사를 하면서 한가운데에 높이가 120cm쯤 되는 원형 혹은 사각형의 식탁을 놓았다. 재질은 대부분 나무였지만, 드물게 금속이나 석재로 된 것도 있었다. 나무로 만든 식탁은 아래에 세 개의 다리를 달고 다리 사이를 'X' 자로 연결해 상판이 흔들리거나 무너지지 않도록 했다. 하인들은 트리클리니움에 엎드려 있는 귀족들을 위해 아예 식탁에 음식을 차려 통째로 옮기기도 했다.

그러나 산업화 이전 시기에 동서양을 막론하고 가난한 사람들은 식

고대 이집트 귀족들의 원형 식탁. 이집트 테베(Thebes), BC
1350년경, 대영박물관(British Museum) 소장.

고대 그리스·로마 시대의 식탁.

탁은커녕 제대로 된 식사를 하기도 힘들었다. 대부분 식탁 없이 방바닥
에 식기를 펼쳐놓고 식사를 했다. 수렵 채집이나 유목을 했던 사람들
역시 식탁을 갖추고 식사를 하는 경우가 드물었다. 식탁이 없는 대신에
굽이 높은 식기를 사용하거나 아니면 널빤지로 간이 식탁을 만들어 사
용했다. 이에 비해 지배층이나 부유층은 여럿이 모여서 식사할 때 식탁
에 음식을 푸짐하게 차려서 먹었다. 특히 르네상스시대 이후 서유럽의
부유층은 저택에 다이닝룸을 설치하여 입식 식탁을 놓았다. 이때부터
식탁을 '다이닝 테이블(dining table)'이라고 불렀다.

　15세기 유럽의 귀족들은 나무판으로 식탁의 상판을 만들고 다리 역
시 나무로 만들어 조립한 식탁을 사용했다. 조립과 운반이 수월한 사각
식탁은 특히 참석자가 많은 연회를 할 때 편리했다. 그렇다고 식탁 상
판을 고급 목재로 만들지는 않았다. 그보다는 식탁이 고급스럽게 보이
도록 값비싼 천으로 상판을 덮었다.[3] 이때 생겨난 것이 바로 '식탁보

르네상스 이후 서유럽의 부유층은 저택에 다이닝룸을 두고 입식 식탁을 설치하는 등 독립된 식사 공간으로 활용했다. 이 무렵부터 식탁을 식탁보로 꾸미는 문화가 생겨났다. 〈베리 공작의 귀중한 성무일과〉의 '1월' 부분, 랭부르 형제, 1413~1416년, 양피지에 수채, 콩데미술관 (Musée Condé) 소장.

(table cloth)'였다. 한때 유럽 상류층은 흰색 식탁보를 선호했다. 인문학자 바르톨로메오 플라티나(Bartolomeo Platina, 1421~1481)가 1467년에 집필한 책으로 알려진 《참된 즐거움과 건강에 대하여(De honesta voluptate et valetudine)》에서 그 이유를 밝혀놓았는데, 당시에는 식탁보가 흰색이 아니면 식욕이 떨어진다고 여겼다고 한다.[4] 하지만 옷감으로 사용할 직물도 부족한 상황에서 식탁보는 부자가 아니면 사용할 수 없을 정도로 비싼 사치품이었다.[5] 산업혁명으로 값싼 공장제 직물이 유통

19세기 중반 이후 서양에서는 대부분의 가정과 식당에서 입식 식탁에 식탁보를 깔았다. 〈레스토랑의 실내(Interior of a Restaurant)〉, 빈센트 반 고흐, 1887년, 캔버스에 유채, 크뢸러뮐러미술관(Kröller-Müller Museum) 소장.

되면서 18세기 이후에야 식탁보는 음식점의 필수품이 되었다.

나무 식탁은 서유럽 국가들이 아프리카와 동남아시아, 그리고 인도 아대륙을 점령하기 시작했던 18세기 중반 이후부터 유행했다. 특히 이곳에서 채집해온 옻나무의 진으로 옻칠을 하고 각종 문양을 넣어 장식한 나무 식탁은 유럽 귀족들의 다이닝룸에서 빛을 발했다. 해가 지지 않는 나라 대영제국의 부유층은 자신의 집에 마련한 식탁이 값비싼 고급 목재로 만든 것임을 손님들에게 자랑하기 위해 아예 식탁보를 사용하지 않는 경우도 있었다. 식탁보 대신 뜨거운 그릇이나 물기 있는 유리잔 때문에 식탁이 상하지 않도록 식탁 가운데에 헝겊이나 가죽으로 만든 테이블센터(table center)를 깔았다.[6]

1874년에 프랑스의 과학자 프랑수아 바르텔레미 알프레드 이어 드 라 베스티(François Barthélémy Alfred Royer de la Bastie, 1830~1901)가 강화 유리(tempered glass)를 개발한 이후 상판이 유리로 된 식탁도 등장했다. 이런 식탁은 유리 상판에 금속으로 만든 가는 다리를 트레슬(trestle), 즉 두 개의 사다리를 합친 형태로 붙여서 식기와 음식의 무게를 지탱할 수 있도록 만들어졌다.

그러나 여전히 나무 식탁이 가장 널리 쓰였다. 19세기 중반이 되면 서유럽과 미국의 가정과 음식점에서는 4인용·6인용·10인용 등 다양한 크기의 나무 식탁을 사용하며, 위생 목적과 음식 맛의 시각적 효과를 높이기 위해 식탁 위에 식탁보를 깔았다. 제2차 세계대전 이후에는 알루미늄·플라스틱·스테인리스 스틸 등 다양한 소재를 활용한 식탁이 선보였다.

이와 같이 서유럽에서는 이미 몇백 년 전부터 입식 형태의 식탁을 사용해왔다. 이에 비해 조선시대 양반의 살림집에서는 '소반'을 식탁으로 사용했다. 2장에서 설명한 책상다리 앉음새의 식사 자세도 알고 보면 살림집의 구조와 함께 '소반'이란 식탁 때문에 굳어진 관습일 수 있다. 왜 조선의 양반들은 소반을 식탁으로 채택했을까?

　소반은 그 이름처럼 크기가 작아서 들고 나르기 좋은 식탁이다. 다른 말로는 '식안(食案)'이라고 불렀다. 생김새에 따라 둥근 소반, 사각 소반, 팔각 소반 등이 있다. 나주반(羅州盤)·통영반(統營盤)·해주반(海州盤) 같은 이름은 생산지를 기준으로 분류한 것이다.[7] 소반의 다리 모양을 두고 호족반(虎足盤) 혹은 구족반(狗足盤)이라고 부르기도 한다. 호족반은 다리 모양이 호랑이의 다리를, 구족반은 개의 다리를 닮아서 붙은 이름이다. 구족반은 아예 '개다리소반'이란 이름으로 더 많이 불린다.

　이러한 소반은 언제부터 사용했을까? 전하는 자료가 없어 그 탄생의 비밀을 밝힐 수는 없지만, 앞에서 소개한 송나라 사람 서긍의 《선화봉사고려도경》에서 그 단서를 찾을 수 있다. 이 책에서 서긍은 "요사이 고려인은 탑(榻) 위에 다시 소조(小俎)를 놓는다"[8]고 했다. 즉, 오늘날의 평상처럼 생긴 '탑' 위에 '소조'라는 식탁을 놓았다는 것이다.

　그렇다면 소조란 무엇일까? 고대 중국의 갑골문과 문헌에 나타난 '조(俎)'의 용례는 '예조(禮俎)'와 '조육(俎肉)'의 두 가지이다.[9] '예조'의 '조'는 연회에서 고기를 놓는 식탁이고, '조육'의 '조'는 제사에서 고기를 놓는 도마와 비슷한 나무 받침이다. 제사에서 각종 고기를 쌓아올릴

한나라 때 화상전에 그려진 귀족의 연회 모습. 세 사람이 앉은 가운데 소조가 놓여 있다. 중국 쓰촨성 더양시(德陽市) 바이룽진(柏隆鎭) 출토.

때 사용한 큰 '조'는 '대조(大俎)'라고 불렸다. 연회용 식탁 '조'에는 보통 짧은 다리가 붙어 있었다. 한나라 때의 화상석 중에 귀족들이 모여서 식사하는 장면을 그려놓은 것이 있다. 세 명의 귀족이 소조 둘레에 앉아 있는 장면인데, 그림 속 소조는 사각반에 짧은 다리가 달린 형태다. 이것이 바로 한나라 때 지배층이 사용했던 소조이다. 서긍이 말했던 소조 역시 이와 비슷한 것이 아니었을까?

그런데 서긍의 글에서 또 한 가지 주목할 점이 있다. 바로 '요사이 고려인'이라는 표현이다. 혹시 평상 위에 앉아서 소조를 놓고 식사하는 관습이 그다지 오래되지 않아서 이런 표현을 썼던 것은 아닐까? 고려는 광종(光宗, 925~975) 때인 958년부터 중국의 제도를 모방하여 과거제도를 시행했다. 과거시험 과목은 유학 경전과 당나라 때의 문학인 시

2009년 충남 태안 해역에서 발굴된 고려시대 배(발견 지점이 마도라서 '마도 1호선'이라 부른다)에서 나온 대나무 식탁을 복원한 모습. 마도 1호선은 최씨 무신정권 때인 1208년 전남 지역에서 곡물과 생활용품을 실어 송도로 향하던 중 풍랑을 만나 마도 바다에서 침몰했다. 이 대나무 식탁은 13세기 초반에 고려의 귀족들이 사용했던 것으로 추정된다. 서긍이 보았던 소조도 이와 비슷한 모양이었을 것이다. 국립해양문화재연구소 소장.

(詩)·부(賦)·송(頌)·책(策) 등이었다. 고려의 관리들은 고대 중국의 경전을 읽으면서 '탑'은 물론이고 '조'를 알게 되었고, 그 영향을 받아 서긍이 방문한 당시에는 평상에 앉아서 한나라 때의 '소조'를 식탁으로 사용했던 것은 아닐까? 만약 그렇다면 유학의 영향으로 인해서 '탑'과 함께 '조'라는 식탁이 도입되었을 가능성도 있다.[10] 이와 같은 가정은 1208년경 유물로 추정되는 마도 1호선에서 발견된 대나무로 만든 식탁으로도 증명된다.

조선 초에 사용되었던 식탁의 모양을 확인할 수 있는 자료는《세종실록(世宗實錄)》의 〈오례(五禮)〉 중 '흉례(凶禮) 명기(明器)' 부분에 나오는 그림이다. '식안'이란 이름의 이 식탁은 사각형 상판에 네 개의 다리

《세종실록》의 〈오례〉 중 '흉례 명기' 부분에 소개된 '식안'.

가 달려 있다. 흉례 때 제물을 차리는 식탁이라서 검은색 옻칠을 했다. 그 이름을 '식안'이라고 적은 이유는 망자를 위한 음식을 차리는 데 쓰였기 때문이다. 비록 이 식안은 제기(祭器)이지만 망자에게 생전의 식사 상차림을 그대로 올렸던 유학의 상례 규칙을 고려한다면, 조선 초 지배층에서 사용한 소반 중 하나였을 것으로 여겨진다.

또, 조선 초기의 식탁 형태는 1장에서 소개한 〈호조낭관계회도〉에도 나온다. 만약 당시 계회도 장면을 그대로 그렸다고 가정한다면, 그림에 나오는 식탁 역시 서긍이 언급했던 '소조'의 한 종류로 여겨진다. 다만, 다리가 보이지 않고 받침만 보인다. 이 그림이 그려진 이후 대략 반세기 뒤인 1605년(선조 38)의 잔치를 그린 〈선묘조제재경수연도(宣廟朝諸宰慶壽宴圖)〉에는 조선 후기에 사용된 '통각반(筒脚盤)'을 닮은 식탁이 나온다. 또 1장에서 소개한 1584년 이전에 그려진 것으로 추정되는 〈기

다리가 없는 소조형 식탁. 〈호조낭관계회도〉 부분, 작자 미상, 1550년, 비단에 채색, 93.5×58.0cm, 국립중앙박물관 소장.

통각반 식탁. 〈선묘조제재경수연도〉 부분, 작자 미상, 1605년, 종이에 채색, 24.7×34.0cm, 고려대학교박물관 소장.

영회도〉에는 다리가 세 개 달린 소반이 나온다(41쪽 참조). 따라서 조선 초 지배층에서는 다리가 짧은 '소조'와 통각반, 그리고 다리가 세 개 달린 소반 등을 식탁으로 사용했을 것으로 추정된다.

그런데 임진왜란 이후에 그려진 그림에서는 다리가 짧은 소조형 식탁이 잘 보이지 않는다. 그 대신에 요사이 박물관에서 볼 수 있는 다리가 긴 소반이 주로 나온다. 그 이유는 무엇일까? 나는 온돌 때문이 아닐까 추정한다. 겨울에 온돌이 깔린 실내에 난방을 하면 바닥의 열기가 다리가 짧은 소조형 식탁에 전달되어 음식에 영향을 미치기 때문에 다리가 긴 소반을 사용하게 된 것은 아닐까? 특히 18세기가 되면 부유층은 물론이고 일반 백성의 살림집에도 실내에 온돌이 설치되었기 때문에 이 시기가 되면 다리가 긴 소반이 널리 사용되었을 것이다.

식기의 재질 역시 다리가 긴 소반을 사용하게 된 또 다른 요인이다. 고려 중기 왕실에서 사용한 수저나 그릇은 모두 구리로 만든 것이었다.[11] 삼국시대 이후의 유적에서 많이 발견되는 청동기 수저와 그릇을 고려시대 때도 사용했던 것이다. 이러한 흐름이 고려 후기, 조선 초까지 이어지면서 부유층의 가정에서는 대부분 구리로 만든 수저나 그릇을 사용했다. 이런 식기를 사용할 경우 식탁의 형태는 다리가 짧은 소조형 식탁보다 다리가 긴 소반이 식사를 하는 데 훨씬 편리하다. 구리로 만든 식기는 열전도율이 높아서 뜨거운 밥이나 국을 담을 경우 손으로 들고 먹을 수 없기 때문에 다리가 긴 소반을 식탁으로 더 선호하게 되었을 것이다.

나무로 만든 식기를 주로 사용했던 일본인들은 식사할 때 그릇을 들어서 입 가까이 대고 음식을 먹는다. 17세기 초부터 보편적으로 사용된 일본의 식탁인 젠(膳)[12]은 한나라 때의 소조를 빼닮았다. 그중에 다리가 높은 다카아시젠(高足膳)이라는 식탁이 있긴 하지만, 그 높이가 기껏해야 10~15cm에 불과하다. 조선시대 소반의 높이가 25~45cm 정도인 것과 비교하면 확실히 차이가 있다. 그렇게 낮은 젠을 식탁으로 사용해도 일본인들은 나무로 만든 식기를 손으로 들고 먹었기 때문에 불편을 느끼지 않았다.

이에 비해 구리 그릇을 사용했던 조선시대 사람들은 뜨거운 밥과 국이 담긴 그릇을 상 위에 둔 채로 식사를 할 수밖에 없었는데, 그러다 보니 숟가락과 젓가락의 형태 또한 이에 맞게 고안되었다. 조선 초기까지, 즉 다리가 짧은 소조형 식탁에서 식사를 하던 시기에는 숟가락과 젓가락의 손잡이가 특히 길었다. 요즘 숟가락과 젓가락의 길이가 21~21.5cm 정도인 데 비해 고려시대 무덤에서 발견된 숟가락은 그 길이가 23~30cm이고, 젓가락은 22~27.5cm나 된다.[13] 이렇게 손잡이가 긴 수저를 사용했다면 다리가 짧은 소조형 식탁에 놓인 구리 그릇을 굳이

일본의 다카아시젠. 높이 10.6cm, 너비 29.2×29.0cm, 일본 가나가와현(神奈川県) 히라츠카시박물관(平塚市博物館) 소장.

조선 후기 개다리소반. 19세기, 높이 30.5cm, 지름 45.2cm, 국립중앙박물관 소장.

손으로 들지 않아도 식사에 큰 불편이 없었을 것이라는 추정이 가능하다. 그런데 소반을 사용하게 되면서 이렇게 긴 숟가락과 젓가락의 형태가 조금 달라졌다. 즉, 숟가락과 젓가락의 손잡이 부분의 길이가 짧아진 것이다. 조선 초·중기의 것으로 추정되는 숟가락 유물들을 보면 그 길이가 25~34cm로 아주 다양하다.[14] 그러나 중기로 갈수록 점차 25cm 정도로 짧아진다.[15]

조선 후기 사람들 역시 구리로 만든 수저와 그릇을 좋아했다. 다만, 일부 식기는 사기로 대체되었다. 하지만 사기로 만든 밥그릇과 국그릇 역시 무거워서 직접 손으로 들고 먹기에는 불편했다. 조선 후기에는 살림집에 온돌시설을 갖춘 곳이 더욱 늘어나고, 또 '꺾음집' 형태의 한옥 구조 덕분에 좌식 생활이 일반화되는 등 여러 요인으로 인해 긴 다리가 달린 높은 소반이 가장 일상적인 식탁으로 사용되었을 가능성이 크다.

조선 후기 남성 가부장의
상징이 된 소반

조선 후기에 널리 사용된 소반 가운데 개다리소반은 충주에서, 호족반
은 나주에서 잘 만들었다. 지역마다 소반을 만드는 데 사용하는 나무도
약간씩 차이가 있었다.[16] 서울과 중부 지역에서는 은행나무로 상판을
만든 소반을 고급으로, 괴목(槐木)으로 만든 소반을 그다음으로 쳤다.
이에 비해 호남에서는 은행나무 상판에 버드나무로 다리를 맞춘 소반
을 으뜸으로 꼽았다. 영남에서는 상판으로 팽나무나 느티나무를, 해주
에서는 가래나무·배나무·은행나무를 주로 썼다.[17]

특이한 모양의 소반도 있었다. 판각을 맞댄 통 모양의 다리에 卍(만)
자 무늬나 장방형의 창(窓)을 투각한 풍혈반(風穴盤), 상판을 하나의 기
둥으로 받치고 있는 외다리 소반인 단각반(單脚盤) 혹은 일주반(一柱盤)
등이다. 또 쓰임새를 염두에 두고 이름을 붙인 소반도 있다. 공고상(公
故床)이 대표적인데, 관리의 식사 때 사용한다고 하여 이런 이름을 붙였
다. 공고상은 풍혈반에 속하는데, 원형, 6각, 8각 또는 12각의 상판에
다리도 다각형으로 판재를 맞대어 붙였으며, 양 측면에 손잡이 구멍과
앞면에 화두창이 뚫려 있다. 이처럼 공고상은 손잡이와 화두창이 있어
관리의 식사를 노비들이 옮길 때 다리 속에 머리를 넣고 이고 다니기에

해주반. 19세기, 높이 29.9cm, 너비 45.0×31.4cm, 국립중앙박물관 소장.

나주반. 조선, 높이 30.0cm, 너비 46.0×37.0cm, 국립중앙박물관 소장.

통영반. 조선, 높이 37.5cm, 너비 29.0×24.0cm, 국립중앙박물관 소장.

강원반. 20세기, 높이 24.5cm, 너비 38.9×30.0cm, 국립중앙박물관 소장.

공고상. 야외나 관청에서 음식을 머리에 이고 나르기에 편리한 식탁. 19세기로 추정, 높이 25.0cm, 지름 40.0cm, 국립중앙박물관 소장.

기둥 하나로 상판을 받쳐주는 일주반. 19세기 추정, 높이 22.5cm, 지름 33.1cm, 국립중앙박물관 소장.

주흑칠호족반(朱黑漆虎足盤). 검은색과 붉은색 옻칠을 하고 상다리 모양이 호랑이 다리처럼 생긴 식탁. 높이 40.0cm, 지름 47.5cm, 국립중앙박물관 소장.

구족반. 상다리 모양이 개의 다리처럼 휜 식탁. 높이 46.0cm, 지름 28.0cm, 국립중앙박물관 소장.

좋았다. 또 당번인 관리가 자신이 먹을 음식을 집에서 차려올 때 사용하는 상이라고 하여 번상(番床)이라고 부르기도 했다.

소반을 사용하는 계층이 점차 확대되긴 했지만, 초기만 하더라도 높은 신분과 경제력을 지닌 왕실이나 관청, 그리고 부유한 양반가에서나 사용할 수 있는 고급 식탁이었다. 제대로 격식을 갖춘 소반은 숙련된 기술을 지닌 장인(匠人)만이 만들 수 있었고, 좋은 나무로 만들어야 격도 높아졌다. 이런 탓에 왕실에서도 수백 명이 참석하는 진연이나 진찬 같은 큰 잔치를 개최할 때 미리 소반을 확보하는 일이 매우 중요했다. 왕실 잔치 날짜가 정해지면 행사를 주도하는 관청에서는 목수 수십 명을 뽑아서 소반을 만들도록 지시를 내렸다.

조선 후기 세상의 온갖 사정에 밝았던 서유구(徐有榘, 1764~1845)는 "중국인은 모두 의자에 앉기 때문에 매번 두서너 명이 하나의 탁자에 함께 앉아 식사한다. 우리나라 사람은 땅에 앉기 때문에 한 사람에게 오로지 한 개의 소반을 준다"[18]고 했다. 조선 인조 때 향촌 선비 조극선 (趙克善, 1595~1658)은 오늘날의 충청남도 예산군 봉산면 대지리(大支里) 에 살았는데, 스승과 식사를 할 때 각각 소반을 받았다는 기록을 남겼다.[19] 심지어 길거리 주막에서도 양반 남성은 이런 직사각형 소반을 단독으로 받았다.

앞에서 소개한 이름난 소반은 값이 비싸서 일반 가정에서 여러 개를 갖춰놓고 사용하기는 힘들었다. 명문가로 알려진 양반집에서는 소반을 보통 스무 개쯤 갖추고 있었지만, 가난한 양반집은 그에 훨씬 못 미쳤다. 일반적으로 양반집에서는 소반을 최소 세 개 정도는 갖춰야 했다. 기일제사 때 의례를 주관하는 초헌관(初獻官)·아헌관(亞獻官)·종헌관 (終獻官) 이 세 사람에게만은 꼭 1인용 소반에 음복상을 차려내야 양반

〈주막〉, 김홍도 전(傳), 《단원풍속도첩》, 종이에 담채, 22.7×27.0cm, 국립중앙박물관 소장.

집이라는 위신을 지킬 수 있었기 때문이다. 큰 잔치가 있으면 대부분 이웃이나 전문 상인에게 소반을 빌려서 행사를 치렀다.*

18세기 후반이 되면 중인이나 농민들의 가정에까지 소반이 확산되었다. 김홍도가 그린 것으로 알려진 《단원풍속도첩》 중 〈주막〉을 보면, 부상(負商)으로 보이는 남성이 조잡하게 만든 사각반을 맨바닥에 놓고

---

* 18세기에 민가의 소반 수요가 늘어나자 반장(盤匠, 밥상을 만드는 장인)들이 직접 판매에 나서서 시전 상인인 전인(廛人)들과 다툼이 벌어지기도 했다. 이와 관련해 국왕의 동정과 국정을 기록한 일기인 《일성록(日省錄)》에는 이런 이야기가 나온다. "장인은 물건을 만들고 전인은 매매하는 것이 원래 응당 행하는 관례인데 본전에서 만약 농간 부리는 일이 없었다면 같은 값인데, 어찌 혹시라도 저쪽에는 팔고 이쪽에는 팔지 않겠습니까"(《국역일성록》, 정조 8년[1784] 3월 20일). 즉, 판매상이 싼값에 소반을 받아서 비싸게 팔자 소반을 만드는 장인들이 직접 판매상이 되어 서로 다툼이 생겼다는 말이다. 얼마나 수요가 많았으면 이런 일이 일어났겠는가.

파리 외방전교회 소속의 펠릭스 클레어 리델(Félix Clair Ridel, 1830~1884) 신부가 1866년
에 그렸을 것으로 추정되는 당시 양반의 식사 모습. 한국교회사연구소 소장.

1905년 무렵, 소반을 만드는 장인들. 18세기 후반부터 중인이나 농민들의 가정에까지 소반
이 확산되면서 수요가 급증하자 장인들은 형태나 기법 면에서 다양한 소반을 만들어냈다.

한국인은 왜 이렇게 먹을까?

돌을 깔고 앉은 채 식사를 하고 있다. 가정에서뿐 아니라 주막에서도 양반은 물론이고 천민인 장돌뱅이 남성에게까지 1인용 소반을 제공했던 것이다. 이처럼 조선 후기가 되면 소반은 계층을 가리지 않고 가부장(家父長)과 남성의 상징이 되었다.

소반이 가부장의 상징이 될 정도로 널리 확산된 배경에는 조선에 전해진 유교식 예법의 영향이 컸다. 즉,《예기(禮記)》와《주례(周禮)》의 접빈객(接賓客) 관련 예법을 보면, 손님을 대접할 때, 그리고 마을에서 남자들이 모여서 술을 마시며 예를 실천하는 향음주례(鄕飮酒禮)의 현장에 주인과 손님에게 독상을 차려내야 된다고 쓰여 있다.[20] 한나라 때 제작된 무덤 그림에 1인용 식탁을 사용하는 장면이 많이 나오는 것도 이러한 배경에서 비롯된 것이다.

또한《예기》의 〈내칙(內則)〉에서는 70세가 되기 전에는 부부가 같은 방에서 자면 안 되고, 심지어 같은 곳에서 목욕을 해서도 안 된다고 했다. 게다가 식사도 부부가 마주 앉아서 하면 안 된다고 여겼기 때문에 부부가 따로 식사를 했다. 이러한 상황에서 개인별로 음식을 차려내기에 편리한 소반이 고대 중국의 유학자들 사이에서 중요한 식탁으로 인식될 수밖에 없었다. 그것이 조선 후기에 양반은 물론이고 서인(庶人)들 사이에서도 널리 퍼졌던 것이다.

중국의 한족은 당나라 이후 북방 민족의 영향을 받아 독상의 소반이 점차 사라진 반면, 조선에서는 고대 중국의 예법을 일상생활에서 실천하고 있었다. 즉, 소반은 유학의 인간관계에 대한 인식을 실천하는 중요한 도구였던 것이다. 이러한 현상을 두고 학자들은 '실천성리학(實踐性理學)'이라고 부른다.

4 거안제미,
소반을 나르는 규칙

1939년 출간된 《조선요리법(朝鮮料理法)》에서 조자호(趙慈鎬, 1912~1976)는 소반 옮기는 방식을 다음과 같이 적었다. "어른 진지상을 잡수어갈 ('들여간다'는 의미) 제는 반드시 자세를 반듯하게 가진 후 진지 놓은 쪽을 뒤로 하고 반찬 놓은 쪽을 앞으로 향해서 드는데, 얕게 들어 팔이 축 늘어져서는 안 됩니다. 팔에 힘을 단단히 주어가지고 상을 높직이 들어 상전(상의 위판 테두리)과 눈이 일치하게 되어야 합니다."[21]

이와 같은 소반 나르기의 규칙은 중국의 고사 '거안제미(擧案齊眉)'에서 나왔을 가능성이 크다.[22] 벼슬하지 않고 유랑생활을 했던 동한 사람 양홍(梁鴻)과 그의 부인 맹광(孟光)이 여기저기를 떠돌아다니며 살다가 어느 날 양쯔강(揚子江) 하류에 위치한 오늘날의 쑤저우(蘇州) 근처에 도착하여 고백통(皐伯通)이란 부잣집의 처마 밑에 거처를 마련했다. 집 주인 고백통은 이들 부부를 내쫓으려다가 그들이 살아가는 모습을 보고 그냥 두기로 결심했다. 이들 부부의 생활은 이러했다.

양홍은 쌀을 빻아 파는 일을 했는데, 그가 일을 마치고 집에 돌아오면 아내 맹광은 남편을 위해 마련한 음식을 식탁에 차린 다음 그것을 눈썹 위로 높이 들고 가서 남편에게 올렸다. 심지어 남편을 똑바로 쳐

중국 한나라 때의 '거안제미' 고사를 묘사한 그림.

다 보지도 못하고 고개를 숙여 공손한 자세를 취했다. 고백통은 이 모습을 보고 매우 감동하여 이 부부를 자신의 집에 들어와 살도록 해주었던 것이다. 이것이 바로 착한 부인 맹광의 '거안제미' 이야기다. 유학이 국가 운영의 핵심 이념이었던 동한 때 '거안제미'는 남성 유학자들 사이에서 양처(良妻)의 규범으로 회자되었다.

'거안제미' 고사에는 유학자들이 맹광이란 부인을 통해서 삼강(三綱)의 예법을 실천하도록 하고자 한 의도가 숨어 있다. 실제로 황후가 황태후에게 소반을 올릴 때도 '거안제미'의 소반 들기가 실천되었다.[23] 유학이 고려에 전해지면서 아마도 이 '거안제미' 고사와 상을 내는 예법이 함께 알려졌던 모양이다. 고려 후기 성리학의 대부 이색(李穡, 1328~1396)은 이웃에서 보내온 술을 아내가 올리는 모습을 보고서 '거안제미, 방진식(方進食)'이라는 시를 읊조렸다.[24] 즉, 부인이 '거안제미' 식으로 음식을 올렸다는 것이다.

이색만이 아니다. 조선시대에도 많은 선비가 '거안제미' 고사를 글에 옮겼다. 주자의 해석에서 벗어난 독자적인 글도 곧잘 썼던 박세당(朴世堂, 1629~1703)도 부부의 사랑을 읊조리는 시에서 '거안제미'를 행하는 부인이 사랑스러워 조강지처(糟糠之妻)를 버릴 수 없다고 했다.[25] 이처럼 '거안제미' 식 소반 들기는 조선에서도 양처의 상징이었다.

조선시대 선비들이 칭송을 아끼지 않았던 '거안제미'를 실천하려면 식탁의 크기는 부인이 혼자서 들 수 있는 호족반이나 개다리소반 정도가 적당했다. 특히 소반의 다리 모양이 중요한데, 골프채나 테니스 라켓의 손잡이인 '그립(grip)'처럼 잡기 편해야 두 손으로 소반을 들어 상판을 눈썹 높이로 맞출 수 있다. 호족반이나 개다리소반은 호랑이나 개의 다리 모양처럼 상다리가 휘어 있어 다리를 잡고서 상을 나르기가 편리했다.

김홍도의 그림으로 추정되는 〈후원유연(後園遊宴)〉을 보면 하인으로 보이는 두 여인이 개다리소반을 나르고 있다. 밥과 국, 그리고 반찬 등 6개의 사기그릇이 놓인 상을 들고 있는데, 자세히 보면 이 두 여인은 개다리소반의 다리를 잡고 있지 않다. 생각과 달리 이렇게 많은 식기가 차려진 개다리소반을 '거안제미' 식으로 제대로 들기에는 너무 무거웠던 모양이다.

조선 후기에 소반을 들고 가는 장면을 그린 그림. 〈후원유연〉, 김홍도 전, 18세기, 비단에 채색, 53.1×33.3*cm*, 국립중앙박물관 소장.

조자호의 언급에서 보듯이 '거안제미' 식의 소반 들기 규칙은 식민지 시기까지 지속되었다. 부인들이 '거안제미'를 제대로 행하기에는 너무 힘이 들어 상 위로 머리만 숙이지 않아도 된다는 정도로 느슨해지긴 했지만, 가부장제의 양반 남성 중심 사회였던 조선이 식민지로 전락한 이후에도 '거안제미'에 대한 가부장적 인식은 여전했다. 그것을 조자호가 밝혀놓았던 것이다. 1950년 한국전쟁을 거치면서 소반은 점차 사라져 갔다. 소반이 사라지면서 '거안제미' 고사를 언급하는 사람도 드물어졌다. 그렇다고 한국의 식사 문화에서 가부장제가 함께 사라진 것은 아니었다. 식사 문화에 깃든 가부장제는 적어도 1990년대 중반 한국 사회가 핵가족 체제로 바뀔 때까지 지속되었다.

4장

왜 집집마다
교자상이 있을까?

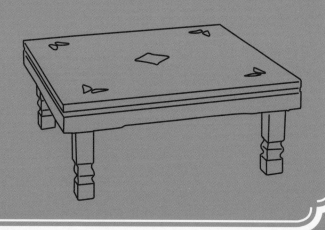

◇◇

"적어도 일본 사람들이 하는 바와 같이 방 하나를 따로 치우고 교자상을 길게 연해놓고 그 위에 식어도 관계치 아니할 음식만을 차려놓고 세배 오는 손님에게 자기가 먹고 싶은 것 몇 개씩 집어먹고 가도록 하였으면 썩 좋을 것입니다." 이 글은 1927년 2월 2일자 《동아일보》에 실린 〈음력 설 명절과 고쳐야 할 풍속〉이란 기사 가운데 '세배상'에 관해 언급한 부분이다. 명절에 손님을 맞을 때 일본 사람들처럼 교자상을 길게 붙여놓고 음식을 차려놓으면 편리하다는 주장이다. 당시에는 설날 손님들 가운데 특히 남성들에게는 소반에 따로 음식을 차려서 대접했다. 이런 탓에 가정부인들은 몇 번이고 거듭 상을 내며 명절 내내 고생했다. 신문 기사에서 지적한 대로 교자상을 사용한다면 명절날 부인들의 수고가 한결 줄어들 터였다.

◇◇

1

공자는 소반에,
주자는 높은 식탁에서
식사하다

역사상 중국 한족이 사용했던 식탁에 대한 이야기는 2장에서 소개한 식사 자세와 관련이 있다. 당나라 이전만 해도 지배층의 식탁은 다리가 없거나 있어도 채 5cm도 되지 않을 정도로 매우 짧았다. 대부분 1인용이었고, 간혹 2인용도 있었다. 5~6세기 남북조시대에 북방에 자리 잡은 북조의 여러 나라는 북방 민족이 지배자였다. 북방 민족 출신의 북조 지배층은 나무로 만든 사각 식탁을 사용했다.

북조 북방 민족의 영향을 받은 당나라의 한족 지배층은 직사각형의 나무 상판에 다리를 설치한 식탁을 사용했다. 심지어 8~10명이 함께 앉을 수 있는 넓은 나무 식탁도 생겨났다. 이후 중국의 식탁은 4인용 사각 식탁에서부터 원형 식탁까지 다양한 형태를 갖추게 되었다. 이렇게 입식 식탁이 널리 사용되면서 의자도 장의자와 둥근 의자처럼 등받이가 없는 것에서부터 등받이가 달린 1인용 의자까지 다양해졌다. 중세 이후 유럽 귀족들이 사용했던 입식 식탁이 중국에서는 이미 5세기 전후에 등장했던 것이다. 당나라 때의 입식 식탁은 이후 점차 확산되어 송나라 때가 되면 가정이나 음식점 등 어디서든 필수품이 되었다. 이를테면 공자는 소반에, 주자는 높은 식탁에서 식사를 했던 것이다.

쓰촨의 신두(新都)에서 출토된 한나라 때의 화상석에 그려진 식탁.

당나라 때의 식탁. 둔황(燉煌) 473굴(窟)에 그려진 벽화 〈연음도〉.

송나라 때 입식 식탁은 가정이나 음식점 어디서고 흔히 볼 수 있을 정도로 필수품으로 자리 잡았다. 〈청명상하도(淸明上河圖)〉 부분, 작자 미상, 비단에 채색, 35.0×762.0cm, 화정박물관 소장. 송나라 장택단(張擇端, 1085~1145)이 그린 것으로 알려진 〈청명상하도〉의 이본이다.

오늘날 중국 한족들이 사용하는 식탁은 매우 다양하다. 그중에서 원형 회전식탁(revolving table)은 고급 중국음식점의 상징처럼 보인다. 그런데 이 원형 회전식탁이 언제부터 생겼는지에 대해서는 약간의 논쟁이 있다. 미국에서는 이 회전식탁을 '레이지〔게으른〕 수잔 테이블(lazy Susan table)'*이라고 부른다. 1918년에 이미 미국의 《센추리 매거진(Century Magazine)》에서는 '레이지 수잔 테이블'이 유행하고 있다는 기사를 내보냈다.[1] 그렇다면 고급 중국음식점의 상징인 원형 회전식탁이 미국에서 발명된 것일까?

타이완 중앙연구원(Academica Sinica) 근대사연구소 소속의 과학사학자 레이샹린(雷祥麟)은 그렇지 않다고 단언한다.[2] 그는 말레이시아 태생인 중국계 의사 우롄더(伍連德, 1879~1960)가 1915년에 기고한 글에서 원형 회전식탁의 역사가 출발한다고 보았다. 우롄더는 1910년대 당시 중국 사회에 만연해 있던 결핵을 예방하기 위해서 '위생식탁(hygienic table)'을 사용해야 한다고 주장한 인물이다. 우롄더는 위생식탁의 장점을 이렇게 설명했다. "식탁에는 각자의 젓가락 세트가 있고, 회전식탁에 놓인 음식 접시에는 각각 특별한 숟가락이 놓여 있다. 이 회전식탁에 앉아 있는 사람들은 자신의 숟가락이나 젓가락을 사용하지 않고서도 공용 그릇에 담긴 음식을 덜어 먹을 수 있다."[3] 우롄더는 식탁에 둘러앉은 중국인들이 저마다 자신의 침이 묻은 젓가락과 숟가락을 사용

---

* 왜 이 식탁 이름이 '게으른 수잔'이 되었는지에 대해서는 아직까지 명확한 답이 없다. 그런데 오늘날 일부 미국 가정에서는 주방 싱크대 모서리 쪽 장에 '레이지 수잔'이라고 불리는 회전선반(rotating tray)을 설치하기도 한다. 이 회전선반에 여러 가지 양념 통을 놓아두고 빙글빙글 돌리면서 사용하면 무척 편리하다. 그러니 '레이지 수잔'이라는 이름을 듣고 중국음식점의 원형 회전식탁만을 생각해서는 안 된다.

1965년 샌프란시스코 차이나타운의 중국음식점 '조니 칸'에 설치되어 있던 원형 회전식탁.

해 공용으로 나온 음식을 덜어 먹기 때문에 결핵균이 쉽게 전염된다고 판단하고 위생 문제를 고려해 회전식탁을 제안했던 것이다.

그러나 미국의 저널리스트 다니엘 그로스(Daniel A. Gross)는 우렌더의 구상이 바로 실행에 옮겨지지는 않았다고 주장한다. 즉, 1910년대 후반 중국에서 원형 회전식탁이 개발된 흔적을 찾을 수 없다는 것이다.[4] 그는 1953년 미국 샌프란시스코의 차이나타운에서 화교 조니 칸(Johnny Kan, 1906~1972)이 개업한 '칸의 레스토랑(Kan's Restaurant, 冠園)'에 원형 회전식탁이 처음 등장했다고 보았다.[5] 조니 칸의 식당에서 사용한 원형 회전식탁은 그의 친구 조지 홀(George Hall)과 관련이 있다. 간장공장에 다녔던 조지 홀은 시간이 날 때마다 '칸의 레스토랑' 지하실에서 여러 가지 공작품을 만들었는데, 그중에 볼 베어링과 둥근 나무판으로 만든 원형 회전식탁이 있었다. 조지 홀의 조카이자 미국의 화교 역사학자인 코니 영 우(Connie Young Yu, 1914~)가 자신이 직접 그 원형 회전식탁을 보았다고 밝히기까지 했으니 믿을 만한 주장이다.

다니엘 그로스는 자신이 쓴 기사에서 코니 영 우가 제공한 1965년 '칸의 레스토랑'의 식사 장면 사진을 소개했다.[6] 이 사진에는 조니 칸이 미국인 손님들과 함께 원형 회전식탁에 앉아 있는 모습이 나온다. 샌프란시스코의 중국음식점 '칸의 레스토랑'은 원형 회전식탁과 미국인들의 입맛에 맞게 개량된 중국음식 덕분에 큰 인기를 끌었다. 미국에 사는 많은 중국음식점 주인들이 이 음식점을 방문했고, 그들 중 일부는 자신이 운영하는 음식점에 원형 회전식탁을 들여놓았다.

1960년대 초반이 되자 미국의 중국음식점에서는 대부분 이 원형 회전식탁을 도입하기 시작했다. 1960년대 중반이 되면 일본의 중국음식점과 타이완, 그리고 홍콩의 여러 음식점에서도 이 원형 회전식탁이 등장했다. 심지어 '죽의 장막'에 가려 있던 중국 대륙에까지 이 식탁이 전파되었다. 1972년 미국 외교관들이 중국을 방문했을 때 음식점에 이 원형 회전식탁이 있는 것을 보았다는 것이다. 1950년대 초반에 미국에서 발명된 원형 회전식탁은 1970년대 이후 전 세계 중국음식점으로 퍼져나갔다. 그렇다면 교자상은 어디에서 온 것일까?

교자상의 원형이 된 일본의 나가사키식 '탁복' 식탁

조자호는 1949년 5월 27일 서울 중앙여자중학교에서 열렸던 '조선요리연구발표'에서 갑오개혁 이전만 해도 어른에게 올리는 진지상은 모두 외상이었다면서 두 사람 이상이 함께 식탁에서 먹는 겸상은 1894년(고종 31) 7월 갑오개혁(甲午改革) 이후에야 비로소 생긴 것이라고 말했다.[7] 갑오개혁 이전만 해도 약주와 안주를 갖춘 상차림인 '주물상'에서만 여러 명이 함께 먹었다는 말도 덧붙였다. 즉, 조자호는 갑오개혁 이후에야 처음으로 겸상이 생겼다는 것이다.

그러나 조자호의 주장은 그녀의 개인적인 경험에 지나지 않는다. 앞에서 소개한 인조 때의 조극선은 이미 당시에도 친구와 식사를 할 때는 직사각형의 해주반·나주반·통영반 같은 소반에서 마주 앉아 식사를 했다는 기록을 남겼다.[8] 정조 때의 이덕무는 독상을 받을 때뿐 아니라 다른 사람과 같은 식탁에서 식사를 하거나, 여러 사람이 한 식탁에서 함께 식사를 할 때 주의할 점을 《사소절》에 밝혀두었다.[9] 조선 후기에 비록 공식적인 행사에서는 독상 위주였지만, 식탁이 부족하거나 음식이 부족할 때는 겸상과 두레상을 사용하기도 했던 것이다.

조자호는 갑오개혁 이후에야 겸상이 생겼다고 주장했는데, 아마도 갑오개혁 때 노비제가 폐지된 점을 염두에 두고 이런 주장을 펼친 것일 수도 있다. 실제로 노비제 폐지로 서울의 일부 사대부가에서는 노비를 둘 수 없게 되자 집안일을 할 노동력이 부족해졌다. 그래서 식사 때도 예전처럼 일일이 상을 따로 차릴 수 없어서 가장을 제외한 나머지 식구들은 소반에 여러 명이 둘러앉아 식사를 했을지도 모른다. 조자호가 겸상의 등장 시기를 이렇게 보는 것은 갑오개혁 조치에 큰 충격을 받았던 어른들의 영향 때문일 것이다. 하지만 갑오개혁의 노비제 폐지 조치가 곧바로 부유층 양반가에까지 영향을 미친 것은 아니다. 가장의 소반 식사도 바로 사라지지 않았다.

앞에서도 말했듯이 해주반·나주반·통영반 같은 직사각형 소반은 1인용이면서 동시에 2인용으로도 쓰였다. 그런데 개화기에 들어와서 '교자상'이란 식탁이 생겨났다. '교자'라는 말은 조선 후기에 잔치에 참석한 사람뿐 아니라 참석하지 못한 사람들에게도 음식을 나누어줄 때 사용했던 이동식 식탁을 가리키는 용어였다.[10] 그런데 개화기 이후 '교자상'이란 용어가 등장한다. 궁궐과 관청에 각종 그릇을 납품하는 공인(貢人)이었던 지규식(池圭植, 1851~?)이 쓴 《하재일기(荷齋日記)》의 1892년 8월 22일자 기록에는 "귀천 김 판서 댁에 교자상 2개를 보냈다"[11]는 글이 나온다. 1896년에 집필되었을 것으로 여겨지는 《규곤요람(閨壼要覽)》에는 '교자'를 꾸미는 상차림 방법도 나온다.[12] 적어도 1890년대가 되면 기존의 해주반·나주반·통영반 같은 직사각형 식탁보다 훨씬 넓은 교자상이 일부 계층에서 식탁으로 쓰였음을 짐작할 수 있다. 그래도 사람들은 교자상이란 말이 익숙지 않아 '큰상'이라고 부르곤 했다.

나는 이 교자상이 1890년대 조선 사회의 내부 요인으로 인해서 생겨난 것이라고 보지 않는다. 오히려 그보다 앞선 1880년대에 서울에서 개업한 일본요리옥이라는 외부 요인에 영향을 받았을 가능성이 크다고 본다.[13] 당시 서울의 일본요리옥에서는 넓은 사각 식탁에 음식을 차려서 손님을 맞이했다. 이때는 일본인들의 서울 거주가 본격적으로 이루어지기 전 시기로, 일본의 고급 음식점에 앞서 하급 요리옥이 먼저 서울로 진출했다. 그들은 조선인 가옥을 빌려서 일본에서 운영하던 방식과 비슷하게 내부를 꾸민 뒤 여러 명이 둘러앉을 수 있는 식탁을 놓았다. 그리고 이것을 '싯포쿠(卓袱)', 즉 '탁복'이라고 불렀다.

원래 일본의 고급 요리옥에서는 1인용 식탁인 '메이메이젠(銘々膳)'을 제공했다. 에도시대 하급 요리옥에서도 '메이메이젠'을 사용했다. 그런데 18세기 초 교토(京都)의 하급 요리옥에 '탁복'이란 다인용 식탁이 등장했다. 그 사연은 이러하다.

에도시대 막부는 조선 왕실처럼 쇄국정책을 펼쳤다. 다만, 나가사키(長崎)에서는 네덜란드와 중국 상인들이 머물면서 무역을 하도록 허락했다. 17세기 이후 나가사키 언덕에 당인촌(唐人村)을 건설한 중국인들은 자신들의 고향에서 사용하던 입식 식탁을 이곳 음식점에 들여왔다. 이것이 점차 알려지면서 나가사키의 일본인들은 당인촌의 중국음식점에서 나오는 음식을 '싯포쿠 요리(卓袱料理)'라고 불렀다.

'싯포쿠', 즉 '탁복'은 명나라 때 중국 한족들이 사용한 입식 사각형 식탁의 이름이었다. 나가사키 사람들은 오로지 '메이메이젠'만 사용하여 식사를 하다가 중국인들의 '탁복'을 보고서 입식 식탁이 얼마나 신기했으면, 식탁 이름으로 요리 이름을 붙였겠는가. 작고 낮은 1인용 식탁인 '메이메이젠'에 음식을 차리기 위해서는 크기가 작은 그릇을 사용해야 했다. 그런데 탁복에 차려진 중국음식은 큰 그릇에 담겨 있었다. 일본인들 눈에는 중국음식이 자신들의 요리와는 비교가 되지 않을 정

나가사키에 들어선 당관(唐館) 2층에서 중국인들이 식사하는 장면. 〈나가사키 당관 교역 도권(長崎唐館交易圖卷)〉 부분, 에도시대, 비단에 채색, 36.4×776.9cm, 고베시립박물관(神戶市立博物館) 소장.

도로 화려하고 풍성해 보였다. 나가사키의 상인 중에는 탁복을 흉내 내서 일본의 생활양식에 어울리도록 다리를 짧게 변형한 탁복 식탁을 만들어냈다. 나가사키 음식을 중국요리처럼 큰 그릇에 풍성하게 담아 이 식탁에 올리니 색다른 느낌의 상차림이 되었다. 이것이 바로 오늘날 나가사키의 향토 요리로 유명한 '싯포쿠 요리'이다.

　나가사키식 탁복이 일본의 혼슈(本州) 지역에 전해진 사연도 재미있다. 나가사키 출신인 사노야가헤에(佐野屋嘉兵衛)가 18세기 초에 교토에 요리옥을 내면서 싯포쿠 요리의 상차림을 처음으로 손님에게 제공

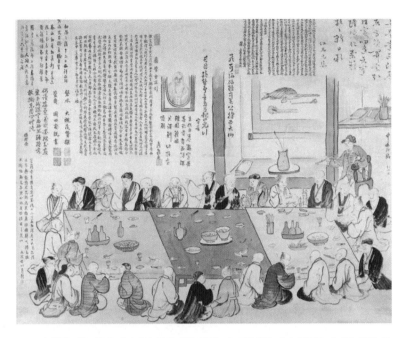

1795년 양력 1월 1일에 에도에서 열린 연회 장면. 이 그림에서 이미 싯포쿠 요리의 식탁, 즉 탁복이 일본화되었음을 알 수 있다. 이치카와 가쿠잔(市岳川山), 〈지란당신원회도(芝蘭堂新元會圖)〉, 종이에 채색, 139.6×126.3cm, 와세다대학교 소장.

했다.[14] 싯포쿠 요리를 식탁 위에 제대로 차리려면 나가사키식 탁복을 여러 개 이어 붙여야 가능했다. 그런데 교토의 주류 계층 사람들은 이 싯포쿠 요리와 나가사키식 탁복을 저급한 것으로 여겼다. 19세기에 들어와서도 사정은 크게 달라지지 않아, 교토의 고급 요리옥에서는 여전히 예전 방식대로 독상인 메이메이젠을 냈다. 단지 일부 하급 요리옥에서 싯포쿠 요리를 팔던 나가사키 요리옥을 흉내 내서 나가사키식 탁복에 음식을 차려냈다. 여러 명이 같이 먹을 수 있도록 요리를 큰 접시에 담아내면 재료비와 인건비를 줄일 수 있을 뿐 아니라, 나가사키식 탁복을 여러 개 붙여놓을 수도 있어 공간을 활용하기에도 좋았다. 나가사키식 탁복은 영세한 하급 요리옥에서 충분히 채용할 만한 식탁이었던 것이다.

1880년대 초반 서울과 인천에 문을 연 하급 일본요리옥은 친일 성향의 조선 상류층에게 큰 인기를 끌었다. 예전부터 양반들끼리 여럿이 모여 기생을 불러다놓고 사각반에 차려진 음식을 먹으면서 유흥을 즐겨온 문화가 남아 있던 터라 일본요리옥의 나가사키식 탁복과 싯포쿠 요리는 아주 쉽게 수용되었다. 일본인의 식사 자세와 다르긴 하지만 나가사키식 탁복은 책상다리를 하고 앉기에도 알맞았다. 그러나 당시 조선 사람들에게 '싯포쿠'라는 일본어는 익숙지 않아서 이러한 상차림을 '큰상'이라고 하거나 이미 사용하고 있던 '교자'라는 용어를 이용하여 '교자상'이라고 불렀다.

19세기 말에 생겨난 조선요리옥에서도 교자상을 식탁으로 사용했다. 1906년 7월 14일자 《만세보(萬歲報)》에 실린 '명월관 광고'를 보면, "진찬합(眞饌盒)과 건찬합(乾饌盒), 그리고 교자음식(校子飲食)을 화려하고 정교하게 마련해두었습니다"라는 내용이 나온다. 또 "새롭게 개량하여 만든 각종 교자음식"을 소개했다. 이 시기에 들어와서 조선요리옥의 주된 메뉴는 '교자음식'이었고, 이 '교자음식'은 일본식 교자상에 차려졌다. 이때부터 교자상은 조선요리옥을 상징하는 식탁이 되었다.

20세기 초반
소반·교자상·입식 식탁의 공존

1876년 강화도조약 이후 일본을 비롯해 서양 각국과 수교를 맺은 조선에 서양의 여러 문물과 함께 서양식 식탁이 들어오기 시작했다. 서양식 식탁이 서울에 도입된 사실은 1883년 음력 6월 22일에 열렸던 조일통상장정 조인 기념 연회를 그린 그림(148쪽 참조)을 통해서 알 수 있다.[15] 그림에 등장하는 식탁은 서양식이고 의자는 중국식이다.

1883년 겨울에 외아문(外衙門)을 방문한 적이 있는 미국인 퍼시벌 로웰은 이런 기록을 남겼다. "방은 유럽식으로 꾸며져 있었는데, 주위를 둘러보니 외제 탁자와 의자가 눈에 띄었다. 이 물건들은 얼마 전 왕에게 선사된 것으로 — 후에 안 일이었다 — 집을 꾸미기 위해 특별히 왕궁에서 가져온 집기들이었다."[16] 이 기록에 따르면 앞의 그림에 나오는 의자는 서양에서 온 외교사절이 고종을 만나면서 선물로 제공한 것이다. 아마도 지금의 홍콩이나 광저우(廣州)에서 제작된 중국식 의자로 보인다. 그러나 서양식 식탁은 조선에서도 충분히 만들 수 있는 것이었다. 식탁 위에 식탁보를 깐 것으로 보아, 대형 연회용 서양식 식탁인 것으로 보인다.

고종 때는 왕실에서 서양식 연회가 자주 열렸고, 식탁도 서양식이었

1888년 5월 1일에 개최된 서양 외교관 초빙 연회의 식탁. 1894년 프랑스 주간지 《릴뤼스트라시옹(L'Illustration)》에 게재된 삽화.

다. 연회를 책임졌던 인물은 프랑스계 독일인인 앙투아네트 손탁 (Antoinett Sontag, 孫澤, 宋多奇, 1854~1922)이었다. 1885년 10월에 서울에 온 그녀는 경복궁의 양식 조리사로 임명되어 민비(명성황후, 1851~1895) 가 살아 있을 때부터 왕실의 서양식 연회를 도맡았다.[17] 1885년 2월 19 일 고종이 창덕궁에서 경복궁으로 처소를 옮긴 이후, 손탁은 건청궁(乾淸宮)을 신궁으로 단장하는 데도 참여했다. 그녀는 궁궐 실내 장식을 서양식으로 꾸미고, 서양식 식탁도 놓았다.[18] 1895년 10월 8일 민비가 시해를 당한 을미사변이 일어나자, 고종과 왕세자는 1896년 2월 11일 경복궁에서 러시아 공사관으로 거처를 옮겼다. 이곳에서 고종과 왕세자는 서양식 식탁에서 식사를 하고 커피도 마셨다.

대한제국 선포 이후인 1899년 5월 18일 오늘날의 교육부에 해당되는 학부(學部)의 주사 김정윤(金禎潤)이 외교부인 외부(外部)의 주사 조원성(趙源誠)에게 다음 날인 5월 19일에 학부에서 외국인 접대가 있으니 외부에서 소장하고 있는 식기를 빌려달라고 통첩을 보냈다.[19] 이 통첩의 요청 물품 목록에는 여러 가지 서양 식기와 함께 식상교의(食床交椅) 20좌(坐), 사선상(四仙床) 8좌(坐), 그리고 식상보(食床袱) 2건(件)도 들어 있었다.

여기에서 '식상교의'는 의자이다. 의자가 20개이니 학부에서 준비하는 외국인 연회 참석자는 20명임을 알 수 있다. '사선상'은 식탁의 한 면에 한 사람씩 앉을 수 있도록 만든 사각형 입식 식탁이다. 식상보는 서양식 식탁보로, 사선상을 덮는 데 쓰였다. 그런데 식상보는 2건이다. 8개의 사선상을 4개씩 두 군데로 나눠 길게 이어 붙이고 식상보를 위에 덮으면 긴 직사각형의 서양식 연회 식탁 2개를 만들 수 있다. 식탁 양끝에 2명이 앉고, 긴 쪽에 각각 4명씩 앉으면 모두 10명이 하나의 연회 식탁에 앉을 수 있다.

한편, 19세기 말부터 인천과 서울에 서양식 호텔이 들어섰다. 인천의 다이부쓰(大佛)호텔은 1889년에 일본인 호리 히사타로(堀久太郎)가 문을 연 조선 최초의 서양식 호텔이었다. 손탁은 1902년 10월 덕수궁 근처에 서양식 호텔을 개업했다. 그즈음 프랑스인 보에르(J. Boher)는 덕수궁 맞은편에 팔레호텔(Hotel du Palais)을 세웠다. 식민지 시기인 1914년에는 조선총독부 철도국에서 조선호텔을 완공하여 영업을 시작했다. 이뿐이 아니다. 가톨릭 성당과 개신교 교회, 그리고 YMCA 같은 서양 단체에서도 건물을 짓고 식당을 만들어서 서양식 식탁을 들여놓았다. 또한 일본인과 조선인이 개업한 카페나 백화점 내 음식점에서도 서양식 식탁이 놓였다. 20세기 초반에 이미 서울을 비롯한 대도시에는 서양식 식탁을 구비한 음식점이 곳곳에 들어섰다.

조선요리옥에서는 4인용 혹은 6인용 교자상을 사용했다. 조선 후기에 널리 사용된 소반과 달리 이 '큰상' 위에는 늘 서양식 식탁보를 깔았다. 당시에 이미 식탁에 식탁보를 사용해야 한다는 유럽식 인식이 널리 퍼졌기 때문이다. 그러다 보니 자연스럽게 이런 교자상에는 조선 후기의 소반처럼 아름다운 조각을 새겨 넣거나 옻칠을 할 필요가 없어졌다. 단지 일률적인 규격에 맞춰 튼튼하게 짜기만 하면 식탁으로 사용하기에 충분했다. 식탁보는 주로 무명으로 만든 흰색 천을 사용했다. 음식점뿐 아니라 가정에서도 교자상을 사용할 때 식탁보를 상 위에 깔았다. 당시 일간지에서 식탁보의 얼룩을 해결하는 방법을 '가정 상식'으로 소개할 정도였으니, 식탁보를 사용하는 가정이 많았던 모양이다.*

이에 비해 국밥집이나 선술집에서는 좁은 공간에 가능한 많은 손님을 받기 위해 중국음식점처럼 홀을 만들고 입식 식탁을 마련한 곳도 생겨났다. 홀이 없고 방만 있는 국밥집에서도 손님을 많이 들이기 위해 교자상을 놓았다. 이런 음식점에서는 누구나 마음 내키는 대로 자리를 잡고 앉았다.[20] 1920년대가 되면 긴 식탁에 장의자를 놓은 목로주점도 생겨났다. 식민지 시기 서울에서 성업했던 아서원(雅敍園) · 열빈루(悅賓樓) · 태화관(泰和館) 같은 청요리옥, 즉 중국요리옥에서는 설립 초기부터 입식 식탁을 사용했다. 출판기념회처럼 큰 행사가 열릴 때는 4인용

* 1935년 1월 18일자 《동아일보》 기사에 이런 내용이 소개되어 있다. "홍차나 커피류는 붕사(硼砂, borax)를 찻술 하나를 더운 물에 한 홉 비례로 타가지고 빨고, 간장이나 된장에 더러운 것은 곧 즉석에서 무나 생강을 강판에 갈아 헝겊에 싸가지고 더러운 데를 문질러가지고 물에 빨고, 무엇인지 묻어가지고 오래된 것은 암모니아 5배를 물에 탄 것으로 바르고 밀가루로 문지릅니다."

1926년 5월 14일자 《동아일보》에 실린 식도원의 대식
당. 이 식당은 입식 식탁을 들여놓았다.

1925년 베버 신부가 촬영한 조선인 가정의 식사 장면.
온 가족이 교자상에 둘러앉아 식사하고 있다.

입식 식탁을 여러 개 연이어 연회장을 만들었다. 이들 중국요리옥에서
는 교자상을 차린 좌식 방도 있었다. 조선인 손님은 대부분 책상다리
자세로 앉아서 식사하는 것을 더 선호한다고 판단했기 때문이다.

조선요리옥 중에도 입식 식탁을 구비한 곳이 생겼다. 1920년대 초반
오늘날의 서울 중구 명동 2가에 문을 연 식도원(食道園)이란 조선요리
옥에서는 교자상을 사용하는 좌식 방과 입식 식탁이 구비된 대식당을
함께 운영했다. 식도원 경영자는 일찍이 오늘날의 서울 광화문 동아일
보 자리에서 명월관(明月館)이란 조선요리옥을 운영했던 안순환(安淳煥,
1871~1942)이다. 당시 조선요리옥 사업의 거두였던 안순환은 조선요리
의 개량을 줄기차게 주장하고 있었다. 그의 입장에서 보면 조선요리옥
에 입식 식탁을 구비하는 것도 하나의 개량이었을지 모른다.

그렇다면 조선의 가정에서는 어떠했을까? 독일인 신부 노르베르트
베버가 1925년 5월에 두 번째로 조선에 와서 촬영한 동영상에는 대청
마루에 교자상을 놓고 온 가족이 둘러앉아 식사하는 장면이 나온다. 이

식민지 시기 경상남도 하동읍의 소반 시장.

들이 사용하는 교자상을 자세히 보면 해주반·통영반·나주반 같은 직
사각형 소반이 아니다. 그보다 넓고 큰 정사각형 교자상이다. 1929년 1
월 20일자 《동아일보》에 실린 아지노모토(味の素) 광고에도 비슷한 장
면이 나온다.[21] 가장과 부인, 그리고 딸이 둘러앉아 식사하는 식탁 역시
앞의 교자상과 닮았다.

  그렇다고 식민지 시기 모든 가정에서 새로 만들어진 정사각형의 교
자상을 사용했다고 보기는 어렵다. 당시에도 여전히 원형의 개다리소
반 같은 1인용 소반과 해주반·나주반·통영반 같은 직사각형의 2인용
소반이 시중에서 판매되고 있었다. 적어도 1929년 이전에 촬영되었을
것으로 여겨지는 사진 한 장이 이러한 상황을 잘 보여준다. 경상남도
하동읍 소반 시장의 모습을 담은 위 사진은 왼쪽에 개다리소반이, 오른
쪽에는 직사각형의 통영반이 쌓여 있다.[22]

이처럼 식민지 시기 조선에서는 입식 식탁, 교자상, 전래의 소반이 동시에 존재했다. 다만, 이미 교자상이 대세였던 1920년대가 되면 전래의 소반 중에서는 개다리소반보다 사각형의 해주반·나주반·통영반이 더 많이 사용되었다. 이 직사각형의 전래 소반은 1인용 혹은 2인용, 사람이 많을 때는 4인용으로도 쓸 수 있었기 때문이다. 농촌과 달리 도시에서는 신식 교자상을 사용하는 가정이 점차 늘어났다. 심지어 일본식 교자상을 집 안에 들이는 주부들도 있었다.[23] 전래의 한옥이나 개량한옥에 사는 사람들은 교자상을 구입하여 방이나 거실에서 가족이 함께 식사를 했다. 다이닝룸이 따로 없는 한옥에서 손님을 맞이할 때 교자상은 매우 유용한 식탁이었다.

4

2010년대 한국의 아파트에 교자상이 있는 이유

대한민국 정부 수립 다음 해인 1949년 8월 문교부에서는 '국민 의식생활 개선(國民衣食生活改善)'을 위한 실천 요강 몇 가지를 내놓았는데, 그중에 "가족이 각상(各床)에서 식사하는 폐를 없애서 공동식탁을 쓸 것"[24]이라는 내용도 들어 있다. 여기에서 '각상'은 개다리소반 같은 소반을, '공동식탁'은 교자상을 일컫는다. 당시에 얼마나 많은 가정에서 여전히 개다리소반 같은 1인용 식탁을 사용하고 있었으면 이런 실천 요강이 정부에 의해서 제시되었을까? 심지어 1960년대까지도 일부 가장들은 소반에서 혼자 식사하는 것을 미덕으로 여기고 있었다.[25] 하지만 이런 상황에서도 대세는 교자상이었다.

북한에서 펴낸 《조선향토백과 18. 민속》에서는 '전통적'인 식탁 사용법을 이렇게 적어놓았다. 한집안 식구들이 식사를 할 때 먼저 할아버지 상은 독상을 차려서 방 아랫목에 놓고, 그다음으로 할머니의 독상을 차려 할아버지 상 옆 조금 떨어진 자리에 놓고, 그 밖의 집안 식구들의 음식은 '두리반'에 차려서 방 윗목, 즉 할머니 상 앞에 가로놓는다.[26] 여기서 '두리반'은 '두레반'의 북한식 표현이다. 두레반은 여럿이 둘러앉아 먹을 수 있는 크고 둥그런 상을 가리킨다. 두레반을 사용하면, 7~8명

1957년 3월 12일자《경향신문》의 연재 소설 〈여대 졸업생〉에 실린 두레반 식사 장면.

의 식구들이 한 식탁에서 식사를 할 수 있을 뿐 아니라 원형이라 식탁에 차려진 음식을 골고루 먹기에도 편리했다.

두레반 외에도 6인용의 사각형 교자상도 사용되었다. 1960년대 들어서는 대부분의 가구공장에서 더 이상 전래의 소반을 만들지 않고 사각형 교자상을 만들어 시장에 내놓았다.[27] 그만큼 일반 가정에서 사각형 교자상을 많이 사용했다는 말이다.[28] 이렇게 '교자상의 시대'가 되자, 뒤로 밀려난 전래의 소반은 일상 생활용품이 아니라, '민속공예품'이 되고 말았다.[29]

1967년 6월 28일부터 동아일보사에서 주최한 '제1회 한국민속공예전'에는 나주반·개다리소반·공고상 같은 전래의 소반이 전시품으로 출품되었다. 이 행사를 기념하는 글을 기고한 미술사학자 최순우(崔淳

한국인은 왜 이렇게 먹을까?

雨, 1916~1984)는 "한국인의 집단개성, 말하자면 성정이 하루 이틀에 바뀌어질 도리도 없고 한국인이 미국인이나 일본인의 성정과 같아질 수도 없는 일이며 또 같아져서도 세상은 재미가 없어질 것이다"라고 주장하면서 나주반·통영반·해주반 같은 전래의 소반에 대한 애정을 표현했다. 최순우의 이 글은 1960년대에 이미 전래의 소반이 사라졌다는 사실을 반증하고 있는 것은 아닐까?

1970년대가 되면 도시에 아파트나 슬래브주택이 속속 들어서기 시작하는데, 이런 주택들은 기존 한옥과 달리 방·부엌·마루 공간과 함께 식당(다이닝룸)이 기본 공간으로 설계되었다.[30] 이런 살림집에 사는 사람들 사이에서는 식당 공간에 서양식 입식 식탁을 들여놓는 게 일종의 유행이었다. 그러나 입식 식탁은 좌석이 한정된 탓에 손님이 많이 오면 거실에 교자상을 차려놓고 식사 대접을 할 수밖에 없었다. 이러한 상황을 보고 1971년 한 가구공장에서 상다리를 접을 수 있는 교자상을 상품으로 내놓았다.[31] 그 크기도 4인용에서 6인용, 심지어 8인용까지 다양하게 제작되었다. 그 무렵 시장에는 알루미늄으로 만든 접이식 두레반도 나왔다. 나무로 만든 두레반에 비해 저렴할 뿐 아니라 가벼워서 대단한 인기를 누렸다.

다리를 접을 수 있는 교자상은 1891년 일본의 한 발명가가 특허를 낸 '차부다이(チャブ台, 卓袱台)'라는 식탁에서 유래한 것이다.[32] '차부'는 앞에서 소개한 '싯포쿠'의 한자인 '탁복(卓袱)'의 또 다른 일본어 발음이다.[33] 차부다이는 다리를 접었다 폈다 할 수 있어 이곳저곳 옮겨서 사용하기에 편리하다. 1900년 전후에 일본의 도시 지역에 보급되기 시작한 차부다이는 1940~50년대가 되면 전국적으로 확산되어 명실공히 일본을 대표하는 식탁이 되었다.[34]

일본의 차부다이가 변형된 한국식 교자상.　　　　　　　　1970년대에 등장한 알루미늄 재질의 접이식 두레반.

특히 1920년대 이후 일본 열도 각지에 대도시가 형성되었는데, 대도시에 들어선 주택은 실내가 아주 비좁았다. 그런 탓에 사람들은 식사 때 외에는 다리를 접어 한쪽에 치워놓을 수 있는 차부다이를 선호했다.[35] 또 정부에서 생활개선운동을 추진하자 가족이 함께 식사할 수 있는 '차부다이'의 보급이 늘어났다. 이 과정에서 메이메이젠은 1940년대 이후 일반 가정에서 거의 사라지고, 일부 요리옥에만 남게 되었다. 일본 경제가 세계 최정상에 오를 정도로 급성장한 1960년대에 일본의 도시 주택 내부는 대부분 서양식으로 바뀌었다. 입식 부엌과 다이닝룸, 그리고 서양식 거실을 갖추게 되면서 입식 식탁의 사용도 증가했다. 1970년대 중반 이후 입식 식탁은 일본식 교자상인 차부다이보다 더 많이 사용되었다. 1960년대 이후 서양화된 일본인의 주생활과 식생활이 만들어낸 결과였다.

　　그렇다면 한국의 사정은 어떨까? 일본의 문화인류학자와 민속학자들과 달리 한국 연구자들 가운데 가정에서 사용하는 식탁의 종류가 언제 어떤 요인에 의해 변화되었는지를 통계학적으로 연구한 사례는 없다. 다만, 문화인류학자 박부진은 일부 인터뷰 자료와 본인의 경험을 바탕으로 다음과 같이 식탁의 변화상을 설명했다. "사각 교자상이나 다리를 쓸 때만 펴서 쓰는 접는 교자상이 가정에 널리 퍼졌고, 1970년대 이후는 도시 주거 환경이 아파트와 양식 주택으로 변하면서 식탁에서 의자에 앉아서 먹는 것이 일반화되었다"[36]는 것이다. 그러나 1970년대 아파트나 슬래브주택에 살던 사람들 가운데 입식 식탁에서 식사를 하는 경우는 많지 않았다. 당시에도 여전히 교자상을 많이 사용했다.

입식 주방을 갖춘 아파트가 늘어나면서 집집마다 입식 식탁을 들여놓게 되었지만, 그렇다고 바로 교자상을 버리거나 치우지는 않았다. 오히려 1980년대 이후에도 사람들은 신혼살림을 장만할 때 교자상을 두어 개 정도는 갖춰야 한다고 여겼다. 집들이처럼 참석자가 많은 집안행사를 치를 때 4인용 입식 식탁은 제 기능을 하지 못했다. 거실에 교자상을 두 개쯤 연이어 펴놓으면 손님이 10여 명쯤 되더라도 한자리에 다 앉을 수 있었다. 또한 교자상은 아파트에서 차례나 기제사를 모실 때 제사상으로 활용할 수 있었다. 사정이 이러하니 한국인은 1980년대 중반 이후 아파트에 살면서 입식 식탁을 들여놓고도 오히려 '교자상의 전성시대'를 열었던 것이다.

2015년 현재 한국의 일반 가구는 1,911만 가구이고, 이 중에서 아파트에서 거주하는 가구는 920만 가구로, 전체 가구의 약 48.1%나 된다. 2010년에 815만 가구(46.2%)가 아파트에 거주한 데 비해 5년 사이에 105만 가구나 증가한 셈이다. 이에 비해 2015년 단독주택에 거주하는 가구는 674만 가구로, 전체 가구 수의 약 35.3%를 차지했다. 2010년에 681만 가구(38.6%)가 단독주택에 거주한 것과 비교하면, 무려 7만 가구 (3.3%p)나 감소한 것이다.

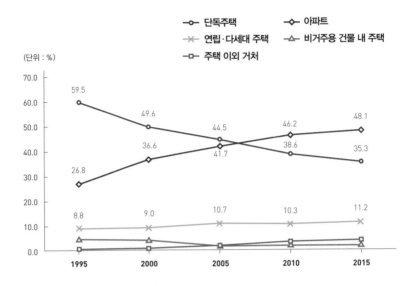

한국의 주택 유형에 따른 거주 가구 수의 변화. 통계청,《2015 인구주택총조사 전수부분: 등록센서스 방식 집계결과》, 2016.

여기서 단독주택은 한옥만이 아니라 슬래브주택까지 포함한 것이다. 그러니 주택 내부 구조가 서양식이라고 확신할 수 있는 주택 유형은 아파트(48.1%)와 연립·다세대 주택(11.2%)이다. 2015년을 기준으로 하면, 서양식 실내 구조의 주택에 사는 가구는 전체 가구의 59.3%나 된다. 여기에 단독주택 35.3% 중에서 3분의 1만 더해도 무려 전체 가구의 약 70%가 입식 식탁을 갖춘 다이닝룸이 있을 것으로 추정된다.

또한 위의 표를 참조한다면 입식 식탁 보급률을 추정할 수 있다. 1995년에 입식 식탁을 갖추고 있던 가구는 아파트와 연립·다세대 가구를 합친 약 35.6% 이상으로 보인다. 2006년 이후가 되면 입식 식탁의 보급은 급속하게 늘어났다. 내가 1999년에 경기도 일대의 식생활을 조사하던 당시에 많은 한옥 가구가 부엌을 입식으로 개량하고 있었는데,[37] 1940년대 이전에 출생한 노부부들도 이 대열에 합류했다. 하지만 그들은 그곳에서 식사를 거의 하지 않았다. 즉, 입식 식탁을 식탁이 아니라 주로 물건을 올려놓는 탁자로 이용하고 있을 뿐이었다.

건축학자 전남일은 살림집 내에서 앉았다 섰다 하는 좌식과 입식이 혼재된 생활 방식은 신체적으로 불편하기 때문에 결국 입식 위주의 가구가 도입될 수밖에 없다고 주장한다.[38] 그는 이처럼 사람들의 움직임을 유도하는 가구를 '신체가구(身體家具)'라고 불렀다. 만약 그의 주장대로라면 입식 부엌과 입식 식탁 등 입식의 신체가구가 중심이 되는 아파트와 연립·다세대 주택, 그리고 서양식 실내 구조의 단독주택에서는 교자상이 사라져야 할 것이다. 마치 1980년대 이후 일본에서 진행되었던 '차부다이'의 쇠락처럼 말이다.

그러나 2010년대 후반임에도 불구하고 한국인은 살림집 내부에서 좌식과 입식의 이중적인 생활 방식을 지속하고 있다. 이런 생활 방식은 온돌시설의 주거 환경과 가정에서의 조상 제사와 빈번한 손님 초대 같은 문화가 바뀌지 않는 한 쉽게 달라지지 않을 것이다. 비록 소반은 20세기를 통과하면서 사라졌지만, 교자상과 입식 식탁은 20세기 이후 지금까지도 한국인이 애용하는 식탁이다.

　한국인은 왜 이렇게 먹을까?

5장

왜 회식 자리에 명당이 따로 있을까?

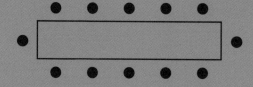

1887년에서 1889년까지 서울 주재 미국 총영사이자 공사관의 서기관으로 근무했던 미국인 샤를 샤이에 롱 베(Charles Chaillé-Long-Bey, 1842~1917)는 1889년 5월 1일 점심때 당시 함경감사(咸鏡監司)였던 조병식(趙秉式, 1823~1907)의 서울 집에 식사 초대를 받았다. "접견실에서 권하는 술을 받아 마신 다음, 우리는 모두 식당으로 자리를 옮겼고, 주인(hôte, host)이 정해주는 대로 식탁에 자리를 잡았다. 아니나 다를까, 우리들 각자의 곁에는 그 신기한 기생들이 자리했다."[1]

지금으로부터 120여 년 전 조선의 사대부가 외국 손님을 초대하여 대접하는 모습이 묘사된 이 글에서 '주인이 정해주는 대로' 자리에 앉았다는 대목이 눈에 띈다. 공식적인 연회가 아닌 사적인 회식에서도 나름의 좌석 배치 규칙이 있었던 모양이다. 그런데 요사이 한국인은 어떤가? 한식음식점에서 회식을 할 때 어느 누구도 좌석을 미리 정해주지는 않는다. 특히 직장인들의 회식 자리에서는 식사비를 내는 '1인자'가 앉는 자리를 기준으로 지위 고하나 친소 여부에 따라 참석자의 자리가 결정되는 경우가 많다. 참석자의 입장에서 보면 회식 자리에서 친소관계가 확인되기 때문에 '1인자'와의 거리가 매우 중요하다. 한 일간지에서는 직장인들의 회식 문화를 취재해 실제로 직장인에게 회식 자리의 좌석 배치가 얼마나 중요한지 보여주는 기사를 싣기도 했다.[2]

1

나라마다 다른
연회의 좌석 배치 규칙

여러 사람이 함께 앉는 식탁에서의 좌석 배치 규칙은 한 사회의 상층부가 만들어낸 경우가 대부분이다. 가난한 사람들은 먹을거리가 생기면 일단 주린 배를 채우기 바쁜 탓에 누가 어느 자리에 앉느냐 하는 문제를 그다지 중요시하지 않았다. 상층부일수록 사람들이 모이는 연회나 회식 자리에서 좌석 배치 규칙 같은 수단을 사용해 사회적 위계를 드러내고자 했다. 그래서 세계 여러 문화권에서는 주로 상층부 사람들이 지켜온 좌석 배치 규칙이 있기 마련이다.

로마의 정치가이자 소설가인 가이우스 페트로니우스 아르비테르(Gaius Petronius Arbiter, ?~66)는 풍자소설 《세나 트리말키오니스(Cēna Trimalchiōnis, 트리말키오의 향연)》에서 로마의 상류층이 트리클리니움에 엎드릴 때도 나름의 좌석 배치 기준을 따른다고 했다. 그는 "집주인을 위해서 특별한 로열석이 마련되어"[3] 있다고 하면서 트리말키오의 집에서 이루어진 만찬에서의 자리 배치를 그림으로 소개했다. 그림에서 화살표는 손님들이 눕는 방향을 표시한 것이다. 여기에서 'L. i.-3'이 주인인 트리말키오의 자리이고, 'L. m.-1'이 가장 중요한 손님의 자리이다. 즉, 가장 서열이 높은 손님이 집주인의 왼쪽 자리를 차지한 것이다.

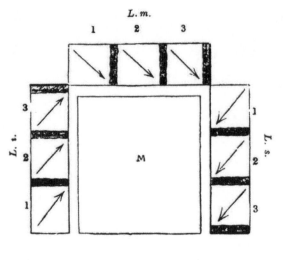

L.i. – 별로 좋지 않은 위치의 소파
L.m. – 중간 정도 위치의 소파
L.s. – 가장 좋은 위치의 소파
1 – 별로 좋지 않은 좌석
2 – 중간 정도의 좌석
3 – 가장 좋은 좌석

고대 로마시대 트리클리니움의 자리 배치도

이 그림에서 집주인이나 최고의 손님이 자리 잡은 곳은 사실 가장 좋은 위치가 아니다. 'L. s.' 구역, 즉 트리말키오가 엎드린 자리의 맞은 편이 가장 좋은 자리라 할 수 있다. 이를 두고 독일의 저술가 하이드룬 메르클레(Heidrun Merkle)는 중요한 손님을 위한 자리가 왜 '최고의 자리'에 마련되지 않았는지 이해할 수가 없다고 했다.[4] 비록 좋은 자리와 좋지 않은 자리의 구분은 있었지만, 트리말키오는 자신이 좋아하는 자리를 선택했을 가능성이 크다. 그리고 가장 서열이 높은 손님을 자신과 가까운 자리에 앉도록 했다. 이처럼 트리클리니움의 자리 배치의 중요한 기준은 집주인이 앉는 자리가 되었던 것이다.

유럽 중세 때 귀족들 역시 만찬 식탁에서의 좌석 배치 규칙을 엄격히 지켰다. 심지어 연회에서 올바른 좌석 배치를 감독하는 임무를 궁정

1565년 11월 18일 파르마 공작 알렉산드로 파르네세와 포르투갈의 마리아의 결혼식을 기념하여 브뤼셀 왕궁에서 열린 대연회. 이 연회에서 신부(그림 상단 가운데 노란색 벽 쪽에 흰색 드레스를 입은 여인)의 맞은편 자리는 음식 서빙을 위해 비워놓았다. 채식화, 플랑드르, 16세기 말, 바르샤바대학교 도서관 인쇄실.

의 취사 담당관에게 맡기기까지 했다.[5] 보통 만찬의 주최자가 식탁의 제일 위쪽에 앉고, 손님 중 서열이 가장 높은 사람이 주인의 맞은편 자리에 앉았다. 집주인이 참석자에게 음식을 나누어주어야 할 경우, 식탁의 가로 측 가운데에 주인이 앉고 그 맞은편을 비워두었다. 그래야 하인들이 수시로 음식을 주인 앞에 갖다놓을 수 있기 때문이다. 이런 좌석 배치의 식탁에서는 집주인의 오른쪽 옆자리가 서열이 가장 높은 손님의 자리로 인식되었다.[6]

18세기 이후 유럽의 귀족들은 연회에서의 좌석 배치 규칙을 사회적 관습으로 만들어갔다. 가장 기본적인 규칙은 부부 혹은 남녀 짝이 연회에 함께 참석할 경우를 기준으로 정해졌다.[7] 당시 여성들은 상류층이라 하더라도 재산권은 물론 정치적 결정권조차 없던 시절이었지만, 연회의 식탁에서는 매우 우대받았다. 집주인의 부인과 서열이 가장 높은 손님의 부인에게 식탁에서 가장 좋은 자리를 배정하고, 나머지 참석자들의 좌석을 배치하는 규칙이 있을 정도였다. 이 밖에 남성과 여성이 번갈아 앉거나 동성의 참석자가 마주 보지 않도록 자리를 배치하는 규칙 등이 있었다.

그런데 19세기 중반 이후에 정립되었을 것으로 여겨지는 유럽과 영국·북미의 연회 좌석 배치 규칙은 서로 약간 달랐다. 왜 이런 차이가 생겼는지에 대해서는 아직 전문적인 연구가 나오지 않았다. 그래서 여기서는 유럽과 영미의 서로 다른 좌석 배치 규칙을 살펴보는 데 그칠 수밖에 없다.

가장 널리 알려진 유럽식 좌석 배치 규칙은 남성 집주인(Host)이 긴 식탁의 가로 쪽 가운데에 앉고 그 맞은편에 집주인의 부인(Hostess)이 앉는 것이다. 집주인의 오른쪽에는 서열이 가장 높은 남성 손님의 부인

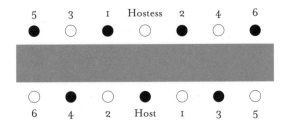

유럽식 연회에서의 남녀 좌석 배치   ○ 여성, ● 남성, 번호: 손님의 서열

이 앉고, 왼쪽에는 그다음 서열의 손님 부인이 앉는다. 집주인의 부인 오른쪽에는 서열이 가장 높은 남성 손님이, 왼쪽에는 그다음 서열의 남성 손님이 앉는다. 이렇게 되면 부부가 마주 보고 앉는 경우는 오직 집주인과 그의 부인뿐이고, 나머지 부부는 서로 다른 짝과 마주 보고 앉게 된다. 서열이 낮은 손님일수록 집주인 부부로부터 멀리 앉게 된다.

이에 비해 영미식 연회의 좌석 배치 규칙은 조금 다르다. 집주인과 그의 부인이 긴 식탁의 양 끝에 마주 보고 앉으면, 집주인 남성의 오른쪽에 서열이 가장 높은 남성 손님의 부인이 앉고, 집주인의 부인 자리 오른쪽에는 서열이 가장 높은 남성 손님이 앉는다. 동성끼리 마주 보고 앉되 부부가 멀리 떨어져 앉게 되는 좌석 배치 방식이다. 집주인과 그의 부인이 앉는 자리와 가까이 앉을수록 높은 서열의 손님이다. 그래서 긴 식탁의 가장 가운데는 서열이 가장 낮은 손님 부부가 대각선으로 앉을 수밖에 없다.

또 다른 방식도 있다. 집주인 남성과 손님 중 가장 서열이 높은 남성이 긴 식탁을 두고 마주 보고 앉는 경우이다. 이 경우에는 집주인의 부인이 서열이 가장 높은 남성 손님의 오른쪽에 앉는다. 집주인의 오른쪽

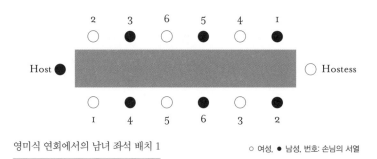

영미식 연회에서의 남녀 좌석 배치 1 　　　　　　○ 여성, ● 남성, 번호: 손님의 서열

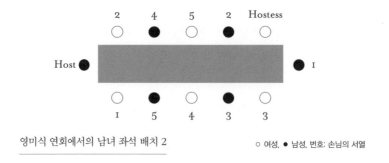

영미식 연회에서의 남녀 좌석 배치 2 ○ 여성. ● 남성. 번호: 손님의 서열

에는 서열이 가장 높은 손님의 부인이 앉고, 그다음 서열의 부인이 왼쪽에 앉는다. 이 좌석 배치 규칙 역시 외곽의 자리에 서열이 높은 손님이 앉고, 가운데로 갈수록 서열이 낮은 손님이 앉는다.

만약 남성만 참석하는 연회일 경우, 주인이 긴 식탁의 한쪽 끝에 앉는다. 주인의 오른쪽에 가장 서열이 높은 손님이 앉고, 왼쪽에 그다음 서열의 손님이 앉는다. 그런데 세 번째와 네 번째 서열의 손님은 주인의 자리에서 가장 먼 대각선 끝에 앉는다. 이 좌석 배치 규칙 역시 외곽부터 서열이 높은 손님이 앉도록 한 것이다. 만약 주인의 가족이 참석

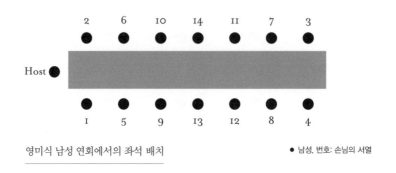

영미식 남성 연회에서의 좌석 배치 ● 남성. 번호: 손님의 서열

한국인은 왜 이렇게 먹을까?

했을 경우, 그는 주인의 맞은편에 앉아야 한다.

중국도 연회의 좌석 배치 규칙이 비교적 엄격한 편이다. 그런데 중국 대륙과 타이완의 좌석 배치 규칙에 약간 차이가 있다. 두 지역의 좌석 배치 규칙은 모두 문의 위치가 기준이지만, 손님 중에서 가장 서열이 높은 손님과 주인의 자리를 배정하는 규칙이 다르다. 타이완의 좌석 배치 규칙은 중화인민공화국 성립 이전에 대륙에서도 통용되었던 것이다. 주인은 항상 문에서 가장 가까운 자리에 앉는다.[8] 가정이나 음식점에서 연회를 할 때 주인이 손님들을 대접할 음식에 신경 쓰기 위해서 이런 좌석 배치 규칙이 생겼다. 그리고 서열이 가장 높은 손님이 제일 안쪽에 앉도록 한다. 주인의 자리에서 보면, 손님의 서열에 따라 제일 안쪽에서부터 문 쪽으로 오른쪽이 좀 더 서열이 높은 자리다.

이에 비해 중국 대륙에서는 1949년 중화인민공화국이 성립된 이후 중국공산당의 기획에 따라 좌석 배치 규칙에 변화가 생겼다. 즉, 가장

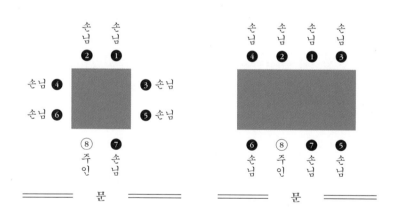

중화인민공화국 이전의 중국 대륙과 타이완의 연회에서의 좌석 배치

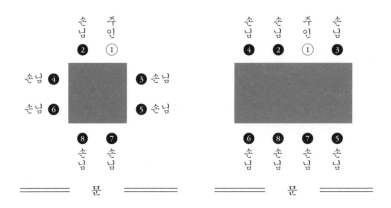

중화인민공화국 성립 이후 중국 대륙의 연회에서의 좌석 배치

높은 서열의 손님이 앉았던 자리에 주인이 앉고, 서열이 가장 높은 손님은 주인의 오른쪽에 앉도록 하는 규칙이 만들어진 것이다. 이전의 좌석 배치 규칙이 손님을 극진히 배려한 것이라면, 공산화 이후 변화된 좌석 배치 규칙은 주인과 서열이 가장 높은 손님이 나란히 앉아서 대화를 할 수 있도록 했다. 청나라와 중화민국 때 통용되었던 음식점 연회에서의 좌석 배치 규칙은 주로 주인이 높은 직위의 관료들을 접대하는 데 알맞았다. 그러나 평등을 내세운 공산주의자들은 이러한 접대식 좌석 배치 규칙을 좋게 보지 않았다. 즉, 주인이 연회의 중심이 되도록 규칙을 바꾼 것이다.

2 | 조선시대 양반들은 북벽·동벽·서벽 순으로

조선시대 관청의 공식적인 연회에서도 좌석 배치 규칙이 있었다. 당시 왕실이나 관료들의 연회에서는 1인용 소반에 음식을 차려 참석자들에게 개인별로 제공했다. 유럽이나 중국처럼 여러 명이 함께 앉을 수 있는 식탁을 사용하지 않은 상황에서도 좌석 배치 규칙이 존재했던 것이다. 지금부터 조선시대 연회에서의 좌석 배치 규칙을 알아보자.

《미암일기(眉巖日記)》의 저자로 유명한 유희춘(柳希春, 1513~1577)은 《미암집(眉巖集)》의 〈정훈내편(庭訓內篇)〉에서 관료들이 모여서 회의를 할 때의 좌석 배치 규칙을 다음과 같이 밝혀놓았다. "무릇 공관(公館)의 북벽(北壁)은 주인의 자리고, 창 가까이에 앉으면 손님의 자리다. 정면을 동서(東西)로 향하면 주인의 자리다. 북쪽 끝을 바라보고 앉으면 손님의 자리고, 남쪽 끝을 바라보고 앉으면 주인의 자리다."⁹ 여기서 규칙의 기준은 문이다. 유희춘은 문이 있는 곳을 남쪽으로 본 것이다.

이 글에서 유희춘은 세 가지 좌석 배치 규칙을 설명하고 있다. 하나는 주인이 북쪽을 등지고 앉아 남쪽을 보고, 손님은 서로 마주 보면서 각각 동쪽과 서쪽에 난 창문을 보고 앉는 규칙이다. 또 다른 규칙은 두 명이 모두 주인일 때의 좌석 배치이다. 이때는 좌우로 나뉘어서 주인

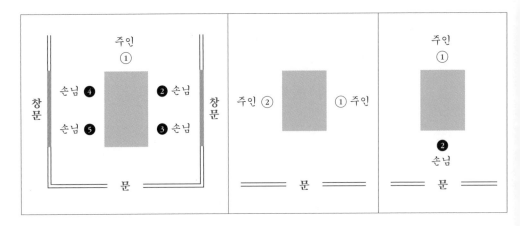

유희춘이 밝힌 조선시대 관료들의 회의 때 좌석 배치

한 명은 서쪽을 향해 앉고, 다른 한 명의 주인은 동쪽을 향해 앉는다.
마지막 좌석 배치의 규칙은 주인과 손님 둘뿐일 때다. 주인은 북쪽으로
등을 두고 남쪽을 바라보고 앉고, 손님은 남쪽으로 등을 두고 북쪽을
향해서 앉는다.

　조선시대 관청에서 회의를 할 때의 좌석 배치 규칙을 부르는 용어도
있었다. 등을 두는 자리에 따라 북쪽은 북벽(北壁), 동쪽은 동벽(東壁),
서쪽은 서벽(西壁), 그리고 남쪽은 남행(南行)이라고 불렀다. 유희춘은
"무릇 여럿이 앉을 때 반드시 북벽과 동벽·서벽, 그리고 남행이 있다.
이것은 하늘이 정한 사방(四方)이 아니라, 곧 사람이 인식하는 사방이
다. 처음 들어가는 곳이 남행이다. 서열이 가장 낮은 사람이 이곳에 앉
는다. 남행에서 우러러보는 곳이 북벽이다. 이 자리는 서열이 가장 높
은 사람이 앉는다. 서열의 차이가 없으면 북벽의 자리를 비워둔다. 최
상위자를 제외한 나머지 사람들은 서열대로 동서로 나누어 앉는다. 만

약 서열이 높은 사람과 낮은 사람이 같은 방향에 앉아야 한다면 서열이 낮은 사람이 조금 뒷자리에 앉는다"[10]라고 했다. 북벽·동벽·서벽은 실제 방위가 아니라 출입문을 기준으로 좌석의 방위를 표현한 것이다. 즉, 문을 바라보는 자리가 바로 북벽인 것이다.

참석자 중에서 최상위자는 남쪽을 바라보는 북벽에 앉았다. 이 때문에 북벽은 다른 말로 '주벽(主壁)'이라고도 불렀다. 최상위자보다 서열이 낮은 사람은 동벽에, 동벽에 앉은 사람보다 서열이 낮은 사람은 서벽에 앉았다. 남행에는 서열이 가장 낮은 사람이 앉기도 했지만, 사람들이 드나드는 곳이라서 대부분의 연회에서는 자리를 비워두었다. 주벽·동벽·서벽이라는 용어가 굳어지면서 각 관청의 특정 관직을 지칭하는 별칭으로도 쓰였다. 특히 함께 앉아서 회의를 할 일이 많았던 의정부·승정원·홍문관의 관원들이 이런 별칭으로 불렸다. 즉, 의정부에서는 정1품의 영의정·좌의정·우의정을 다른 말로 주벽이라고 불렀다. 이에 비해 종1품인 좌찬성과 우찬성을 동벽, 정2품인 좌참찬과 우참찬

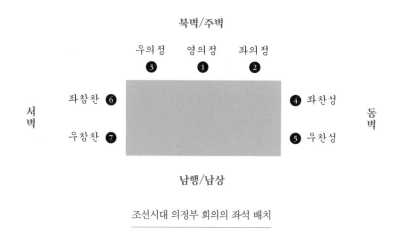

조선시대 의정부 회의의 좌석 배치

을 서벽이라고 불렀다.

관리들이 회의 탁자에 앉는 규칙은 왕실의 연회에서도 그대로 적용되었다. 이미 세종(世宗, 1397~1450) 때 정비된 회례연(會禮宴), 즉 근정전(勤政殿)에서 신하들이 왕을 모시고 행하는 연회에서 왕은 북벽에 앉고, 문반은 동벽, 무반은 서벽에 앉도록 규정했다. 또한 왕세자와 왕세손을 동벽에, 그들의 형제인 대군들을 서벽에 앉도록 한 규정 역시 '북벽→동벽→서벽'의 위계를 적용한 것이다.

1795년(정조 19) 음력 윤2월 13일에 오늘날의 경기도 수원의 화성 봉수당(奉壽堂)에서 개최된 혜경궁 홍씨(惠慶宮 洪氏, 1735~1815)의 회갑 연회를 그린 그림에서도 참석자들이 북벽·동벽·서벽의 좌석 배치 규칙을 따르고 있음을 확인할 수 있다.[11] 이 행사의 주인인 혜경궁 홍씨는 행궁 내전(內殿)의 북벽에 남향을 하고 앉았다. 그림에서는 붉은 색의 문이 닫힌 곳이 내전이다. 정조는 어머니 혜경궁 홍씨의 남서쪽에 동향을 하고 앉았다. 〈봉수당진찬도(奉壽堂進饌圖)〉에서는 상단의 왼편에 표피 방석이 놓인 곳이 정조의 자리다.

내전 앞의 기둥에 설치된 발[簾]의 안쪽에는 내명부와 외명부의 부인들 자리이다. 내명부는 동쪽, 외명부는 서쪽에 자리를 잡고, 윗사람부터 북쪽에 앉아서 서로 마주 보았다. 왕족 여성과 혼인을 한 의빈(儀賓)과 왕의 외척 남성 신하들은 내전 앞 기둥의 발 바깥쪽 좌우, 즉 동벽과 서벽에 서로 마주 보고 앉았다.

봉수당의 대문인 중양문(中陽門) 밖에는 혜경궁 홍씨와 정조를 호위하며 따라온 백관(百官)들이 융복 차림을 한 채 동벽과 서벽으로 나뉘어 앉았다. 아마도 여기에서도 동벽에는 문관이, 서벽에는 무관이 앉았을 것으로 추정된다. 관리들이 근정전 앞마당에 도열할 때 동벽에는 문

오늘날의 경기도 수원의 화성 내 봉수당에서 1795년 음력 윤 2월 13일 오전에 개최된 혜경 궁 홍씨의 회갑연. 그림에서는 내전의 서쪽에 표피 방석을 그 려서 정조의 자리를 표시해두었 다. 봉수당 밖 마당에는 하급 관 료들이 동벽과 서벽으로 나뉘어 앉아서 연회에 참석하고 있다. 〈봉수당진찬도〉, 김득신 외, 비 단에 채색, 151.5×66.4cm, 국 립중앙박물관 소장.

1730년 이원(梨園)에서 열린 기로회(耆老會) 장면을 그린 그림. 기로회의 좌석 배치를 짐작할 수 있다.《이원기로
회계첩》, 34.0×48.5cm, 종이에 채색, 국립중앙박물관 소장.

관, 서벽에는 무관이 섰던 것처럼 여기에서도 그러한 좌석 배치 규칙이
적용되었을 것으로 보인다.

사대부들의 연회에서도 북벽·동벽·서벽의 규칙이 적용되었다. 다
만 북벽을 기준으로 마치 오늘날 중화인민공화국의 좌석 배치 규칙처
럼 서열이 높은 참석자부터 차례로 동벽과 서벽을 번갈아가면서 앉았
다. 1730년에 제작된《이원기로회계첩(梨園耆老會契帖)》에 들어 있는 기
로회 장면 그림에는 21명의 참석자가 모두 각자 소반을 받았다. 참석
자들은 북벽·동벽·서벽에 앉았고, 남행의 가운데는 높고 큰 식탁이
놓였다. 장소가 좁은 누정이라 음식을 따로 내올 공간이 없어서 남행

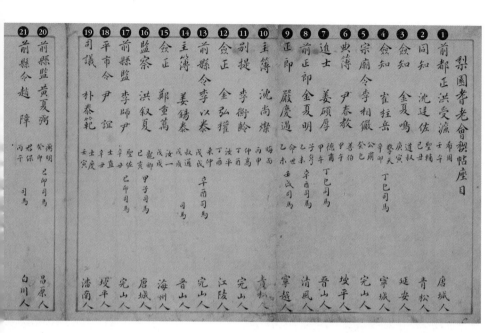

《이원기로회계첩》의 좌목. 총 21명의 참석자를 나이순으로 오른쪽에서 왼쪽으로 기록했다.

에 식탁을 놓고 술과 탕(湯), 그리고 음식을 담은 그릇들을 차려놓은 것이다. 남행은 다른 말로 남쪽에 놓은 식탁이라는 뜻으로 '남상(南床)'이라고 불렸다.

이 계첩에는 그림과 함께 참석자의 이름과 관직 등 간략한 신상 정보와 좌석의 차례를 적은 '좌목(座目)'도 들어 있다. 이 좌목에는 전현직 관료 출신들을 위로한다는 기로회의 목적에 어울리게 오른쪽에서부터 나이순으로 이름이 적혀 있다. 가령 가장 먼저 나오는 홍수렴(洪受濂)은 1642년 임오년(壬午年)생으로 이 기로회가 열릴 당시 참석자 중 가장 나이가 많은 89세였다. 두 번째로 나오는 심정좌(沈廷佐)는 1649년 기축년(己丑年)생으로 당시 82세였다. 좌목에는 세로로 맨 위에 참석자의

〈회혼례도〉, 작자 미상, 18세기로 추정, 비단에 채색, 37.9×24.8cm, 국립중앙박물관 소장.

전현직 관직명을 쓴 뒤 이름을 쓰고, 아래에 작은 글씨로 자(子)와 출생한 해의 육십갑자(六十甲子)를 표시했다. 그 아래에는 해당자에 한해서 과거급제 상황을 밝혔다. 제일 아래에는 본관이 적혀 있다. 아마도 이 좌목의 이름 순서가 이 연회의 좌석 배치 기준이 되었을 것으로 여겨진다. 즉, 나이가 가장 많은 홍수렴이 북벽에 앉고, 그다음부터는 나이순에 따라 '동벽→서벽→동벽→서벽'의 순서로 앉았을 것으로 추정된다.

조선시대의 또 다른 좌석 배치 규칙은 남녀, 즉 내외 구분이다. 유학에서 인간관계의 규범을 밝혀놓은 '오륜(五倫)' 가운데 '부부유별' 원칙을 좌석 배치에 적용한 것이다. 앞에서 살펴본 혜경궁 홍씨의 진찬 연회에서 내외를 엄격하게 구분하여 아예 서로 볼 수 없도록 공간을 분리했던 이유도 '부부유별'이라는 원칙을 따른 것이다. 그러나 일반 사가(私家)의 잔치에서는 내외 구분이 그리 엄격하게 지켜지지는 않았다. 같은 마을에서 함께 생활하는 친척들 간에 굳이 내외 구분을 할 이유가 없었던 것이다. 18세기에 제작된 것으로 추정되는 〈회혼례도(回婚禮圖)〉에는 남성은 동벽, 여성은 서벽에 좌석이 배치되어 있다.[12] 내외 구분 방식이 달리 적용된 것이다.

이 '회혼례' 잔치에서 주인공 부부는 북벽에 나란히 앉았다. 남편이 동쪽에, 부인이 서쪽에 앉은 이유는 유학에서 동쪽이 남성의 자리이고, 서쪽이 여성의 자리이기 때문이다. 회혼례에 참석한 사람들도 남성이 동벽에 두 줄, 여성이 서벽에 두 줄로 앉았다. 이 집안의 장남과 맏며느리의 자리는 노부부와 가장 가까운 동벽과 서벽의 제일 안쪽 앞줄이다. 그림에서는 마침 장남과 맏며느리가 자리에서 일어나 노부부에게 술을 올리고 있다. 부부가 혼인한 지 60년이 된 것을 기념하기 위해 다시 한 번 혼인 예식을 치르는 '회혼례'에서 노부부가 주인이고, 장남과 맏며느리는 손님 중 가장 서열이 높은 참석자이다. '북벽→동벽→서벽'의 좌석 배치 규칙은 연회의 성격에 따라 약간씩 다르게 적용되었음을 확인할 수 있다.

북벽·동벽·서벽의 규칙은
어디서 유래했을까?

조선시대 왕실에서나 사대부들이 연회 때 지켰던 '북벽→동벽→서벽'의 좌석 배치 규칙은 어디에서 유래한 것일까? 먼저, 공자는 "덕으로써 정치를 한다는 것은 비유컨대 북극성이 제자리에 머물러 있으면 모든 별이 그에게로 향하는 것과 같다"[13]고 하여 북극을 우주의 기준으로 인식했다. 이러한 인식에서 북쪽을 가장 높은 자리로, 그다음으로 해가 뜨는 동쪽을 높은 자리로 여기게 되었다.[14] 따라서 해가 지는 서쪽은 자연스럽게 동쪽보다 낮은 자리가 되었다.

공자의 이러한 방위에 대한 인식이 실제로 상층부의 모임이나 연회에서 좌석 배치 규칙으로 실천되었는지에 대해서는 확인하기 어렵다. '북벽→동벽→서벽'의 좌석 배치 규칙은 유방을 도와 한나라를 세우는 데 이바지했던 숙손통(叔孫通, 진나라 말~서한 초)이 이른바 '조정예의(朝廷禮儀)'를 제정하면서 만들어진 것으로 알려진다.[15] 그는 한나라 초기에 군신들이 "술을 마시면 공로를 다투고, 술에 취하면 제멋대로 지껄이며, 심지어 칼을 뽑아서 기둥을 치기도"[16] 하는 모습을 보고 유방에게 연회의 예법을 정해야 한다고 상소를 올렸던 인물이다.[17]

숙손통이 제정한 조정예의 규칙 중에는 군신들이 황제를 알현할 때의 좌석 배치에 대한 것도 있다. 그 내용은 이러하다. 황제는 북쪽의 높은 곳에 앉아야 하고, 승상과 문관들은 전(殿)의 동쪽에, 열후(列侯)와 무장(武將) 들은 전의 서쪽에 줄을 지어 나란히 서야 한다.[18] 이 규칙에 따르면 황제의 내전에서 문관과 무관 관료들은 서로 마주 보고 서게 된다. 이것이 바로 한나라를 비롯해 중국 역대 왕조에서 철저하게 지켰던 '북벽→동벽→서벽'의 좌석 배치 규칙의 출발점이다. 한 고조 유방은 숙손통이 제안한 조정의례를 관철하기 위해 예법을 규찰하는 어사(御使)를 따로 둘 정도였다. 만약 연회에서 예법을 어기는 군신이 나타나면 어사는 곧장 그를 잡아 쫓아내기까지 했다.

'북벽→동벽→서벽'의 좌석 배치 규칙은 한반도에도 전해졌다. 고려 중기의 이규보(李奎報, 1168~1241)는 "여러 성왕(聖王)이 평화를 누렸네, 비로소 궁현의 음악을 제정하고, 처음으로 절찬(絶纂)하는 의식을 마련했네"[19]라는 시를 통해 숙손통이 제정한 예법이 일찍이 신라 왕실에 전해져서 실천되었다고 주장했다. 여기서 '절찬'은 숙손통이 조정의 의례를 제정하기 위해 30여 명의 노나라 유생을 불러 야외에 표지를 세우고 서열에 따라 자리를 잡는 연습을 행한 것을 이른다.[20]

'북벽→동벽→서벽'의 규칙은 조선시대에도 그대로 이어져 조정 관료들의 좌석 배치 기준이 되었다. 또한 상층부의 연회에도 영향을 미쳐 진연·진찬·기로연 같은 왕실 잔치뿐 아니라 기로회·혼례·회혼례 같은 사대부의 잔치에도 이 규칙이 적용되었다.

숙손통이 제시했던 '북벽·동벽·서벽'의 좌석 배치를 묘사한 한나라 때의 화상석. 산둥성(山東省) 주청시(諸城市) 첸량타이(前涼台)에서 발굴.

대한제국에서 수용한
서양식 좌석 배치 규칙

1876년 강화도조약 이후 일본을 비롯해 서양의 여러 나라와 수교를 맺으면서 기존 좌석 배치 규칙에 혼란이 오기 시작했다. 앞에서 소개한 유럽과 영미의 좌석 배치 규칙을 잘 몰랐던 조선의 관리들은 처음으로 유럽과 미국의 외교관을 접대하면서 매우 혼란스러웠다. 특히 식탁이 서양식으로 바뀌면서 소반에 앉던 좌석 배치 규칙을 적용하기가 쉽지 않았다. 서양 외교관을 초청한 연회에서 조선식 좌석 배치 규칙을 요구하기 어려웠던 것이다.

지금까지 남아 있는 자료 중에서 조선의 외교적 연회를 엿볼 수 있는 그림이 한 점 있다. 1883년 음력 6월 22일에 서울에서 열린 조일통상장정 조인 기념 연회를 그린 연회도이다(148쪽 참조). 이 연회도의 좌석 배치는 얼핏 보기에 조선시대 사대부들이 연회에서 적용했던 좌석 배치 규칙이 반영된 듯하다.[21] 그러나 이 그림의 좌석 배치는 영미식 규칙을 따른 것이다.

식탁과 의자는 물론이고 식탁에 차려져 있는 주요리와 식기 역시 서양의 것이다.[22] 그림에 등장하는 인물도 조선인 여덟 명, 일본인 두 명, 서양인 두 명으로 다국적이다. 이 연회의 주관자는 가장 왼쪽에 앉은 조선 측의 전권대신(全權大臣)인 독판교섭통상사무(督辦交涉通商事務) 민영목(閔泳穆, 1826~1884)이다. 주빈은 민영목의 오른쪽에 앉은 일본 측 전권대신인 판리공사(辦理公使) 다케조에 신이치로(竹添進一郞, 1842~1917)이다. 민영목의 왼쪽에 앉은 사람은 이 연회를 성사시킨 조선 측 고문관 묄렌도르프(Paul George von Möllendorff, 1848~1901)다.

나는 몇 년간 연구를 통해서 이 연회에 참석한 사람과 그들이 앉은 자리를 확인했다.[23] 그런데 문제는 좌석 배치 규칙이었다. 나는 먼저 앞에서 소개한 조선 왕실의 규칙을 기준으로 삼아서 살펴보았다. 즉, '북벽→동벽→서벽→남행'의 규칙을 적용해보았더니 상당히 혼란스러웠다. 이 행사를 주관한 민영목은 서양식 탁자에서 북벽에 자신이 앉고 동벽의 가장 높은 자리에 묄렌도르프를, 그리고 서벽의 가장 높은 자리에 다케조에 신이치로를 앉혔다. 사실 이 연회의 주인은 민영목이고, 서열이 가장 높은 손님은 다케조에 공사다. 만약 민영목이 조선식 좌석 배치 규칙을 적용했다면 다케조에 공사를 무시한 좌석 배치라 할 수 있다.

이에 대해 한국음악학자 이정희는 이 연회의 좌석 배치 규칙이 조선식이 아니라고 논증했다.[24] 그녀는 주인이 긴 식탁의 한쪽에 앉고 손님의 자리를 배치하는 영미식 좌석 배치 규칙이 이 연회에서 적용되었다고 보았다. 특히 1889년(고종 26) 2월부터 1894년 9월 사이에 왕실에서 개최한 각종 연회의 좌석 배치도를 그린 《연회도(宴會圖)》[25]를 찾아서 그러한 사실을 증명했다.[26] 《연회도》에 나오는 좌석 배치 규칙은 앞에서 소개한 남성 위주의 영미식 연회에서의 좌석 배치 규칙과 똑같다. 심지어 고종 때 만들어진 《연회도》의 좌석 배치도에서는 '동서남북'의 방위까지 표시해두어 종래 조선 왕실에서 적용했던 '북벽·동벽·서벽·남행'의 좌석 배치 규칙과 분명히 구별했다.

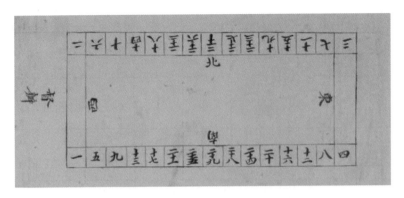

《연회도》의 영미식 좌석 배치 기준. 서울대학교 규장각한국학연구원 소장.

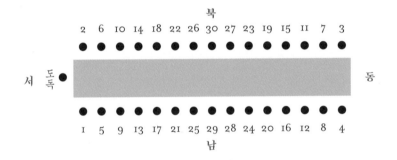

《연회도》의 영미식 좌석 배치도에는 도독의 자리 맞은편에 아무도 앉히지 않았다. 그런데 1898년에 편찬되었을 것으로 추정되는 대한제국의 국가전례를 실은《대한예전(大韓禮典)》에는 서열 1순위의 주인과 2순위의 주인이 각각 긴 식탁의 서쪽과 동쪽에 마주 보고 앉은 좌석 배치도가 나온다. 이 좌석 배치도는《대한예전》의 '빈례서열(賓禮序列)', 즉 손님 예절에서의 서열을 밝혀놓은 부분에서 외국 사신의 서열에 대한 설명과 함께 '연향도(宴饗圖)'라는 이름으로 실려 있다.[27]

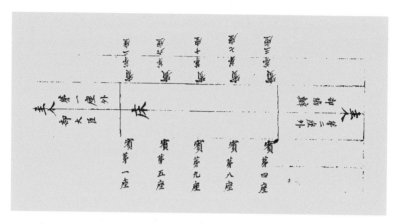

《대한예전》에 소개된 연회 좌석 배치도 '연향도'.

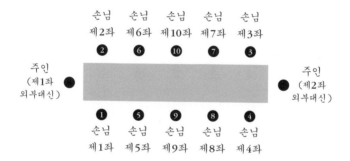

이정희의 주장처럼 《대한예전》의 '빈례서열'에서 소개된 좌석 배치 규칙을 1883년 〈조일통상장정 기념 연회도〉에 적용하면 이 연회에 참석한 사람들의 자리를 파악하는 데 문제가 없다. 먼저 이 연회의 주관 부서가 교섭통상사무(交涉通商事務)라는 점에 주목해야 한다. 이 부서에 소속된 다섯 명의 관원은 모두 관모(冠帽)와 대(帶)를 갖춘 관복을 입었다. 이들 중에서 책임자인 독판(督辦) 민영목은 이 연회의 '주인①'이다. 민영목의 맞은편인 '주인②'의 자리에는 민영목 아래의 직책인 협판(協

〈조일통상장정 기념 연회도〉, 안중식, 1883년, 비단에 채색, 53.5×35.5cm, 숭실대학교 한국기독교 박물관 소장.

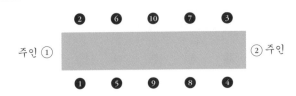

주인① 민영목(閔泳穆, 1826년생, 58세) 독판교섭통상사무(督辦交涉通商事務)

주인② 홍영식(洪英植, 1855년생, 29세) 협판교섭통상사무(協辦交涉通商事務)

❶ 〔손님〕 다케조에 신이치로(竹添進一郎, 1842년생, 42세) 전권대신(全權大臣) 판리공사(辦理公使)

❷ 〔손님〕 묄렌도르프(1848년생, 36세) 협판교섭통상사무(協辦交涉通商事務)

❸ 〔손님〕 묄렌도르프 부인

❹ 〔손님〕 소에다 다카시(副田節, 미상) 판리공사(辦理公使) 부관(副官)

❺ 〔참관인〕 조영하(趙寧夏, 1845년생, 39세) 독판군국사무(督辦軍國事務)

❻ 〔관원〕 이조연(李祖淵, 1843년생, 41세) 참의교섭통상사무(參議交涉通商事務)

❼ 〔관원〕 김옥균(金玉均, 1851년생, 33세) 참의교섭통상사무(參議交涉通商事務)

❽ 〔참관인〕 기생

❾ 〔참관인〕 민영익(閔泳翊, 1860년생, 24세) 미국 보빙사(報聘使) 정사(正使)

❿ 〔관원〕 변원규(卞元圭, 1840년대 추정, 30대 후반) 참의교섭통상사무(參議交涉通商事務)

辨) 홍영식이 앉았다. 나머지 세 사람의 관원은 ⑥, ⑩, ⑦에 앉았는데, 이들이 누구인지에 대해서는 조금 후에 설명하겠다.

다음은 '손님①, ②, ③, ④'이다. 이들이 입은 옷이나 모습을 통해서 누구인지 충분히 짐작할 수 있다. 손님 중에서 가장 서열이 높은 사람은 이 조약의 상대국 책임자인 다케조에이다. 그는 '손님①'의 자리에 앉았다. '손님②'의 자리에는 교섭통상사무의 협판이면서 오늘 회의를 주선한 독일인 고문관 묄렌도르프가 앉았다. '손님③'의 자리에는 묄렌도르프의 부인이 앉았다. 그리고 '손님④'의 자리에는 다케조에의 부관 소에다가 앉았다.

여기까지는 큰 문제가 없다. 그런데 조약의 직접 당사자가 아닌 세 사람, 즉 조영하·민영익·기생의 좌석 배치가 문제이다. 조영하는 군국사무(軍國事務)의 독판이다. 그는 벼슬과 나이에 어울리게 도포를 입고 정자관을 썼다. '손님⑤'가 그의 자리이다. 민영익은 장차 8월에 미국으로 떠날 보빙사(報聘使)의 책임자, 즉 정사(正使)이다. 당시 민씨 세도가의 핵심 인물인 민영익은 20대 중반의 나이에 어울리게 청색 쾌자를 입고 초립을 썼다. 그는 '손님⑨'의 자리에 앉았다. '손님⑧'의 자리에 앉은 사람은 기생이다. 그런데 이들 세 사람의 자리가 오롯이 《대한예전》에 실린 '연향도'의 좌석 배치대로 정해졌다고 보기는 어렵다.

이 점은 '손님⑥, ⑦, ⑩'에 앉은 교섭통상사무 소속의 참의 세 사람, 즉 이조연·변원규·김옥균의 좌석 배치에도 그대로 드러난다. 그림은 사진과 달라서 이들이 각각 누구인지 정확하게 판명하기 어렵다. 그러나 김옥균의 사진 등을 참고해 그림 속 인물을 유추하면, 묄렌도르프 옆으로 이조연·변원규·김옥균이 나란히 앉았을 것으로 여겨진다. 마침 이들의 나이 역시 이 순서이다.

나는 '손님⑤, ⑥, ⑦, ⑧, ⑨, ⑩'의 좌석 배치가 《대한예전》의 '연향도'와 같은 규칙을 따랐다고 보지 않는다. 오히려 동벽과 서벽의 조선식 규칙을 적용했다고 본다. 즉, 이 연회의 주관 부서 관원 세 사람은 북벽을 기준으로 나이순으로 앉았다. 서벽에는 연회의 참관인(observer)인 조영하·민영익·기생을 북벽을 기준으로 앉혔다. 연회에 차려진 음식도 서양식과 조선식이 혼합되었듯이 좌석 배치 규칙도 서양식을 기본 골격으로 삼았지만, 조선식을 가미했던 것이다.

이 연회가 열리던 1883년 당시만 하더라도 조선 왕실과 관리들에게 서양식 연회와 좌석 배치 규칙이 익숙지 않았다. 1876년 일본과 강화도조약을 체결한 이후 한참 시간이 지난 1882년이 되어서야 미국·영국·독일 등의 국가와 수호통상조약(修好通商條約)을 체결했으니, 서양 문화에 대한 이해가 낮을 수밖에 없었다. 그러나 갈수록 서양 각국 인사들과의 교류가 늘어나면서 서양식 좌석 배치 규칙에도 익숙해져갔다. 그 결과가 1898년에 편찬된 《대한예전》의 '빈례서열'에 반영되었던 것이다.

4 혼란스러워진 좌석 배치 규칙

한편, 민간에서도 1900년대 이후 서울을 비롯해 전국 도시에 조선요리 옥이 들어서면서부터 기존의 좌석 배치 규칙에 혼란이 일어났다. 이 혼란은 4장에서 설명했듯이 일본식 교자상 때문에 생긴 것이었다. 소반에 앉아서도 '북벽→동벽→서벽'의 좌석 배치 규칙을 잘 지켰는데, 교자상에 둘러앉게 되자 기존의 규칙을 적용할 수 없게 되었다. 그렇다고 서양식 좌석 배치 규칙을 교자상에 적용하기도 어려웠다.

개화기와 식민지 시기의 조선요리옥에서는 대규모 연회가 있을 때 교자상을 붙여놓고 문에서 먼 안쪽 벽에 병풍을 쳤다. 이 병풍 앞이 바로 북벽의 자리가 되었다. 주인이 병풍을 등지고 앉으면 나머지 손님들이 동벽과 서벽으로 번갈아가면서 직사각형의 교자상에 앉도록 했다.

가정에서도 1970년대까지는 교자상에 앉아서 식사를 해도 통용되는 좌석 배치 규칙이 있었다. 특히 한겨울 온돌방에서 가족들이 교자상에 음식을 차려 식사를 할 때는 아랫목이 가장이나 집안 어른의 자리였다. 한옥에서 이 아랫목은 가장 따뜻하고, 또 사람이 드나드는 방문에서 가장 먼 자리라서 외풍도 덜하고 성가실 일도 없는 편한 자리이기 때문이다. 그런데 1980년대 후반 이후 많은 가정이 아랫목이 따로 없는 보일

1933년 10월 17일자 《동아일보》에 실린 백남운 선생의 출판 기념회 사진. 대규모 연회에서는 병풍이 상석을 표시하는 기준이 되었다. 이 날 연회의 주인공인 백남운 선생이 병풍 앞에 자리를 잡았다.

러 시설이 갖추어진 아파트에 살게 되면서 이런 좌석 배치 규칙도 효용성이 사라졌다.

나는 명절에 대가족이 아파트 거실에서 식사할 때 어떻게 좌석을 배치하는지에 대해 조사한 적이 있다.[28] 대부분의 가정에서 상석은 바로 텔레비전이 잘 보이는 자리였다. 서울 강남구 대치동의 한 아파트에 사는 A씨*의 집에서는 2001년 설날 따로 사는 자녀의 가족들까지 모두 참석하여 식사를 했다. 이 집의 가장인 A씨는 텔레비전이 잘 보이는 곳에 앉았다. 그 자리는 거실에서 소파가 놓인 자리여서 그는 소파 아래 바닥에 앉아 등을 소파에 기댔다.

A씨는 슬하에 딸 둘과 아들 셋을 두었다. 이들은 모두 결혼하여 가족을 이루고 있다. 이 집에 함께 사는 사람은 A씨 부부와 셋째 아들 부부, 그리고 그들의 자녀이다. 다른 가족들은 설 명절을 지내기 위해 방문한 것이다. 이 집은 35평형 아파트로 주방 근처에 다이닝룸이 있고, 그곳

* A씨는 1926년생 남성이다. 조사 시점 현재 부인과 셋째 아들 가족과 함께 아파트에서 살고 있다. 집의 소유주는 A씨로 셋째 아들이 더부살이를 하는 형편이지만, 공식적으로는 셋째 아들이 '모신다'고 이야기한다.

텔레비전

| 둘째 딸의 딸 | 둘째 아들의 딸 | 둘째 아들의 아들 | 첫째 딸의 아들 | 둘째 딸의 아들 | 셋째 아들의 아들 | 첫째 아들의 아들 | 둘째 아들 | 첫째 딸 | 둘째 사위 | 셋째 아들 |

첫째 딸의 첫째 딸
첫째 딸의 둘째 딸

교자상　　교자상　　교자상

첫째 아들

| 첫째 며느리 | 셋째 며느리 | 둘째 며느리 | 셋째 아들의 아들 | 둘째 딸 | 첫째 사위 | 주인 A | A의 부인 |

소파

2001년 설날 아파트 거실에서의 대가족 식사 좌석 배치도

에 입식 식탁이 있다. 하지만 노부부는 평소 거실에 교자상을 펴고 식사를 한다. 이날처럼 22명의 대가족이 모두 모이면 집에 있는 교자상 세 개를 이어 붙여서 거실에서 식사를 할 수밖에 없다.

A씨 가족의 식사에서 좌석 배치의 가장 중요한 기준은 텔레비전과 소파이다. A씨 부부는 텔레비전이 잘 보이는 식탁 가운데 자리에 앉지 않았다. A씨는 허리가 불편하여 방바닥에 책상다리를 하고 앉아도 소파에 등을 기대야 한다. 첫째 아들과 첫째 딸, 그리고 둘째 사위는 주인 A씨가 앉은 교자상에 앉았다. 이 교자상이 중심 식탁인 셈이다. 이에 비해 주방이 가까운 쪽의 교자상에는 며느리 세 명과 첫째 딸의 딸들이 앉았다. 이들은 식사 중에 음식 시중을 들기 위해 이 자리에 앉았다. 가운데 놓인 교자상에 앉은 사람들은 첫째 사위, 둘째 딸, 그리고 셋째 아들의 아들이다. 셋째 아들의 아들은 나이가 가장 어린데도 불구하고 이 집에 살기 때문에 주인 A씨의 대리인처럼 텔레비전이 잘 보이는 곳에

앉았다. 주인 A씨의 왼쪽에 앉은 첫째 사위는 이 집에서 노부부 다음으로 나이가 많아서 그 자리를 배정받았다. 첫째 딸과 둘째 딸은 며느리들의 좌석이 아니라, 노부부의 교자상과 가운데 교자상에 앉았다. 설날 같은 명절에 친정에서 일을 하지 않는 관습이 이들의 좌석 배정에 반영된 것이다.

사실 1년에 몇 차례 되지 않는 대가족 식사에서 좌석이 늘 고정되어 있는 것은 아니다. 그러나 A씨 부부와 첫째 아들, 첫째 사위, 그리고 며느리들의 자리는 거의 정해져 있다. 대가족의 회식에서 어디에 앉는가 하는 문제는 공동체 내에서 식사 준비에 참여하지 않아도 되는 사람과 식사 준비에 나서야 하는 사람의 경계와 관련이 있다. 아울러 아파트의 거실에서 텔레비전이 잘 보이는 자리는 조선시대의 북벽, 혹은 군불 때는 온돌방에서의 아랫목에 해당되는 곳이다. 이 점은 1990년대 이후 아파트에 거주하는 가족이 식사 시간에 대화를 나누는 것보다 텔레비전을 보는 것을 더 중시한다는 사실을 반증해준다.

그렇다면 직장인의 회식에서 좌석 배치는 어떨까? 한국의 직장인에게 회식은 동료와 식사를 함께할 좋은 기회이기도 하지만, 한편으로는 부담스러운 자리이기도 하다. 낮 동안 직장에서 서열에 따라 업무를 해온 사람들이 다시 그 서열에 따라 좌석에 앉아서 음식을 먹고 술도 마신다. 서열이 높은 사람들은 좋아할 수도 있겠지만, 말단들에게는 여간 어려운 자리가 아니다. 12명의 팀원들이 한정식 음식점의 한방에서 회식을 한다고 가정해보자. 함께 퇴근해서 음식점으로 가기 때문에 가장 직위가 높은 상사가 어디에 앉는가가 좌석 배치의 기준이 된다. 그런데 문제는 1인자가 자리를 잡았을 때 아랫사람들은 어디에 앉아야 하느냐다. 이럴 때 차상급자가 정해주는 좌석 배치가 팀 내에서 각자의 위상을 보여주는 표지가 된다.

나는 방송국 PD들에게 회식 때의 좌석 배치에 대해 물어본 적이 있다. 이들의 대답은, 만약 소속 국 전체가 회식을 할 경우에는 국장과의 관계가 회식에서의 좌석 배치 기준이 된다고 한다. PD들은 일반 직장인과 달리 업무 종료 시간이 같지 않기 때문에 처음부터 회식 자리가 꽉 채워지지 않는다. 국장이 자신과 손발이 맞는 PD들과 먼저 회식 장소에 오면 그들은 대부분 가장 안쪽에 앉는다. 신입 PD들은 당연히 빨리 와서 '국장 무리들' 근처에 앉으려 애쓴다. 하지만 중견 이상의 PD들은 대부분 제시간에 도착하지 않는다. 가능하면 조금 늦게 도착해서 '국장 무리들'과 섞이지 않도록 반대편 자리에 앉는다. 내키지 않는 회식 자리에서 조금이라도 편안하게 그 시간을 보내려면 너무 빠르지도 늦지도 않는 '황금 시간'이 있다는 것이다.

오늘날 한국인의 회식 자리에서는 좌석 배치 규칙이 거의 실종되었다. 그나마 아직까지 유학의 장유유서(長幼有序) 의식이 남아 있어 연장자와 함께 회식을 할 때는 나이순으로 자리를 배치하곤 한다. 이 기준에 따르면 가장 나이가 많은 어른이 어디에 앉느냐에 따라 나머지 사람들의 자리가 정해진다. 직장인의 회식에서도 직위에 따라 좌석이 정해지긴 하지만 그렇다고 좌석 배치 규칙이 따로 있는 것은 아니다. 직위가 가장 높은 상사가 앉는 자리가 바로 기준점이 된다. 나머지 사람들의 좌석은 직위나 친소관계에 따라 정해진다.

이와 같이 오늘날 한국 사회의 좌석 배치 규칙은 무규칙 혹은 가장 서열이 높은 사람 마음대로인 경우가 대부분이다. 좌석 배치를 둘러싼 이런 상황은 지난 100여 년 동안 한국 사회가 겪어온 역사적 경험의 결과이기도 하다. 특히 1980년대 이후 민주화를 경험하면서 오히려 좌석 배치 규칙 같은 사회적 규범에 대한 관심은 희석되다시피 했다. 다른 한편에서는 남성들의 군대 경험이 회식 자리에서의 좌석 배치 기준에 상당한 영향을 끼쳤다. 여성에 대한 배려보다는 남성에 부속된 존재로서 여성의 자리를 정해주는 분위기가 자리 잡게 된 것이다. 공동체마다 많은 사람이 참석하는 회식이나 연회 때 적용하는 좌석 배치 규칙을 가지고 있다.[29] 그 규칙에는 공동체에서 견지해온 역사적 경험을 바탕에 둔 문화 코드가 숨어 있다. 오늘날 한국인의 회식 자리는 민주화·군대화·남성화·자본화라는 기준이 좌석 배치에 숨어 있는 문화 코드가 아닌지 성찰해볼 일이다.

6장

왜 그 많던
도자기 식기가
사라졌을까?

◇◇◇

1894년 여름에 조선에 왔던 오스트리아인 에른스트 폰 헤세 바르텍(Ernst von Hesse-Wartegg, 1854~1918)은 "조선인들은 유리라는 것을 모르기 때문에 그릇이나 병도 도자기로 만드는데, 대개 푸른색과 흰색 혹은 균열 무늬를 넣은 회색을 띤다"[1]고 했다. 헤세 바르텍은 당시 조선에서 사용하던 도자기를 아주 정확하게 묘사했다. 푸른색의 도자기는 청화백자이고, 흰색의 도자기는 백자이다. 알다시피 도자기는 조선의 대표 식기다. 그러나 요사이 중저가 한식음식점에서는 도자기로 만든 식기를 보기 어렵다. 얼핏 보면 도자기처럼 보이지만, 자세히 살펴보면 멜라민 수지로 만든 식기가 식탁 위에 즐비하다. 식민지 시기만 해도 많은 일본 지식인이 '도자기의 나라'라고 칭송했던 한국에서 왜 이런 일이 일어났을까?

◇◇◇

1 동아시아의 대표 식기, 도자기

세계 대부분의 지역에서 식기의 변천사는 산업화 이전과 이후로 갈라진다. 산업화 이전만 해도 장인이 손으로 만든 식기를 사용했다. 오래된 목기·토기·자기·청동기·철기 등의 식기가 모두 '핸드메이드(handmade)', 즉 수제품이었다. 하지만 산업화 이후 공업의 발달과 함께 스테인리스 스틸과 플라스틱 등 각종 새로운 재질의 식기가 탄생했다.

초기 인류는 익힌 음식을 나뭇잎이나 풀 혹은 나무껍질 등에 담아 식사도구 없이 손으로 먹었다. 이후 곡물을 갈아서 익혀 먹었던 사람들은 진흙으로 토기를 만들어 조리도구로 사용했으며, 동물의 뼈로 만든 도구로 식사를 했다. 그러나 밀가루나 보릿가루를 반죽하여 익힌 빵을 먹었던 사람들은 식사도구를 만들 필요가 없었다. 손으로 빵을 뜯어먹는 것이 더 편했기 때문이다. 독일의 사회학자 게오르그 짐멜은 개인적인 욕망을 실현하는 행위 가운데 하나인 식사 과정에 도구가 사용되면서 먹고 마시는 행위가 미학적 양식으로 전환되었다고 보았다.[2] 식기 역시 식사의 미학적 양식화의 결과물이다.

역사상 중국인들이 사용해온 식기도 토기에서 청동기, 칠기, 그리고 자기로 그 재질이 달라졌다. 이 중에서 자기는 점토에 고령석(高嶺石)

가루를 섞거나 고령토(高嶺土)만으로 반죽하여 성형한 뒤 가마에서 1,200~1,400℃의 고온으로 구워낸 그릇을 가리킨다. 고령토는 장시성(江西省) 징더전(景德鎭) 부근의 고령촌(高嶺村)에서 많이 생산되었기 때문에 그 지명을 따서 이름을 붙인 것이다.

중국에서 고령석이 들어간 점토에 유약을 바른 자기가 유행한 시기는 송나라 때다. 1,200℃ 이상의 고온에서 구워낸 자기는 잘 깨지지 않았으며, 특히 표면에 유약을 발라 방수 효과가 커지자 식기로 사용하기에 안성맞춤이었다.[3] 송나라 때는 청색 안료를 넣은 청자가, 원나라 때는 백자, 명나라 이후에는 청화백자와 온갖 채색 자기가 유행했다.[4]

11세기에 유럽 귀족들 중 이탈리아 무역상과 거래했던 일부 가문에서는 중국에서 수입한 자기, 즉 포셀린(porcelain) 식기를 사용했다. 포셀린이라는 영어명은 무늬개오지조개(cowrie shell)라는 뜻의 이탈리아어 '포르첼라나(porcellana)'에서 유래했는데, 중국의 청자와 백자가 조개처럼 얇고 단단해서 붙여진 이름이다.[5] 그러나 이 명칭보다는 중국을 뜻하는 '차이나(china)' 혹은 '파인 차이나(fine china)'가 더 널리 쓰였다. 16세기 이후 중국에서 수입한 자기 식기는 유럽 귀족 가문에서 반드시 갖추어야 하는 필수품이었다.

15세기 이후 중국 내에서 가장 유명한 자기 생산지는 징더전이었다. 이곳에서는 유럽의 귀족들 취향에 맞추어 디자인된 자기 식기를 수출하고 있었다.[6] 그런데 19세기 초반부터 징더전의 내부 갈등으로 생산이 원활하게 되지 않았다. 1855년이 되면 징더전의 어요(御窯), 즉 황제의 식기를 만들던 가마마저도 생산을 중단하기에 이르렀다. 이렇게 되자 유럽의 귀족들과 부르주아 계층에서 난리가 났다. 이 틈을 타서 일본의 도자기, 그중에서도 '아리타야키(有田燒)'에서 만든 도자기들이 나가사

중국 제일의 도자기 생산지이자 세계의 도자기 중심지였던 징더전. 18세기 당시 도자기 제작 과정을 그림으로 그리고 자세한 설명을 덧붙인 《도야도(陶冶圖)》(1743)가 전하는데, 그중 채색 단계 장면이다.

키 항구를 통해 서유럽으로 수출되었다. 일본의 도자기 역시 서유럽의 소비자 요구에 맞춘 서양식 자기 식기였다.[7]

원래 일본은 1592년 조선을 침략해 임진왜란을 일으키던 당시까지도 자기를 만들지 못했다. 일본에서는 점토로 빚은 그릇을 600℃ 정도의 온도에서 구워낸 토기나, 800℃ 정도에서 구워낸 도기(陶器)를 겨우 생산하고 있었다. 당시 일본 상층부는 중국과 조선에서 수입한 자기를 찻잔으로 썼다. 식기는 대부분 일본 열도에서 많이 나는 옻나무 진을 목기에 칠해서 만든 칠기였다. 그런데 임진왜란 중에 일본은 수많은 조선 도공을 포로로 잡아가서 자기를 생산하도록 했다. 이때 잡혀간 도공 중 이삼평(李參平, ?~1655)이 사가현(佐賀縣) 아리타(有田)에서 고령토를 발견해 조선의 자기 기술을 결합한 도자기를 생산하면서부터 일본의 도자기 역사는 획기적으로 바뀌었다. 이런 결과를 두고 최근 일본 역사학자들은 임진왜란을 '차완전쟁(다완전쟁, 茶碗戰爭)'이라고 부른다.[8]

일본 열도의 번주(藩主)들이 수많은 도공을 포로로 잡아갈 정도로 임진
왜란 시기에 조선은 이미 세계에서 손꼽히는 자기 생산국이었다. 10세
기에 고령석으로 자기를 만드는 기술이 중국에서 한반도로 전해졌고,
이후 고려청자 같은 기술적 진보를 이루어냈다. 한반도에 살았던 사람
들은 고령토를 백토(白土) 혹은 백점토(白粘土)라고 불렀으며, 경기도·
전라도·경상도·강원도 등지에서 찾아냈다. 최고 품질의 청자를 생산
했던 고려시대에 귀족들은 식기로도 청자를 사용했다. 고려 후기 인물
인 이색은 "연유 같은 팥죽이 비취색 대접에 가득하구나"⁹라는 시를 써
서 청자가 식기로 사용되었음을 알려준다.

하지만 고려청자에 대한 애호는 일부에 국한되었을 뿐 고려 후기 지
배층은 숟가락과 젓가락은 물론이고 일반 식기도 금속으로 만든 것을
더 좋아했다. 그런데 13세기 후반 원나라가 고려에 다량의 동(銅)을 공
물로 요구하고서는 대신 금속 식기를 대체할 청자와 백자를 상당량 보
내주었다.¹⁰ 이런 탓에 고려 후기에 권력과 재력을 가진 사람들은 자기
를 식기로 사용할 수밖에 없었다.

이후 중국 대륙에서 원나라가 망하고, 한반도에서도 조선이 건국되

었다. 새로 권력을 잡은 지배층은 다시 금은 그릇을 식기로 사용하려고 했다. 금은 그릇에 대한 수요가 늘어나면서 각종 폐단이 발생하자, 태종(太宗, 1367~1422)이 즉위한 지 7년째인 1407년 1월 19일 영의정 성석린(成石璘, 1338~1423)이 상소를 올렸다. "금은으로 만든 그릇〔器皿〕은 궁내(宮內)와 국가에서 쓰는 것을 제외하고는 중외(中外)에 명령을 내려 일절 금지하고, 나라 안이 모두 사기와 칠기를 쓰게 하소서."[11] 여기에서 사기는 백토로 구워 만든 '분청사기(粉靑沙器)'를 가리킨다. 칠기는 나무로 그릇 모양을 만든 다음 표면에 옻칠을 한 것이다. 하지만 금은으로 만든 그릇 사용을 금지하고 사기와 칠기를 사용하게 하자는 성석린의 상소는 바로 적용되지는 않았다. 지배층 일부의 반발이 거센 데다 그릇 같은 생활용품을 일시에 바꾸는 데에는 무리가 따랐기 때문이다. 같은 해 10월 24일 의정부에서는 금과 은으로 만든 그릇의 사용을 금지하기 위해 또 다른 방안을 내놓았다.[12]

금은 그릇 중에서 예외 품목을 정해서 일부 품목은 사용을 인정한 것이다. 예외 품목은 바로 은으로 만든 목이 가늘고 동체가 볼록하며 큰 손잡이가 있는 주전자인 호병(胡甁), 납작한 술잔인 선배(鐥杯), 그리고 숟가락과 젓가락이다. 그러면서 정3품과 종3품 이상의 관리와 문반과 무반의 양반은 호병·선배·숟가락·젓가락만 은으로 만든 것을 쓸 수 있다고 했다. 그리고 4품 관리들은 앞의 네 가지 품목 중 호병은 사용하지 못하도록 했다. 그 밖의 관원들은 은으로 만든 선배만 사용토록 했다. 또한 이 규정에서 언급하지 않은 관원들이나 사대부가에서는 절대 금은으로 만든 그릇이나 숟가락·젓가락을 쓰면 안 된다고 했다. 아예 금은 그릇 사용을 전면적으로 금지시켜버리지, 왜 이런 예외를 두었을까? 이미 4품 이상의 관원들과 사대부가, 그리고 지방의 관원들이 금은으로 만든 식기를 일상에서 사용하고 있었기 때문에 일시에 전면 금지 조치를 취하기가 어려웠던 것이다.

이런 상황에서 성석린이 대안으로 제시한 칠기는 재료를 한반도에서 쉽게 구할 수 없기 때문에 사용을 확대하기가 어려웠다. 특히 칠기를 만드는 데 필요한 옻나무 진은 한반도에서 생산량이 아주 적은 편이었다. 옻나무는 아시아의 온난 지대에서 자라긴 하지만, 아열대성 기후의 습윤 지대에서 더 잘 자란다. 중국 남방과 베트남·캄보디아·태국·미얀마 등지의 옻나무는 나무의 굵기가 지름 25~50cm나 될 정도로 큰 대목칠(大木漆)이다.[13] 그러나 한반도의 옻나무는 그와 달랐다. 조선 초기만 해도 남해안 일대에서 굵기가 10cm도 되지 않는 옻나무, 즉 소목칠(小木漆)이 겨우 자라고 있었다. 이 소목칠에서 옻진을 채취하려면 아예 나무를 잘라서 뜨거운 열기를 쐬어야 겨우 추출이 가능했다. 이런 과정을 거쳐 옻진을 추출한다 하더라도 그 양이 적어 지배층이 사용할 만큼의 많은 칠기를 만들 수가 없었다.

반면, 사기로 그릇을 만들어 사용하자는 성석린의 제안은 타당성이 있었다. 성석린이 제안한 사기는 고급 자기와 달리 질이 좀 낮은 백토를 사용하여 1,100℃ 전후 온도로 구워낸 자기의 일종이다. 비록 고급 백토를 사용하여 1,200℃ 이상의 고온에서 구워낸 고급 자기는 아니지만, 사기는 도기에 비해서 단단하고 수분 흡수율도 낮은 편이어서 금은 식기 대신 일상 식기로 사용하기에 알맞았다. 그런데 문제는 관요(官窯)에서 진상되는 사기를 비롯한 자기의 품질이었다. 당시 상류층에서 자기를 크게 선호하지 않은 탓에 장인들이 기술력이나 자기 품질에 별다른 관심이 없었다. 이에 세종 때인 1421년 4월 16일에 공조(工曹)에서 왕실에 진상하는 자기에 장인의 이름을 써넣게 하여 품질을 올리자는 제안을 내놓았다.[14] 이 제안이 시행되면서 사기를 비롯한 자기의 품질이 잠시 좋아졌다. 그러나 여전히 왕실에 납품되는 그릇 중에는 품질이 좋지 않은 사기가 섞여 있었다. 결국 사옹원(司饔院, 조선시대 궁중의 식사에 관한 일을 맡아보던 관청)에서는 경기도 광주에 있던 분원(分院)의 장인들을 좌우 두 패로 나누어 경쟁을 붙이는 방안을 내놓았다. 세종 때 태어나서 연산군 때 세상을 떠난 성현(成俔, 1439~1504)은 그러한 사정을 다음과 같이 밝혀두었다.

"지금도 마포와 노량진 등에서 모두 도자기 굽는 일을 생업으로 삼고 있는데, 이는 모두 와기(瓦器, 질그릇)나 항옹(缸甕, 항아리) 같은 것들이다. 자기는 반드시 백토를 써서 정교하게 굽고 만들어야 비로소 사용하기에 적합하다. 지방의 각 도에 자기를 만드는 사람이 많이 있지만 고령(高靈)에서 만든 것이 가장 정교하다. 그러나 그것도 광주(廣州)에서 만든 것만큼 정교하지는 못하다. 매년 사옹원의 관리를 좌우로 나누고 각각 서리를 인솔해 보낸다. 봄부터 가을까지 제조를 감독해 자기를 대궐 창고에 들이게 하고, 그 공로를 조사해 성적을 매겨 우수한 사람에게는 물품을 하사했다."[15] 이렇게 두 패로 나누어 경쟁을 붙인 결과, 사기의 품질이 향상되었다. 실제로 광주의 관요인 분원에서 나온 사기 중에는 비록 17세기 때 만든 것이지만 그릇 밑바닥에 '좌(左)'와 '우(右)'가 표기된 것도 있다.[16]

이어서 성현은 세종 때 임금이 사용하는 그릇은 모두 백자였다는 말도 덧붙였다. 이에 비해 세조(世祖, 1417~1468)는 채색한 중국 자기를 좋아했다.[17] 아라비아에서 수입했다 하여 '회회청(回回靑)'이라는 이름이 붙은 청색 물감으로 그림을 그려 넣은 자기이다. 고위직 관원들도 채색 자기에 큰 관심을 보였으나 한반도에서는 회회청이 나지 않았고, 중국에서도 희귀하여 구하기조차 어려웠다. 그런데 한 관리가 "중국에는 궁벽한 시골 주막에서도 모두 그림이 그려진 그릇을 쓰는데, 그것이 어찌 전부 회회청으로 그린 것이겠습니까. 응당 그럴 만한 다른 원료가 있을 것입니다"[18]라고 했다. 그 후 사신이 중국에 가서 물었더니 그것은 '토청(土靑)'이란 물감으로 그린 것이라고 했다는 것이다.

이런 정보를 접한 조선 왕실에서는 국내에서 토청을 구하기 위해 애썼는데, 마침내 전라도 몇몇 지역에서 결실을 얻게 되었다. 그중 순천부에서 회회청과 비슷한 돌을 캐내서 사기에 그림을 그려 채색 자기를 만들어냈다. 또 강진의 가마에서는 청철(靑鐵), 즉 청색이 도는 철을 캐내어 철화백자(鐵花白磁)를 만들어냈다.[19] 심지어 예종(睿宗, 1450~1469)이 즉위한 다음 해인 1469년 10월 5일 승정원에서는 전라도 관찰사에게 명령하여 회회청과 비슷한 빛깔의 돌을 캐서 오는 사람이 있으면 벼슬이나 베 50필의 상을 주라는 명령까지 내렸다.[20] 그러나 채색 안료의 품질이 대부분 좋지 않아 자기를 만들어도 중국 자기와 차이가 날 수밖에 없었다. 결국 임진왜란 이후인 1618년(광해군 10) 4월에 회회청을 중국에서 수입하기 시작했고, 청화백자가 이때부터 제작되어 부유층의 식기로 쓰였다.[21]

이처럼 조선 후기에 부유층 사이에서 청화백자가 유행했지만 백성들은 여전히 식기로 흰색의 사기를 주로 썼다. 김홍도가 그린 그림 중에 〈후원유연(後園遊宴)〉이란 제목의 그림이 두 가지가 있는데(93쪽 참조), 두 그림에서 당시 사람들이 사용하던 식기를 엿볼 수 있다. 부인들이 들고 가는 소반 위에 놓인 식기는 형태는 제각각이지만 모두 백자, 즉 흰색의 자기이다. 그것도 상당히 고급 백자로 보인다.

그러나 경제력이 없던 양반이나 농민들은 막사기·상사기·눈박이사

〈후원유연〉, 김홍도, 《사계풍속도병》, 비단에 채색, 100.0×48.0cm, 프랑스 기메박물관(Musée Guimet) 소장.

〈점심〉, 김홍도 전, 《단원풍속도첩》, 종이에 채색, 28.0×23.9cm, 국립중앙박물관 소장.

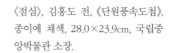

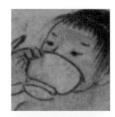

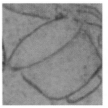

기 등을 식기로 사용했다. 막사기는 저질 백토계 점토로 조잡하게 만든 회백색계의 사기로, 값이 쌌다. 일반 백성들의 식기는 조선 초기만 해도 관영 공방에서 제작해서 나누어주었지만, 조선 후기가 되면 민간 공방에서 제작해 시장에 내놓고 팔았다.

김홍도가 19세기에 그린 것으로 추정되는 〈점심〉이란 그림에는 농민들이 식사 때 사용하는 사발이 여러 개 나온다. 밥상도 없이 바닥에 음식을 놓고 먹는데, 음식을 담은 그릇은 속이 깊고 넓다. 또 〈주막〉이란 그림에 나오는 밥그릇 역시 〈점심〉에 나오는 것과 닮았다(87쪽 참조). 이 그릇들이 바로 막사기다. 막사기로 만든 사발은 식탁 없이 땅바닥에 놓고 먹을 수 있을 정도로 밑바닥의 굽이 높은 편이었다.

백자 막사기를 식기로 사용할 수밖에 없었던 일반 백성들의 삶은 20세기에 들어와서도 크게 달라지지 않았다. 식민지 시기인 1920년대에 서울 근교의 농촌 마을을 대상으로 가정에서 사용하는 식기에 대해 조사한 조선총독부 사무관 사사키초우(佐佐木忠右)는 "일반인들은 사기그릇을 주로 사용하며, 목기를 사용하는 사람들은 최근 줄어들었다"[22]고 했다. 비록 사기가 백성들의 으뜸 식기였지만, 나무로 만든 그릇, 즉 목기 역시 빈곤층의 식기였던 것이다.[23]

3

도자기를 닮은
멜라민 수지 그릇

식민지 시기를 거치면서 한반도의 도자기 산업은 일본인의 손에 넘어 갔다. 조선 후기의 막사기는 더 이상 안정적인 생산 시스템을 유지하지 못했다. 오히려 저렴한 질그릇과 오지그릇이 그전과 달리 시장에 많이 쏟아져 나왔다.[24] 1909년 조선총독부의 주세법 발령으로 인해서 술도 가에서는 표면에 유약을 바른 오지그릇 술독을 많이 확보해야 했다. 즉, 주세 측정의 근거가 될 새 술독을 마련해야 했던 것이다. 그러자 면소재지 인근의 구릉지에 오지그릇을 만드는 가마가 들어섰다. 사람들은 이 가마를 '옹기공장'이라고 불렀다.[25] 이때부터 질그릇과 오지그릇으로 만든 각종 식기가 국밥집을 비롯한 저가 음식점은 물론이고 일반 가정에까지 들어갔다. 질그릇과 오지그릇은 무겁고 쉽게 깨지는 단점이 있었지만 가격이 저렴해서 한국전쟁 이후에도 여전히 서민의 대표적인 식기로 쓰였다. 한국전쟁을 겪으면서 잠시 양은그릇이 유행했지만, 1960년대가 되면 플라스틱 그릇이 오지그릇과 양은그릇을 밀어냈다. 그 주역이 바로 멜라민 수지 식기였다.

　멜라민 수지로 만든 식기는 1960년대부터 스테인리스 스틸 재질의 그릇과 함께 한식음식점에서 사용되기 시작했다. 멜라민 수지는 플라스틱의 일종이다. 다만 열을 가했을 때 융점(녹는점)이 높아서 1940년대 부터 등장했던 일반 플라스틱 식기에 비해 견고하고 유해물질의 배출이 적은 편이다.

플라스틱은 석유나 천연가스를 화학적으로 가공해 만든 합성수지가 그 재료이다. 19세기 중반 이후 독일과 영국의 화학자들에 의해서 플라스틱이 발명된 이래,[26] 지금까지 다양한 형태로 개발되고 있다. 그중 멜라민 수지는 멜라민과 폼알데하이드(formaldehyde)를 반응시켜 만드는 열경화성 수지로, 1936년 독일 화학자에 의해 발명되었다. 이후 항공회사와 해군에서 가볍고 견고한 멜라민 수지의 특성을 살려 기내용 식기로 제작하면서 상용화의 길을 걷게 되었다.

멜라민 수지 식기의 본격적인 대중화는 미국의 유명 프랜차이즈 업체인 맥도날드에 의해 이루어졌다. 맥도날드의 창업주인 리처드와 모리스 맥도날드 형제(Richard and Maurice McDonald)는 1940년에 캘리포니아의 샌버너디노(San Bernardino)에서 '맥도날드 바비큐(McDonald's Bar-B-Q)'라는 상호의 음식점을 운영하면서 처음에는 플라스틱 식기를 사용했다. 1950년대 이후 멜라민 수지 식기를 사용했고, 이 음식점의 성공과 함께 식기도 미국 사회에 퍼져나갔다. 멜라민 수지 식기는 가격도 싸고, 세척과 음식을 서비스하는 데 시간도 단축되는 등 음식점을 효율적으로 운영하는 데 큰 기여를 했다.[27]

한국에서는 1959년부터 플라스틱 원자재를 수입하기 시작했는데, 이를 원료로 한 제품은 주로 영세기업에서 제조되었다. 플라스틱 식기는 1960년대 초반부터 시중에 등장했다. 기존의 유기나 도자기에 비해 가볍고 쉽게 깨지지 않는 플라스틱 식기는 나오자마자 소비자들에게 대단한 환영을 받았다. 그런데 원료 배합 기준에 맞지 않는 불량 플라스틱 제품이 시장에 쏟아져 나와 사회문제를 일으켰다. 플라스틱 식기에서 인체에 해로운 포르말린이 검출된 것이다. 급기야 1970년 3월 초에 서울시에서는 모든 음식점에서 플라스틱 식기를 사용하지 말도록 지시를 내리기까지 했다.[28]

하지만 제조업체나 음식점 가운데 이 지시를 그대로 따르는 경우는 많지 않았다. 서울시에서도 음식점 전체를 단속할 수 없었을 뿐 아니라, 편리한 플라스틱 식기 사용을 마다할 음식점주가 드물었다. 이후에도 타르 색소가 검출되는 등 유해 플라스틱 식기 문제가 계속 불거졌다.[29] 일반 플라스틱이나 멜라민 수지로 만든 식기는 규격대로만 만들면 인체에 큰 문제가 되지 않는다는 것이 그 당시 이 분야 전문가의 견해였다.[30] 품질 검사를 거친 정품 멜라민 수지 식기는 1970년대 초반 이후 한식음식점에서 대표적인 음식점용 식기로 자리를 잡았다.

음식점 주인의 입장에서 보면 멜라민 수지 식기는 단점보다 장점이 훨씬 많은 식기다. 무엇보다 무게가 가벼워서 손님상에 음식을 나를 때 좋다. 게다가 떨어뜨려도 쉽게 깨지지 않는다. 설거지할 때 뜨거운 물에 넣어도 모양이 변형되지 않고, 설거지를 하고 행주로 닦기만 하면 바로 쓸 수 있다. 더욱이 값도 싸다. 이러니 음식점 주인 입장에서는 비싸고 무겁고 쉽게 깨지는 자기 식기보다 경제적이고 실용적인 멜라민 수지 식기를 선호할 수밖에 없다.

또 다른 장점도 있다. 얼핏 보면 멜라민 수지 식기는 백자로 만든 식기를 닮았다. 멜라민 수지 식기로 한 상 잘 차려놓은 식탁을 사진으로만 보면 백자 접시와 백색의 멜라민 수지 식기를 구별할 수 없을 정도다. 이처럼 편리성과 효율성에 더해 백자 식기를 닮은 '전통성'마저 갖춘 멜라민 수지 식기를 한식음식점에서 마다할 리가 없다. 21세기 초입

경상남도 사천시 삼천포 항구에 있는 해산물 정식을 판매하는 음식점의 식기. 1인분에 1만 원 정도 하는 중저가 음식점인 이곳에서는 스텐 공깃밥과 국 대접을 제외한 나머지 식기는 모두 멜라민 수지 식기를 사용한다. 사진 필자 제공.

에 들어선 오늘날까지도 중저가 한식음식점에서는 대부분 멜라민 수지 식기를 사용하고 있다.

미학적 입장에서 보면 고려청자·분청사기·백자·청화백자 등은 매우 고급스러운 식기이다. 그러나 지난 100여 년 동안 '전통의 재생'에만 집중하여 '자기의 부활'을 기대해온 탓에 생활 속의 식기로 자리 잡지 못했다.[31] 한국의 자기 식기는 아름답지만, 서양과 일본 제품에 비해 무겁고 쉽게 깨지는 단점 때문에 경제적으로 부유해진 오늘날에도 한국인의 식탁에서 주인 노릇을 하지 못하고 있다. 그 대신에 멜라민 수지로 만든 그릇이 식기의 자리를 차지하고 있다.

조선 후기의 식기 종류:
바리·보시기·종지·접시[32]

1885년(고종 22)과 1887년에 조선과 청나라 당국이 백두산 인근의 국경선을 획정할 때 조선 측 대표로 참석한 이중하(李重夏, 1846~1917)가 정리한《감계사등록(勘界使謄錄)》을 보면 국경 회담의 자세한 과정뿐 아니라 회담에 참석한 관리들의 식사와 이때 사용된 식기까지 매우 자세하게 기록되어 있다. "반상기(盤床器) 각 1건, 백소첩(白小貼) 각 30개, 백사발(白沙鉢) 각 2개, 백종자(白宗子) 각 10개, 백보아(白甫兒) 각 20개, 병백대첩(餠白大貼) 각 10개, 유족백중첩(有足白中貼) 각 10개." 이것은 1885년 9월 27일 무산으로 출발하는 감계사와 종사관 일행들의 점심 식사를 준비하는 데 필요한 식기의 종류를 적은 것이다. 한자로 된 물건의 이름을 풀어서 설명하면 다음과 같다. 반상기는 소반, 백소첩은 작은 백자 접시, 백사발은 백자 바리, 백종자는 백자 종지, 백보아는 백자 보시기, 병백대첩은 떡을 담는 넓은 접시, 유족백중첩은 중간 정도 크기의 발이 달린 접시다.

1인당 소반 하나에 밥과 국을 담을 사발 2개를 기본으로 내고, 여기에다 종지를 10개씩, 보시기를 20개씩, 심지어 작은 백자 접시를 30개씩이나 낼 정도였으니 얼마나 많은 음식을 마련했는지 짐작조차 하기 어렵다. 이 그릇 목록을 보면 그릇 개수가 무척 많지만 종류로 따지면 보통 소반에 바리·보시기·종지·접시를 올렸음을 확인할 수 있다. 그렇다면 바리·보시기·종지·접시 같은 그릇은 어떻게 생겼을까?

바리·보시기·종지·접시라는 그릇 이름은 크기나 형태에 따라 붙여진 이름이다.[33] 바리는 입지름이 10cm 이상, 보시기는 입지름 5~10cm, 종지는 입지름 5cm 이하의 그릇을 가리킨다. 접시는 높이가 대략 1~2cm에 지름이 20cm 이상인 큰 접시는 물론, 지름이 20cm 이하인 작은 접시까지 두루 사용되었다. 그러나 조선시대에 사용된 이러한 그릇의 모양이 정확히 어떠했는지 알기는 쉽지 않다. 그나마《세종실록》에 상례 때 사용하는 그릇의 그림이 나와 있어 이를 바탕으로 유추해볼 수 있다. 이 그림과 박물관에서 보관하고 있는 유물을 함께 살피면서 그릇의 모양과 용도에 대해 알아보자.

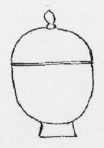

《세종실록》의 〈오례〉 중 '흉례 명기' 부분에 소개된 반발.

놋쇠로 만든 밥그릇. 뚜껑에 꼭지가 달려 있어 여성용으로 보인다. 입지름 10.9cm, 바닥지름 8.0cm, 높이 11.0cm, 국립민속박물관 소장.

놋쇠로 만든 밥그릇. 뚜껑에 꼭지가 없어 남성용으로 보인다. 입지름 8.5cm, 바닥지름 5.0cm, 높이 8.5cm, 국립민속박물관 소장.

가장 먼저 나오는 식기의 이름은 '반발(飯鉢)'이다. 한자명을 풀어보면 '밥을 담는 바리'이다. 이 반발에는 뚜껑이 있고, 뚜껑에 꼭지가 달렸다. 재질은 자기라고 써놓았다. 보통 뚜껑에 꼭지가 달린 밥그릇은 여성용이고, 그렇지 않은 것은 남성용이다.[34] 그런데 《세종실록》에서 군이 뚜껑에 꼭지가 달린 반발을 밥그릇으로 소개한 이유는 무엇일까? 아마도 원래는 뚜껑에 꼭지가 달린 밥그릇을 사용하다가 조선 후기에 이르러서 뚜껑의 꼭지 유무에 따라 여성용과 남성용을 구분하게 된 것 같다. 밥그릇은 재질에 따라 놋쇠로 만든 것을 주발(周鉢), 사기로 만든 것을 사발(沙鉢)이라고 불렀다. 다만 사발의 경우 대개 뚜껑이 없다.

밥그릇의 뚜껑은 음식에 이물질이 들어가지 않도록 하는 데 목적이 있었지만 이것 말고도 여러 가지 기능이 있었다. 먼저 밥을 지을 때 곡식의 분량을 재는 용기로 뚜껑을 사용했다. 뚜껑에 수북할 정도로 쌀을 담아 밥을 지으면 밥그릇에 딱 알맞은 양이었다. 또 뚜껑의 생김새가 위로 불룩한 형태여서 그릇의 전 위까지 밥을 담아도 뚜껑에 밥알이 달라붙거나 눌리지 않았다.[35] 더욱이 밥과 뚜껑 사이에 약간의 빈 공간이 생겨 뜨거운 밥에서 나온 수증기가 순환할 수 있어 밥이 쉽게 마르지 않았다. 밥그릇의 뚜껑은 밥맛을 유지할 수 있도록 고안된 일종의 보조 식기였다.

주발이나 사발은 깊고 넓어서 물을 부으면 거의 700cc나 담긴다. 특히 놋쇠로 만든 밥그릇인 주발은 밥이 빨리 식지 않아서 주로 겨울에 사용했다. 양반가에서는 딸을 시집보낼 때 신랑과 신부가 사용할 놋수저와 함께 놋바리를 각각 두 벌씩 반드시 갖추어 주었다.[36] 이 그릇은 부부가 식사할 때뿐 아니라, 나중에 세상을 떠난 뒤 제사상에 올리는 메와 탕을 담는 그릇으로 쓰였다.

《세종실록》의 〈오례〉 중 '흉례 명기' 부분에 소개된 갱접.

운두가 높고 구연이 직립된 청화백자 바리. 국그릇으로도 쓰였다. 입지름 13.0cm, 바닥지름 11.5cm, 높이 15.0cm, 국립민속박물관 소장.

백자 바리. 국그릇으로도 쓰였다. 입지름 14.7cm, 바닥지름 8.0cm, 높이 8.8cm, 국립민속박물관 소장.

일반적으로 조선시대 양반들의 식사에서 밥그릇과 국그릇은 모양이나 크기가 거의 같았다.《세종실록》에 그려진 '갱접(羹楪)' 역시 뚜껑이 없을 뿐 반발과 똑같이 생겼다. 국그릇은 다른 말로 '탕기(湯器)' 혹은 '갱기(羹器)'라고도 불렀다. 위에 소개한 국그릇은《세종실록》의 그림처럼 밥그릇과 똑같은 모양이지만, 크기가 조금 작은 것도 있다.[37] 조선 후기 서울의 고관 양반집 후손인 조자호는 1939년에 펴낸《조선요리법》에서 "반상 뚜껑을 소리 안 나게 벗기는데 그것도 순서가 있어야 됩니다. 맨 처음에는 메탕[국] 그릇으로부터 진지[밥] 뚜껑을 벗기고 가운데 김치 그릇을 벗겨, 차차로 다 벗겨"[38]라고 했다. 이로 미루어보아 국그릇에도 밥그릇과 마찬가지로 뚜껑이 있었던 모양이다. 이렇게 뚜껑이 있으면 '합(盒)'이란 글자를 붙였다.

《세종실록》의 〈오례〉 중 '흉례 명기' 부분에 소개된 시접.

놋그릇 대접. 입지름 17.0cm, 높이 6.5cm, 국립민속박물관 소장.

사기대접. 입지름 15.7cm, 바닥지름 7.3cm, 높이 6.0cm, 국립민속박물관 소장.

　　양반들과 달리 서인 가정에서 사용했던 국그릇은 밥그릇에 비해 입이 밖으로 벌어진 그릇으로, 대접과 비슷했다. 그래서 사기로 만든 국그릇을 따로 국사발이라고 불렀다. 그러나 요즈음은 국을 담을 때 이런 그릇을 사용하지 않고,[39] 아예 대접을 국그릇으로 사용한다. 대접은 본래 숭늉이나 국수, 만둣국을 담는 그릇이다. 대접의 모양은 주발이나 사발에 비해 높이가 낮고 윗부분인 아가리가 넓적하고 아래는 평평하다. 양반들의 밥그릇과 국그릇에 비해 입이 넓은 점이 대접의 특징이다. 《세종실록》에서는 숟가락과 젓가락을 담는 '시접(匙楪)' 그림이 나오는데, 이것이 대접과 닮았다. 보통 놋그릇으로 만든 대접에는 뚜껑이 있는 경우가 많지만, 《세종실록》의 시접은 자기로 만든 것이라 뚜껑이 없다.

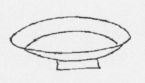

《세종실록》의 〈오례〉 중 '흉례 명기' 부분에 소개된 찬접.

《세종실록》의 〈오례〉 중 '흉례 명기' 부분에 소개된 소채보아해접.

사기보시기. 입지름 14.0cm, 바닥지름 6.6cm, 높이 10.0cm, 국립민속박물관 소장.

　　보시기는 반찬을 담는 그릇이다. 반찬은 국물이 있는 반찬과 마른반찬으로 구분하여 그릇을 사용했는데, 보시기는 주로 국물이 있는 음식을 담는 데 쓰였다. 한문 문헌에서는 '보아(甫兒)'라고 적었다. 《승정원일기(承政院日記)》에는 사보아(沙甫兒)·자보아

(磁甫兒)·죽보아(竹甫兒) 등의 이름이 자주 나온다. 이것은 사기·자기·대나무 같은 재질로 만든 보시기를 가리키는 말이다. 정조가 어머니 혜경궁 홍씨의 회갑연을 서울에서 개최한 1795년 6월 18일의《승정원일기》에는 당화문이 그려진 보시기인 화당보아(畫唐甫兒) 3개에 각각 겨자·초장(醋醬)·소주 세 가지의 음식이 담겼다고 했다.[40] 이외에도 차보아(茶甫兒)·죽보아(粥甫兒)·미음보아(米飮甫兒) 등의 이름도 나온다.

보시기는 사발과 종지의 중간 크기로, 주둥이 부위와 아래 부위의 크기가 거의 같은 그릇을 통칭하는 이름이었다.[41] 보시기는 주로 자기·놋·백동·은·나무 따위로 만들었다. 뚜껑이 있는 보시기는 '합보시기'라고 불렀다. 이 합보시기는 뜨거운 찌개나 볶음류 같은 익힌 음식을 담는 데 쓰였다. 물김치를 합보시기에 담기도 했다. 앞에서 조자호가 언급한 뚜껑 있는 김치 그릇이 바로 합보시기이다. 보시기와 크기는 비슷하지만 입이 더 많이 벌어진 그릇을 '바라기'라고 부른다. 밑 부분이 입에 비해 4분의 1 정도밖에 되지 않는 그릇이다. 바라기는 보시기와 달리 국물이 적은 쌈김치나 짠지, 깍두기 등을 담는 데 쓰였다.[42] 다른 말로 '배뚜리', '배떠리'라고도 불렀는데, 아마도 입이 너무 넓어서 생긴 이름인 듯하다.

《세종실록》에는 반찬을 담는 그릇으로 '찬접(饌楪)'과 '소채보해접(蔬菜脯醢楪)' 두 가지가 나오는데, 모두 자기로 만들었다. 그 형태로 보아 찬접은 보시기에 가깝고 소채보해접은 바라기에 가깝다. 즉, 찬접은 국물이 있는 반찬, 소채보해접은 국물이 없는 반찬을 담는 그릇이다. 그렇다고 보시기와 바라기처럼 일상 식사에서 쓰였던 그릇은 아니다.

사기종지, 입지름 7.0cm, 바닥지름 3.5cm, 높이 3.8cm, 국립민속박물관 소장.

놋종지, 입지름 6.4cm, 높이 4.0cm, 국립민속박물관 소장.

음식을 먹을 때 간을 맞추거나 찍어 먹는 간장(艮醬)·초장(醋醬)·꿀〔淸〕·겨자즙〔芥子〕 등을 담는 그릇은 '종지'라고 불렀다. 그 모양이 마치 작은 종을 엎어놓은 것 같아서 한자로 '종발(鍾鉢)' 혹은 '종자(鐘子)'라고 썼다. 종지는 부르기 편해서 생겨난 이름으로 일부 지방에서는 '종주'라고도 불렀다.[43] 종지는 탕기형과 보시기형이 있으며, 도기·사기[자기]·유기·나무 등으로 만들었다. 이 가운데 놋종지와 사기종지가 널리 쓰였다.[44]

종지는 조선시대 상차림에서 빠지지 않고 늘 사용되던 그릇이다. 국이나 반찬의 간을 각자 입맛에 맞추어서 먹을 수 있도록 장류를 담아내는 그릇이었기 때문이다. 1890년대에 필사되었을 것으로 추정되는 한글 요리서 《시의전서(是議全書)·음식방문(飮食方文)》의 '반상식도'를 보면, 종지는 조선 후기 상차림의 규칙을 살필 수 있는 핵심적인 요소였다. 오첩반상에는 초장과 간장을 담은 종지 2개, 칠첩반상과 구첩반상에는 초장·겨자·간장을 담은 종지 3개가 놓였다.

사기 접시, 지름 17.5cm, 바닥지름 9.5cm, 높이 4.0cm, 국립민속박물관 소장.

사기 접시, 지름 30.0cm, 바닥지름 12.5cm, 높이 9.5cm, 국립민속박물관 소장.

접시는 운두가 낮고 납작한 그릇을 가리킨다.[45] 조선시대 문헌에서는 한자로 '접시(貼是)' 혹은 '접(楪)'이라고 적었다. 고려시대 이후 접시는 도기·자기·놋·청동 등으로 만들어졌고, 조선시대에 들어오면 자기 접시가 가장 널리 쓰였다. 주로 국물이 없는 마른반찬을 담았다. 《시의전서·음식방문》의 '반상식도'에서 첩수를 구분하는 음식들 대부분이 접시에 담겼을 것으로 여겨진다. 조선시대 왕실 연회에서 각종 고임음식을 담는 그릇도 접시였다. 조선 후기로 갈수록 화려한 청화접시가 많이 만들어졌다. 크기는 대개 지름이 15~20cm이고, 모양은 둥근 접시, 각이 진 접시, 굽이 높은 접시, 네모

난 접시 등 여러 가지였다. 조선 후기에 사용된 접시는 대부분 약간 깊고 운두와 굽이 있는 형태이다. 이에 비해 서양의 접시는 평면형에 가깝다.[46]

밥그릇과 국그릇은 20세기를 거치면서 그 크기와 재료가 달라진 것을 빼면 기본 형태를 그대로 유지하고 있다. 이에 비해 반찬이나 김치를 담았던 보시기와 바라기는 모두 서양식 대접이나 접시로 대체되었다. 김치의 옛 이름인 '침채'는 국물이 있는 채소 절임을 가리키는 말이었다. 적어도 19세기까지 배추김치든 동치미든 상관없이 서울 사람들이 먹었던 김치는 주로 국물이 많았다. 그래서 보시기에 담지 않으면 소반을 들고 내다가 국물이 넘칠 수 있었다. 그런데 19세기 초반부터 양념 속을 넣은 오늘날과 비슷한 배추김치가 서울을 중심으로 유행하면서 국물이 많은 '침채'를 담는 보시기가 밥상에서 밀려나기 시작했다.

간장·겨자·초장·꿀 등을 담았던 종지는 보시기나 바라기에 비해서 그 생명이 오래갔다. 특히 간장 종지가 그랬다. 1960년대까지 농촌의 많은 가정에서는 조선간장을 직접 담가 먹으면서 간장 종지를 늘 식탁 위에 올렸다. 심지어 스테인리스 스틸로 만든 그릇이 유행할 때도 그 품목에서 종지가 빠지지 않았다. 그런데 1970년대 초반부터 가정의 식탁에서 종지가 사라지기 시작했다. 여기에는 1962년부터 전매품에서 해제될 정도로 값이 싸진 소금과[47] MSG 같은 공장제 조미료의 공급이 늘어난 영향도 있었다. 또 도시에 슬래브주택이 늘어나는 등 주거 환경이 변하면서 조선간장을 그전과 달리 많이 담그지 않게 되었다. 결국 1970년대 후반부터 간장 종지가 한국인의 식탁 위에서 사라졌다.

한국인은 왜 이렇게 먹을까?

7장

◇◇◇◇◇◇◇◇◇◇◇◇◇◇◇

왜 밥을 스테인리스 스틸 그릇에 담을까?

1901년 12월 5일, 27세의 프랑스 청년 조르주 뒤크로(Georges Ducrocq, 1874~1927)는 제물포를 거쳐 서울로 들어왔다. 난생 처음 서울 거리를 구경하던 그는 한 철물 잡동사니 가게에 눈이 멈추었다. "이 자그마한 상가들은 번쩍번쩍 빛나는데, 그것은 거울처럼 빛나는 황동으로 만든 냄비들(marmites), 사발들(bols), 찻잔들(tasses)이 거울처럼 번쩍거리기 때문이다. 조선 사람들은 마치 금으로 만든 식기라도 되는 듯 번쩍거리는 이런 식기를 좋아한다."[1] 조르주 뒤크로가 본 가게는 놋그릇을 판매하는 곳이었다. 놋그릇의 용도를 잘 알지 못했던 그는 평소 자신이 알고 있던 대로 냄비·사발·찻잔이라고 생각했다. 이처럼 100여 년 전만 해도 놋그릇이 가장 흔한 식기였는데, 요사이는 그 자리를 스테인리스 스틸로 만든 식기가 차지하고 있다. 여기에는 또 어떤 일이 있었을까?

1

산업혁명 이전,
서양의 오래된 식기들

고대 이집트와 아라비아 반도에 살았던 사람들은 목기를 주로 사용했다. 유목생활을 하는 사람들은 목기 외에도 동물의 가죽으로 만든 식기, 즉 피혁기(leatherware)도 썼다. 이동생활을 하는 유목민에게는 나무와 가죽으로 만든 가벼운 식기가 안성맞춤이었다. 그러나 오아시스에 마을을 이루어 살던 유목민들은 진흙으로 빚어 800℃ 이하에서 구워낸 토기를 사용해 수분이 많은 음식을 담았다. 점차 토기로 만든 식기가 늘어났지만, 일상적인 식기는 여전히 목기가 더 많이 사용되었다.

고대 그리스와 로마 사람들 역시 목기를 식기로 가장 많이 사용했다. 토기는 주로 물이나 술을 담는 데 사용되었다. 그렇지만 역사적으로 고대 로마의 식기 중에서 가장 대표적인 재질은 유리(glass)였다.[2]고대 로마에 유리 식기가 등장한 시기는 1세기경이다. 박물학자 플리니우스(Gaius Plinius Secundus, 23~79)가 《박물지(Naturalis Historia)》에서 페니키아의 상인들이 유리를 발명했다고 밝혀놓았지만, 그 이전에 이미 시리아 사람들이 유리를 생산하고 있었다.[3] 유리 식기는 최상위 계층에서만 사용할 수 있었던 귀한 물건이었다.

고대 로마의 귀족들은 은으로 만든 큰 접시도 좋아했다. 이와 달리

사해 근처에 살았던 초기 기독교의 쿰란 공동체(the Qumran Community)에서 사용했던 나무 대접(wooden bowl). 1세기 전후, 지름 26.0cm, 높이 4.9cm, 이스라엘박물관 소장.

각종 토기 항아리, 이스라엘박물관 소장.

고대 로마에 속했던 오늘날 프랑스 지역에서 사용된 4세기경의 유리 그릇. 프랑스 랭스 생레미 수도원 박물관(JC. Musée Saint-Remi à Reims) 소장.

가난한 사람들은 퓨터(pewter), 즉 납으로 만든 은기(銀器)와 비슷한 큰 접시를 사용했다. 귀족들의 은기를 흉내 낸 이 납 그릇은 '빈자의 은 (Poorman's silver)'이라 불렸는데, 중세를 지나 18세기까지 유럽의 가난한 가정에서 대표적인 식기로 사용되었다. 고대 로마 사람들은 납만으로 이 퓨터를 만들어 사용했지만, 이후에는 놋쇠와 구리를 배합해 더욱 단단하게 만들었다. 나무에 비해 가벼우면서 은기와 비슷한 분위기가 나는 퓨터 식기는 고대 로마의 가정에서 점차 나무 식기를 대체해갔다.

고대 로마의 가난한 가정에서 사용했던 퓨터. 영국 옥스퍼드대학 에슈몰린박물관(Ashmolean Museum) 소장.

11세기 잉글랜드 왕족의 식사에도 개인용 나무 식기가 쓰였다. 〈바이외 태피스트리〉의 부분, 길이 68.80m, 높이 50.0cm, 무게 약 350kg, 프랑스 바이외 태피스트리 박물관(Musée de la Tapisserie de Bayeux) 소장.

이에 비해 로마에서 멀리 떨어진 북서 유럽의 앵글족(Angles), 색슨족(Saxons), 바이킹족(Vikings) 등은 적어도 11세기까지도 나무로 만든 접시나 대접을 1인용 식기로 사용했다. 1066년 노르망디공 윌리엄 1세(William I)가 잉글랜드의 왕 헤롤드 2세(Harold Ⅱ)를 죽이고 노르만왕조를 창건한 과정을 자수로 그린 〈바이외 태피스트리(Bayeux Tapestry)〉의 식탁 장면에도 작은 개인용 나무 식기가 나온다.

프랑스 역사학자 페르낭 브로델은 철학자 몽테뉴(Michel De Montaigne, 1533~1592)가 남긴 글에서 1580년 남부 독일의 귀족들이 "주석이나 나무로 된 개인별 접시를 가지고 있었으며, 때로는 밑에 나무 공기〔나무 접시〕를, 그 위에 주석으로 된 접시를 놓기도 했다"[4]는 사실을 확인했다. 더욱이 19세기까지도 독일의 시골이나 일부 다른 지역에서는 개인용 나무 접시를 주된 식기로 사용했다고 보았다.[5]

2   양반의 그릇, 놋그릇

조선시대 양반들은 놋그릇을 가장 좋아했다. 놋그릇은 다른 말로 '유기(鍮器)'라고 불렀다. 유기의 '유(鍮)'는 페르시아어로 아연의 원광을 뜻하는 '투티야(tutiya)'에서 유래했다.[6] 즉, 아연이 들어 있는 '유석(鍮石)'으로 만든 기물을 유기라고 불렀던 것이다. 유석은 다른 말로 '노감석(爐甘石)'이라고 했다. 그러나 아연만으로는 단단한 그릇을 만들 수 없어서 구리를 합금하였다. 구리에 아연을 넣어 만든 합금을 놋쇠, 혹은 두석(豆錫), 진유(眞鍮), 황동(黃銅)이라고 부른다. 또 이를 가공하여 만든 그릇은 정확하게 말하면 '동유기(銅鍮器)'라고 불러야 하는데, 간단히 '유기' 혹은 '놋그릇'이라고 부른다.

놋그릇은 만드는 방식에 따라 놋쇠 덩어리를 처음부터 두드려 만드는 '방짜유기'와 주형(鑄型)에 놋쇠물을 부어 모양을 만든 후에 다듬질하는 '주물유기'가 있다. 놋그릇은 엄격하게 말하면 방짜기법으로 만든 것만 놋그릇이라 불러야 한다.[7] 그런데 구리에 주석을 합금한 청동(靑銅)이나 구리에 니켈을 합금한 백동(白銅) 따위를 모두 놋쇠라고 부르고, 심지어 해방 이후 주물 기법이 유행하면서 청동이나 백동으로 만든 주물 식기도 놋그릇이라고 부르게 되었다.[8]

삼국시대는 물론이고 조선 초기까지도 상류층에서 사용했던 숟가락과 젓가락, 그리고 제기는 모두 청동으로 만든 것이었다. 앞 장에서도 설명했듯이 세종 때 연이어 왕실에서 금과 은으로 만든 그릇의 사용을 금지하자 사기그릇과 함께 금과 색이 비슷한 놋쇠로 만든 그릇을 사용하기 시작했다. 그러나 놋그릇이 어떻게 생겨났는지에 대해서는 아직 정설이 없다. 여하튼 청동이든, 황동이든, 백동이든 가장 핵심적인 재료는 구리이다. 성종 때인 1481년에 편찬된 《동국여지승람(東國輿地勝覽)》에는 조선에서 생산되는 구리가 굳고 붉은색이 나서 식기나 수저 따위를 만드는 데 모두 이것을 사용한다고 적혀 있다. 이미 15세기 말에 놋쇠로 만든 그릇이 많았다는 이야기다.

그런데 이상한 점은 16~17세기의 무덤에서 발굴된 부장품 가운데 그릇은 모두 백자라는 것이다.[9] 2000년 이후 신도시를 조성하는 과정에서 발굴하게 된 조선시대 무덤의 주인공들은 대부분 지배층이었던 사대부였다. 그들의 무덤에서 부장품으로 나온 그릇이 백자라고 해서 그들이 살던 당시 사용했던 식기도 모두 백자라고 단언하기는 어렵다. 역으로 일상생활에서는 대부분 놋그릇을 식기로 사용했을 거라고 단정하기도 쉽지 않다. 게다가 부장품 가운데 숟가락과 젓가락은 모두 놋쇠로 만든 것이다.[10] 도대체 어찌 된 일일까?

여러 연구 결과를 종합하면 조선시대 내내 구리의 공급이 원활하지 않아 놋그릇 생산이 그리 많지 않았다는 점이다. 고려시대에 만들어진 사찰의 범종과 각종 기물은 대부분 구리를 주원료로 사용했다. 그러다 보니 몇 안 되는 광산에서 구리를 모두 채굴해 사찰의 범종을 만드는 데 다 써버렸다. 이런 상황에서 구리 광산은 문을 닫았고, 조선 초기가 되면 아예 구리가 섞인 돌을 채굴하여 분리해내는 기술조차 남아 있지 않게 되었다. 다행히 일본과의 교역 창구였던 왜관을 통해서 구리를 들여올 수 있었는데, 이 수입 구리로 숟가락과 젓가락, 그리고 제기 등 한정된 물품만을 만들었다. 15세기 후반에 잠시 구리 광산 개발이 이루어졌지만, 여전히 공급량이 부족하여 일본에서 수입한 구리를 사용할 수밖에 없었다. 원료가 부족하다 보니 놋그릇의 품질도 그리 높지 않았다.

수저와 제기 등 몇 가지 제한된 물품 외에도 조선시대에는 엽전도 구리를 원료로 만들었는데, 구리 공급량이 부족해 늘 곤란을 겪었다. 그래서 1751년(영조 27)에 수안·영월·보은·안변 등지에서 광산을 개발하여 엽전용 구리 제련을 시도했다. 그런데 지배층 중 일부 사람들은 엽전을 녹여서 놋그릇을 만들었다. 이런 정황을 비변사(備邊司)에서 왕에게 올린 상소문을 통해서 확인할 수 있다. "구리는 본래 우리나라의 소산이 아니오나, 엽전의 값이 싸고 놋그릇의 값이 비싸기 때문에 구리가 그릇 만드는 데로 많이 빠지고, 엽전을 그릇 만드는 데 녹여서 쓰고 있습니다."[11]

참으로 기이한 일이 아닐 수 없다. 놋그릇을 만들기 위해 시중에 유통되던 엽전을 녹이다니 말이다. 비변사에서는 곧이어 '유기금단(鍮器禁斷)', 즉 놋그릇 금지령을 내렸다. "평소에 사용하는 식기·갱기(羹器, 국그릇)·행기(行器, 찬합류)·시저(匙箸, 숟가락과 젓가락)·제기(祭器)·잔대(盞臺)·촉대(燭臺)·동로구(銅爐口, 놋화로)·사용(沙用, 노구솥)·고오리(古五里, 증류기)·탕자(湯煮, 작은 솥)·타기(唾器, 침 뱉는 그릇)·대야(大也)·소라(所羅, 작은 대야)·요강(溺江) 등 15종 이외의 그릇을 몰래 주조하여 팔다가 적발된 자는 제서유위율(制書有違律)로 중하게 처단한다"[12]는 것이다. 여기서 '제서유위율'은 장(杖) 100대를 맞는 벌이다. 장을 100대쯤

식민지 시기 상가(喪家)에서의 식사 모습. 젓가락과 밥그릇은 유기이고, 나머지 그릇은 사기다.

맞으면 한참동안 걷기조차 어려운데, 얼마나 많은 사람이 엽전을 녹여서 놋그릇을 만들어 판매했으면 이렇게 중형에 처했겠는가. 하지만 이런 조치에도 불구하고 엽전으로 놋그릇을 만드는 자가 사라지지 않았다. 죽음에 이를 수 있는 곤장 100대의 벌도 두렵지 않을 정도로 놋그릇의 경제적·문화적 가치가 컸기 때문일 것이다.

이런 상황에서 왕실에서는 구리 광산 채굴을 민영화했다. 바로 1775년(영조 51) 광산을 관리·감독하고 일정 세금을 국가에 바치던 별장제(別將制)를 폐지한 것이다. 결국 구리 광산의 경영은 자금이 넉넉한 부유한 물주(物主)가 맡았다. 물주는 채광시설과 자금을 투자하고, 채굴업자인 혈주(穴主)는 인부를 고용하여 채굴했다. 이때 개발된 평안도 안변의 영풍동점(永豊銅店)은 1만 명이 넘는 인부들이 일을 할 정도로 규모가 컸다. 19세기 중엽에 개발된 함경도 갑산동점(甲山銅店)에서 일한 인

식민지 시기 시장의 유기전. 구리 생산량이 늘어나면서 놋그릇도 대량생산되었다. 일반적으로 이렇게 장에 내다 팔기 위해 만든 유기는 '장내기'라고 하여, 주문 생산한 '맞춤' 유기와 구별했다. 조선총독부 철도국 발행 사진엽서, 안성맞춤박물관 소장.

부의 숫자 역시 영풍동점에 버금갔다.[13] 이들 구리 광산의 본래 개발 목적은 엽전 제조용 원료를 확보하는 것이었지만, 물주들은 채굴한 구리를 엽전이 아닌 놋그릇 제조에 쏟아부었다.

조선 후기의 만물박사 이규경(李圭景, 1788~1856)은 자신이 살던 19세기 초반 전국에 27개소의 구리 광산이 있었다고 했다.[14] 그러면서 경상도의 청도, 강원도의 영월과 춘천, 충청도의 연풍과 충주, 함경도의 갑산, 평안도의 안변 등지를 꼽았다. 구리 광산의 운영 목적은 엽전을 만드는 것이었지만, 놋쇠 장인은 여전히 놋그릇을 더 많이 만들었다. 전국에 골고루 분포된 이들 구리 광산 인근에는 방짜유기를 만드는 공방이 빠짐없이 자리 잡고 있었다. 그만큼 놋그릇의 공급이 늘어났다.

서얼 출신임에도 불구하고 규장각의 검서관이 될 정도로 학문이 높왔던 유득공(柳得恭, 1748~1807)은 18세기 후반과 19세기 초반 당시 서울 사람들이 사용하는 식기는 모두 놋그릇이라고 했다. 특히 밥그릇과 탕그릇은 물론이고 마른반찬과 국물이 있는 반찬을 담는 그릇도 모두 놋쇠로 만든 것이라고 했다.[15] 유득공보다 한 세대 늦은 시기의 인물인, 《임원경제지(林園經濟志)》의 저자 서유구(徐有榘, 1764~1845)는 "우리나라 풍속에 유기를 가장 귀하게 여긴다. 아침저녁으로 밥상에 오르는 그릇이 모두 유기이다. …… 옛날에는 오직 부잣집에서만 유기를 사용했는데, 요사이는 산간벽지의 초막에서도 유기 아닌 것이 없어 밥그릇과 국그릇 서너 벌을 갖추고 있다. 곳곳마다 유장(鍮匠)이 가마를 만들고 구리를 두드린다. 호남 구례에서 만드는 유기는 나라에서 이름이 났다. 근래에는 개성 사람들 역시 잘 만든다"[16]고 했다. 즉, 19세기 초반이 되면 계층을 가리지 않고 놋그릇을 사용하고 있었던 것이다.

놋그릇은 만드는 방식에 따라 방짜유기와 주물유기로 구분되지만, 적어도 19세기까지만 해도 방짜유기만 있었다. 그런데 1917년에 일본인이 경영주인 구하라광업회사(久原鑛業會社)가 갑산동점의 경영을 맡게 되면서 구리 생산량이 더욱 증대되었다. 그러자 자연스럽게 놋그릇 공급도 확대되어 놋그릇을 대량생산하기 위한 주물 기법이 이때부터 생겨났다. 식민지 시기에 평안북도 정주의 납청(納淸)은 놋그릇 생산지로 유명했다. 이곳에서는 방짜 기법의 놋그릇 공방을 '놋점', 주물 기법의 놋그릇 공방을 '통점'이라고 불렀고, 놋쇠로 만든 그릇을 '놋성기(成器)', 통쇠로 만든 그릇을 '통성기'라고 구분했다.[17]

1960년대 중반, 스테인리스 스틸 그릇의 전성기

1940년대 일본 제국주의가 태평양전쟁에 쓸 병기를 만들기 위해 일반 가정을 대상으로 놋그릇을 강탈해가자 온 나라가 난리가 났다. 사람들은 놋그릇으로 된 제기와 가장의 식기를 땅에 묻어서라도 강탈당하지 않으려고 애를 썼다. 그랬던 한국인들이 1960년대 중반에 '스테인리스 스틸 그릇'이 나오자 일거에 놋그릇을 버렸다. 도대체 어찌된 일인가?

당시 '스테인리스 스틸 그릇'을 처음 접했던 한국인들은 이 그릇을 그냥 '스텐' 혹은 '스텐 그릇'이라고 불렀다. 따지고 보면 '스텐'은 '녹슬다'는 뜻을 가진 영어 'stain'으로, '녹이 슬지 않는다'는 뜻의 스테인리스(stainless)와는 정반대 의미의 단어다. 그런데도 '스텐' 혹은 '스텐 그릇'이란 용어가 민속어휘(folkterm)로 굳어진 것은 그만큼 스테인리스 스틸 그릇이 대중화되었음을 보여준다. 나는 이 글에서 '스테인리스 스틸 그릇'이란 용어 대신에 '스텐 그릇'이라는 용어를 사용할 것이다. 그래야 스텐 그릇이 한국 사회에서 확산되어간 과정을 더욱 생생하게 기술할 수 있기 때문이다.

스텐 그릇의 원료인 스테인리스 스틸은 크롬과 니켈 등이 포함된 강철 합금이다. 스테인리스 스틸은 영국의 발명가 해리 브리얼리(Harry

Brearley, 1871~1948)에 의해서 1913년 8월에 개발이 시작되어, 1920년 대에 상용 제품으로 출시되었다.[18] 제2차 세계대전 이전에 이미 녹이 잘 스는 일반 강철을 대신하여 건축 자재를 비롯해 산업 전반에 이용되었다. 또한 포크·나이프·스푼 등의 식사도구와 각종 식기도 스테인리스 스틸로 만들어졌다.

한국의 가정에서 스텐 그릇을 사용하기 시작한 때는 플라스틱 식기가 사용된 시기와 비슷한 1960년대 초반부터다. 스텐 그릇은 나오자마자 주부들의 대환영을 받았다. 당시 가정에서 많이 사용하고 있던 양은 그릇이 인체에 해로운 영향을 미칠 수 있다고 소문이 돌고 있던 상황이라 주부들이 양은그릇의 대체품으로 스텐 그릇에 큰 관심을 보였던 것이다.

당시 양은그릇은 알루미늄의 단점을 보완한 '알루마이트(alumite)'로 만든 식기를 가리킨다. 알루마이트는 순도 99.7%의 알루미늄을 전기 처리하여 산화 피막을 형성시킨 다음 여기에 코팅으로 방수 처리를 한 금속이다. 1958년 2월 3일자 《경향신문》에서는 그릇에 대한 생활상식을 소개하면서 "여러 가지 종류로 제일 많이 나오는 것이 이것이다. 우리 생활을 모두 알마이트[알루마이트] 제품으로만 해치울 수도 있다"[19]고 전망할 정도로 1950년대 중·후반에 각종 생활용품의 소재로 알루마이트가 널리 사용되었다. 당시 가정에서 쓰던 냄비·주전자·식기·찬합·밥통·수저통·국자·도시락·대야 등이 모두 알루마이트로 만든 것이었다.

이렇게 알루마이트 제품이 널리 사용된 이유는 알루미늄의 대표적인 원료인 명반석(明礬石)이 한반도에 많이 매장되어 있기 때문이다. 식민지 시기인 1924년경부터 일본인 회사에 의해 한반도의 명반석이 채

1959년 청계천 인근의 그릇도매상. 상점 밖에까지 양은솥과 냄비, 주전자, 대야, 쟁반 등을 쌓아놓고 판매할 정도로 당시 알루마이트로 만든 제품은 큰 인기를 끌었다.

굴되기 시작했다. 1934년이 되면 명반석 매장량이 100억t인 전라남도 화순군의 옥리광산(玉理鑛山)과 3억 3,000만t인 해남군의 성산광산(聲山鑛山)이 일본인에 의해서 개발되었다.[20] 채굴된 명반석은 대부분 일본으로 반출되어 알루마이트 제품의 원료로 사용되었다. 1930년대 중·후반에 일본에서는 컵·밥통·냄비·병 같은 식기에서부터 세숫대야까지 알루마이트로 만든 다양한 생활용품이 제작·판매되었다. 해방 이후에는 한반도에서도 알루마이트로 만든 각종 식기가 가정뿐 아니라 대중음식점에서 많이 사용되었다.

앞의 《경향신문》에서도 알루마이트 그릇이 "우리나라에서 나오고 있으며 값도 그리 비싸지 않다"고 했다. 저렴한 가격은 알루마이트 그릇의 가장 큰 장점이었다. 또한 잘 깨지지 않고, 놋그릇처럼 쉽게 더러워지지 않는 점도 알루마이트 그릇을 선호하는 이유였다. 특히 알루마이트 냄비는 주물로 만든 것에 비해 가벼우면서도 열전도율이 좋았다. 1950년대 중·후반에는 신혼가정의 집들이 때 알루마이트 냄비 세트를 선물하는 것이 유행이었다. 그러나 알루마이트의 코팅이 벗겨지면 바로 인체에 해로운 알루미늄에 노출된다는 문제점이 지적되면서 스텐 그릇이 대안으로 떠올랐다.

스텐 그릇이 주목받은 또 다른 이유는 놋그릇과 달리 관리하는 데 어려움이 적었기 때문이다. 놋그릇은 사용하기 전에 얼룩을 지우고 광을 내야 하는 등 손이 많이 가는 데 비해서 스텐 그릇은 그럴 필요가 없었다. 구입하자마자 세척해 마른 천으로 깨끗이 닦기만 하면 광택이 변함없이 유지되었다. 1960년대 중반이 되면 신혼살림을 장만할 때 놋그릇이나 양은그릇은 뒤로 밀려나고 스텐 그릇이 큰 인기를 끌었다.

놋그릇이 부엌에서 밀려난 이유 가운데 하나는 연탄가스 때문이었다. 1960년대 가정의 취사용 연료는 나무땔감에서 연탄으로 바뀌기 시작했다. 연탄은 사용이 편리한 연료였지만, 연소 시 유해가스가 발생하는 문제점이 있었다. 이 유해가스는 인체뿐 아니라 놋그릇 같은 주방용품에도 영향을 미쳤다. 놋그릇은 연탄가스에 노출되면 고유의 광택이나 색이 변하는 바람에 관리가 무척 어려웠는데, 이에 반해 스텐 그릇은 연탄가스에 별다른 영향을 받지 않았다. 이런 이유에서 가정뿐 아니라 고급 음식점에서도 놋그릇 대신에 스텐 그릇으로 식기를 바꾸어갔다.

당시 신문 자료에 의하면 1967년은 스텐 그릇의 전성시대였다. 1967년 2월 14일자 《매일경제》 기사에서는 "「스테인레스」 식기 색깔이 맑고, 녹이 슬지 않고, 사치스럽다는 이유로 최근 각 가정에서는 인기가 좋다"며, 스텐 그릇의 가격이 대접까지 끼어서 주발 한 벌에 440원에서

470원까지 받는다고 했다. 1967년 문경 지역 탄광에서 일하던 광부의 1월 달 급여가 4,694원이었으니,[21] 밥그릇과 국그릇 한 벌 값이 결코 싼 것은 아니었다. 당시 스텐 그릇 10개로 구성된 오첩반상기는 2,500~3,000원, 16개로 구성된 칠첩반상기는 3,000~4,000원 정도였다.[22] 반상기를 스텐 그릇으로 갖추려면 문경 광부의 한 달치 급여 중 3분의 2 이상을 써야 했다.

스텐 그릇이 유행하자 그릇 장사들은 낱개로 팔지 않고 반상기로 구성해 세트로 팔았다. 주부들은 놋그릇을 창고에 넣어버리거나 아예 스텐 그릇과 맞바꾸는 등 가정에서 놋그릇을 치우고 값비싼 스텐 그릇을 갖추었다. 당시 부유한 가정에서는 자개옻칠 밥상에 스텐 그릇을 갖춘 상차림을 자랑했는데, 검은색 밥상과 은색 그릇이 절묘한 조화를 이루어 음식이 더욱 맛깔나 보였다. 갈수록 스텐 그릇의 보급이 확대되면서 가정에서는 반상기는 물론이고 조상 제사에 사용하는 제기도 모두 스텐 그릇으로 바꾸었다.[23]

이와 같이 스텐 그릇의 유행은 놋그릇을 사라지게 한 결정적이 사건이었다. 스텐 그릇은 놋그릇과 같은 금속 제품이면서도 녹이 나지 않아 관리가 아주 수월하다. 게다가 스텐 그릇의 광택은 은식기와 비슷해 보인다. 예전에 은식기의 대체품으로 백동식기가 사용되었다면, 이제는 스텐 그릇이 그 자리를 차지했다. 1967년 2월 14일자 《매일경제》 기사에서는 놋그릇에 '메끼'(도금)를 해서 스텐 그릇으로 파는 일도 있다고 했다.[24] 심지어 스텐 그릇을 처음 본 사람은 "방안이 환하게 번쩍이는"[25] 듯한 인상을 받았다. 이처럼 문화적 가치와 사용의 편리성이야말로 스텐 그릇이 놋그릇을 밀어낸 결정적인 이유일 것이다.

한국인은 왜 이렇게 먹을까?

4 │ 스텐 밥공기의 규격화

한편, 1960년대 후반에 들어서자 한식음식점에서는 스텐 밥공기가*
필수품처럼 확산되었다. 그 당시 식량 수급이 불안정한 상태에서 쌀 소
비를 줄이기 위한 방안을 찾던 정부 관료들은 음식점의 스텐 밥공기에
주목했다. 스텐 밥공기를 쌀밥의 양을 통제하는 수단으로 활용하게 된
것이다.** 1973년 1월, 대통령이 임명한 서울시장은 표준식단을 제시
하고 시범대중식당을 정한 후 밥을 반드시 돌솥밥이 아닌 공기에 담아
먹도록 적극 계몽에 나섰다. 당시 서울시에서 제시한 스텐 밥공기의 크
기는 내면 지름 11.5cm, 높이 7.5cm였다. 그러나 이 조치를 제대로 이
행하는 업주들은 아주 드물었다. 그러자 중앙정부에서는 1974년 12월
4일부터 음식점에서 돌솥밥 판매를 금지하고 스텐 밥공기에만 밥을 담
도록 행정명령을 발동했다.[26] 그러나 이 행정명령의 핵심은 7분도 쌀만
을 먹도록 하는 조치였기 때문에 음식점에서 제공하는 쌀밥의 양에 대

* 공기는 한자로 '空器', 곧 빈 그릇을 뜻한다. 식민지 시기에 학교나 군대에서 급식을 제공
할 때 사용했던 밥그릇이다. 큰 공기를 들고 오면 배식하는 사람이 밥을 먼저, 그다음에 반찬
과 국을 담아주었다. 이처럼 공기를 사용해본 경험이 있는 사람들이 빈 밥그릇을 공기라고 부
르게 되면서 점차 일반화되었다. 한국전쟁 때에는 알루미늄으로 만든 공기가 군대와 단체급
식에서 사용되었다.

7장 · 왜 밥을 스테인리스 스틸 그릇에 담을까?   197

1973년 1월 5일 서울시에서 마련한 표준식단. 이때 규격화한 밥공기가 등장했는데, 정식은 공깃밥과 4종의 반찬, 한정식은 공깃밥과 5~9종의 반찬을 마련토록 했다. 서울시는 1월 한 달을 계몽 기간으로 정하고, 2월부터 전 요식업소에서 이 표준식단을 따르도록 시달했다. 사진 서울사진아카이브 제공.

해서는 아직까지 규제가 엄격하게 적용되지는 않았다.

그 뒤 1976년 6월 29일 서울시에서는 7월 13일부터 음식점에서 스텐 밥공기에만 밥을 담도록 의무화하는 규정을 요식협회에 시달했다.[27] 스텐 밥공기의 규격을 내면 지름 10.5cm, 높이 6cm로 정하고, 이 그릇의 5분의 4 정도 밥을 담도록 한 것이다. 만약 서울시 소재 음식점에서 이 규정을 위반하면 1회 위반에 1개월 영업 정지, 2회 위반에 허가 취

** 1963년 2월 당시 문교부에서는 〈예절 기준안〉을 발표했다. "식사 예절로서 첫째 상을 볼 때 외상이나 겸상이나 두리기상(두레상)의 어떤 경우나 밥은 따로 담지 말고 밥통에서 공깃밥으로 하는 것을 원칙으로 하고 겸상이나 두리기상의 경우에는 찬도 각자가 덜어다 먹을 수 있도록 각각 빈 그릇과 덜어가는 수저를 따로 놓는다"는 것이다. 이 〈예절 기준안〉을 이어서 1964년 2월부터 시행된 박정희 정부의 '국민혁신운동'에도 공깃밥이란 말이 나온다. 당시 국민혁신운동본부에서 만든 '혁신운동 방안' 중에는 '양곡 절약'을 위해서 "직장인의 점심 외식을 억제하며 공깃밥을 권하"(《조선일보》 1964년 2월 13일자의 〈공기밥 팔기를 권장(勸奬)〉)는 내용이 포함되었다. 이 운동은 실제로 직장의 구내식당에서 행해졌다. 네 사람이 앉는 식탁에 공용으로 양푼 하나에 밥을 담아주면 각자 먹을 만큼씩 공기에 덜어 먹었다.

1973년 1월 10일 표준식단제 실시 첫날. 서울의 시범대중식당에서 손님이 공기에 밥을 담고 있다.《동아일보》 1973년 1월 11일자.

소의 행정조치를 취할 것이라는 내용도 포함되었다.[28]

이후 보건사회부(이하 보사부)에서는 1981년 1월부터 과거 1976년 7월 13일 서울시에서 규정했던 스텐 밥공기의 규격을 전국으로 확대·적용하는 행정조치를 내놓았다. 보사부에서는 양식과 중식 음식점을 제외한 모든 음식점에서 규정된 크기의 공기에 밥을 담아 팔고 반찬의 양도 절반만 내도록 하는 〈식량 절약 및 식생활 개선 방안〉이라는 행정지시를 대한요식업중앙회에 내려보냈던 것이다.[29] 이후 전국의 한식음식점에서는 서서히 내면 지름 10.5cm, 높이 6cm의 스텐 공깃밥그릇을 사용하기 시작했고, 그것이 21세기의 초입인 오늘날까지 이어지고 있다.

요즘 대부분의 한식음식점에서는 1981년 보사부 권장 규격의 스텐 밥공기를 사용한다. 그런데 2000년대 이후 탄수화물 덩어리인 밥을 적

전라북도 순창읍의 한정식 음식점의 상차림. 지방의 한식음식점에서는 지금까지도 내면 지름 11.5cm, 높이 7.5cm의 스텐 밥공기를 사용하고 있다. 1981년 보사부에서 권장한 서울시 규격의 스텐 밥공기(내면 지름 10.5cm, 높이 6.0cm)를 구입하려니 당시에 경비 부담이 컸기 때문이다. 사진 필자 제공.

1970년대 초반에 제작된 내면 지름 11.5cm, 높이 7.5cm의 스텐 밥공기. 사진 필자 제공.

게 먹어야 다이어트를 할 수 있다는 전문가의 주장이 나오면서 스텐 밥공기의 크기는 더욱 작아졌다. 즉, 내면 지름 9.5cm, 높이 5.5cm의 스텐 밥공기가 2012년부터 생산되어 한식음식점에 보급되고 있다.[30] 그러나 백반 음식점에서는 1981년도 규격의 스텐 밥공기를, 국밥집에서는 2012년 이후 더욱 작아진 스텐 밥공기를 선호하는 편이다. 국밥집의 손님들은 보통 밥을 국에 말아 먹기 때문에 스텐 밥공기의 규격이 작아도 개의치 않는다는 것이다.

규격 스텐 밥공기를 사용하면 음식점 운영자 입장에서는 여러모로 이익이다. 쌀밥의 양을 줄여서 원가를 절감할 수 있고, 미리 밥을 해서 스텐 밥공기에 담아두면 손님이 몰리는 시간에도 빨리 음식을 낼 수 있다. 규격 스텐 밥공기의 사용이 확산되자 1981년 '공깃밥 보온 보관통'이라는 제품이 특허를 얻어 시중에 나왔다. 1980년대 중반부터는 업소용 공깃밥 온장고가 판매되면서 스텐 밥공기의 뚜껑도 모양이 평평해졌다. 앞에서 말했듯이 주발의 뚜껑이 볼록한 이유는 밥이 빨리 마르지 않도록 고안된 것이다. 그래서 처음에는 음식점용 밥공기의 뚜껑도 볼록한 편이었는데, 온장고를 사용하면서부터 공깃밥을 장시간 보온·보관할 수 있게 되자 한꺼번에 밥공기를 여러 개 포개어 넣을 수 있도록 뚜껑이 바뀐 것이다.

음식점에서 스텐 밥공기가 다른 식기보다 오랫동안 식탁을 지켜온 이유는 그릇 자체의 내구성뿐 아니라, 음식점 운영자 입장에서 보면 '효율성'이 뛰어난 식기이기 때문이다. 대한민국의 직장이나 학교의 점심시간은 대부분 오전 12시부터 오후 1시까지이다. 그러다 보니 음식점에 손님들이 한꺼번에 몰리게 된다. 이런 상황을 고려해 음식점에서는 아침 일찍 밥을 지어서 미리 스텐 공깃밥그릇에 담아 온장고에 보관해둔다. 그러면 손님이 몰릴 때 바로 꺼내 상을 차릴 수 있다. 예상했던 것보다 손님이 적게 와도 문제가 되지 않는다. 공깃밥은 온장고에 그대로 보관해두면 되기 때문이다. 그래서 간혹 때를 놓치고 늦은 시간에 점심이나 저녁식사를 하러 가면 스텐 밥공기에 담긴 밥이 말라서 딱딱해진 경우도 있다.

음식비평가(food critic) 황교익은 이런 상태의 공깃밥을 이렇게 묘사했다. "밥알의 겉은 거칠어지고 안은 떡이 진다. 심한 경우는 누렇게 색깔이 변하고 냄새까지 난다. 요즘엔 흑미와 향미를 넣는 음식점이 많은데, 그 의도는 알 수 없지만 쌀의 질이나 밥 지은 지 오래됐음을 숨기는 구실을 하지 않을까 싶다."[31] 결국 효율성과 경제성만 추구하다 보니 한식음식점의 밥맛이 예전 같지 않다는 평가가 나올 수밖에 없다.[32]

재생 중인 놋그릇,
그러나…

이런 와중에 최근 이른바 '무형문화재' 놋그릇이 일부 계층에서 대단히 환영받고 있다. 예전처럼 녹을 닦지 않아도 되고, 건강에도 좋다는 것이 놋그릇 판매상들의 주장이다. 그러나 가격이 만만치 않다. 부부용 삼첩반상 놋그릇 세트의 가격이 100만 원을 훌쩍 넘는다. 놋그릇의 전통이 다시 부활되는 듯하여 반갑기도 하지만, 혹여 다시 등장한 놋그릇이 또 다른 '구별짓기'[33]의 수단이 되지 않을까 하는 걱정도 없지 않다. '부익부 빈익빈'의 신자유주의 시대에 돌입한 21세기 한국 사회에서 오래된 식기의 재생은 신중하게 짚어보아야 할 문제다.

산업화 이전 시대에는 한 문화권에서 선호하는 식기의 종류와 형태, 그리고 재질 같은 요소들이 문화권이 운영되는 사회문화적 체계뿐 아니라 요리의 형태와 먹는 방식, 그리고 식사 매너 등에 의해서 결정되었다. 특히 한 사회를 지배하는 상층부는 그들의 식사 방식에 맞추어 식사도구와 식기의 재질과 형태를 권력을 표현하는 독점적인 물질(materials)로 소비했다. 그런데 산업화 이후에 식기와 식사도구의 재질은 산업적 과정을 거쳐서 대량생산되었다. 이 과정에서 많은 사람이 상층부만이 사용하던 식기를 사용할 수 있게 되었다. 하지만 산업화된 식기는 편리성과 효율성, 그리고 경제성을 바탕에 두고 있다. 이 때문에 오히려 산업화된 식기와 식사도구에 의해 한 문화권의 요리 형태와 먹는 방식, 그리고 식사 매너가 바뀌기도 한다.

21세기 초입의 오늘날, 한식음식점의 식탁 위에는 산업화 이후에 개발된 스테인리스 스틸·멜라민 수지·크리스탈(Crystal) 같은 식기와 목기·자기·옹기·놋그릇 같은 산업화 이전부터 사용되어온 식기가 마구 뒤섞여 있다. 과연 이러한 여러 종류의 식기가 음식의 형태와 식사 방식에 알맞게 사용되고 있는지는 의문이다. 특히나 스텐 밥공기, 스텐 수저, 그리고 멜라민 수지 식기로 구성된 한식음식점의 식기와 식사도구는 미학적 측면에서 개선되어야 할 여지가 있다.

분명한 점은 이런 잡종적 식기와 식사도구가 식민지 경험, 한국전쟁 중의 피난 경험, 급속한 도시화 과정에서 진행된 이주의 경험, 그리고 모든 행위 기준을 효율성에만 맞추는 신자유주의의 경험에서 나왔다는 것이다. 한국 사회의 경제성장 규모에도 불구하고 여전히 편리성·효율성·경제성은 마치 종교적 신념처럼 숭상된다. 게다가 이러한 신념의 한 축에 '전통'이라는 허상의 숭배 의식까지 자리 잡고 있다. 이 때문에 한식 식기와 식사도구는 여전히 잡종적 양상을 벗어나지 못하고 있는지도 모르겠다.

8장

왜 숟가락과
젓가락을
함께 사용할까?

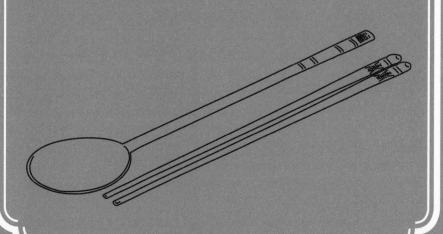

◇◇◇

앞에서 소개했던 조선에 온 베버 신부는 식사를 하면서 앉는 자세뿐 아니라 젓가락질을 잘 못해서 고생을 많이 했다. 책상다리를 하고 앉는 자세도 문제였지만, "젓가락질할 때는 손가락이 꼭 그 모양이었다"[1]고 했으니 말이다. 손가락을 책상다리 모양으로 구부려야 젓가락을 제대로 잡을 수 있는데, 그렇게 하기가 어려웠던 것이다. 젓가락질이 서툴러 깍두기를 집다가 놓쳐 대접에 퐁당 빠뜨리기도 했다. 그것을 본 조선인 신자들이 자기들끼리 조용히 속닥거렸다고 하니, 얼마나 당황했겠는가. 그런데도 베버 신부는 젓가락을 두고 비판의 말이 아닌 찬사를 보냈다. 베버 신부는 조선의 젓가락이 마치 자신들이 식사 때 사용하는 포크와 나이프의 기능을 합쳐 놓은 것 같다고 했다.[2]

◇◇◇

포크·스푼·나이프, 손,
그리고 젓가락

프랑스 역사학자 페르낭 브로델은 16세기 인물인 몽테뉴의 기록에서 1580년 남부 독일의 귀족들이 식사 때 개인별로 금속 손잡이가 달린 나무 스푼과 나이프를 사용했지만, 포크를 사용하지는 않았다는 사실을 확인했다. 그는 16세기 이후에야 유럽의 귀족들 중 일부가 개인용 포크를 쓰기 시작했다고 단언했다.[3] 중세시대 유럽인들이 식사 때 포크를 사용하지 않은 이유는 손에 종교적 의미가 담겨 있다고 믿었기 때문이다. 즉, 신(God)이 세상을 창조하면서 모든 것에 제 역할을 부여했는데, 그중 손은 음식을 먹는 데 사용하라는 뜻이 담겼다는 것이다. 이런 종교적 이유로 인해서 유럽에서 개인용 포크를 사용하는 분위기가 확산되기까지는 오랜 시간이 걸렸다. 19세기 이후에야 유럽의 귀족들과 프랑스혁명 이후 성장한 부르주아 계급의 식탁에서 포크는 없으면 안 되는 식사도구가 되었다.

오늘날 인도인들 중에는 중세 유럽의 가톨릭 사제들이 종교적 입장에서 개인용 포크를 비난했던 것과 비슷한 태도를 보이는 사람들이 여전히 많다. 특히 힌두교를 믿는 인도인들은 오래전부터 다른 사람의 땀과 침이 자신의 몸에 묻으면 오염(pollution)된다고 여겨왔다. 그래서 요

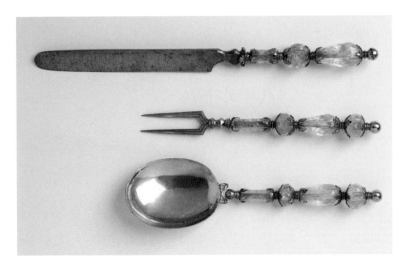

17세기 중엽, 독일에서 사용된 커트러리 세트. 영국 빅토리아 앤드 앨버트 박물관(Victoria and Albert Museum) 소장.

리사가 음식을 만드는 행위 역시 '부정(不淨)'한 것으로 여긴다. 식기와 식사도구를 사용하는 것도 오염될 위험이 있다고 생각한다. 이런 이유로 힌두교도가 많이 사는 인도 남부 지역에서는 가능하면 가공된 식기 대신에 바나나 잎 같은 자연물을 식기로 이용한다. 식사도구도 따로 쓰지 않고 오른손 한 손으로만 음식을 집어서 먹는다.[4]

이에 비해 고대 중국의 지배층은 지구상에서 가장 먼저 식사도구를 사용했다.[5] 거의 7,500여 년 전의 유적지에서 뼈로 만든 숟가락 유물이 나왔다. 청동으로 만든 숟가락도 여러 곳에서 출토되었다. 미국의 중국계 역사학자 Q. 에드워드 왕(Q. Edward Wang)은 고대 북방 중국인의 주식이 곡물, 그중에서도 죽처럼 기장을 끓여 먹었기 때문에 식사 때 숟가락을 주로 사용했으며,[6] 젓가락은 국 속의 건더기를 집어 먹는 데 사

청동으로 만든 숟가락. 손잡이 끝부분에 사람 얼굴 모양이 새겨져 있다. 길이 14.3cm, 폭 2.2cm, 중국 간쑤성박물관(甘肅省博物館) 소장.

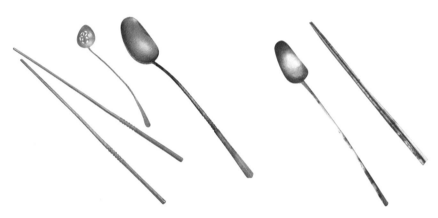

당나라 이후의 것으로 추정되는 금으로 만든 숟가락(26.0cm)과 구멍이 있는 국자(15.4cm), 젓가락(24.0cm). 중국 후베이성박물관(湖北省博物館) 소장.

당나라 때의 것으로 추정되는 은으로 만든 숟가락과 금과 은을 도금한 젓가락. 상하이 민간 콰이주관(上海民間筷箸館) 소장.

용했다고 본다. 또한 고대 중국의 지배층은 현대 중국인들과 달리 청동기나 금과 은 같은 금속으로 만든 숟가락과 젓가락을 식사의 필수품으로 여겼다. 고대 중국의 문헌에서도 숟가락과 젓가락을 한 쌍으로 묶어 '비저(比箸)' 또는 '시저(匙箸)'라고 기록했다. 이를테면 공자도 진시황도, 심지어 기원전 206년에 한나라를 세운 유방도 오늘날의 한국인처럼 식사 때 숟가락·젓가락을 모두 사용했던 것이다.[7]

그런데 12세기 송나라 때가 되면 차츰 식탁에서 숟가락과 젓가락이 함께 놓이지 않게 되었다. 이렇게 된 데는 여러 가지 이유가 있었다. 먼저 송나라 이후 차를 마시는 풍습이 자리를 잡으면서 점차 국물 있는 음식을 먹지 않게 되었다는 점이다. 또한 송나라 말기에 이르면 요리할 때 식용유를 많이 사용하게 되면서 기름이 많이 묻어나는 숟가락 대신 젓가락을 더 선호하게 되었다. 이러다 보니 숟가락을 사용하는 빈도가 줄어들어 자연스럽게 식탁에서 사라지게 되었다.

그러나 더 결정적인 이유는 주식의 변화 때문이다.[8] 8세기 이후 화북 지역은 물론이고 화중 지역, 즉 양쯔강 인근에서도 '겨울밀(winter wheat)' 농사가 이루어지면서 북송(北宋, 960~1127) 사람들 대부분은 국수와 만두 같은 밀가루 음식을 주식으로 삼게 되고, 식사도구 또한 주로 젓가락을 사용하게 되었다. 주식이 변하면서 숟가락은 국물을 떠먹는 용도로만 쓰이고, 크기도 작아졌다. 재질 역시 청동기가 아닌 자기로 만든 것이 많아졌다. 결국 곡물밥을 먹는 데 사용되던 숟가락은 서서히 밀려나 부수적인 식사도구가 되고, 젓가락이 주요 도구로 남게 된 것이다.

앞서 한나라 시기에 이미 화북의 지배층은 밀가루로 만든 음식을 즐겨 먹으면서 젓가락 사용이 늘어나기 시작했는데, 이때부터 청동 젓가락뿐 아니라 대나무로 만든 젓가락도 널리 쓰였다. 1973년 후난성(湖南省) 창사(長沙)의 마왕퇴(馬王堆) 제1호 한묘(漢墓)에서 길이가 17cm인 대나무 젓가락 한 벌이 옻칠을 한 술잔과 함께 발굴되었다. 수나라 때의 유적지에서 나온 젓가락 중에는 은으로 만든 것도 있다. 송나라와 원나라 때가 되면 상아로 아주 고급스런 젓가락을 만들기도 했다. 명나라 이후 국수를 많이 먹게 되면서 젓가락의 재질 또한 가벼운 것을 선호하는 경향을 띠게 되었다.

1973년 후난성 창사의 마왕퇴 제1호 한묘 발굴 당시 출토된 나무 젓가락. 길이 17.0cm, 직경 0.3cm.

청나라 때 젓가락. 대나무 젓가락에 은도금을 했다. 길이 26.0cm. 상하이 민간 콰이주관 소장.

Q. 에드워드 왕은 주나라에서 한나라까지의 역사 기록들에서 젓가락을 지칭하는 한자로 '箸(주), 筋(주), 筴 (지아), 梜 (지아)' 등이 쓰인 이유도 대나무 혹은 나무로 만들어졌기 때문이라고 보았다.[9] 그런데 요사이 중국인들은 젓가락을 '筷子(콰이쯔)'라고 쓴다. 왜 이런 변화가 생겼을까?

명나라 사람 육용(陸容, 1436~1497)은 본래 '주(箸)'였던 명칭이 왜 '콰이쯔'로 바뀌었는지를 다음과 같이 설명했다.[10] 중국인들은 옛날부터 한자가 달라도 발음이 비슷하면 되도록 사용하지 않는 습관이 있다. 이것을 '민휘(民諱)'라고 부른다. 이런 민휘는 오늘날의 장쑤성(江蘇省) 일대였던 명나라의 오중(吳中) 지방에서 특히 심했다. 당시 오중 사람들은 '주(箸)'와 '주(住)'를 똑같이 발음했다. 그런데 이곳에는 하천이 많아 주민들이 대부분 배를 타고 다니며 생업에 종사했다. 그들은 젓가락을 가리키는 '주(箸)'를 말했다가, 혹여 배가 멈추어 서는 '주(住)'가 될지 모른다고 걱정을 했다. 그래서 아예 젓가락을 뜻하는 '주(箸)'를 '콰이쯔(快子)'로 대체하기에 이르렀다. 특히 송나라 이후 대도시에 성행한 음식점에서는 값싼 대나무로 만든 젓가락을 손님들에게 제공했다. 이로 인해서 '쾌(快)'란 한자 위에 '대나무 죽(竹)'자를 덧붙여 '콰이쯔(筷子)'라고 쓰게 되었다.

이에 비해 일본인들은 지금도 젓가락을 '하시(箸)'라고 부르면서 젓가락만으로 식사를 한다. 중국 당나라 때와 같은 시기인 나라(奈良)와 헤이안(平安) 시대 일본 지배층은 공식 연회에서 신라의 경주에서 만든 청동 숟가락과 젓가락을 사용했다. 그래야 신라를 통해 들어온 당나라 문화를 알고 있는 것으로 여겨졌기 때문이다. 그러나 일상 식사에서는 지배층이나 피지배층이나 가리지 않고 젓가락만 사용했다.[11] 일본 열도에는 이미 그때부터 끈기가 많은 차진 쌀이 재배되었기 때문에 곡물밥을 먹을 때 굳이 숟가락을 사용할 필요가 없었다. 차진 쌀밥을 먹을 때 숟가락을 사용하면 오히려 밥알이 숟가락에 달라붙어 불편했다.

8세기부터 12세기까지 지속된 헤이안시대의 귀족들은 주로 '고와이이(强飯)'라는 밥을 먹었다. '고와이이'는 쌀을 쪄서 익힌 것으로 그릇에 담을 때 아주 높게 쌓았다. 12세기의 문헌으로 추정되는 《병초지(病草紙)》에 '고와이이'가 그려진 장면이 있는데, 숟가락은 보이지 않고 긴 젓가락 한 쌍만 밥에 꽂혀 있다. 일본 학자들 중 대다수는 야요이시대(彌生時代, BC 300~AD 300)에 이미 찰기가 있는 쌀을 재배했기 때문에 굳이 숟가락을 사용할 필요가 없었다고 주장한다.[12]

식사 때 젓가락만 사용하는 일본인에게는 독특한 식사 방식과 요리 기술이 있다.[13] 그들은 젓가락만으로 식사하기 때문에 가능한 한 젓가

《병초지》 중 〈치아가 흔들리는 남자(歯の揺らぐ男)〉, 두루마리 그림, 38.3×25.9cm, 일본 교토국립박물관(京都国立博物館) 소장.

락으로 한 번 집은 음식은 한입에 다 넣을 수 있도록 음식 재료의 크기를 작게 만들어 요리한다. 또 숟가락을 사용하지 않기 때문에 탕 그릇이 작고 가볍다. 임진왜란 전까지 자기를 만들지 못했던 일본인들은 주로 나무로 식기를 만들어 사용했는데, 나무 식기는 가볍고 열전도율이 낮은 편이라 뜨거운 밥이나 국을 담아도 자기나 놋그릇과 달리 그리 뜨겁지 않다. 그래서 그들은 밥그릇이나 국이 담긴 대접을 손으로 들고 입에 가까이 댄 채 젓가락으로 먹는다.[14]

조선 후기, 숟가락의 술자루가 달라진 이유

중국이나 일본의 역사와 달리, 한반도에서는 고대 중국의 청동으로 만든 숟가락과 젓가락이 스텐인리스 스틸 젓가락과 숟가락으로 그 재질만 바뀌었을 뿐 지금까지도 두 가지 식사도구를 거의 그대로 사용하고 있다. 그렇다면 한반도에서 숟가락은 어떤 모습으로 이어져왔을까?

조선시대 왕은 주로 은으로 만든 숟가락을 사용했다. 은은 독성 물질이 닿으면 색이 변하는 특성이 있어 왕의 식탁에서 독을 검출하는 역할을 겸했다. 이에 비해 양반들은 놋쇠로 만든 숟가락을 주로 사용했다. 그러나 비싼 놋쇠 숟가락을 마련하기 힘든 가난한 사람들은 나무로 만든 숟가락을 사용할 수밖에 없었다. 비록 놋쇠 숟가락은 비싸서 엄두를 내지는 못했지만 18~19세기에 산골짜기에 살았던 사람들조차 놋쇠로 만든 숟가락을 사용하는 것이 좋다고 생각했다.

그렇다고 나무로 만든 숟가락이 홀대를 받은 것은 아니다. 상례에서는 왕실이든 민간이든 나무로 만든 숟가락을 사용했다. 그것도 꼭 버드나무로 만든 숟가락이어야 한다고 믿었다. 예전 사람들은 어른이 숨을 거두어도 혹시 깨어날지 몰라서 하룻밤 동안 시신을 별도의 방에 모셔둔 후 이튿날 시신을 씻기고 수의를 입혔다. 수의를 다 입힌 다음에 상

《세종실록》134권,〈오례 · 흉례 · 서례 · 명기 · 명기의 예3〉에 나오는 나무로 만든 숟가락.

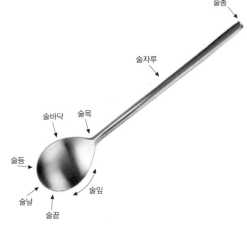

숟가락의 각 부분 명칭.

주는 망자가 저승으로 갈 때 필요한 엽전이나 쌀을 시신의 입에 넣었다. 이 행위를 '반함(飯含)'이라고 부르는데, 이때 버드나무 숟가락을 사용했다.

《세종실록》에 나오는 나무로 만든 숟가락 역시 반함 때 사용했던 것이다. 상주는 망자의 입에 버드나무 숟가락으로 쌀을 떠 넣으면서 "천 석이요, 이천 석이요, 삼천 석이요" 하고 소리를 질렀다. 그래야 저승까지 잘 갈 수 있다고 믿었다. 버드나무로 만든 숟가락을 사용했던 이유는 버드나무가 귀신을 물리친다고 여겼기 때문이다. 《단원풍속도첩》의 〈주막〉을 보면, 어느 부상이 큰 사발을 들고 밥을 뜨고 있는데, 이때 사용한 숟가락 역시 나무로 만든 것이다(87쪽 참조).

한국의 숟가락 역사 연구에서 최고 권위자인 고고학자 정의도는 무덤에서 출토된 유물을 통해 17세기 전반에 밥그릇의 깊이가 깊고 그릇의 벽이 바로 선 백자 사발을 사용하면서부터 점차 술자루가 직선의 형

청동수저, 조선시대, 국립민속박물관 소장.

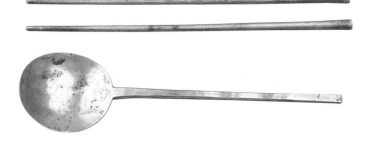

놋수저, 일제강점기, 국립민속박물관 소장.

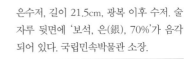

은수저, 길이 21.5cm, 광복 이후 수저. 술 자루 뒷면에 '보석, 은(銀), 70%'가 음각 되어 있다. 국립민속박물관 소장.

스테인리스 스틸 숟가락, 길이 20.7cm, 너비 4.3cm, 술자루 앞면에 꽃문양이 양각되어 있다. 국립민속박물관 소장.

　　한국인은 왜 이렇게 먹을까?

태로 변했다고 주장한다.[15] 아마도 그즈음에 대동법이 전국적으로 실시되면서 곡물의 생산량이 많아져 민간에서도 곡물밥을 좀 더 넉넉하게 먹게 되었을 것이다. 곡물밥의 양이 많아지면서 밥을 담는 사발이나 주발의 형태가 깊고 벽이 바로 서게 되었을 가능성이 크다. 정의도는 이렇게 끼니로 먹는 곡물밥의 양이 늘어나면서 숟가락의 술자루가 곧아지고 두께는 두꺼워지고 술잎은 버들잎 모양에서 원형에 가까운 형태로 변하게 되었다고 한다.[16]

그러나 나의 생각은 약간 다르다. 숟가락의 술자루가 곧아진 때는 17세기 이전일 수도 있다. 이미 15세기경부터 양반 남성들은 독상에서 혼자서 식사를 했다. 바로 코앞에 밥그릇이 있는데 굳이 술자루가 휜 숟가락을 쓸 이유가 없지 않았을까? 오히려 술자루가 짧고 곧은 숟가락이 밥을 먹기에 훨씬 편리했을 것이다. 또 현미나 보리로 지은 밥을 많이 먹으면서 숟가락의 쓰임새가 더욱 늘어났다. 많은 양의 밥과 국을 떠먹는 데는 술잎이 넓은 숟가락이 더 좋았을 것이다.

비록 15~16세기의 무덤에서 술자루가 휜 숟가락이 발굴되었지만, 그것은 일상용품이 아니었을 가능성이 크다. 17세기에 와서 많은 사람이 술자루가 곧은 숟가락을 사용하자, 더 이상 술자루가 휜 예전 숟가락은 생산되지 않았다. 17세기 이후의 무덤에서 나온 숟가락은 모두 술자루가 직선이다.

3 | 19세기 말 외국인이 경험한 숟가락·젓가락 사용기

앞 장에서 소개했던 베버 신부는 조선인들이 젓가락 하나로 생선 요리나 심지어 길쭉한 배추김치를 재빨리 가르고, 동치미 국물에 담겨 있는 잘게 썬 무를 찾아내서 콕 집어 건져 먹는 모습에 감탄을 아끼지 않았다.[17] 조선을 처음 방문했을 당시에는 젓가락질도 서툴고 책상다리 자세로 앉는 것도 불편해했던 그가 1925년 5월 다시 조선에 와서는 소반에 앉아서 아주 자연스럽게 젓가락질하는 자신의 모습을 기록영화에 담았다.* 조선인의 젓가락질에 감탄했던 만큼 그도 수년 동안 젓가락질을 연습했던 모양이다.

젓가락은 조선인만 사용하는 식사도구가 아니다. 그럼에도 유럽인이나 미국인의 눈에는 숟가락질보다 젓가락질하는 조선인의 모습이 더 또렷하게 기억에 남았던 모양이다. 식민지 시기인 1922년 조선에 와서

---

* 베버 신부는 1925년 5월에 다시 조선을 방문했을 때 독일에서 가지고 온 장비로 무성 기록영화를 촬영했다. 이 기록영화에 함경도의 조선인 가톨릭 신자 가정에 초대를 받은 베버 신부가 그곳에서 소반을 받아 능숙하게 젓가락질을 하면서 식사하는 장면이 나온다. 베버 신부가 속했던 성베네딕트 수도회는 선교지에서의 현지화를 중시했다. 베버 신부의 능숙한 젓가락질도 수도회가 지향한 바를 실천한 것이다.

1911년 첫 방문 때 젓가락질에 서툴렀던 베버 신부는 1925년 5월에 다시 조선에 왔을 때는 매우 능숙하게 젓가락질을 했다

이화여자전문학교 교수를 지낸 미국인 칸로(Marion Lane Conrow, 1894 ~?)는 조선인이 오로지 젓가락으로만 식사를 한다고 했다. 한편, 그녀와 함께 1921년부터 같은 학교 가사과에서 교수로 근무했던 미국인 모리스(Harriett Morris, 1894~?)는 1940년 미국으로 돌아가서 그곳에서 《Korean Recipes(조선요리법)》를 펴냈는데, 그때 책의 서문을 칸로에게 부탁했다. 칸로는 서문에서 조선인들이 젓가락으로 음식을 잘게 자르기도 하고, 작은 공처럼 돌돌 말기도 하며, 적당한 크기로 만들어서 입으로 넣는다고 했다.[18] 베버 신부와 비슷한 찬사다.

이처럼 예전부터 서양인들은 동아시아인들의 젓가락질 솜씨를 경이롭게 여겨왔다. 그렇다고 중국인·타이완인·일본인·베트남인이 한국

Chop sticks are easy to use when held properly

1945년 미국의 캔자스주 (Kansas) 위치토(Wichita)에서 출판된《Korean Recipes》에 소개된 젓가락질 모습. "제대로 잡았을 때 사용하기 쉬운 젓가락"이란 설명이 붙어 있다.

에 와서 한국식 젓가락을 무리 없이 잘 사용할 수 있다고 생각하면 오해다. 중국인들 중에는 나무나 플라스틱으로 만든 자신들의 젓가락과 달리 한국 젓가락은 금속으로 만든 게 대부분이라서 음식을 집기가 어렵다고 하는 경우도 있다. 특히 젓가락이 가늘고 납작하여 손에서 잘 미끄러지고, 조절하기가 까다롭다는 것이다. 베버 신부처럼 동아시아인들도 한식음식점에서 젓가락으로 음식을 집다가 놓치는 경우가 종종 있다. 얼핏 보면 같은 모양의 젓가락이지만, 한국의 젓가락은 중국이나 일본, 심지어 베트남과도 달라서 익숙해지는 데 시간이 걸린다.

동아시아인들은 한국에서 젓가락 사용은 어느 정도 시간이 지나면 익숙해지지만 의외로 숟가락 사용을 어려워하는 경우가 더러 있다. 한국을 제외한 대부분의 동아시아 지역에서는 국물 음식을 적게 먹을 뿐아니라, 국물 음식을 먹을 때에도 국자를 닮은 작은 숟가락을 사용하기 때문에 숟가락 중심의 한국식 식사에 불편을 느끼기도 한다. 이에 비해

한국인은 왜 이렇게 먹을까?

일상 식사에서 스푼을 사용하는 서양인들은 다른 동양인들보다 한국식 숟가락을 더 잘 사용한다. 100여 년 전 한반도에 왔던 서양인 중에는 조선인의 숟가락질을 두고 찬사를 아끼지 않은 인물도 있다. 바로 고종의 할아버지이자 흥선대원군 이하응(李昰應, 1820~1898)의 아버지인 남연군(南延君) 이구(李球, ?~1822)의 묘를 도굴하여 한국인에게 악명 높은 인물인 오페르트(Ernst Jacob Oppert, 1832~1903)이다.

오페르트의 본래 직업은 무역상이었다. 19살 때부터 홍콩에서 장사를 시작한 유대인 오페르트는 이후 상하이로 사업을 옮긴 뒤 조선에 관심을 갖게 되었다. 그는 무역선을 타고 1866년 2월에 처음 충청도 아산만 일대를 돌아다녔다. 같은 해 6월에 충청도 연안에 상륙하여 해미읍성까지 다니며 그곳 관료들과 친해졌다. 그런데도 조선 정부에서 자신에게 무역의 기회를 주지 않자 1868년 4월에 다시 충청도 예산을 방문하여 남연군의 묘를 도굴해버렸다. 그랬던 오페르트가 독일로 귀국한 뒤에 조선에 대해 매우 긍정적인 내용을 실은 여행기를 출판했다. 바로《금단의 땅, 조선 여행(Ein verschlossenes Land: Reisen nach Corea)》(1880)이다.

이 책에서 오페르트는 중국인들이 젓가락만으로 밥을 먹는 데 비해 조선인들은 젓가락과 함께 나무나 도기로 만든 매우 긴 손잡이가 있는 숟가락을 사용한다고 했다.[19] 도기로 숟가락을 만들었다는 그의 설명은 놋숟가락을 몰라서 생긴 오류겠지만, 어쨌든 손잡이가 서양의 스푼보다 긴 조선식 숟가락의 특징이 그의 눈에 들어왔던 모양이다. 오페르트는 중국인이 밥그릇을 입에 대고 식사하는 모습을 그다지 좋게 보지 않았다. 그래서 숟가락과 젓가락을 함께 사용하며 점잖게 식사하는 조선인의 모습을 보고 중국인보다 훨씬 우아하고 아름답다고 찬사를 보냈다.

4

21세기에도 숟가락과 젓가락을 함께 사용하는 한국인

포크와 나이프를 양손에 하나씩 잡고 식사를 하는 서양인의 입장에서 보면, 한국음식을 먹을 때 한 손에 숟가락, 다른 손에 젓가락을 사용해야 편리하다고 생각할 수도 있다. 그러나 한국인은 오로지 한 손, 그것도 주로 오른손으로만 숟가락과 젓가락을 번갈아가며 사용한다. 한국인이야 아주 자연스럽게 여기는 모습이지만, 처음 이런 모습을 본 외국인은 숟가락과 젓가락을 집었다가 놓았다가 하는 한국인의 식사 모습이 매우 분주해 보일 수도 있다. 왜 굳이 한 손으로만 숟가락과 젓가락을 사용하는가?

조선시대 선비들이 존경했던 성현(聖賢) 가운데 한 사람인 주자는 아동 교육서 《동몽수지(童蒙須知)》 제5장의 〈잡세사의(雜細事宜)〉에 이런 글을 남겼다. "음식을 먹을 때는 숟가락(匙)을 들었으면 반드시 젓가락(箸)을 놓아두어야 하고, 젓가락을 들었으면 반드시 숟가락을 놓아두어야 한다. 식사를 다 했으면 곧장 숟가락과 젓가락을 밥상 위에 놓아둔다."[20] 곧, 두 손으로 숟가락과 젓가락을 동시에 잡지 말고 한 손으로만 사용하라는 지침이다. 그렇다면 어떤 손으로 숟가락과 젓가락을 잡아야 할까? 식사 때 사용해야 하는 손에 대한 규칙은 이미 공자와 그의

제자들이 초고를 집필했을 것으로 여겨지는 《예기》에 나온다. 이 책의
권8 제5장의 〈음식〉 편에서는 "어린이가 스스로 먹을 수 있게 되면 오
른손(右手)으로 먹도록 가르친다"[21]고 했다. 당시에도 오른손이 왼손에
비해 편하게 사용되었던 것이다.[22]

일본의 중국인 민족학자 슈다세이(周達生, 1931~2014)는 한국인들이
숟가락과 젓가락을 한꺼번에 사용하여 식사를 하는 이유를 유학과 연
결시켜 설명했다.[23] 즉, 그는 숟가락으로 밥과 함께 탕·국·찌개를 먹
고, 젓가락으로 다른 반찬을 먹는 습관은 고대 중국의 《주례》에 나오는
예법과 매우 닮았다고 보았다. 특히 조선시대 선비들이 철저하게 주나
라의 예법을 모범으로 삼아 식사를 했다는 점이 숟가락과 젓가락을 한
손으로 사용하게 된 결정적인 이유라는 것이다.

Q. 에드워드 왕 역시 슈다세이와 비슷한 주장을 펼친다. 다만, 그는
고대부터 당나라까지 북중국과 한반도에서는 기장을 주곡으로 삼았으
며, 이 기장을 죽처럼 걸쭉하게 끓여 먹었기 때문에 숟가락을 사용하게
되었다고 주장한다. 이 시기에 정착된 《주례》를 비롯한 의례 준칙이 이
후에도 장려되면서 한국인은 지금도 격식을 차리는 식사 자리에서는
숟가락으로 밥을 먹는다고 보았다.[24]

주희의 《가례(家禮)》에 슈다세이와 Q. 에드워드 왕의 주장을 뒷받침
할 만한 내용이 언급되어 있는데, 즉 '시저(匙箸, 젓가락과 숟가락)'를 밥과
국을 먹을 때 중요한 식사도구라고 밝혀놓았다. 이 점은 조선판 《가례》
인 《사례편람(四禮便覽)》에서도 마찬가지다. 게다가 유교에서는 숟가락
과 젓가락을 사자(死者)와 산 사람의 연결고리로 삼는다. 즉, 밥(메)과
탕을 중심으로 구성되는 유교식 제사의 상차림에서 숟가락과 젓가락은
조상 신령을 상징한다.

그러나 유학 관련설과 다른 주장도 여럿 있다. 즉, 한식 상차림이 밥과 국, 그리고 마른반찬과 국물이 있는 반찬으로 구성되었기 때문에 국이나 국물이 있는 반찬을 먹으려면 숟가락이 꼭 필요하다는 것이다. 그러나 일본인 역시 밥과 함께 국을 먹는데, 왜 그들은 숟가락을 사용하지 않을까? 또 다른 주장도 있다. 고려시대는 물론이고 조선시대 사람들이 사용한 식기는 무거운 자기나 놋그릇이었다. 무겁기도 하고 열도 금방 전달되는 이런 식기를 직접 손으로 들고 먹기는 힘들다. 그래서 곡물로 지은 밥과 국물 음식을 먹는 데 숟가락은 빠질 수 없는 도구가 되었다는 것이다.

지금도 한국인의 식사에서 숟가락과 젓가락은 필수도구다. 하지만 그 재질과 쓰임새는 점차 변하고 있다. 놋수저가 가장 보편적이었던 1960년대 중반 이전과 달리, 그 이후부터 지금까지 스텐 밥공기와 함께 숟가락과 젓가락 역시 스테인리스 스틸로 만든 것이 주로 쓰인다. 이 스텐 수저는 예전의 놋수저와 무척 닮았다. 스텐 수저의 탄생에 앞서서 한국전쟁 이후 미군의 전투식량인 시-래션(C-Ration) 깡통으로 만든 수저가 먼저 개발되었다.[25] 오늘날의 서울 용산구 원효로와 밤섬 일대에 살았던 일부 하층민들은 근처 미군 부대에서 수거해온 깡통으로 수저를 만들어 팔았다. 전쟁 직후 물자가 부족한 상황에서 미군들이 쓰고 버린 깡통을 재활용한 것이다.

처음 이 수저를 사용해본 사람들은 놋수저에 비해 너무 가벼워 술자루를 잡으면 금세 미끄러질 것 같다는 부정적인 반응을 보였다. 수저를 만들던 사람들은 이런 반응을 접하고 손에서 미끄러지지 않도록 술총 부분에 선을 긋거나 긁어내는 식으로 수저를 개량했다. 술총 부분의 문양은 1960년대 이후 제작된 스텐 수저에도 이어졌다. 1970년대 후반

무렵에는 태극·무궁화·인삼 등 한국을 상징하는 문양으로 술총을 장식했다.

　앞에서도 말했듯이 중국인이나 일본인은 납작한 한국식 스텐 젓가락을 매우 낯설어한다. 중국인이나 일본인이 사용하는 젓가락은 대부분 나무 재질에 술자루가 사각 혹은 둥근 형태라서 납작한 한국식 스텐 젓가락이 손에 잘 잡히지 않는다고 한다. 한동안 연습을 하면 익숙해지겠지만, 중국인이나 일본인에게 한국식 젓가락은 자신들이 사용해온 젓가락과 이름만 같을 뿐 다른 유형의 식사도구다.[26]

　요사이 한국인들도 스텐 수저를 예전과 같은 쓰임새로 사용하지 않는 경우가 늘어나고 있다. 일부 사람들은 쌀밥을 먹을 때 아예 숟가락을 사용하지 않고 젓가락만 사용하기도 한다. 차진 쌀밥으로 이름난 일본 품종의 쌀에 찹쌀까지 섞어 압력밥솥에서 밥을 지어야 맛있다고 생각하는 요즈음 한국인은 마치 일본인처럼 젓가락만으로 밥을 떠먹는다. 그러다 보니 점차 숟가락의 활용도도 줄어들어 이제는 국·찌개·전골 등 국물 음식을 먹을 때만 사용하는 경우도 많아졌다.

9장

왜 한 상 가득
차려놓고 먹을까?

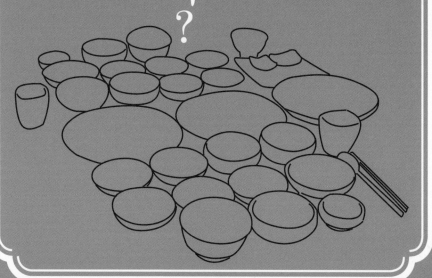

미국 뉴욕에 거주하는 음식과 건강 칼럼리스트 케이트 브래츠카이어(Kate Bratskeir)는 《이팅 코리안(Eating Korean)》[1]의 저자인 세실리아 해진 리 (Cecilia Hae-Jin Lee)에게 전화로 한국음식 먹는 방법에 대해 물었다.[2] 그러자 "모든 반찬은 공용이다(All banchan is communal)"는 말이 전화기 너머에서 들려왔다. 도대체 무슨 말인가 물었더니, 한식음식점에 가면 밥 한 공기와 국 한 대접만 개인용이고, 다른 음식은 대부분 함께 나누어 먹어야 한다는 것이다. 이 책의 프롤로그에서 키이스 킴이 "당신의 음식을 공유하라"고 했던 말과 같다. 이처럼 미국인들은 '한국음식에 대한 안내' 사항 가운데 반찬을 다른 사람과 나누어 먹어야 한다는 점을 짚어줄 정도로 '음식을 공유하는 식탁 문화'를 독특하게 여기고 있다. 그러나 한국인의 '반찬 공용' 식사 방식은 그다지 오래된 것이 아니다.

1 여러 명이 함께 식사할 때의 상차림 방식

일본의 문화인류학자 이시게 나오미치는 세계 각 지역의 공동체에서 여러 명이 함께 식사할 때의 상차림 방식을 〈개별형(個別型)〉과 〈공통형(共通型)〉, 그리고 〈시계열형(時系列型)〉과 〈공간전개형(空間展開型)〉으로 나누었다.

〈개별형〉 상차림은 여러 명이 참석한 식탁에서 개인별로 음식이 제공되는 방식이다. 유럽과 미국의 레스토랑에서는 아무리 많은 사람이 같은 식탁에 앉아 있어도 개인별로 음식을 제공한다. 즉, 샐러드(salad)와 수프, 주요리(main dish), 그리고 후식(dessert) 등 코스 요리의 음식이 개인마다 한 그릇씩 나온다.

〈공통형〉의 상차림은 같은 식탁에 여러 명이 앉더라도 요리를 한 그릇에 담아서 내놓는 방식이다. 가령 중국식 원형 식탁에 열 명이 앉았다고 하면, 탕수육 같은 음식을 열 그릇에 나누어 내지 않고 큰 접시 하나에 한꺼번에 담아서 낸다. 식탁에 앉은 사람들은 직접 자신의 젓가락으로 적당히 덜어 먹든지, 아니면 종업원이 개인용 접시에 나누어줄 때까지 기다려야 한다.

〈개별형〉과 〈공통형〉 상차림은 음식을 개인마다 제공하는지, 아니면 여러 명이 함께 먹도록 하는지에 따라 구분된다. 앞에서 세실리아 해진리가 "모든 반찬은 공용이다"라고 한 말은 한식 상차림에서 밥과 국은 〈개별형〉이고, 나머지 반찬은 〈공통형〉이라는 설명이다. 즉, 〈개별형〉과 〈공통형〉 상차림은 식사에 참여한 사람들에게 어떤 방식으로 음식이 제공되는가와 관련된 구분이다.

이에 비해 〈시계열형〉과 〈공간전개형〉 상차림은 음식점의 종업원이 어떤 순서로 음식을 서비스하는가와 관련된 구분이다. 〈시계열형〉 서비스는 정해진 순서대로 음식이 서비스되는 방식이다. 일반적인 서양 음식점에서 정식(定食)을 주문하면 차례대로 음식이 나오는 방식이 곧 〈시계열형〉이다. 즉, 처음에 빵이 나오고, 그다음에 샐러드, 그다음에 수프, 그다음에 주요리, 그리고 마지막에 후식이 나온다. 처음에 나온 음식은 다음 음식이 나오기 전에 음식이 남아 있더라도 그릇과 함께 모두 치워진다. 한국에 있는 일부 중국음식점에서도 이런 〈시계열형〉 서비스를 채택하고 있다. 처음에 냉채(冷菜)가 나오고, 곧이어 여러 가지 음식이 차례대로 나온 뒤에, 마지막에 탕이 나온다. 그러나 중국음식점에서는 다음 차례의 음식이 나오기 전에 앞서 나온 음식들이 아직 남아 있다면 치우지 않고 그대로 둔다. 엄밀하게 말하면 이러한 서비스 방식은 기존의 〈공간전개형〉 상차림을 〈시계열형〉으로 변형한 것이다.

〈공간전개형〉의 서비스는 주문한 모든 음식을 한꺼번에 내오는 방식이다. 한식음식점의 서비스 방식이 가장 대표적이다. 보통의 한식음식점에서 백반이나 정식을 주문하면 먼저 반찬을 식탁에 모두 차린 뒤에 곧이어 개인용 밥과 국을 내온다. 이렇게 모든 음식이 차려진 뒤에 식사를 시작한다.

	개별형	공통형
공간전개형	①	②
시계열형	③	④

상차림 방식과 순서에 따른 유형 [3]

이시게 나오미치는 〈개별형〉과 〈공통형〉, 〈공간전개형〉과 〈시계열형〉이라는 네 가지 상차림 유형을 기본 요소로 매트릭스(matrix)를 구성해 세계 각지의 상차림 유형을 분류했다. 즉, 〈개별형+공간전개형〉(① 유형), 〈공통형+공간전개형〉(② 유형), 〈개별형+시계열형〉(③ 유형), 〈공통형+시계열형〉(④ 유형)이 그것이다. 다만, 그는 이러한 네 가지 유형이 문화권마다 고정불변한 것은 아니라고 강조했다. 가령 일본의 경우, 4~6세기경 고분시대(古墳時代)에는 〈공통형+공간전개형〉의 상차림을 주로 했지만, 그 이후의 상층부 사람들은 〈개별형+공간전개형〉 상차림을 더 선호했다.[4] 오늘날 일본인들이 〈개별형+공간전개형〉 상차림을 자신들의 오래된 '전통적 식사 방식'으로 여기고 있지만, 실제 역사는 그렇지 않다는 것이다.

요즈음 일본인들은 〈공통형+공간전개형〉으로 음식을 차릴 수밖에 없을 때도 〈개별형〉을 식탁 위에서 실천하려는 경향이 강하다. 이를 위해서 개인용 앞접시인 '메이메이자라(銘銘皿)'를 참석자에게 제공한다. 그리고 음식과 함께 '도리바시(取り箸)'라고 부르는 긴 젓가락을 내온다. 식탁에 앉은 사람은 자신의 젓가락이 아니라, 이 '도리바시'를 사용하여 각자 먹을 만큼의 음식을 덜어 자신의 '메이메이자라'에 놓고 먹는다. 물론 '메이메이자라'에 덜어놓은 음식은 자신의 젓가락으로 먹어

오스트리아 서부의 잘츠부르크 근교 어느
농가의 〈공통형+공간전개형〉 상차림.

야 한다. 일본인들은 이런 식사 방식에 익숙한 탓에 〈공통형+공간전개형〉의 한식 상차림을 처음 접하면 매우 당황한다.[5]

유럽과 미국의 〈개별형+시계열형〉 상차림 역시 오래된 것이 아니다. 적어도 19세기까지 유럽에서는 〈공통형+공간전개형〉 상차림이 일반적이었으며, 19세기 중엽 이후에야 〈개별형+시계열형〉 상차림으로 바뀌기 시작했다.[6] 일본의 서양사학자 미나미 나오토(南 直人)는 1940년대 오스트리아 서부 잘츠부르크(Salzburg) 근교의 한 농가에서 일곱 명의 사람이 식탁에 앉아서 식사하는 사진을 자신의 책에 실었다.[7] 이 사진을 보면 으레 서양식 식탁에 놓여 있을 법한 개인용 접시와 수프 그릇이 보이지 않는다. 단지 식탁 한가운데에 수프를 담은 볼 하나와 빵을 담은 커다란 그릇이 하나 놓여 있을 뿐이다. 더욱 놀라운 장면은 각자 스푼을 들고 같은 수프 볼에서 수프를 떠먹고 있다는 사실이다.

미나미 나오토는 한 걸음 더 들어가 1930년대에 조사된 《독일민속학

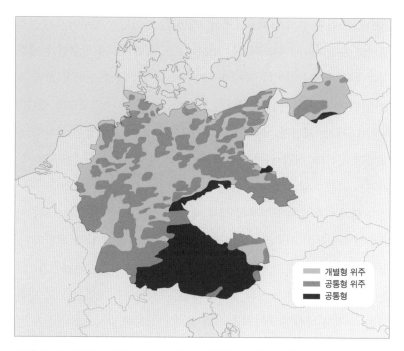

	개별형 위주
	공통형 위주
	공통형

1930년대 《독일민속학지도》에 나오는 지역별 상차림 유형. 독일 남부의 농촌 지역은 공통형 상차림이, 북부의 도시 지역은 개별형 상차림이 많았고, 그 중간 지대인 서부에는 공통형 위주의 상차림 유형을 보였다.

지도》를 통해서 독일의 농촌 지역에서 얼마나 〈공통형〉 상차림이 보편적이었는가를 증명했다.[8] 이 지도는 1930년대 독일과 오스트리아 지역에 살고 있던 사람들의 가정을 방문하여 그들의 상차림 방식을 조사한 결과를 분포도로 표시한 것이다. 남부 농촌 지역은 〈공통형〉 상차림이, 북부 도시 지역은 〈개별형〉 상차림이 많았다. 즉, 산업화와 도시화가 많이 진행된 지역에서는 〈개별형〉 위주의 상차림을 하는 편이었고, 그렇지 않은 농촌 지역에서는 〈공통형〉 상차림을 하고 있었다.

　　미나미 나오토는 17세기 이후 유럽의 귀족 연회에서 개인용 나이프

·포크·스푼과 접시가 제공되면서 〈개별형〉 상차림이 이루어지기 시작했다고 보았다.[9] 개인용 식기는 노르베르트 엘리아스가 말했던 문명화 과정에서 생겨난 것이다. 프랑스 왕 루이 14세는 종종 신하와 손님 들을 앞에 세워두고 자신이 혼자서 식사하는 모습을 지켜보도록 했다.[10] 루이 14세는 〈개별형〉 식사를 통해서 자신의 절대 권력을 만천하에 공표했던 것이다. 식탁 위에서 권력을 과시하는 수단이었던 〈개별형〉 상차림은 점차 유럽 상층부에 확산되어 식사 예법으로 자리 잡았다.

18세기 이후에는 상층부의 식사 예법이 하층민에게까지 확산되면서 유럽형 〈개별형〉 상차림이 일반화되었다.[11] 그런데 왜 남부 독일의 농가에서는 1940년대 초반까지도 〈공통형〉 상차림이 지속되었을까? 나는 유럽의 음식점과 가정의 상차림이 〈공통형〉에서 〈개별형〉으로 변화되는 데 식사 예법과 식기의 보급과 함께 산업화와 도시화의 진전도 큰 영향을 끼쳤다고 본다. 여기에 근대 과학의 발전과 함께 확산된 위생 관념이 보태어져 도시의 부르주아 계층을 중심으로 〈개별형〉 상차림이 자리 잡았다고 본다. 하지만 1940년대 남부 독일은 아직 산업화·도시화·근대화가 본격적으로 이루어지지 않았기 때문에 남부 독일 농민들은 조상들이 그래온 것처럼 여전히 〈공통형〉 상차림을 지속하고 있었던 것이다.

한편, 유럽 중세시대 상층부의 연회 상차림은 〈공통형〉이었을 뿐 아니라, 음식을 서비스하는 방식 역시 〈공간전개형〉이었다. 영국인 엘리자베스 라폴드(Elizabeth Raffald, 1733~1781)가 1769년에 출판한 《능숙한 영국 주부 지침서(The Experienced English Housekeeper)》(제1판)에는 당시 통용되던 프랑스식 〈공간전개형〉 상차림 그림이 실려 있다.[12] '프랑스식 서비스(service in the French style)'라는 제목이 붙은 이 그림을 보면,

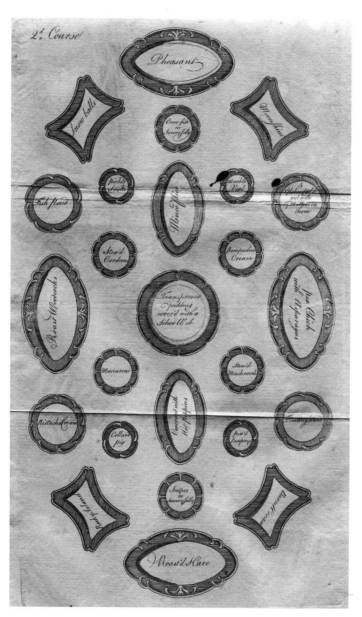

1769년에 출판된 요리책 《능숙한 영국 주부 지침서》(제1판)에 실린 프랑스식 〈공간 전개형〉 상차림 그림.

식탁에 음식이 한꺼번에 다 차려져 있다.

그런데 18세기 중엽 러시아 모스크바의 한 음식점 주인은 식탁에 음식을 한꺼번에 복잡하게 차려낸 이 〈공간전개형〉 상차림이 식사를 편하게 하기 힘든 서비스 방식이라는 생각을 하게 되었다. 그래서 그 음식점에서는 음식을 한꺼번에 다 차리지 않고 순서를 정해서 서비스하기 시작했다. 그 후 18세기 말엽 프랑스 파리에 머물던 한 러시아 사절이 프랑스 음식점에 러시아의 음식점 서비스 방식을 소개하면서 〈시계열형〉 상차림이 알려지게 되었다.[13] 파리 사람들은 이것을 '러시아식 서비스(service in the Russian style)'라고 불렀다. 19세기 중엽 이후에 프랑스를 비롯한 서유럽의 고급 음식점과 상층부의 연회에서는 "수프에서 시작해 생선, 육류, 샐러드, 디저트, 과일과 치즈, 커피와 브랜디로 이어지는"[14] 〈시계열형〉의 러시아식 서비스가 널리 퍼졌다.

이 밖에 '영국식 서비스(service in the English style)'도 있었다. 얼핏 보면 '프랑스식 서비스'처럼 음식이 식탁 위에 다 차려진 〈공간전개형〉 상차림이다. 차이가 있다면 준비된 음식을 한꺼번에 다 차리지 않고 두 단계 코스로 나누어 서비스한다는 점이다. 첫 번째 코스는 식사를 시작하기 전에 미리 음식을 다 차려놓아야 한다. 이 첫 번째 코스에서 웨이터들은 음식을 손님들에게 알맞게 배분하느라 분주한데, 그사이를 참지 못하는 손님은 직접 음식을 덜어 먹기도 한다.[15] 손님들이 첫 번째 코스의 음식들을 모두 먹으면 두 번째 코스의 음식들이 다시 〈공간전개형〉으로 차려진다.

이 '영국식 서비스'의 특징은 손님을 초청한 주인이 음식을 서비스하는 데 직접 참여한다는 점이다. 첫 번째 코스에서는 부인이 수프를 직접 떠서 손님에게 서비스하고, 두 번째 코스에서는 남편이 고기 요리를

1878년에 발간된 어느 요리책에 소개된 프랑스식 상차림(왼쪽)과 러시아식 상차림(오른쪽).

직접 썰어서 손님에게 서비스한다. 영국에서는 이렇게 해야 집주인의 체면이 선다고 믿었다.[16] 즉, '영국식 서비스'는 주인의 위세나 권위를 드러내기 좋은 상차림 방식이었던 것이다. 그러나 19세기 중엽에 접어들면서 '러시아식 서비스'가 서유럽은 물론이고 미국에까지 널리 퍼져서 가장 일반적인 서비스 방식으로 자리를 잡아갔다.

서유럽의 음식점과 상류층 연회에서 '러시아식 서비스'가 급속하게 확산된 이유는 이른바 '업무적인 식사'가 이루어질 수 있는 서비스 방식이었기 때문이다. '러시아식 서비스'는 프랑스식이나 영국식 서비스와 달리 음식을 느긋하게 즐길 수 있을 뿐 아니라 식탁 위의 공간도 한층 여유가 있었다. 시간마다 정해진 개인용 요리가 제공되기 때문에 식탁 위가 복잡하지 않고, 음식을 덜어 먹느라 부산을 떨 필요도, 음식을 먼저 먹으려고 애쓸 필요도 없었다. 느긋하게 자기 몫의 음식을 먹으면서 식탁에 같이 앉은 사람들과 대화를 나눌 수 있었다.

이처럼 '러시아식 서비스'는 식사를 여유 있게 즐기기에는 좋았지만, 한편으로는 다음에 어떤 음식이 나올지 알 수 없어 참석자들이 궁금해하는 경우가 많았다. 그래서 고안된 것이 바로 메뉴판이다. 처음에는 앞으로 나올 음식 이름을 적은 작은 목록표를 좌석 앞에 놓아두었다. 언어학자 댄 주래프스키(Dan Jurafsky)는 영어사전을 참고하여 '작고, 세심하게 나뉘었거나 자세한'이라는 의미를 지닌 라틴어 '미누투스(minūtus)'의 축약형이 프랑스어 '메뉴(menu)'가 되었다고 주장했다.[17] 연원을 따져보면 서양음식점의 필수품인 메뉴판도 20세기 초반이 되어서야 널리 사용된 것이었다.

2

조선 왕실의
진연·진찬 상차림은
〈개별형+시계열형〉

19세기 말 조선에 왔던 서양인 중에는 왕실의 초청을 받아 연회에 참석한 사람도 제법 많았다. 조선과 프랑스의 수교 이후 1890년 조선 교구 주교가 된 귀스타브 뮈텔(Gustave C. M. Mütel, 1854~1933) 신부 역시 고종을 알현하고 연회에도 초청받았던 서양인이다.[18] 그러나 그의 기록에는 조선의 왕실 연회에 대한 특별한 내용이 없다. 당시에는 이미 서양인인 손탁이 조선 왕실의 연회를 서양식으로 주관하고 있었던 탓에 이국(異國)의 왕실 연회라고 해서 특별할 것이 없었기 때문이다. 뮈텔 신부 외에도 서양의 많은 외교관이 조선 왕실의 연회에 참석했지만 그들 역시 서양식 연회 상차림을 받았다.

만약 그들이 조선 왕실의 오래된 연회, 그중에서도 왕이나 왕비 혹은 대비의 생신 잔치인 진연(進宴)이나 진찬(進饌)에 초대받았더라면 매우 놀랄 만한 경험을 했다는 기록을 남겼을 것이다. 조선 왕실의 연회가 서양식으로 바뀌기 전 왕실 고유의 연회인 진연과 진찬에서는 이미 '러시아식 서비스' 방식과 유사한 형태로 〈시계열형〉으로 음식을 제공했다. 즉, 진연·진찬에서 주인공인 왕이나 왕비 혹은 왕대비에게 정해진 예법에 따라 술이나 차를 올리면서 그때마다 음식을 함께 올렸다.[19]

그뿐 아니라 진연·진찬의 상차림 규칙은 매우 복잡했다.[20] 더욱이 매번 행사 순서와 규모가 약간씩 달라지기 때문에 한 가지 사례를 기준으로 그 규칙을 설명하기조차 어렵다. 1744년(영조 20)에 완성된 《국조속오례의(國朝續五禮儀)》에 진연·진찬의 단계가 정리되어 있는데, 이를 중심으로 살펴보자. 이 책에서는 진연·진찬의 연회 순서를 크게 세 단계로 나누어놓았다.[21]

제1단계는 행사장에 막 도착한 주빈들을 위로하기 마련된 헌주(獻酒)의 순서이다. 연회의 주인공이 북벽에 마련된 자리에 앉으면 시중을 드는 여관(女官)이 먼저 식사 때 무릎에 올리는 휘건(揮巾)을 바쳤다. 이후 주인공과 가장 가까운 혈친 중 한 사람이 술을 바쳤다. 이 첫 번째 술을 올리는 행위를 '일헌(一獻)'이라고 불렀다. 일헌을 올린 다음에 곧장 안주가 되는 음식과 탕, 그리고 과자로 구성된 '초미(初味)'를 주인공의 소반에 차렸다. 다음에 두 번째 술인 '이헌(二獻)'을 또 다른 혈친이 올리면, 이때도 안주가 되는 음식과 탕으로 구성된 '이미(二味)'를 소반에 차렸다. 세 번째 술인 '삼헌(三獻)'을 올리면 '삼미(三味)'라 불리는 음식을 소반에 차렸다.

1887년(고종 24) 음력 1월 27일 진시(辰時, 오전 7시~9시)에 익종비(翼宗妃) 신정왕후(神貞王后) 조씨(趙氏, 1808~1890)의 팔순을 경축하기 위해 경복궁 만경전(萬慶殿)에서 거행된 진찬[22]을 살펴보자. 신정왕후에게 올릴 음식들은 세 개의 큰 입식 식탁에 모두 차려졌다. 47그릇이나 되는 요리가 차려진 찬안(饌案)과 별찬안(別饌案) 21그릇, 그리고 과합(果榼)과 별행과(別行果) 20그릇, 5미(味) 3그릇, 소선(小膳) 2그릇, 대선(大膳) 2그릇, 그리고 염수(鹽水)·탕·만두·차가 이 식탁들에 올랐다. 그렇다고 이들 식탁의 상차림 방식을 〈공간전개형〉이라고 할 수는 없다. 그

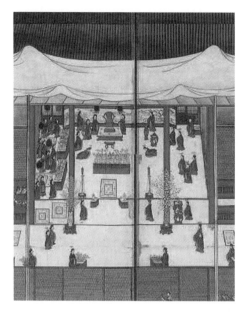

위쪽 가운데 붉은색 의자로 표시된 신정왕후 자리 앞에 고임상이 놓여 있고, 왼쪽에도 큰 입식 식탁에 음식이 차려져 있다. 정해진찬도병(丁亥進饌圖屛)〉 중 〈만경전내진찬도(萬慶殿進饌圖)〉 부분, 1887년, 비단에 채색, 1471.1 × 47.9cm(총 10점), 국립중앙박물관 소장.

보다는 뷔페식 상차림에 가까웠다.

신정왕후에게 헌주를 한 다음 올린 안주를 보면, 첫 번째 술인 일헌을 바친 다음에 안주로 소선에 있는 쇠고기수육〔牛肉熟肉〕과 양고기수육〔羊肉熟肉〕을 썰어서 올렸다. 두 번째 술인 이헌을 바친 다음에는 닭고기를 삶은 계증(鷄蒸)과 잡탕(雜湯), 세 가지의 색으로 꾸민 매화 모양의 연사과(軟絲果)를 올렸다. 세 번째 술인 삼헌을 바친 다음에는 세 가지 색의 한과(漢果)와 숭어찜인 수어증(秀魚蒸), 소의 양으로 끓인 양탕(䑋湯)의 삼미 상을 올렸다. 네 번째 술인 사헌(四獻)을 바친 다음에는 백료화(白蓼花)와 함께 양고기수육과 해삼탕을 올렸다. 다섯 번째 술인 오헌(五獻)을 바친 다음에는 곶감과 저포탕(猪胞湯), 그리고 어린 숭어회를 올렸다. 여기까지가 진연·진찬의 제1단계이다.[23] 이렇게 신정왕후 앞에 놓인 소반에 음식을 순서대로 올렸으니, 상차림 방식을 〈시계열형)이라고 볼 수 있다.

제2단계는 잔치의 중심 행사로 진작(進爵)이라 불렀다. 진작이란 말은 '헌주'와 마찬가지로 술잔을 올린다는 뜻이지만, 본 행사라는 의미에서 이 말을 썼다. 주인공보다는 지위가 낮지만 참석자 중에서는 가장 지위가 높은 사람이 제일 먼저 주인공 앞으로 나와 축하의 말과 술을 올리고, 이어서 시중을 드는 여관이 음식을 올리는 과정으로 진행되었다. 술잔을 올리는 순서에 따라 일작(一爵)·이작(二爵)·삼작(三爵)·사작(四爵)·오작(五爵)·육작(六爵)·칠작(七爵)·팔작(八爵)·구작(九爵)까지 진행될 수 있었다. 이것은 뒤에서 상세하게 설명할 고대 중국 주나라 때의 '열정제도(列鼎制度)'와 관련이 있다(256쪽 참조).

실제로 조선 왕실의 진연·진찬에서 구작까지 행해진 경우는 드물었다. 이 진작의 횟수는 진연·진찬의 규모를 알려주는 직접적인 표시였다. 검소함을 강조했던 조선 후기 왕실에서는 가능하면 구작의 진연·진찬을 행하지 않았다. 또 구작까지 진행되면 연회 시간이 거의 세 시간 넘게 이어지기 때문에 자칫하면 연회가 즐거운 일이 아니라 고역이될 수도 있었다. 그래서 매우 간소하게 할 경우 삼작, 보통 규모일 때는 오작, 약간 큰 규모일 때는 칠작으로 진행되었다.

제2단계의 구체적인 사례는 1829년 음력 2월 12일에 순조(純祖, 1790~1834, 재위 1800~1834)의 즉위 30주년과 탄생 40주년을 축하하여 창덕궁의 내전인 자경전(慈慶殿)에서 진행된 내진찬(內進饌) 기록을 통해서 확인할 수 있다.[24] 이 내진찬은 왕세자였던 효명세자(孝明世子, 1809~1830) 덕인(德寅)이 강력하게 권유하여 열리게 되었다. 먼저 연회 장소를 둘러보면, 자경전 마당에 차양을 치고, 대청마루의 가장 북쪽 벽에는 순조를 위한 옥좌(玉座)를 두고, 그 앞에 호족반을 놓았다. 왕에게 올릴 음식들은 큰 입식 식탁에 차려졌다.

　진시에 순조가 익선관과 곤룡포를 갖추어 입고 자경전의 진찬 장소로 들어서자 왕의 업적과 어진 덕을 축하하는 의미를 담은 음악이 울려 퍼졌다. 무용수들은 태조가 조선을 세우기 전 꿈에 신선이 나타나 금으로 만든 자를 주었다는 이야기를 담은 춤을 추었다. 왕이 옥좌에 앉자 장수와 태평성대를 기원하는 음악이 연주되었다. 왕세자와 왕세자빈, 그리고 왕실의 친척들과 신하들이 모두 일어나 왕에게 절을 올렸다. 이윽고 다시 나라의 평안과 화합을 기원하는 음악이 연주되었다.

　왕에게 음식을 바치는 일을 하는 상식(尙食)이 소반에 음식을 차렸다. 그러자 악사들은 왕과 나라의 발전을 기원하는 음악을 연주했다. 다음에는 상식이 왕에게 꽃을 올렸다. 이어서 악사들이 봄의 아름다움을 축하하는 음악을 연주했다. 그러는 동안 참석자들에게도 꽃을 나누어주었다. 이 의식이 끝난 뒤에 사창(司唱) 두 명이 노래를 부르고 다시 생신을 축하하는 음악이 연주되었다. 연회는 일곱 차례 술 혹은 음료를 왕에게 올리는 진작으로 진행되었다.

　제1작은 효명세자가 올렸다. 그러나 효명세자가 왕에게 바로 술잔을 올릴 수는 없었다. 상식이 왕세자에게 술이 담긴 술잔을 받아서 왕에게 전달하는 방식이었다. 왕이 술잔을 받으면 상식은 곧장 소찬(小饌)과 국, 그리고 대찬(大饌)과 만두를 왕의 소반 위에 올렸다.

　제2작은 왕세자빈이 작설차(雀舌茶)를 왕에게 올렸다. 상식은 왕세자빈이 올리는 찻잔을 받아서 왕에게 올린 다음, 이어서 과자를 차린 찬과상(饌果床)을 바쳤다.

　제3작은 빈(嬪)·귀인(貴人)·소의(昭儀)·숙의(淑儀) 등이 소속된 좌명부(左命婦, 내명부)에서 등급이 가장 높은 사람이 왕에게 술을 올렸다. 제

1작과 마찬가지로 소찬과 대찬이 왕의 소반에 올랐다.

제4작은 왕의 유모, 왕비의 어머니, 왕녀·왕세자녀, 그리고 종친의 부인과 문무백관의 부인이 소속된 우명부(右命婦, 외명부)에서 등급이 가장 높은 사람이 왕에게 술을 올렸다.

제5작은 왕의 친척 중에서 등급이 가장 높은 사람이 맡았다.

제6작은 왕과 왕세자의 사돈 중에서 등급이 가장 높은 사람이 진행했다.

제7작은 왕실의 친척이면서 신하인 척신(戚臣) 중에서 등급이 가장 높은 사람이 나섰다.

준비된 진작이 마무리되자 왕은 모든 참석자에게 "경들의 잔을 잘 들었다"는 말로 치하했다. 곧이어 왕세자가 천세(千歲)를 외치고, 참석자들 모두 다시 천세를 외쳤다. 천세는 '천년 동안 건강하게 사시라'는 뜻이다. 그다음에 다시 참석자들이 모두 천천세(千千歲)를 외쳤다.

진연·진찬의 진작에서 참석자들은 왕에게 술이나 차만 올리지만, 상식은 뒤이어 탕을 곧장 왕 앞의 소반에 올렸다. 보통 진작 순서에 따라 탕도 달리 올렸는데, 열구자탕(悅口資湯, 신선로), 만증탕(饅蒸湯, 새끼돼지고기), 완자탕(莞子湯), 고제탕(菰制湯, 오리), 추복탕(搥鰒湯, 전복), 저포탕(돼지고기), 골탕(骨湯, 뼈), 양탕(쇠고기양), 금중탕(錦中湯, 닭고기·쇠고기·전복·해삼), 칠계탕(七鷄湯, 암탉), 잡탕 등이었다.

제3단계는 잔치의 마무리로, 차와 별행과가 참석자에게 제공되었다. 주로 다식·정과·과실·유밀과와 함께 전복·꿩·문어를 말려서 만든 포(脯)가 별행과 상에 차려졌다. 이 단계에서 왕은 참석자와 잔치를 준비하고 진행하는 데 참여한 모든 관리와 일꾼들에게 음식을 내리는 반사(頒賜)*를 행했다. 왕이 연회 자리를 떠나면 진연·진찬은 마무리되었다.

조선 왕실의 진연·진찬에서 음식을 차리는 방식은 비록 19세기 이후 서유럽에 정착된 '러시아식 서비스' 방식과 똑같지는 않지만, 〈시계열형〉이라는 공통점이 있다. 조선 왕실의 이러한 〈시계열형〉 상차림 방식은 고대 중국의 예법에서 유래한 것이지만, 당나라 이후 중국에서는 사라졌다. 〈시계열형〉 방식이 조선에서 지속될 수 있었던 이유는 소반 때문이다. 조선시대에 가장 널리 사용된 식탁이자 고급스런 접대 식탁이었던 소반을 사용하여 연회를 치르려면 손님마다 소반을 하나씩 내면서 음식도 〈시계열형〉 방식으로 상을 차릴 수밖에 없었다. 그러다 보니 자연스럽게 조선 왕실의 진연·진찬 연회의 상차림과 서비스 방식은 〈개별형+시계열형〉이 되었다.

＊ 왕이 먹다가 남긴 음식을 나누어주는 것이 아니라, 미리 반사할 음식을 장만해두었다가 제공했다. 이규태는 개화기 관아에서 점심때 높은 직급의 사람이 먼저 독상을 받고 식사한 다음에 남은 것을 아랫사람에게 물린다고 했다(이규태, 〈한국인(韓國人)의 원점(原點) 10: 의식주의 생활 주변에서 찾는 뿌리〉, 《조선일보》 1979년 11월 17일자). 그러나 이러한 해석은 오독이다. 《세종실록》 1422년 1월 18일의 기록에 따르면, 모든 관원이 대궐 안에서 밥을 먹고는 먹다 남은 밥을 종자(從者), 즉 자신을 따라온 노비에게 주었다. 노비는 주인이 먹다 남긴 음식을 그릇째 대궐 밖으로 들고 나가서 먹었다. 그러자 대궐의 그릇이 날이 갈수록 줄어들었다. 이에 병조에서는 주인과 노비가 같은 그릇에 먹는 것도 좋지 않다고 하면서 이후로 노비는 각자 자기 그릇을 가져와서 주인이 먹다 남은 밥을 받아 가도록 했다. 주인이 먹다 남은 음식을 노비에게 주었다는 이야기는 민정중(閔鼎重, 1628~1692)의 《노봉문집(老峯文集)》에도 나온다. 하루는 조석명(趙錫命, 1674~1753)이 미리 알려지도 않고 노봉 민정중의 집을 방문했더니, 그는 전혀 인상도 쓰지 않고 반기며 술상을 내왔다. 이윽고 조석명이 돌아가려 하자, 노봉이 말하기를 "그대의 종이 지금 막 그대가 남긴 음식을 먹고 있으니, 다 먹기를 기다린 다음에 떠나는 것이 어떠한가?"라고 하였다. 조석명이 그 말을 듣고 감동하여 잠시 머무른 뒤에 물러났다(《노봉문집》 12권, 〈부록(附錄) 하(下)〉). 이규태의 주장은 이런 자료를 잘못 읽은 데서 생긴 것이다. 아마도 관아에서 일하는 하인들에게 상관이 식사를 한 후에 남긴 음식을 주어 배고픔을 해결하도록 배려한 일을 두고 이런 주장이 생겼을 것이다.

조선 선비의 일상 식사는
〈개별형+공간전개형〉

이미 3장에서 설명했듯이 조선 후기 양반 남성들은 소반에 혼자 앉아서 식사하는 것을 예법으로 여겼다. 소반에서의 식사는 〈개별형〉이었다. 다만, 앞에서 소개한 진연·진찬 같은 공식 연회와 달리 일상 식사 때는 음식의 가짓수가 많지 않아서 한 상에 모두 차려냈다. 즉, 조선시대 선비들의 일상 식사 상차림은 아주 특별한 경우를 제외하면 대부분 〈개별형+공간전개형〉이었다. 이러한 상차림 모습은 《식탁 위의 한국사》에서 소개했던 사진 한 장에 생생히 담겨 있다.[25]

이 사진이 촬영된 장소는 어느 양반집의 대청마루다. 주인공은 20대 중반쯤으로 보이는 남성이다. 그의 앞에 놓인 소반은 잘 만들어진 고급스런 개다리소반이다. 주인공이 쓴 갓은 18~19세기 양반들이 즐겨 썼던 양태가 매우 좁은 갓이다. 1884년(고종 21)에 시행된 복제(服制) 개혁으로 인해서 기존의 양반 남성이 쓰던 넓은 양태의 갓이 이런 모양으로 바뀌었다. 주인공이 입은 겉옷 역시 도포가 아니라 두루마기다. 두루마기도 복제 개혁 이후에 생긴 것이다. 그러니 이 사진은 적어도 1884년 이후에 촬영된 것임을 확인할 수 있다.

소반 위의 밥상을 보면, 주인공의 위치에서 왼쪽에 밥그릇, 오른쪽에

조선시대 양반 남성의 일상 식사가 〈개별형+공간전개형〉 상차림으로 이루어졌음을 알 수 있는 사진이다. 명지전문대 커뮤니케이션디자인학과 백성현 교수 소장.

국그릇이 놓여 있다. 그 앞에는 종지 두 개, 보시기 두 개, 접시 두 개가 자리 잡고 있다. 주인공의 오른쪽 무릎 옆 마룻바닥에 대접도 하나 놓여 있다. 이 대접은 생선뼈나 이물질을 뱉어내는 타구다.

사진엽서의 아래에는 프랑스어로 'CORÉE. Bon appétit!', 즉 '조선 사람. 맛있게 드십시오!'라는 문구가 쓰여 있다. 프랑스어 '보나페티(Bon appétit)'는 식사 전에 '맛있게 드세요'라는 의미로 쓰는 관용적 표현이다. 사진 속의 인물이 조선인이고, 그가 지금 막 식사를 시작하려 한다는 뜻이 여기에 담겨 있다.

조선 후기 양반 남성의 〈개별형+공간전개형〉 상차림을 확인할 수 있는 자료가 이 사진만 있는 것은 아니다. 《시의전서(是議全書)·음식방문(飮食方文)》의 '반상식도'에는 구첩반상·칠첩반상·오첩반상·곁상·술상·신선로상의 상차림이 그려져 있다. 오늘날 전하는 이 책은 원본이 아니라 1911년에서 1923년 사이에 일본식 관공서 용지에 필사된 것이다.[26] 필사본의 원본은 지금까지 발견되지 않았다.[27]

이 책의 '반상식도'는 '상차림 그림'이라는 뜻이다. 음식의 이름이 원 안에 표기되어 둥글게 놓여 있는 것으로 보아 둥근 소반에 음식을 차릴 때의 배치법을 안내하고 있다. 구첩반상, 칠첩반상, 오첩반상에는 아래부분에 모두 밥[반]과 국[갱]이 표시되어 있다. 밥과 국이 각각 한 그릇인 걸로 보아 1인용 밥상을 기준으로 그린 것이다.

구첩반상의 반상식도에는 아래쪽에 밥과 국이, 밥의 위쪽 가운데에 초장·겨자·지렁[간장]·양조치·생선조치·맑은조치가 시계 방향으로 그려져 있다. 밥 옆으로 외곽에는 시계 방향으로 젓갈·좌반·전유어·숙육[수육]·김치·회·나물·쌈·생선구이·육구이가 그려져 있다. 말이 구첩이지 이 독상에 놓인 음식은 모두 열여덟 가지나 된다. 반상의 첩수는 뚜껑이 있는 그릇에 담은 음식의 가짓수를 기준으로 정해진다. 다만 밥을 담은 주발이나 사발은 뚜껑이 있는 그릇이지만, 기본 음식이라 첩수에 넣지 않는다. 따라서 밥·국·김치·초장·겨자·간장·양조치·생선조치·맑은조치의 아홉 가지 음식은 첩수에 포함되지 않는다. 이를 제외한 젓갈·좌반·전유어·숙육·회·나물·쌈·생선구이·육구이, 이렇게 아홉 가지 음식의 상차림이 바로 구첩반상인 것이다.

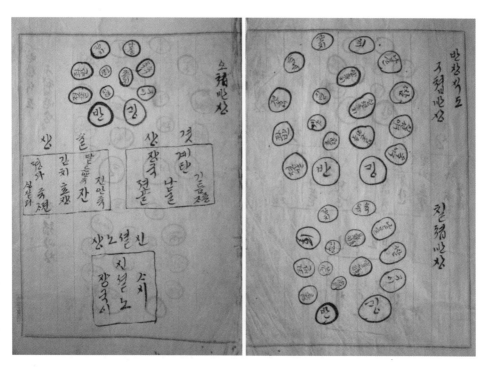

《시의전서·음식방문》에 실린 구첩·칠첩·오첩 반상 및 곁상·술상·신선로상의 반상식도.

칠첩반상에는 맨 아래에 밥과 국 두 가지와 가운데에 초장·겨자·지렁·토장조치·맑은조치의 다섯 가지 음식, 그리고 밥의 왼쪽에서 시계 방향으로 젓갈·좌반·회·김치·숙육·나물·쌈·구이의 여덟 가지 음식이 그려져 있다. 이것을 합치면 모두 열다섯 가지이다. 그런데 구첩반상에서처럼 기본 음식인 밥·국·김치·초장·겨자·지렁·토장조치·맑은조치는 첩수에 포함되지 않는다. 이 여덟 가지 음식을 빼면 젓갈·좌반·회·숙육·나물·쌈·구이, 이렇게 일곱 가지 요리가 남으니 칠첩반상임에 틀림없다. 다만, 구첩반상에서는 양조치·생선조치·맑은조치가

구분	기본 음식	첩 음식
구첩반상	밥·국·김치·초장·겨자· 지령·양조치· 생선조치·맑은조치 : 9가지	젓갈·좌반·전유어·회· 숙육·나물·쌈·생선구이· 육구이 : 9가지
칠첩반상	밥·국·김치·초장·겨자· 지령·토장조치· 맑은조치 : 8가지	젓갈·좌반·회·숙육·나물· 쌈·구이 : 7가지
오첩반상	밥·국·김치·초장· 지령·조치 : 6가지	젓갈·좌반·숙육·나물· 구이 : 5가지

《시의전서·음식방문》의 반상식도에서 기본 음식과 첩 음식

놓였는데, 칠첩반상에서는 조치가 두 가지로 줄었다.

오첩반상 역시 밥과 국, 그리고 가운데에 지령·초장·조치가 놓였다. 밥의 왼쪽에서 시계 방향으로 젓갈·좌반·김치·나물·숙육·구이, 이렇게 여섯 가지 음식이 배치되어 있다. 이 오첩반상의 음식은 모두 열한 가지이다. 여기에서 밥·국·김치·지령·초장·조치 여섯 가지를 빼면 젓갈·좌반·나물·숙육·구이의 다섯 가지 요리만 남는다. 구첩반상에서는 첩수에 포함되지 않는 음식이 모두 아홉 가지인 데 비해, 칠첩반상에서는 여덟 가지, 오첩반상에서는 다시 여섯 가지로 줄었다.

구첩·칠첩·오첩으로 가면서 첩수에 포함되는 음식의 가짓수도 줄었지만, 첩수에 포함되지 않는 음식의 가짓수도 줄었다. 이 밖에도 〈반상식도〉의 곁상·술상·신선로상에도 모두 〈개별형+공간전개형〉의 상차림 규칙이 적용되었다. 이처럼 조선시대 양반 남성들을 위해 차려진 상차림은 〈개별형+공간전개형〉이었음을 확인할 수 있다.

다만, 간혹 손님이 많을 경우에는 해주반·나주반·통영반에 두 사람이 마주 보고 앉았다. 인조 때의 조극선은 친구와 자주 겸상을 했다고 한다.[28] 이때는 밥과 국, 그리고 수저만 개인용이고, 나머지 반찬은 〈공통형〉으로 차려졌을 것이다. 겸상일 때의 상차림이 〈공통형〉이었음은 이덕무가 쓴《사소절》에서도 확인이 된다. 그는 "남과 한 식탁에서 함께 식사하면서 만약 먹고 싶은 고기나 떡이 비록 집기 거북스러운 곳에 있다 하더라도 자기 앞으로 당겨놓지 말라"[29]고 했다. 두 사람이 한 식탁에 마주 앉아 식사할 때 고기와 떡은 〈개별형〉으로 나오지 않았던 것이다. 그래서 한 그릇만 차려진 고기나 떡이 상대방 가까이 있더라도 그것을 자기 앞으로 옮기지 말라고 주의를 준 것이다.

또 "여러 사람이 한 식탁에서 함께 식사를 할 때 음식을 마구 가로채지 말라"[30]는 말도 했다. 조선시대에도 독상이나 겸상만이 아니라, 마치 두레상에 둘러앉듯이 하나의 식탁에 여러 명이 둘러앉아 식사를 하는 경우도 있었던 것이다. 이때도 상차림은 〈공통형〉이었다. 그러니 남들이 맛있는 음식을 먼저 먹을까 두려워 마구 가로채려는 사람에게 이런 주의를 준 것이다. 같은 식탁에 앉은 사람들이 혹시 맛있는 음식을 자기가 먼저 먹겠다고 다투어도 선비라면 "내 앞에 있는 것만을 천천히 먹어야 한다"[31]는 말도 덧붙였다.

그렇다고 이런 〈공통형〉 상차림이 조선시대 내내 널리 통용되었다고 볼 수는 없다. 이덕무는 "각자 상을 받더라도, 자기 몫을 다 먹고 나서 남이 먹던 것을 더 먹지 말라"[32]고도 당부했다. 즉, 여럿이 나란히 앉아서 각자 독상을 받은 상황을 말하고 있는 것이다. 이덕무의 당부를 통해 독상의 〈개별형〉이든, 겸상과 두레상의 〈공통형〉이든 상관없이 당시 일상 식사의 상차림은 〈공간전개형〉이었음을 확인할 수 있다.

1980년대 〈시계열형〉 한식 상차림의 등장과 실패

1980년대 초반 서울올림픽을 준비하면서 일부 언론에서는 〈공간전개형〉 상차림에 대해 여러 차례 문제 제기를 했다. 19세기 말부터 조선요리옥에서 비롯된 〈공간전개형〉 상차림법이 외국인 접대에 적합하지 않다는 것이었다. 서양음식이 〈시계열형〉으로 서비스되는 데 비해 한식이 그렇지 않기 때문에 생겨난 콤플렉스의 결과였다. 전 대한올림픽위원회 위원장이었던 민관식(閔寬植, 1918~2006)의 부인 김영호는 한식도 〈시계열형〉으로 서비스할 수 있다고 생각했다. 그녀는 1984년에 이화여대 후문 근처에서 '마리한정식'[33]이라는 이름의 음식점을 개업했는데, 이때 〈시계열형〉 상차림을 선보였다.[34]

먼저 죽 같은 전채요리가 나왔고, 그다음에 주요리가 한두 가지씩 이어 나왔다. 당연히 후식까지 나오는 데 제법 시간이 걸렸다. 〈시계열형〉 서비스에 익숙하지 않은 사람들은 식사의 흐름이 끊어진다며 불편해했다. 또 음식의 양도 〈공간전개형〉 상차림에서 제공되는 양과 다를 바 없었지만, 〈시계열형〉 상차림의 음식을 먹고 나서는 포만감을 느낄 수 없다는 사람이 제법 많았다. 한국인들은 음식을 배부르게 먹고 난 뒤에 느끼는 실질적인 포만감뿐 아니라, 〈공간전개형〉 상차림에서 얻게 되

기존의 〈공통형+공간전개형〉 한식 상차림을 변형한 〈개별형+공간전개형〉 상차림. 일부 한식 음식점에서는 〈공통형〉 상차림에 부분적으로 〈개별형〉 상차림을 도입하거나 〈공간전개형〉 상차림의 단계를 나누어 변형된 〈시계열형〉 상차림을 선보이는 등 새로운 상차림을 시도하고 있다. 사진 한국관광공사 제공.

는 시각적 포만감도 중시했던 것이다.

이러한 불만족을 눈치 챈 한 음식점에서는 김영호식 〈시계열형〉 상차림 방식을 변형한 새로운 서비스 방식을 선보였다. 즉, 전채요리, 주요리, 식사, 후식의 4단계로 음식 서비스 방식을 나누고, 각각의 단계를 〈공간전개형〉 상차림으로 바꾼 것이다. 이 방식은 어느 정도 성공하여 지금까지도 일부 한식음식점에서 이어지고 있다. 이런 상차림 방식과 달리 아예 예전 방식의 〈공통형+공간전개형〉의 한식 상차림을 다시 복원한 음식점도 1990년대 후반에 생겨났다. 부엌에 큰 교자상을 놓고 수십 가지 음식을 모두 차린 다음에 종업원들이 그 상을 통째로 들고 가 손님 자리에 갖다놓았다. 〈시계열형〉은 물론 변형된 〈시계열형〉 상차림에도 만족하지 못하던 사람들에게 큰 환영을 받았다.

일본 열도의 사정은 20세기 이후 한반도와 많이 달라졌다. 원래 일본인들도 19세기까지 '밥+국+반찬'의 〈공간전개형〉 상차림을 실천했다. 독상인 '메이메이젠'에 조선시대 소반 상차림처럼 〈개별형+공간전개형〉 상차림을 했던 것이다. 에도시대에 검소하다고 소문난 다이묘(大名) 중에서는 '1반(飯)+1즙(汁)+2채(菜)'의 〈개별형+공간전개형〉 상차림을 즐겼다. 또한 일본인들도 조선시대 사람들처럼 곡물로 지은 밥을 주식으로 먹었기에 간이 배어 있는 반찬과 국을 곁들였다. 이미 4장에서 설명했듯이 20세기 이후 일본식 교자상인 '차부다이'에 가족들이 둘러앉아 식사하는 모습도 한국과 다르지 않았다. 그런데 비슷한 시기에 한국의 가정과 음식점에서 〈공통형+공간전개형〉 상차림이 보편화되던 흐름과는 달리 일본의 음식점에서는 〈개별형〉의 상차림을 '차부다이'나 서양식 식탁 위에서 실현했다. 또한 〈공통형+공간전개형〉 상차림을 하더라도 〈개별형〉 상차림과 유사한 방식의 식사가 될 수 있도록 각 음식 옆에 '도리바시'라는 젓가락을 두고 개인별로 식기를 제공해 음식을 덜어 먹도록 했다.

오늘날 일본 사회가 식탁 위에서 〈개별형+공간전개형〉 상차림을 실현할 수 있었던 배경에는 19세기 말부터 국가에 의해 진행된 '근대적 위생' 관념에 대한 계몽과 국민훈육*이 있었다. 이와 달리 한국 사회는 식민지와 한국전쟁, 그리고 국가 주도로 급속하게 진행된 산업화와 도시화의 복잡하고 드라마틱한 시간을 경험했다. 그런 와중에 정부가 국민의 식탁 위에까지 '위생의 근대성(modernity)'을 확산시킬 여유가 없었다. 1960~70년대 독재정부는 식탁 위의 위생보다는 식량정책을 앞세워 쌀밥을 적게 먹고 보리밥이나 밀가루 음식을 많이 먹도록 하는 데 더 열중했다.

그러다 1980년대 후반, 갑자기 한국 사회의 경제력이 늘어나자 한국인들은 다양한 음식과 조리법에 대해 관심을 기울이며 '잘' 먹는 문제를 신경 쓰기 시작했다. 이후 1990년대를 거치면서 오래된 '문화'에 대한 관심이 새롭게 일기 시작해 음식문화에서도 〈공통형+공간전개형〉 상차림이 오래된 '전통'인 양 강조되었다. 2000년대 이후 한류붐이 일어나면서 한국 문화, 특히 음식문화에 관심을 갖게 된 외국인들은 〈공통형+공간전개형〉 상차림 방식을 한국 음식문화의 특징으로 여기며, 새로운 문화 경험으로 받아들이고 있다. 그들은 "당신의 반찬을 공유하라"며 한식의 〈공통형〉 상차림에 적응할 것을 권유하고 있다. 이러다보니 21세기 초입의 오늘날 한국 사회는 여전히 상차림 방식에 대해 좀더 종합적인 문제 제기 없이 한식음식점의 '경제성' 혹은 한식의 '서양화'를 내세우며 이런저런 상차림 방식을 소비하고 있을 뿐이다.

＊ 요즘 일본인들은 식사를 시작할 때 "이타다키마스(いただきます, 잘 먹겠습니다)", 식사를 마치면 "고치소사마(ごちそうさま, 잘 먹었습니다)"라고 인사를 한다. 이 관습의 유래를 두고 여러 가지 주장이 있는데, 그중 가장 믿을 수 있는 주장은 역사학자인 구마쿠라 이사오(熊倉功夫, 1943~)의 견해이다. 그는 1983년에 메이지(明治)와 다이쇼(大正) 시대에 태어난 사람들을 대상으로 식탁의 생활사를 조사했는데, 대상자들은 어렸을 때는 이 말을 들은 적이 없고 쇼와(昭和)시대 초기에 제국주의적 학교교육에서 배웠다고 한다. 학교 점심시간에 '천황폐하'와 부모에게 감사하는 의미로 이런 인사말을 했고, 이후 점차 퍼져서 관습화되었다는 것이다(熊倉功夫, 〈食卓生活史の調査と分析: 食卓生活史の質的分析（その2）-食べものと食べかた〉, 《国立民族学博物館研究報告別册 16号 現代日本における家庭と食卓-銘々膳からチャブ台へ》, 国立民族学博物館, 1991, 109~112쪽). 이것이 바로 국민의 일상 식사에 대한 국가의 개입, 혹은 훈육의 결과이다.

십이첩·구첩·칠첩·오첩·삼첩
상차림 규칙의 유래

교과서에 나올 정도로 당연한 사실로 받아들여지는 십이첩반상·구첩반상·칠첩반상·오첩반상·삼첩반상의 조선시대 상차림 규칙에 대해 최근 논란이 많다. 실제로 조선시대 왕실의 식사 관련 문헌자료를 다 뒤져보아도 왕의 일상 식사를 십이첩반상으로 차렸다는 기록을 아직 발견하지 못했다. 그러니 500년 내내 왕이 일상 식사에서 십이첩반상을 받았다고 보기는 어렵다. 그렇다면, 도대체 이 상차림 규칙은 어디에서 유래한 것일까?

나는 고대 중국의 예법을 정리한 《의례(儀禮)》와 《예기》에서 그 근거를 찾는다. 이 책에는 신분과 계급에 따른 상차림 규모를 정해놓았는데, 그 기준은 청동기 솥인 '정(鼎)'의 개수이다. 바로 구정(九鼎)·칠정(七鼎)·오정(五鼎)·삼정(三鼎)·일정(一鼎)이 그것이다. 천자(天子)는 구정, 제후(諸侯)는 칠정, 경(卿)과 대부(大夫)는 오정, 고위급 사(士)는 삼정, 하급 사는 일정의 상차림을 차려야 한다고 규정했다.

여기에서 '9'라는 숫자는 중국 하나라 때의 방위에 대한 인식에서 나왔다. 즉, 가운데와 동서남북의 사방, 그리고 동북·동남·서북·서남의 사방을 합치면 '9'가 된다. 그래서 당시 사람들은 전국을 '구주(九州)'라고 불렀다. 이러한 인식에 기초하여 '열정제도(列鼎制度)'라는 연회와 제사의 상차림 규칙이 생겨났다. '열정제도'는 청동으로 만든 큰 솥인 '정(鼎)'과 귀가 달린 그릇인 '궤(簋)'의 조합을 통해서 완성되었다. 즉, 구정팔궤(九鼎八簋)·칠정육궤(七鼎八簋)·오정사궤(五鼎四簋)·삼정이궤(三鼎二簋)·일정(一鼎)의 상차림 규칙이 계층별로 제도화되었던 것이다. 이 열정제도에 근거해서 연회는 물론이고 죽음 이후에 시신과 함께 묻는 '정'의 숫자도 정해졌다.

열정제도는 한나라 이후 계속 이어져 송나라 때 양복(楊復)에 의해서 《의례도(儀禮圖)》로 정리되었고, 명나라 때 동승서(童承敍)에 의해서 《의례방통도(儀禮旁通圖)》로

	소	양	새끼돼지	물고기	말린 고기	내장	돼지고기	생선	신선한 말린 고기
천자 구정팔궤	○	○	○	○	○	○	○	○	○
제후 칠정육궤	○	○	○	○	○	○	○		
경·대부 오정사궤		○	○	○	○	○			
고위급 사 삼정이궤			○	○	○				
하급 사 일정					○				

중국 주나라의 신분별 상차림 규칙: 정(鼎)과 궤(簋)의 수량 및 육식의 종류

다시 편찬되었다. 청나라 때에는 장혜언(張惠言)이 새로 《의례도》를 편찬했는데, 여기에 《의례방통도》의 내용이 그대로 실려 있다. 이 책에는 일정·삼정·오정·칠정·구정 다음에 십정(十鼎)과 십이정(十二鼎)도 등장한다. 십정은 칠정에 삼정을 더한 것이며, 십이정은 구정에 삼정을 더한 것이다. 한나라 이후 제후들은 자신의 세력이 과거 춘추전국시대의 왕에 버금갈 정도로 커지자, 스스로 천자의 '구정' 상차림을 취했다. 그러자 황제는 제후의 구정과 구별하기 위해 '구정+삼정'의 '십이정'을 천자의 상차림 규칙으로 채택했다.[35]

한반도에서는 조선시대 초기인 세종 때 편찬된 《국조오례의(國朝五禮儀)》에 '열정제도'의 인식이 반영되었다. 《국조오례의》는 신숙주(申叔舟, 1417~1475) 등이 세종의 명을 받아서 편찬한 오례(五禮)의 예법과 절차를 정리한 책이다. 조선 후기의 정약용

(丁若鏞, 1762~1836)은《목민심서(牧民心書)》에서 "옛날 연향(燕饗)의 찬(饌)에는 원래 5등급이 있어 위로 천자부터 아래로 삼사(三士)까지 길흉(吉凶)에 사용하는 것이 이에서 벗어나지 않았다"[36]고 했다. 그는 이 글에서 앞에서 소개한 '열정제도'와는 약간 다른 규칙을 내놓았다. 이 규칙을 정리하면 다음과 같다.

구분		정(鼎)	헌(獻)	궤(簋)	형(鉶)	조(俎)	두(豆)	변(籩)	급수
태뢰 (太牢)	상등	9	9	8	7	9	8	8	천자·제후
	하등	7	3	6	5	7	6	6	공
소뢰(小牢)		5	3	2	3	5	6	6	대부
특생(特牲)		3	3	2	3	3	4	4	사
특돈(特豚)		1	1	2	1	1	2	2	

정약용이《목민심서》에서 밝힌 연향에서의 상차림 규칙

정약용은 예법을 정리한 여러 책을 참고하여 이 규칙을 정리했다. 다만, 그가 언급한 책 가운데《의례도》와《의례방통도》는 없는데,[37] 그래서인지 정약용의 상차림 규칙에는 십이정과 십정에 대한 언급이 없다. 오직 구정을 천자와 제후에게 대접할 수 있는 연회의 상차림이라고 했다. 그러면서 "의식의 기준에 따르면 우리나라는 천자보다 1등급을 낮추어야 한다. 그러하니 관찰사가 자신이 관할하는 읍(邑)을 돌 때는 마땅히 소뢰를 대접받아야지, 더 보태면 안 된다"[38]고 했다. 즉, 조선의 왕은 태뢰 하등에 해당되며, 관찰사는 소뢰에 해당된다는 말이다.[39] 정약용은 연회가 아닌 끼니를 관찰사에게 접대할 때는 한 급수 더 내려서 '특생'을 차리면 된다고 했다.[40] '특생'은 곧 '진지(進支)'라고 부르는 식사의 상차림으로 '정'을 기준을 삼으면 '삼정'에 지나지 않는다. 정약용이 상차림 규칙을《목민심서》에 적은 이유는 당시 지방 관원들을 위한 상차림이 지나치게 화려한 탓에 폐단이 컸기 때문일지 모른다.

일찍이 음식의 사치를 경계했던 영조는 왕실의 일상 음식은 물론이고 잔치 음식까지 '절음식(節飮食)'을 강조했다.[41] 이런 인식은 대한제국 전까지 이어졌다. 그래서 조자호는 1939년에 출판된 《조선요리법》에서 "수라상은 민간과 달라 꼭 칠첩이니 오첩이니 정해져 있지 않다"[42]고 했다. 이 말은 왕실의 일상 상차림인 수라상에는 칠첩이니 오첩이니 하는 상차림 규칙이 없었다는 말이다. 그런데 식민지 시기 이왕직의 상궁들은 십이첩반상의 수라상 상차림 규칙이 있었다고 증언했다.[43]

왜 이런 증언이 나왔을까? 나는 하나의 가설을 제시하고자 한다. 1897년 대한제국의 성립 이후 일부 관료들은 천자의 '십이정'을 고종황제의 수라상에 적용해야 한다고 생각했다. 비록 이러한 가설을 뒷받침할 문헌자료가 아직 발견되지 않았지만, 십이첩의 수라상은 대한제국 때가 되어서야 겨우 나타났을 것이다. 그래서 식민지 시기 이왕직의 상궁들이 너나없이 십이첩 수라상을 증언했던 것이 아닐까?[44]

한국인은 왜 이렇게 먹을까?

10장

왜 밥·국·반찬을
한꺼번에 먹을까?

"그 소박함에 깃든 약간 환각적인……, 그래서 너무 좋다(……kind of mindbending in its simplicity. And so good)." 이 말은 음식비평으로 퓰리처상(Pulitzer Prize)까지 수상한 적이 있는 미국 기자 조나단 골드(Jonathan Gold, 1960~)가 2013년 10월 10일 트위터(twitter)에 올린 비빔밥(bibimbap)에 대한 짧은 감상이다.[1] 이에 그의 트위터 팔로워들은 "내가 두 번째로 좋아하는 한국음식"이라든지, "그릇이 마치 핵융합로(fusion reactor) 속에서 꺼내온 것처럼 매우 뜨겁다"는 등의 댓글을 달았다. 앞서 1997년 11월에 내한한 미국 팝가수 마이클 잭슨이 전주비빔밥을 먹어본 후 호의적인 반응을 보이자, 한국 국적의 항공기에서는 외국인에게 소개할 대표적인 한국식 기내식으로 비빔밥을 선보였다. 반찬이 마땅치 않거나 입맛이 없을 때 혹은 빨리 끼니를 해결해야 할 때, 한국인이면 누구나 쉽게 만들어 먹을 수 있는 음식이 비빔밥이다. 한식에서 김치가 빠질 수 없는 '기본 반찬'이라면, 비빔밥은 한국인의 대표적인 '끼니음식'이다. 끼니때마다 비빔밥처럼 여러 재료를 밥과 함께 한 그릇음식으로 혹은 각종 반찬과 국, 곡물밥을 한상 차려서 먹는 한국인의 식탁에는 어떤 문화 코드가 숨어 있을까?

1

주식에 따라 다른 상차림과 식사 방식

일본의 문화인류학자 이시게 나오미치는 한국을 비롯한 일본, 중국 등 동아시아와 동남아시아 지역의 음식문화 특징으로 끼니때 먹는 음식을 주식과 부식으로 구분하는 점을 들었다. 보통 주식에 해당되는 음식은 일차적으로 배를 부르게 할 목적으로 먹는데, 주로 곡물이나 서류(薯類, 감자나 고구마)가 주재료이다. 이들 주재료는 탄수화물이 많은 식품으로 간을 하지 않는다. 간이 되어 있지 않은 주식은 간이 되어 있는 고기·생선·채소 등의 부식을 함께 먹어야 식욕이 증진된다.[2]

한편, 미국의 언어학자 댄 주래프스키는 중국의 다른 지역과 달리 광둥(廣東) 지역 사람들은 '전분(starch) 음식'과 '비전분(nonstarch) 음식'을 서로 섞어 먹는 습관이 있다고 했다. 그의 설명에 따르면 광둥식 식사는 쌀·국수·죽 등의 '전분 음식'과 채소·고기·두부 등의 '비전분 음식'으로 구성된다. 광둥 사람들의 일상 식사는 "흰쌀밥이 각각 나오고 비전분성 음식이 다른 접시에 따로 담겨 나와 저마다 먹을 만큼씩 쌀밥 위에 덜어 먹을 수도 있다"는 것이다.[3]

공자가 편찬했다고 알려진 《예기》에서는 상(喪)을 당한 상주는 상례의 첫날에 음식을 먹으면 안 된다고 했다. 상주는 며칠 뒤부터 죽(粥)과갱(羹)을 먹을 수 있는데, 혹시 체질상 죽을 못 먹으면 '반채갱(飯菜羹)'을 주라고 했다.⁴ 여기서 '반채갱'은 '밥+반찬+국'을 뜻한다.⁵ 공자가 살던 시대의 고대 중국인들은 '밥+반찬+국'을 가장 기본적인 식사라고 생각했으며,⁶ 곡물로 지은 밥을 주식으로 먹었다. Q. 에드워드 왕은 당나라 때까지만 해도 중국 대륙의 북부와 북서부 지역 사람들은 기장을 삶든지 끓여서 이것을 밥으로 먹었다고 한다.⁷ 이에 비해 양쯔강 지역과 그 남부의 사람들은 쌀로 지은 밥을 주로 먹었다. 댄 주래프스키는 광둥 지역 사람들만 '전분+비전분' 음식이 조합된 식사를 한다고 인식했지만, 적어도 공자 시대만 해도 중국 대륙의 대부분 지역에서 '밥+반찬+국'으로 구성된 상차림으로 식사를 했다.

그런데 기원전 1세기경 중국 대륙의 서북쪽 지역에서부터 밀농사가 도입되어 점차 밀가루로 만든 음식이 상층부로 퍼져나갔다. 밀가루 음식이 유행하면서 결국 '밥+국+반찬'의 〈공간전개형〉 상차림 구조가 무너지기 시작했다.⁸ 동한 시기가 되면 황허(黃河) 중상류 지역에까지 밀 재배가 확산되었다. 밀가루로 만든 분식(粉食)을 주식으로 먹는 지배층이 급속하게 늘어났다.⁹

만두나 국수 같은 분식을 먹을 때는 굳이 반찬이나 국이 필요 없다. 가령 만두를 먹을 때는 소스인 중국식 식초만 있으면 된다. 만두에 고기와 채소가 포함되어 있기 때문에 반찬이 필요없는 것이다. 또, 밀가루 반죽으로 만든 국수는 물을 넣어 함께 끓이기 때문에 따로 국을 마련할 필요가 없다. 양쯔강 이북 지역에서 밀농사가 널리 퍼진 송나라 이후 중국 북방에 사는 한족의 식탁에서는 차츰 '밥+국+반찬'의 상차림이 사라졌다. 쌀밥을 주식으로 먹는 남방 사람들도 국 없이 먹는 국수와 만두를 즐겨 먹게 되면서, 쌀밥을 먹을 때도 국을 뺀 '밥+반찬'으로만 이루어진

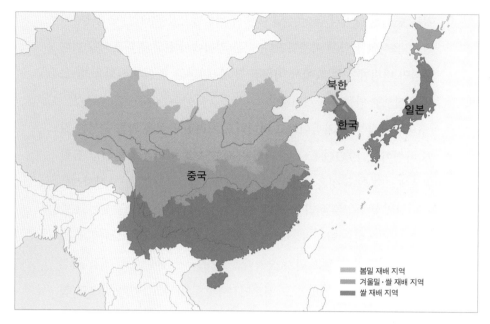

동북아시아의 밀농사와 쌀농사 지역
중국 대륙의 북방(황색으로 표시된 지역)은 봄에 심어 가을에 수확하는 봄밀 재배 지역이다. 반면, 남방(녹색으로 표시된 지역)은 쌀농사 지역이다. 북방과 남방의 중간에 있는 양쯔강 유역 일대(연두색으로 표시된 지역)는 겨울에 심어 여름에 수확하는 겨울밀 지역이면서 동시에 쌀농사 지역이다. 주된 곡물의 재배 환경에 따라 북방 사람들은 주로 밀가루로 만든 분식을, 남방 사람들은 쌀밥 위주의 입식을 주식으로 먹는다. 한반도의 평안도·황해도 일부와 중부·남부의 고산지대 중 장마의 영향을 덜 받는 곳에서만 겨울 밀이 겨우 재배된다. 일본은 홋카이도(北海島)에서만 겨울밀이 약간 재배될 뿐, 다른 곳은 모두 쌀농사 지역이다.

식사를 했다.[10]

이시게 나오미치가 말했던 주식은 전분 음식이며, 부식은 비전분 음식이다. 《시의전서·음식방문》의 '반상식도'에 나오는 〈공간전개형〉 상차림 또한 광둥 지역 사람들과 마찬가지로 '전분+비전분' 음식으로 구성된 상차림이다. '반상식도'에서 밥과 국, 그리고 김치·초장·겨자·간장·조치는 첩수에 포함되지 않는 기본 음식이다. '밥+국+김치+초장+겨자+간장+조치'의 조합은 '전분+비전분'의 조합 그 자체다. 밥과 함께 기본 반찬인 나머지 음식이 입 속에서 비빔밥처럼 비벼질 때 '전분+비전분' 음식의 혼합이 이루어진다. 다른 의미에서 한국의 대표적인 끼니 음식인 비빔밥은 입 속에서 비벼질 '전분+비전분' 음식의 혼합을 한 그릇 음식으로 만들어낸 것이다.[11]

〈공간전개형〉상차림이라고 하더라도 차려진 음식을 먹는 순서는 있게 마련이다. 1939년 《조선요리법》에서 조자호는 어른에게 상을 올린 다음에 그릇의 뚜껑을 벗기는 순서를 '국그릇→진지그릇→김치그릇→나머지 반찬그릇'이라고 했다.[12] 그릇의 뚜껑을 벗기는 순서는 소반에 차려진 음식을 먹는 순서이기도 하다. 즉, 〈공간전개형〉상차림의 독상을 받은 양반 남성은 먼저 숟가락을 들고 국을 한술 떠서 입을 적신다. 그다음에 밥을 입에 넣고 씹으면서 숟가락을 놓고, 같은 손으로 젓가락을 잡고서 배추김치를 한 조각 집어 입에 넣는다. 이렇게 시작된 식사는 대부분 '국→밥→반찬'의 순서로 이어진다. 이런 순서로 음식을 먹으면 입 안에는 항상 밥과 반찬이 한꺼번에 있게 된다. 마치 숟가락이나 젓가락으로 비빔밥을 비비듯이 입 속에서 두 가지 이상의 음식이 섞이는 것이다.

2 조선 최고의 맛, 상추쌈밥

조선시대에 '전분+비전분' 음식의 조합으로 이루어진 가장 맛있는 음식 중 하나는 상추쌈밥이었다. 조선 후기 정조 때 선비 이옥(李鈺, 1760~1815)이 상추쌈밥 먹는 광경을 아주 실감나게 묘사한 글이 있다.[13] 그는 한여름에 단비가 처음 내린 직후가 상추쌈을 먹기 가장 좋은 때라고 했다. 이때 밭에 나가면 비를 흠뻑 맞은 상추가 마치 푸른 비단 치마처럼 솟아오른다. 그런데 거름으로 인분을 잔뜩 뿌려두었기 때문에 바로 뽑아서 먹자니 왠지 찜찜하다. 이옥은 물을 채운 큰 동이에 상추를 한참 담갔다 깨끗하게 씻어서 먹으면 된다고 했다. 지금부터가 상추쌈밥 맛의 핵심이다. 이옥이 묘사한 대목을 한번 보자.

"왼손을 크게 벌려 구리쟁반처럼 들고, 오른손으로 두텁고 큰 상추를 골라 두 장을 뒤집어 손바닥에 펴놓는다. 먼저 흰밥을 큰 숟가락으로 퍼서 거위 알처럼 둥글게 만들어 잎 위에 놓는다. 윗부분을 조금 평평하게 한 다음, 젓가락으로 얇게 뜬 밴댕이회를 집어 노란 겨자장에 한 자밤 찍어 밥 위에 얹는다. 미나리와 어린 시금치를 많지도 적지도 않게 밴댕이회와 나란히 놓는다. 가는 파와 날 갓 서너 줄기는 그 위에 눌러 얹는다. 여기에 방금 볶아낸 붉은 고추장을 조금 바른다. 오른손으로 상추

잎 양쪽을 말아 단단히 오므리는데, 마치 연밥처럼 둥글게 한다. 이제 입을 크게 벌리는데, 잇몸을 드러내고 입술을 활처럼 펼쳐야 한다. 오른손으로 쌈을 입으로 밀어 넣으면서 왼손으로 오른손을 받친다."[14]

이렇게 상추쌈밥을 먹으면 얼굴은 어떤 모양이 될까? 다시 이옥의 묘사다. "마치 성이 난 큰 소가 섶과 꼴을 지고 사립문으로 돌진하다 문지도리에 걸려 멈추는 것과 같다. 눈을 부릅떠서 화가 난 듯하고, 뺨이 볼록하여 종기가 생긴 듯하고, 입술은 꼭 다물어 꿰맨 듯하고, 이[齒]가 빠르게 움직이니 무언가를 쪼개는 듯하다." 이렇게 쌈을 먹을 때는 옆 사람과 우스갯소리를 하면 안 된다. 이옥은 그 점에 대해서도 짚고 있다. "처음 쌈을 씹을 때에 옆 사람이 우스운 이야기를 주고받는 것을 허락하지 않아야 된다. 만일 조심하지 않고 한 번 크게 웃게 되면 흰 밥알이 튀고 푸른 상추 잎이 주위에 흩뿌려져, 반드시 다 뱉어내고 나서야 그치게 될 것이다."[15]

이옥은 상추쌈밥을 무척 좋아했다. "이런 모양으로 느긋하게 씹다가 천천히 삼키면 달고 상큼하고 진실로 맛이 있어 더 바랄 것이 없다"고 했으니 말이다. 그의 상추쌈밥에는 '밥+겨자즙에 찍은 밴댕이회+미나리+시금치+가는 파+날 갓 줄기+볶은 고추장'이 들어갔다. '전분+비전분'의 절묘한 조합이 밥그릇이 아닌 상추쌈에서 완성된 것이다.[16] 이옥은 그 맛이 '달고 상큼하다'고 했다. 상큼한 맛은 싱싱한 채소와 겨자즙, 그리고 고추장에서 나왔을 것이다. 그렇다면 단맛은 어디에서 온 것일까?

전분 덩어리인 밥을 입 속에 넣고 오랫동안 씹으면 침 속에 들어 있는 효소인 아밀레이스(amylase, 아밀라아제)가 활성화된다. 특히 아밀레이스의 프티알린(ptyalin)이 밥 속의 전분을 가수분해하여 당으로 바꾸어

준다. 밥을 씹으면 단맛이 나는 것은 이 때문이다. 여기에 밴댕이회의 동물성 단백질까지 더해졌다. 밴댕이회의 동물성 단백질 속에 들어 있는 아미노산(amino acid)이 구수한 맛을 낸다.

상추쌈밥의 핵심은 흰쌀밥이다. 그렇지만 이옥의 상추쌈밥에 흰쌀밥이 들어갔을 가능성은 적다. 이옥이 살던 당시만 하더라도 한여름에 쌀을 구하기가 무척 어려웠다. 이옥이 먹은 밥은 아마도 쌀이 조금 섞인 보리밥이었을 것이다. 만약 쌀밥이라고 해도 오늘날의 흰쌀밥을 생각하면 곤란하다. 껍질만 가볍게 벗기고 속겨는 벗기지 않은 '매조미쌀'* 이었을 것이다. 당연히 밥맛은 지금과 달리 거칠었다. 또 알갱이가 지금의 쌀보다 훨씬 작고 붉은색이 도는 적미(赤米)**도 밥 속에 많이 섞여 있었을 것이다. 그래도 조선시대 사람들은 밥을 맛있게 지었다. 서유구는《임원경제지》의 〈정조지(鼎俎志)·취류지류(炊餾之類)〉에서 청나라 안휘성(安徽省, 안후이성) 동성(桐城, 퉁청) 지역 사람 장영(張英. 1637~1708)이《반유십이합설(飯有十二合說)》에서 조선 밥이 맛있다는 칭송을 아끼지 않았다고 했다.[17]

＊ 역사학자 정연식은 조선 후기 사람들이 먹었던 백미는 오늘날의 백미와 다르다고 했다. 도정 도구가 달라서 당시에는 속겨가 상당히 남아 있는 백미였다. "현미(玄米)란 일본에서 들어온 용어이고 우리말로는 매조미쌀(매조미, 조미)이라고 불렀으며, 문헌에는 '조미(糙米)', '조미(造米)', '조미(粗米)'로, 간혹 '추미(麤米)'로 기록되어 있다"(정연식, 〈조선시대 이후 벼와 쌀의 상대적 가치와 용량〉,《역사와 현실》통권69호, 2008, 299쪽).

＊＊ 인류학자 전경수는 "'쌀은 흰색'이라는 생각은 식민 지배의 영향에 의한 결과라고 말할 수 있다"(전경수, 〈아시아의 신(神)들은 빨간 쌀을 좋아한다: 의례용 적미와 적미 박멸의 식민정책〉,《한국문화인류학》제42집 1호, 2009, 25쪽)고 했다. 식민지 시기에 일본인이 백미(白米)만을 고집하여 한반도에서 많이 먹던 적미를 강제로 없애버린 결과이다. 빙허각(憑虛閣) 이씨가《규합총서(閨閣叢書)》에서 밥에 붉은색이 돈다고 했던 것도 알고 보면 당시에는 적미가 섞인 쌀밥을 먹었기 때문이다.

3 '밥+국+반찬'의 〈공간전개형〉 상차림이 익숙한 이유

한반도의 식생 환경은 중국 대륙과 달랐다. 한반도의 남쪽에서는 주로 벼와 보리가 재배되었다. 벼는 봄에 파종하여 가을에 수확하고, 보리는 가을에 파종하여 초여름에 수확하였기 때문에 주식이 되는 곡물을 잘만 하면 1년 내내 끊이지 않고 확보할 수 있었다. 만약 가을에 벼농사 작황이 좋지 않으면 여름에 심어서 3개월여의 단기간에 수확할 수 있는 메밀도 있었다. 이에 비해 밀은 극히 일부 지역에서만 겨울에 심어 여름에 수확하는 겨울밀이 재배되었다. 이러한 식생 조건 때문에 한반도에서는 농경이 시작된 이후 낟알을 익힌 밥이 주식이 되었다. 앞에서 댄 주래프스키가 말한 전분 음식이 바로 밥이었던 것이다. 그런 탓에 '밥+국+반찬'의 식사 구조가 지속되었다고 할 수 있다.

조선시대 사람들은 '밥+국+반찬'의 〈공간전개형〉 상차림을 받지 않으면 식사를 하지 않았다고 여겼다. 조선 중기 4대 문장가로 꼽혔던 이정구(李廷龜, 1564~1635)는 1599년 1월 사신으로 베이징에 갔다가 명나라의 재상으로부터 식사 초대를 받게 되었다. 초대받은 날 이정구가 재상의 집으로 갔더니 재상이 급한 일로 잠시 궁궐에 들어가게 되었다며 그의 가족들이 먼저 이정구에게 온갖 음식을 대접했다. 이정구는 그사

곡류 \ 계절(양력)	봄 (3~5)	여름 (6~8)	가을 (9~11)	겨울 (12~2)	봄 (3~5)	여름 (6~8)	가을 (9~11)	겨울 (12~2)
논벼 〔水稻〕	파종 3/4		수확 9/10		파종 3/4		수확 9/10	
보리 〔大麥〕		수확 6	파종 10			수확 6	파종 10	
조 〔粟〕	파종 4/5		수확 9		파종 4/5		수확 9	
겨울밀 〔小麥〕	수확 4		파종 9/10		수확 4		파종 9/10	
여름메밀 〔蕎麥〕	파종 5	수확 7/8			파종 5	수확 7/8		
가을메밀 〔蕎麥〕		파종 7	수확 10			파종 7	수확 10	

한반도의 곡물 재배 달력

이에 무척 많은 음식을 먹었는데, 그래 놓고도 끼니때가 되자 아직 밥을 먹지 않아서 숙소로 돌아가야겠다며 재상이 돌아오기도 전에 그의 집을 떠났다. 재상이 집에 돌아와서 저간의 사정을 듣고 후회하면서 다음과 같이 말했다고 한다. "조선 사람은 밥을 안 먹으면 굶었다고 생각하는데, 내가 밥을 대접하란 말을 잊었노라."[18] 이 일화는 '밥+국+반찬'의 〈공간전개형〉 상차림이 아니면 식사가 아니라고 여겼던 조선시대 사람들의 인식을 단편적으로 보여준다.*

1924년 출판된 《조선무쌍신식요리제법(朝鮮無雙新式料理製法)》에서 저자 이용기(李用基, 1870~1933)는 "국은 밥 다음이요, 반찬에 으뜸이라. 국이 없으면 얼굴에 눈 없는 것 같은 고로, 온갖 잔치에든지 신도(제사)에든지 국 없으면 못 쓰나니. 또 이것 아니면 밥을 말아 먹을 수가 없으니 어찌 소중치 아니하리요. 불가불 잘 만들어야 하나니라"[19]고 했다. 당시 사람들은 밥을 가장 중요시했고, 그 다음이 국이고, 반찬이 나중이었다. 또한 반찬이 아무리 맛있어도 국이 없으면 밥을 잘 먹지 못하던 식습관을 지니고 있었다.

국에 해당하는 음식으로 국·탕·탕국·찌개·전골·지짐이 등이 있다. 국은 "고기, 생선, 채소 따위에 물을 많이 붓고 간을 맞추어 끓인 음식"[20]을 가리킨다. 반면, 탕은 국에 비해 건더기가 많고 국물이 적은 음식이다. 지금도 제사상에 올리는 국은 '탕' 혹은 '탕국'이라고 부른다. 탕국이란 말은 '탕갱(湯羹)'에서 왔다. 탕국은 한자와 한글의 조합으로 이루어진 말이다. 찌개와 전골, 그리고 국물이 거의 없는 조림에 가까운 '지짐이'도 크게 보면 국의 변형이다. 이에 대해《조선무쌍신식요리

＊ 곡물 밥 위주로 식사를 했다는 기록은 조선시대 여러 문헌에 나온다. 임진왜란 당시 피난을 다니면서 쓴 일기인 오희문(吳希文, 1539~1613)의《쇄미록(瑣尾錄)》에는 7홉의 쌀로 한 끼 밥을 지었다는 기록이 나온다. 지금 쓰는 단위로 바꾸면 420g에 해당되는 양인데, 오늘날 한국인이 한 끼에 약 140g의 쌀을 먹는다고 하니 그때는 지금보다 세 배 가까이 더 먹은 것이다. 또 이익은《성호사설(星湖僿說)》에서 당시 일부 계층에서 음식을 과도하게 소비하는 것을 보고 중국 고전에 나오는 문구인 '식소(食少)'를 제목으로 하여 과식을 경계하는 글을 남겼다. 그 글에 다음과 같은 내용이 있다. "우리나라 사람들이 다식(多食)에 힘쓰는 것은 천하에서 으뜸이다. 최근 표류되어 유구(琉球)에 간 자가 있었는데, 그 나라의 백성들이 너희의 풍속은 항상 큰 주발과 쇠숟가락으로 밥을 떠서 실컷 먹으니 어찌 가난하지 않겠는가 하고 비웃었다고 한다. 대개 그들은 전에 이미 우리나라에 표류되어 와서 사정을 잘 알고 있던 사람들이다." 아무리 많은 음식을 먹었어도 곡물로 지은 밥을 먹지 않으면 식사를 하지 않은 걸로 여기는 식습관은 이미 조선시대 이전부터 형성된 듯하다.

제법》에서는 "대체로 국보다 지짐이가 맛이 좋고 지짐이보다 찌개가
맛이 좋은 것은 적게 만들고 양념을 잘하는 까닭이라"[21]고 했다.

국을 두고 이렇게 여러 명칭이 생긴 까닭은 무엇일까? 그 연원을 조
선 후기 실학자 이익의 글에서 엿볼 수 있다. 그는 기제(忌祭)의 상차림
예법을 언급하면서 이런 말을 했다. 특별히 희생한 동물 세 가지를 끓
인 솥인 삼정을 올려야 하는데, 한 솥에는 돼지, 한 솥에는 붕어, 한 솥
에는 계급에 따라 대부에게는 큰 사슴, 사에게는 토끼를 쓴다고 했다.
하지만 돼지 대신에 소, 붕어 대신에 개천에서 잡은 물고기, 토끼 대신
에 닭을 쓸 수도 있다. 그러면서 "이것이 옛날의 이른바 형갱(鉶羹)이라
는 것으로, 지금의 이른바 탕갱이다"라고 덧붙였다.[22]

고대 중국의 성현처럼 살고 싶어 했던 조선의 선비들은 중국의 예법
을 따라 국을 각별한 음식으로 여겼다. 앞에서 설명했듯이 '정'은 주나
라 때 국을 끓이는 청동기 솥이다. 이 '정'이라는 솥에서 끓인 음식을
'탕갱'이라고 불렀다. 유학의 예법에 의하면 탕갱의 종류와 개수는 제
사를 주관하는 사람의 계급에 따라 달랐다. 고려시대 이래 조상 제사는
지배층에게 매우 중요한 연중 의례였다.[23] 특히 조선시대 지배층인 사
대부는 가정의 제사를 주자가 저술한《가례》절차에 따라 실천하려 노
력했다.[24] 이 과정에서 밥과 함께 국이 상차림의 기본 음식이 되었다.

해장국·순댓국·육개장·닭곰탕·도가니탕·콩나물국밥 등은 '밥+
국'의 조합이 진화된 결과다. 밥과 함께 먹는 한 그릇 음식이기 때문에
'국밥'이라고도 부른다. 이와 달리 감자탕·곱창전골·연포탕·두부전골
등은 음식점에서 먹을 때 따로 공깃밥을 주문해야 한다. 이러한 탕 종
류의 음식은 본래 술안주였지 식사가 아니었기 때문이다. 음식점에서
공깃밥이 딸려 나오는 국은 19세기 말부터 '국밥'이란 이름으로 외식

메뉴가 되었다. 하지만 공깃밥이 제공되지 않는 탕과 전골 같은 국은 1970년대 이후 개발된 음식이다. 오늘날 한국인들에게는 공깃밥의 가격을 따로 내느냐 그렇지 않느냐의 차이가 있을 뿐, 국을 먹든 전골이나 찌개를 먹든 늘 밥을 함께 먹는다.

식품학자 김귀영은 국의 종류를 살피기 위해 조선시대와 근대까지 출판된 일반 요리책 8권과 궁중의궤 13권에 수록된 내용을 비교·분석했다.[25] 조리법에 따라 국을 '맑은 장국, 토장국, 고음국, 찬국(냉국)'으로 분류했는데, 궁중의궤에는 20종이나 되는 고음국만 나온다. 이에 비해 일반 요리책에서는 조리법에 따라 분류한 네 종류의 국이 다 나오고, 특히나 근대 요리책에서는 맑은 장국 종류가 조선시대의 것에 비해 더 많다. 고음국은 조선시대 궁중의궤에서는 20종이 나오지만, 개인이 집필한 요리책에는 9종밖에 나오지 않는다. 그런데 근대에 출판된 요리책에서는 그 종류가 22종으로 늘어났다.

김귀영은 그 이유로 조선시대에 허가 없이 소를 도축하지 못하도록 한 우금(牛禁)정책의 영향을 들었다. 민간에서는 쇠고기를 구하기가 힘든 탓에 고음국도 종류가 한정되어 있었지만, 조선 왕실에서는 고음국을 비롯해 고기를 주재료로 한 음식 가짓수가 훨씬 많았다. 20세기 이후 우금정책이 사라지면서 근대 요리책에서 고음국의 가짓수가 늘었다.[26] 1940년대 이전에 태어난 한국인 남성 중에는 식사할 때 국이 없으면 안 된다고 생각하는 사람이 많다. 그 이후에 태어난 한국인 중에서도 국이 없으면 식사를 할 수 없다고 생각하는 사람들이 적지 않다. 이런 한국인의 식습관은 '밥+국+반찬'의 〈공간전개형〉 상차림이 앞으로도 이어질 한국의 독특한 음식문화임을 알려준다.

4

21세기 초,
밥의 양이 줄어들면서
생긴 일들

광둥 지역 사람과 베트남 사람들 역시 '밥+반찬'의 상차림이 식사 때 기본 상차림이다. 하지만 그들은 한국인처럼 서너 가지 음식을 한꺼번에 입 속에 넣고 씹지 않는다.[27] 한국인은 대부분, 먹는 양으로 표기하면 '밥〉국〉반찬'의 비율로 식사를 하면서 '입 속에서 섞이면서 나는 맛'이 가장 익숙하고 좋은 맛이라고 생각한다. 인류학자 레비-스트로스 (Claude Lévi-Strauss, 1908~2009)가 음식의 다양성이 '생각하기에 좋은 (good to think)' 음식과 '생각하기에 나쁜(bad to think)' 음식의 구분에서 비롯되었다고 했듯이,[28] 음식이 섞여서 나는 맛이 바로 한국인에게는 '생각하기에 좋은 맛'인 것이다.

그런데 1980년대 후반부터 한국인의 '밥〉국〉반찬'의 식사 방식에 붕괴 조짐이 나타나기 시작했다. 바로 1990년대 이후 곡물 밥의 섭취량이 급격하게 줄어든 것이다. 농림축산부의 《농림축산식품 주요 통계 2014》에 따르면, 1995년까지 한국인 1인당 연간 쌀 소비량은 100kg대를 유지하다가, 2000년대 들어서 80kg대로, 그리고 2012년에는 60kg대로 줄어들었다. 1970년만 해도 1인당 보리 소비량이 37.3kg에 달했

한국인의 곡물 섭취량이 줄어들면서 밥과 함께 먹어온 국과 반찬에 대해서 '고염식'이라는 경고가 나오고 있다. '밥〉국〉반찬'의 조합으로 이루어진 한국인의 식단이 지속될 수 있을까?

으니, 쌀과 보리를 합치면 1인당 주곡의 연간 소비량이 173.7kg에 이르렀다. 하지만 1985년에는 1인당 연간 보리 소비량이 4.6kg에 그쳤고, 2013년에는 쌀과 보리를 합쳐서 겨우 68.5kg을 먹었다.[29]

　적어도 천년 이상 지속되어온 '밥〉국〉반찬'의 식사 방식이 오늘날 점차 붕괴되면서 나타난 새로운 문제가 바로 고염식, 즉 나트륨의 과도한 섭취다. 원래 곡물로 지은 밥을 많이 먹을 경우 식욕을 증진시키기 위해서 염분으로 맛을 낸 국이나 반찬을 함께 먹게 된다.[30] 즉, 곡물 위주의 식습관은 자연스럽게 고염식 식단으로 이어지는데, 만약 곡물 밥을 줄이게 된다면 그만큼 국과 반찬도 염도를 낮추어 요리하는 것이 좋다. 하지만 그동안 한국인이 밥과 함께 먹어온 국과 반찬의 맛은 아주 오랫동안 지속된 '생각하기에 좋은 맛'이기에 이미 굳어진 고염식 식단을 쉽게 바꾸기는 어렵다. 여기에 해장국·찌개·전골 같은 메뉴를 단독으로 판매하는 음식점이 등장하면서 짠맛의 국과 반찬의 소비량이 오히려 더 늘어났다.

2013년 기준으로 한국인의 하루 평균 나트륨 섭취량은 4,027mg이다. 세계보건기구(WHO)의 1일 나트륨 섭취 권고량인 2,000mg의 두 배에 달한다. 이 과도한 나트륨 섭취의 주범은 찌개와 전골을 포함한 국이다. 물론 김치와 나물 반찬도 빼놓을 수 없다. 밥을 많이 먹으면 나트륨 섭취량이 크게 문제시되지 않지만, 예전에 비해 곡물 밥의 섭취량이 급격하게 줄어든 상황에서는 나트륨 섭취량이 건강에 위험을 초래할 수도 있다.

그렇다면 이 문제를 해결하기 위해서 곡물 밥을 예전처럼 많이 먹으면 되지 않을까? 이런 해법을 생각해볼 수도 있지만, 여기에 찬성할 사람은 별로 많지 않을 것이다. 건강보다 다이어트가 더 중시되는 요즈음, 건강 전문가들이 입을 모아 탄수화물 덩어리인 밥을 많이 먹으면 비만을 초래한다고 강조하고 있고, 사람들 또한 이에 수긍하며 되도록 식생활에서 탄수화물을 줄이고자 애쓰고 있다. 이런 상황에서 다시 곡물 밥을 많이 먹자고 주장할 사람이 얼마나 있겠는가? 더욱이 곡물 밥 말고도 맛있는 먹을거리가 얼마나 많은가? 아마도 한국 사회에서 '밥〉국〉반찬'의 식사 방식이 계속 이어지기는 어려울 듯하다.[31] 그다지 오래지 않은 시간 안에 '밥〉국〉반찬'의 조합으로 '입 속에서 섞이면서 나는 맛'을 '생각하기에 좋은 맛'이라고 여기는 한국인의 숫자도 급격하게 줄어들지 모른다.

　　한국인은 왜 이렇게 먹을까?

11장

왜 식사 후에 꼭 커피를 마실까?

◇◇◇

2016년 8월 31일 유튜브(YouTube)에 "한국 믹스커피를 처음 마셔본 영국 인들의 반응?"이란 제목의 동영상이 하나 올라왔다.[1] '영국 남자(Korean Englishman)'라는 닉네임을 사용하는 영국인 조쉬(Josh)와 올리(Ollie)는 친구들에게 한국산 믹스커피(mix coffee)를 권한 뒤에 그 반응을 영상에 담았다. 참여자들은 처음에 인스턴트커피(instant coffee)를 싫어한다고 답했지만, 한국산 믹스커피를 마셔본 후에 한두 사람을 빼고는 대부분 괜찮다는 반응을 보였다. 그러자 조쉬는 "한국 사람들은 보통 이걸 식사 후에 마셔요"라며, "한국 식당에서는 밥을 먹고 나서 쪼그만 기계에 50펜스 정도 넣으면 커피 작은 게 하나 나와요. 디저트처럼 마시는 거죠"라고 설명했다. 그렇다. 믹스커피는 분명 한국의 대중적인 디저트(Korean popular dessert) 가운데 하나다.

◇◇◇

19세기 말에야 자리 잡은 디저트 개념

영어 '디저트(dessert)'라는 말은 프랑스어에서 유래한 단어다. 본래 '차려진 것을 치우다(to de-serve)'라는 뜻의 동사 '데세르비르(desservir)'의 분사가 명사로 바뀐 것이다. '데세르비르'라는 말이 프랑스에서 처음 쓰인 때는 1593년경으로, 식탁을 치운 다음에 먹는 것을 가리키는 단어였다.[2] 즉, 식후에 먹는 음식이 디저트였다. 프랑스에서 러시아식 서비스 방식의 코스 요리는 먼저 전채요리나 수프가 나오고, 그다음에 생선이나 채소를 곁들인 고기가 주요리로, 그리고 마지막에 설탕과자와 입가심용 디저트가 나왔다.[3]

디저트라는 단어는 18세기에 영국식 영어와 미국식 영어에서 모두 사용되었는데, 미국에서 디저트 메뉴는 대부분 단맛이 강한 음식으로 구성되었다. 1789년 뉴욕에 사는 한 유명 인사가 연회에 참석했던 일을 기록한 일기에 디저트 메뉴가 소개되어 있는데, "디저트로는 처음에 사과파이, 푸딩 등이 나왔으며, 그다음에는 아이스크림, 젤리 등이, 그다음에는 수박, 머스크멜론, 사과, 복숭아, 견과류가 나왔다"[4]고 한다. 이와 달리 영국의 1870~80년대 연회에서는 전채요리로 시작하여 말간 수프와 걸쭉한 수프, 생선, 앙트레(entrée, 조류 고기를 통째 굽거나 쪄낸 음식), 고기나 '피에스 드 레지스탕스'(piece de resistance, 주된 요리), 셔벗 (sherbet, 과즙에 물·우유·설탕 등을 섞어 얼린 얼음과자), 구운 고기와 샐러드, 채소, 뜨거운 사탕과자, 아이스크림, 디저트, 커피와 술의 순서로 음식이 나왔다.[5]

여기에서 디저트의 개념에 대해 정리할 필요가 있다. 보통 디저트라고 하면 두 가지 뜻이 있다.[6] 하나는 러시아식 서비스 방식으로 이루어지는 연회에서 주요리 이후에 나오는 가장 마지막 코스의 음식을 가리킨다. 나라마다 디저트 음식의 종류는 다르지만 대체로 단맛이 나는 음식과 커피·와인·음료 등이 포함된다. 과일 역시 단맛이 나는 음식이라는 인식에서 디저트 음식으로 자주 식탁에 올랐다.[7] 앞에서 소개한 1789년 뉴욕의 어느 연회에서도 과일과 견과류가 디저트로 나왔다.

또 다른 하나는 케이크·쿠키·비스킷·페이스트리(pastry, 밀가루에 기름을 넣고 우유나 물로 반죽하여 얇게 겹겹이 펴서 오븐에 구운 음식)·아이스크림·파이·푸딩·커스터드(custard, 우유·설탕·계란·밀가루를 섞어 구운 과자) 같은 단맛을 내는 음식 자체를 디저트라고 부르는 경우이다. 이들 디저트는 코스 요리의 마지막에도 나오지만, 식사를 하지 않고도 먹을 수 있는 독자적인 간식 메뉴이기도 하다.

영국의 '애프터눈티(afternoon tea)'는 대표적인 독자적 디저트 가운데 하나다. 애프터눈티는 차와 함께 샌드위치·비스킷·케이크·페이스트리 등의 간단한 음식으로 구성된다. 17세기 무렵 유럽에 소개되어 유행하게 된 중국차는 특히 영국에서 큰 인기를 끌었다. 초기에는 사치품처럼 취급될 정도로 아주 귀했으나 이후 영국이 인도 아대륙과 동남아시아의 일부 지역을 식민지로 지배하면서 차의 공급이 원활해지자 점차 일상적인 음료로 자리 잡아갔다. 1850년대가 되면 영국의 가정에서 애

앙리 마티스(Henri Matisse, 1869~1954)가 1908년에 그린 〈디저트: 레드의 조화(The Dessert: Harmony in Red)〉〉에 '애프터눈티 세트'라고 불리던 식기가 그려져 있다. 캔버스에 오일, 180×220cm, 러시아 에르미타주 미술관(The State Hermitage Museum) 소장.

프터눈티를 마시며 사교 모임을 하는 것이 일상적인 풍경이 되었다.[8] 오후 4시에서 5시 사이 저녁식사 전 출출한 배를 달래기 위해 간단한 음식과 차를 곁들여 먹는 애프터눈티는 이미 19세기 중·후반에 영국의 대표적인 디저트가 되었다.

케이크·쿠키·비스킷·페이스트리 같은 단맛을 내는 음식이나 차·코코아·커피 같은 음료가 서유럽인에게 독자적인 디저트로 받아들여지게 된 배경에는 설탕의 대중화가 있다. 미국의 문화인류학자 시드니 민츠(Sidney W. Mintz, 1922~2015)가 강조했듯이 설탕은 적어도 16세기 이전까지만 해도 유럽의 상층부만 먹을 수 있는 값비싼 식품으로서, 일종의 부와 권력의 상징물이었다.[9] 그런데 콜럼버스(Christopher Columbus, 1451~1506)가 1492년에 아메리카 대륙에 도착한 이후, 설탕은 과거 유럽인들이 상상하지 못한 저렴한 가격으로 서유럽에 공급되었다.

사탕수수의 원산지는 오스트레일리아 북쪽에 있는 세계에서 두 번째로 큰 섬인 뉴기니다. 기원전 8000년경에 사탕수수의 산지가 주변으로 확대되었고, 다시 기원전 6000년경에 필리핀과 인도 아대륙으로 전파되었다. 사탕수수의 즙을 응고시켜 만드는 설탕에 대한 최초의 기록은 기원전에 활동했던 인도의 문법학자 파탄잘리(Patañjali)가 쓴 《마하바샤(Mahābhāṣya)》로 알려져 있다.[10] 설탕의 영어 단어인 '슈거(sugar)'는 원래 산스크리트어 '사르카라(śarkarā)'에서 출발하여 페르시아어를 거쳐 다시 고대 로마어로 옮겨진 다음에 영어로 정착된 것이다.[11] 711년 아랍계 이슬람교도인 무어인(Moors)이 이베리아 반도를 지배하면서 지중해 연안에도 사탕수수가 재배되기 시작했다. 그러나 그 생산량은 매우 적었다.

11세기 말부터 13세기 말까지 이어진 십자군전쟁 때 서유럽 기사들은 서아시아의 설탕으로 만든 캔디(candy) 맛에 흠뻑 빠졌다. 설탕에 대한 열망에 사로잡혀 있던 서유럽인들은 마침내 아프리카 서북부에 있는 카나리아 제도(Canary Islands)에서 사탕수수를 재배하게 되었다. 이후 콜럼버스가 아메리카 대륙에 도착한 뒤로 유럽인들의 발길이 이어지면서 그곳에서도 사탕수수를 재배했다. 특히 유럽의 사업가들은 과테말라를 비롯하여 중남미 지역에 사탕수수 플랜테이션(plantation)을 경영했다. 노예노동을 통해 대규모로 생산된 설탕은 대부분 영국의 항구로 옮겨졌다. 18세기 이후 설탕 생산의 산업화가 이루어지면서 가격이 더욱 저렴해진 설

탕은 유럽에서 식탁의 필수품이 되었다.[12]

17세기 말에서 18세기 말 사이에 설탕 덩어리인 자당은 설탕 조각품뿐 아니라, 커스터드, 반죽과자, 크림으로 만들어졌다.[13] 19세기 이후 디저트 음식이 일상적인 소비품으로 자리 잡게 된 데에는 설탕의 산업적 생산과 대중화 덕분이었다. 설탕이 대중화되면서 차·커피·코코아 같은 음료와 케이크·비스킷·과자 같은 음식이 언제든 즐길 수 있는 일상적인 디저트 음식이 되었다. 그래서 많은 경제학자·지리학자·인류학자는 커피나무·차나무·카카오나무·사탕수수 등의 작물을 '디저트 작물(dessert crops)'[14]이라고 부른다.

앞에서 말했듯이 19세기 중반에 서유럽의 연회는 점차 러시아식 서비스 방식으로 바뀌어갔다. 주요리는 짠맛의 요리가 많아서 음식을 먹고 나면 입안이 불편할 정도로 텁텁했다. 이때 달콤한 맛의 디저트를 먹으면 입안이 개운해졌다.[15] 서양 디저트 음식의 역사적 연원을 따지면 고대 페르시아와 10세기 전후의 바그다드, 그리고 16세기에 이슬람 문화권에 속했던 에스파냐의 안달루시아(Andalusia)와 이탈리아의 시칠리아(Sicilia)를 거쳐 유럽으로 전파되었다고 할 수 있지만,[16] 메인 식사 후에 반드시 디저트를 먹어야 한다는 서유럽인의 인식은 19세기 말쯤에야 겨우 자리 잡게 되었다.

내가 이 장에서 다루려고 하는 디저트 역시 메인 식사를 마친 후에 먹는 러시아식 코스 요리의 마지막에 나오는 음식들이다. 댄 주래프스키는 언어학자답게 요리가 나오는 순서와 먹는 순서를 '퀴진의 문법(The Grammar of Cuisine)'이라고 보았다. 즉, 언어권마다 동사와 목적어의 순서가 다른 문법적 규칙을 연회에서 음식이 차려지는 순서나 사람들이 음식을 먹는 과정에 적용한 것이다. 사실 모국어를 사용하는 사람들에게 언어의 문법은 사회화 과정에서 학습해온 것이라 잘 의식되지 않을 정도로 자연스럽다. 이것을 댄 주래프스키는 '암묵적 문화 규범(implicit cultural norms)'이라고 부르면서 요리나 식사 과정도 이런 규범을 따른다고 주장했다.[17]

미국식 만찬에서는 주요리나 앙트레 다음에 디저트가 나오지만, 프랑스식 만찬에서는 주요리가 끝난 뒤 샐러드와 치즈가 나온 다음에 디저트가 나온다. 디저트 전에 나오는 음식이 다르듯이 코스 요리의 마지막에 나오는 디저트의 종류도 나라마다 차이가 있다. 과거 독일인들은 커피를 마시는 정도였고, 프랑스인들은 오로지 단 것만을, 미국인들은 사과파이·푸딩·아이스크림·젤리·수박·머스크멜론·사과·복숭아·견과류 등을 디저트라고 보는 경향이 있었다.

이에 비해 중국인들의 식사에서는 디저트가 없다.[18] 그러다 보니 중국어에는 디저트에 해당하는 단어도 없다. 중국인들은 식사 전에 차를 마시고 식사 후에도 차를 마신다. 한국어에도 본래 디저트에 해당하는 말이 없었다. 1960년대 이전만 해도 식사를 시작하면서 탕의 국물을 가장 먼저 먹었고, 식사를 다 한 후에는 숭늉을 마셨다. 식사 후에 따로 단맛이 나는 디저트를 먹지도 않았다. 그러다가 20세기 이후 서양인들이 서울을 비롯해 근대 도시에 거주하면서 조선인들도 서양의 디저트라는 음식을 알게 되었다.

2

1971년,
한국식 후식의 등장

식민지 시기인 1930년에 경성서양부인회에서 번역 출간한 《(선영 대죠) 셔양료리법》[19]에는 'Puddings and Desserts'라는 항목이 나온다. 그런데 목차에 나오는 이 항목의 한글은 오직 '푸딍'으로만 적혀 있다. 제목을 영어로 '푸딍과 디저트'라고 붙였지만, 본문에서는 오직 푸딍만 소개했다. 아이스크림·파이·사탕떡(cakes)·과자(cookies) 등의 요리법도 나오지만, 이것들은 '푸딍과 디저트' 다음에 별도도 다루었다. 심지어 이 책의 마지막에 나오는 '용어집(glossary)'에조차 '디저트'라는 단어는 없다. 이로 미루어 푸딍을 디저트로 이해하고 있던 미국인들이 이 책의 중심 저자들로 보인다.

한편, 1937년 기독교 선교사이자 이화여자전문학교에서 서양 요리를 가르쳤던 미국인 해리엇 모리스(Harriett Morris, 慕理施, 1894~1997)는 디저트를 한국어로 '후식'이라고 번역한 최초의 서양인이다. 그가 쓴 《서양요리제법》, 〈제3편 석반(夕飯) 준비와 식사〉 부분의 '실습 제5과'의 제목이 바로 '後食(후식)(Desserts)'이다.[20] 이 후식 편에는 푸딍·파이·크림퍼프(cream puffs)·애플덤블링(apple dumpling, 사과 경단)·도넛(doughnut) 등이 나온다. 해리엇 모리스는 이것을 디저트라고 본 것이다.

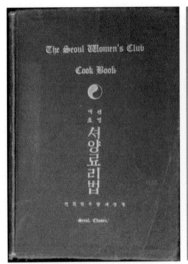

TABLE OF CONTENTS.

		Pages
Soups	국	1-12
Fish	생션	13-21
Meats	육유	22-39
Meat Substitutes	고기 디용품	40-49
Eggs	계란	50-52
Cheese	치스	53-61
Vegetables	채소	62-81
Salads	셀럿	82-95
Salad Dressings	셀럿 드레싱	96-104
Puddings and Desserts	푸덩	105-125
Ices and Ice-creams	아이쓰크림	126-135
Pies	파이	136-150
Cakes	사탕떡	151-176
Cake Icings	사사탕	177-185
Cookies	과자	186-212
Breads and Muffins	떡	213-229
Beverages	청국슈	230-234
Jellies and Conserves	쟘디쟘젤	235-247
Pickles	쟘쟘	248-261
Candies	엿	262-281
Sandwiches	쌍드위치	282-287
Miscellaneous	잡유잡물	288-307
Directions for Making an Oven	정치료리법	308
Glossary	용어자전(자로別)	309-313

1930년 경성서양부인회에서 번역 출간한 《(션영 대죠) 셔양료리법》의 표지와 목차. 목차에서는 'dessert'라는 영어가 나오지만, 한글 번역 단어는 나오지 않는다.

　　이화여자전문학교의 실습용 교재로 출간된 이 책은 과마다 질문과 답으로 구성되어 있다. 디저트 부분의 질문은 "후식을 어떻게 준비해야 식사케 하나뇨?"이다. 이 질문에 대한 첫 번째 답은 후식의 종류에 대한 설명이다. "후식은 4부로 나누었나니 전분성 후식, 젤라틴 후식, 파이 종류와 얼린 후식이니라"[21]고 했다. 전분성 후식에는 부풀어 오르는 특성을 이용해 만드는 크림퍼프와 도넛이 소개되어 있다. 젤라틴 후식에는 갖가지 푸딩류가, 파이 종류도 마찬가지로 다양한 형태의 파이가 나와 있다. 얼린 후식으로는 오렌지아이스(orange ice)와 셔벗 등을 소개했다.[22]

　　그런데 1905년 일본에서 출판된 《구미요리법전서(歐米料理法全書)》에서는 디저트를 '후식'으로 번역하지 않고 '가타카나'로 '데자토(デザ-

ㅏ'라고 적었다.[23] 그러니 1930년대에 서울에서 출판된 서양요리책에서 디저트를 후식이라고 번역한 점은 일본어 '데자토'와 맥락이 다르다고 할 수 있다. 서울의 서양요리책은 조선인이 아니라 서양인이 집필했다. 그들은 디저트를 조선어로 번역하면서 본래 뜻인 "식사를 끝낸 다음에 먹는 또 다른 음식"이란 점을 살리기 위해 '후식'이란 용어를 만들어냈다. 이에 비해 일본인들은 한자 '後食(후식)'을 디저트의 번역어로 쓰지 않았다. 일본인들에게 이 말은 명사가 아니라 동사이기 때문이다. 이런 탓에 식민지 시기의 신문과 잡지에 디저트의 뜻을 지닌 후식이란 단어는 나오지 않는다.

해방 이후 한국은 미국 문화에 흠뻑 빠져들었다. 이미 식민지 시기 말기에도 미국의 패션과 영화, 그리고 개신교의 영향이 적지 않았지만, 1945년 8월 15일 이후 한국에 주둔한 미군의 영향이 훨씬 컸다. 미군정은 식량이 부족한 한국 사정을 고려하여 초콜릿과 쿠키 같은 디저트를 구호식량으로 배급했다.[24] 불행한 역사적 사건인 한국전쟁 중에 초콜릿은 "기브 미 초콜릿"이란 말로 상징되듯이 한국인의 뇌리에 가장 강하게 박힌 서양식 디저트 음식이었다. 그러나 끼니를 해결할 식량도 넉넉지 않던 시절이라 식후에 초콜릿을 디저트로 먹을 수 있는 한국인은 거의 없었다.

1960년대 이후 미국식 생활 방식을 지향했던 한국 사회의 일부 상층부와 지식인들은 한국음식 식단에도 디저트라는 이색적인 요소를 도입하려 애썼다. 1955년 6월 26일자 《동아일보》에 실린 요리연구가 김영신(金泳信)의 〈금주의 식단표〉 기사에는 일주일 식단표와 함께 "데자아트(후식)로는 사과 익힌 것 등이 구미를 돋구고 좋겠습니다"라는 글이 실렸다. 비록 이 기사에 나오는 '데자아트'라는 단어가 영어 '디저트'의

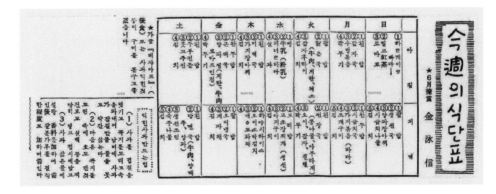

1955년 6월 26일자《동아일보》에 실린 '데자아트(後食)' 관련 기사.

한국식 발음이 아니라 일본식 발음인 '데자토'에 가깝지만, 양식과 한식이 골고루 배치된 아침과 저녁 식단표는 한식과 양식의 절충을 넘어 서양화의 길을 가기 위한 과도기적 제안이라고 해도 지나치지 않다.

한편, 1971년 잡지《새가정》12월호에는 '한국식 후식'에 관한 기사가 실렸다.[25] 이 잡지에서는 약과·녹말다식·엿강정·조란·율란·매자과·잣박산·만두탕·사과탕 등을 한국식 후식으로 소개했다. 손님을 대접할 때 식사 전이나 후에 이들 음식을 제공하면 된다는 설명도 덧붙였다. 요리연구가 조자호는 1970년대 초반에 쓴 글에서 "후식은 크게 나누어 편, 물편, 전병, 전과, 강정, 다식, 유밀과, 화채, 약식 등으로 이러한 것을 계절이나 행사 등에 맞추어 적절한 것을 택함이 필요하다"[26]고 했다.

조자호 역시 한국식 후식으로 떡과 한과를 제안한 것이다. 조자호가 소개한 후식용 과자와 떡은 다음과 같다. 유밀과(다식과·만두과·백잣편), 강정(잣강정·세반강정·빈사과), 다식(송화다식·녹말다식·강분다식·깨다식·콩다

　한국인은 왜 이렇게 먹을까?

1983년 1월 12일자 《동아일보》기사 〈가정서 손쉽게… 한식(韓食) 뷔페〉에 "후식에 식혜 등 좋아"라는 내용이 나온다.

식·밤다식), 떡(축하용·잡과편·두텁편·증편·경단·주악), 단자(밤단자·유자단자), 화전(국화잎화전), 숙실과(율란·조란·생란), 약식, 생실과(앵두·딸기·청매·토마토·멜론·살구·복숭아·포도·참외·수박·수밀도 복숭아·행인·배·은행·잣·바나나·사과·맥문동·산사·대추·유자·밤·무화과·모과·동아·석류·귤·감·호두·풍강·주란), 전과(연근전과·생강전과·건포도건과), 전병(밀쌈·부꾸미·매엽과·빈자떡), 엿(검은엿·흰엿·대추엿·수수엿·콩엿·잣엿·호두엿·깨엿) 등이다.

1983년 1월 12일자 《동아일보》에 실린 〈가정서 손쉽게… 한식 뷔페〉라는 기사에서도 당시 유명한 요리연구가 왕준련(王晙連, 1918~1999)이 한식 뷔페 상차림에서의 후식 몇 가지를 제안했다. 즉, "후식으로 과일이나 강정, 떡, 식혜, 수정과 중 한두 가지를 내면 된다. 녹두빈대떡 한 가지를 따끈하게 지져서 떡만두국과 후식으로 아주 간단한 뷔페를 할 수도 있다"고 한 것이다. 이 기사를 편집한 기자는 식혜가 한국식 후식으로 가장 으뜸이라고 강조했다.

이와 같이 1970년대 이후 한국음식 전문가들은 서양의 디저트처럼 단맛이 나는 여러 가지 '전통음식'을 한국식 후식으로 제안했다. 그들에 따르면 떡은 가장 대표적인 한국식 후식이다. 하지만 팬케이크인 크레페(crepe)나 케이크, 푸딩, 젤리, 아이스크림 같은 디저트에 익숙한 서양인의 입장에서 보면 떡과 한과는 결코 후식이 될 수 없다. 왜냐하면 떡과 한과는 한정식 코스 요리에서 후식 전에 먹는 쌀밥의 재료와 같은 쌀로 만들기 때문이다. 서양인들은 주식과 다른 재료로 디저트를 만들어야 한다는 규칙을 가지고 있다. 그런 탓에 떡이나 한과가 후식으로 나오면 의아해하는 서양인이 생각보다 많다.[27]

이미 앞에서 설명했듯이 서유럽과 미국을 제외하면 적어도 20세기 중반 이전까지 세계 대부분의 지역에서 디저트라는 식사 규칙이 없었다. 그런데 한국의 요리연구가들 사이에서는 한국식 디저트를 만들기 위한 작업이 숙원과 같은 일이었다. 한국음식의 서비스를 서양식 식사 방식처럼 만들어야 '선진적'이라고 생각했기 때문에 나온 과도한 대응이었다.[28] 적어도 1980년대 초반까지만 해도 식후에 식혜나 한과를 디저트로 먹는 한국인은 많지 않았다. 그런데 그즈음 커피, 그중에서도 인스턴트 '믹스커피'를 식후에 꼭 마시는 한국인이 갑자기 늘어났다. 그동안 무슨 일이 있었던 것일까?

1980년대 전성기를 맞이한 믹스커피

한국에서 생산되는 식품의 규격 기준을 밝혀놓은 《식품공전》에서는 커피를 다음과 같이 정의한다. "커피라 함은 커피원두를 가공한 것이거나 또는 이에 식품 또는 식품첨가물을 가한 것으로서 볶은 커피(커피원두를 볶은 것 또는 분쇄한 것), 인스턴트커피(볶은 커피의 가용성 추출액을 건조한 것), 조제커피, 액상커피를 말한다."[29] 여기에서 별도의 설명이 붙지 않은 조제커피가 바로 믹스커피다. 조제커피는 볶은 커피 또는 인스턴트커피에 커피크림과 설탕을 혼합한 것이다.[30]

한국인의 본격적인 커피 애호는 다방에서 시작되었다. 이미 식민지 시기부터 차를 판매하는 다방이 서울을 비롯한 근대 도시 곳곳에 들어섰지만, 커피를 판매하는 다방은 한국전쟁 이후에 본격적으로 등장했다. 알다시피 커피나무는 한반도에서 재배되지 않는다. 1940년대 제국 일본이 세계대전을 일으키면서 커피 수입이 막히자, 보리차가 그 역할을 대신하기도 했다. 그런데 한국전쟁 이후에는 커피 구하기가 훨씬 쉬워졌다. 바로 한국에 주둔한 미군 부대의 피엑스(PX, 군부대 기지 내의 매점)에 커피가 넘쳐났기 때문이다. 1955년 봄 서울 시내에는 500여 곳이 넘는 다방이 있었다. 이곳에서 판매되던 커피의 대부분은 미군 부대에서 불법으로 빼돌린 것이었다. 특히 미군의 인스턴트커피는 대단한 인기를 끌었다.

나는 2000년에 출판한 《음식전쟁 문화전쟁》에서 식후에 숭늉을 마시던 한국인이 숭늉을 마실 수 없게 되자 그 대용으로 믹스커피를 마시게 되었다는 주장을 한 적이 있다.[31] 지금처럼 입식 주방이 갖추어지기 전에는 대부분 부뚜막에 무쇠솥을 걸어놓고 밥을 짓거나 요리를 했다. 그런데 이 무쇠솥으로 밥을 짓게 되면 솥을 씻기가 어렵다. 무쇠솥이 크기도 큰 데다 워낙 무거워서 그걸 떼어내서 설거지를 하는 건 거의 불가능하다. 무쇠솥은 부뚜막에 고정되다시피 놓여 있었기에 밥을 다 푼 다음에 물을 붓고 아궁이 안에 남아 있는 열기를 이용해 물을 끓이면 눌어붙은 밥알과 누룽지가 불어 솥을 씻기가 훨씬 수월해진다. 이렇게 끓인 물이 바로 숭늉이다. 누룽지에 물을 붓고 끓이면 전분이 호화되어 포도당이 생기는데, 뜨거운 숭늉을 마시면 단맛이 도는 이유도 이 때문이다.[32]

곡물로 지은 밥을 맛있게 먹기 위해 짠맛의 반찬을 먹는 한국인에게 숭늉은 식사 후 입안을 개운하게 해주는 입가심 음료 역할을 했다. 1939년 조자호가 펴낸 《조선요리법》에도 어른의 식사가 끝나가면 밥상에서 국그릇을 내리고 그 자리에 숭늉을 놓아서 입가심을 하도록 했다는 내용이 나온다.[33] 그러나 오늘날 식후에 숭늉을 마시는 한국인은 드물다. 전기밥솥으로 밥을 지으면 숭늉을 만들 수 없기 때문이다. 초창기 전기밥솥은 1950년 일본에서 개발된 제품이었는데, 이 일본산 전기밥솥에는 아예 숭늉을 만드는 기능이 없었다.

전기밥솥 이전에 일본인들이 사용했던 밥솥은 중간에 전이 붙어 있는 철제 '하가마(羽釜)'였다. 가정에서는 보통 안쪽 둘레의 지름과 높이

가 30cm 정도 되는 하가마를 주로 사용했다. 밥을 지을 때는 두꺼운 나무로 만든 '후타(ふた, 덮개)'를 하가마 위에 덮어서 솥 안의 압력을 높였다. 일본의 하가마는 한국의 무쇠솥에 비하면 무게도 가볍고 크기도 작아서 설거지할 때는 부뚜막에서 쏙 빼낼 수 있었다. 그러니 한국의 무쇠솥과 달리 숭늉을 만들어 먹을 일이 없었다. 더욱이 일본 열도에는 차나무가 잘 자라기 때문에 식후에 주로 녹차를 마셨다. 이런 배경에서 일본의 전기밥솥이 발명되었으니 한국인이 사용할 때 기능상 한계가 있을 수밖에 없었다.

국내에서 전기밥솥이 처음 생산·판매된 때는 1966년이다. 당시 전기밥솥은 지금과 같은 자동식 맞춤형 전기밥솥이 아니라 단지 전기 에너지를 이용해 밥을 짓는 솥에 불과했다. 그런데 그마저도 대중화되기에는 어려움이 많았다. 전기밥솥이 널리 보급되려면 전기 발전량이 안정되어야 하는데, 한국의 전기 발전과 경제 사정은 그렇지 못했다. 1970년대만 해도 많은 가정에서 전기밥솥보다는 석유곤로를 사용해 솥에 밥을 지어먹었다. 1979년이 되어서야 일부 섬 지역을 제외한 전국에 전기가 공급되었고, 공급량도 안정되었다. 1970년경에는 일부 가정에서 값비싼 일제(日製) 전기밥솥을 사용했다.[34] 1971년 7월 30일자 《동아일보》에서는 가정에서 무쇠솥 대신에 전기밥솥이나 밥이 눌지 않는 솥 등을 사용하게 되면서 숭늉이 사라져간다는 기사를 실었다.[35]

1981년 전국의 주요 도시 주부들은 31.1%가 전기밥솥으로, 51.3%가 양은솥으로, 10.4%가 압력솥으로 밥을 지었다. 무쇠솥을 사용해 밥을 짓는 가정은 7.2% 정도에 지나지 않았다.[36] 비록 전기밥솥의 보급률이 양은솥에 미치지는 못했지만, 무쇠솥을 제외하면 나머지 밥솥은 굳이 숭늉을 만들지 않아도 설거지하는 데 어려움이 없고, 또 밥도 잘 눋

1977년 6월 15일자《매일경제신문》1면 하단에 실린 대형 가스밥솥과 가스레인지 광고.

지 않아 누룽지가 나오지 않았다. 한국에서 일본식 전기밥솥의 보급률이 50%가 넘어선 1984년경에는 식사 후에 숭늉을 마시는 가정을 찾아보기 힘들 정도가 되었다.

한편, 1970년대 초반에 대형 한식음식점 중에서 무쇠솥에 밥을 짓지 않고, 일본에서 수입한 가스밥솥으로 밥을 짓는 곳이 생겨났다. 1977년에는 일본 회사와 합자한 국내 가스기구 회사에서 자동 대형 가스밥솥을 판매하기 시작했다.[37] 게다가 1970년부터 서울에 도시가스 공장이 속속 들어서면서 도시가스가 공급되자, 한식음식점에서는 가스밥솥을 사용해 150인분 내지 300인분의 밥을 한꺼번에 지을 수 있게 되었다. 이후 대형 한식음식점 위주로 식사 후에 숭늉을 제공하는 곳이 점점 줄어들었다.

그런데 아이러니컬한 점은 식탁에서 숭늉이 사라져가던 시점에 인스턴트커피가 유행하기 시작했다는 사실이다. 한국 최초의 인스턴트커피는 1970년 9월에 생산되었다.[38] 이 커피가 출시된 덕분에 가정에서도 쉽게 커피를 마실 수 있게 되었다. 점차 커피 소비층이 확대되자 1976

1976년 12월에 세계 최초로 출시된 믹스커피 상품.

년 12월에는 인스턴트커피와 설탕, 크림을 알맞게 배합한 믹스커피가 시장에 첫선을 보였다. 《동서식품 30년사》에서는 믹스커피라는 간단한 아이디어 상품을 세계 최초로 동서식품이 개발할 수 있었던 배경으로 식물성 커피크림인 '프리마'라는 제품을 자체 개발해 생산한 점을 꼽았다. 그다음으로 "구미나 선진국의 커피 문화와는 다른 문화적 특성, 즉 '빨리빨리' 문화와 같은 민족의 특성도 한몫을 했다고 할 수 있다"고 밝혔다.[39]

한국 사회의 상층부에서 커피를 널리 마셨던 1950년대 후반만 해도 커피는 식후에 마시는 음료가 아니었다. 그 대표적인 사례로 '모닝커피'의 유행을 꼽을 수 있다. 당시 도시의 번화가에 있는 다방에서 '모닝커피'라는 메뉴를 선보였는데, 이는 한국에 주둔한 미군들이 아침에 커피를 마시는 모습을 보고 그에 착안해 개발해낸 메뉴였다. 그런데 한국식 '모닝커피'는 미군들이 마시던 커피와 달리 '계란 노른자'가 들어갔다. 아침에 빈속에 커피를 마시면 자칫 건강을 상할 수도 있다는 염려 때문에 계란 노른자를 넣었던 것이다. 이렇게 한국식으로 변형된 '모닝

커피'는 식사 대용으로 마시기도 했다.

1960년이 되면 신문에서 식후 음료로 커피를 제안하는 기사가 나온다.[40] 신문 기사에서는 식후에 마시는 커피의 경우, 커피잔을 보통 때와 달리 약간 작은 것을 사용하는 것이 좋다고 했다. 이 기사가 실린 지면이 요리 기사가 실린 지면이라는 점을 고려하면 아마도 주부를 대상으로 한 계몽성 기사였을 가능성이 크다. 그런데 1960년에 이 기사를 읽은 한국인 독자들은 커피의 실체를 제대로 몰랐을 것이다. 그해 4·19혁명이 일어났을 때만 해도 학생들이 수입 커피를 마시는 사회 지도층을 부정적으로 보고 그들을 비판하는 분위기였다.[41] 이처럼 1960년대 전반까지 커피는 대중적인 식후 음료가 아니었다. 다만 1960년대 후반에 커피의 보완재라 할 수 있는 설탕 가격이 내려가면서 커피가 좀 더 일상화되기 시작했다.[42] 그 후 1970년대 인스턴트커피와 믹스커피 그리고 1980년대 초반 커피자판기의 등장으로 커피가 대중화되면서부터 '인스턴트커피+커피크림+설탕'이 배합된 믹스커피가 한국인이 으뜸으로 꼽는 후식 음료가 되었다.

믹스커피는 1980년대에 전성기를 맞았다. 이 시기에 커피를 맛있게 먹기 위해서 인스턴트커피·커피크림·설탕 이 세 가지 재료를 어떻게 배합해야 하는지 그 비율을 두고 곧잘 가벼운 논쟁이 벌어졌다. '1:1:1'이라는 주장도, '1:1:2'라는 목소리도 있었다. 나이가 많을수록 설탕을 많이 넣는 '1:1:2'의 배합 비율을 더 선호했다. 또 배합 순서를 두고도 여러 주장이 있었다. 인스턴트커피를 먼저 넣고 뜨거운 물을 붓는 것에는 대체로 의견이 일치했지만, 그다음에 설탕을 먼저 넣을지 커피크림을 먼저 넣을지에 대해서는 의견이 분분했다. 하지만 순서 역시 분량과 마찬가지로 개인의 기호에 따를 수밖에 없다는 주장이 대세였다.

이런 논쟁 아닌 논쟁은 1990년대 초반에도 이어졌다. 1991년 9월 한 일간신문에서는 유명 호텔의 커피숍 조리과장을 인터뷰해 커피를 맛있게 타는 비법을 소개했다. 호텔 조리과장은 "물을 주전자에 담아 팔팔 끓기 시작하면 바로 불을 끌 것이 아니라 3~4분에서 길게는 5분까지 더 끓이는 것이 요령"이라며, 커피잔의 온도도 중요하다고 했다. "커피잔도 섭씨 60도 정도의 물에 따뜻이 덥혀 물기를 씻어 내야 커피향을 오래 유지하고 맛도 살릴 수 있다." 덧붙여 이 전문가는 "설탕과 크림은 어느 것을 먼저 넣어도 좋고 배합 비율은 기호에 따라 적당히 한 다음 숟가락으로 저을 때 한 방향으로 저어야 한다. 방향을 반대로 해서 저으면 향이 반감된다"는 주의사항도 일러주었다.[43] 이러한 신문 기사가 얼마나 많은 사람들에게 영향을 미쳤는지는 알 수 없다. 하지만 이 기사가 나간 이후 커피에 넣을 물을 끓이는 방법에 대해서 잠시나마 사람들 사이에서 화제가 되었다.

요즘은 인스턴트커피에 커피크림과 설탕을 배합한 일회용 믹스커피 제품이 판매되기 때문에 인스턴트커피를 배합하는 방법 따위는 호랑이 담배 피우던 시절의 이야기가 되어버렸다. 더욱이 1998년 미국의 스타벅스 커피점이 한국에 문을 연 이래 원두커피 붐이 일면서 믹스커피를 찾는 사람이 줄어들었다. 하지만 여전히 한국의 많은 음식점에서는 앞에서 소개했던 '영국 남자' 조쉬가 '쪼그만 기계'라고 표현했던 미니커피자판기가 어김없이 음식점 출입구에 놓여 있다.

2000년대
믹스커피의 위기와
디저트의 탄생

고급 음식점을 제외한 한국의 대중음식점에서는 대부분 미니커피자판기를 설치해두고서 믹스커피를 무료로 제공한다. 설렁탕이나 해장국은 물론이고 짜장면을 먹고 나서도 버튼을 누르기만 하면 커피를 무료로 뽑아 마실 수 있다.[44] 1946년 미국에서 발명되어 상품으로 출시된[45] 커피자판기는 한국에서는 1978년에 처음 시중에 등장했다. 이후 국내 유수의 가전업체와 음료업체가 자판기 사업에 뛰어들었다. 1979년에는 4,000여 대의 커피자판기에서 하루에 102만 잔의 종이컵 믹스커피가 소비되었다. 당시 서울 시내에 3,640개소의 다방이 있었음에도 자판기에서 판매되는 커피의 소비량이 큰 비중을 차지했다.[46] 커피자판기의 종이컵 믹스커피는 사무실·대학구내·터미널 같은 곳에서 간편하게 마시는 음료였다. 날이 갈수록 커피자판기 이용률이 늘어 마침내 '자판기커피'라는 용어까지 생겨났다.

1990년 후반부터는 기존 커피자판기보다 크기도 작고 가격도 저렴한 미니커피자판기가 음식점마다 설치되기 시작했다. 몇몇 중소 전자업체에서 1989년에 처음으로 미니커피자판기를 생산했는데, 초기에는 사무업체가 주된 소비층이었다. 미니커피자판기의 영문 이름도 '오피

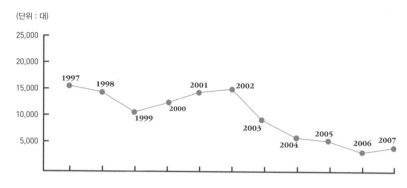

커피자판기 연도별 생산량[47]

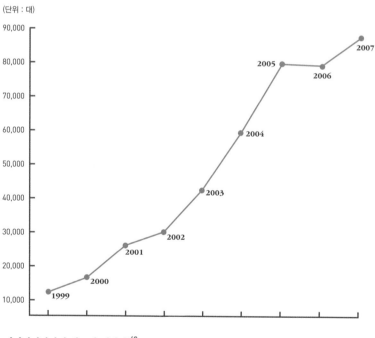

미니커피자판기 연도별 생산량[48]

스 커피 시스템(Office Coffee System)', 약칭으로 'OCS'라고 표기한다.[49] 이후 1998년 IMF 구제금융 체제가 가동되던 시절에 음식점에도 미니커피자판기가 등장했다. 구조조정으로 직장을 그만둔 회사원들이 외식업에 많이 뛰어들었는데, 사무실 근무 당시 미니커피자판기를 이용했던 경험을 살려 자신이 운영하는 음식점에 미니커피자판기를 들여놓은 것이다. 미니커피자판기는 2001년부터 1년에 2만 5,000대 이상 생산되기 시작해 2007년에는 8만 8,000대 넘게 출시되었다. 이에 비해 커피자판기는 2001년에 1만 4,000여 대였던 생산량이 2007년에는 3,900여 대로 줄어들었다.

이처럼 2000년대에 두 종류의 커피자판기가 희비곡선을 그리며 판매 경쟁을 벌였다. 그 무렵 스타벅스 같은 새로운 개념의 에스프레소 커피전문점이 등장했지만, 자판기커피의 인기가 완전히 꺾이지는 않았다.[50] 2012년 5월 11일부터 일주일간 인터넷 사용자 2,103명을 대상으로 실시한 커피에 대한 여론조사 결과도 그런 사정을 여실히 보여준다. 전체 응답자의 45.5%가 "하루에 커피 한두 잔을 마신다"고 답했는데, 이미 커피전문점이 1만 여 곳에 달하는데도 불구하고 주로 마시는 커피는 자판기커피와 직접 타 먹는 믹스커피였다.[51] 이러한 결과는 아시아에서 가장 많은 양의 커피를 마시는 한국 사회에서 고급 커피 시장과 자판기커피, 그리고 낱개 1회용 믹스커피 시장이 공존하고 있다는 증거다.

이 조사자료에서 주목해야 할 점은 커피전문점의 커피를 마시는 사람이 전체의 24.8%에 지나지 않는다는 것이다. 자판기나 직접 타 먹는 커피는 일회용 믹스커피다. 컵커피와 캔커피도 대부분 믹스커피를 재료로 만든 것이다. 그러니 소비자들이 자판기커피를 선호하는 이유가

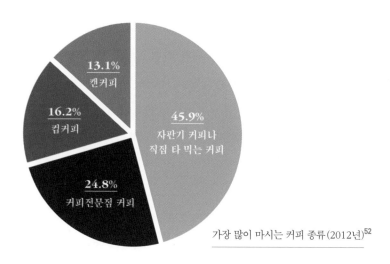

가장 많이 마시는 커피 종류 (2012년)[52]

단지 저렴한 가격 때문만은 아니다. 오히려 자판기커피의 재료인 믹스커피의 독특한 맛에 소비자들이 끌리고 있다고 보는 것이 더 타당하다. 지금도 여전히 한국인의 대표적인 식후 음료는 믹스커피임에 틀림없어 보인다.

한국인이면서 외국인에게 영어로 한국의 일상생활을 소개하는 글을 쓰는 한 블로그에는 이런 글이 올라와 있다. "'커피믹스'는 시장에서 쌀보다 더 많이 팔릴 정도로 대중적입니다. 한국인은 매일 쌀밥을 먹지만, 최근에는 1년에 70억 개의 믹스커피를 마십니다. 70억은 세계 인구입니다."[53] 한국의 믹스커피는 본래 제2차 세계대전 중에 미국에서 개발된 인스턴트 커피를 개량한 것이다. 그래서 '한국식 미국 인스턴트커피(Instant Korean-American Coffee)'라고도 불린다.

이뿐인가? 사무실이 밀집한 도시의 거리에는 점심시간이 끝날 무렵 손에 테이크아웃 커피를 든 직장인들이 삼삼오오 무리 지어 지나가는 것을 볼 수 있다. 아메리카노(Americano) · 카페라테(Caffe Latte) · 카페모카(Caffe Mocha) 등 커피 음료에 대한 취향도 아주 다양하다. 심지어 바리스타 자격증을 가진 일반인도 날이 갈수록 많아지고 있다. 이들은 커피의 맛과 향을 표현하는 영어 단어도 능숙하게 구사한다.[54] 마치 한국이 오래전부터 '커피공화국'이었던 같다. 그러나 오늘날의 '커피공화국'은 지난 100여 년의 슬픈 영화와도 같은 역사적 경험에서 배태된 결과이다.

한국인의 으뜸 후식이 된 커피는 최근 새로운 한국식 디저트를 만들어내는 데도 큰 기여를 하고 있다. 2010년대 이후 한국의 커피전문점들이 나서서 새로운 디저트 개발에 나선 결과이다. 한국식 카페를 표방한 어느 프랜차이즈 업체에서는 팥빙수를 변형한 각가지 '얼린 디저트'를 선보이고 있다. 한국식 떡과 과자도 국적을 알기 어려울 정도로 새로운 형태로 상품화해 소비자들의 입맛을 당기는 중이다.[55] 심지어 중국 대륙에 진출한 한국식 디저트 전문점은 중국인 손님들로 문전성시를 이룬다. 그러나 2010년대 이후 한국에서 붐을 일으키고 있는 한국식 디저트는 '국적 불명'이라는 비판에서 자유로울 수 없다.[56] 그렇다고 실망할 필요는 없다. 믹스커피가 문화적 혼종(hybridism)의 결과이듯이, 한국식 디저트 역시 이제야 혼종의 길을 걷고 있는 것이다.

12장

왜 술잔을 돌릴까?

이 책의 프롤로그에 등장했던 키이스 킴은 한국에서의 음주 예절 다섯 가지를 다음과 같이 소개했다.[1] "첫째, 양손으로 술을 따르고 받아라. 둘째, 술을 마실 때는 고개를 한쪽으로 돌려서 마셔라. 셋째, 다른 사람에게 술을 따라주되, 스스로 자기 잔에 술을 따르지는 말라. 넷째, 첫 잔은 다 함께 마시려고 노력해라. 다섯째, 모든 규칙을 완벽하게 지켜야 한다고 걱정하지 말라. 당신이 노력하고 있다는 것을 보여주기만 해도 한국인들은 좋게 생각할 것이다." 이렇게 정리된 글을 보니 한국의 음주 예절이 새삼스럽게 느껴지는데, 이 중에서도 외국인이라면 아마도 세 번째 규칙을 보고 갸우뚱할지도 모르겠다. 대부분의 한국인은 술 마실 때 상대의 술잔이 비면 얼른 그 잔을 채워주려고 한다. 그렇지 않으면 예의가 없다고 생각하기 때문이다. 그런데 여기서 한 가지 더, 키이스 킴이 빠뜨린 것이 있다. 바로 "어른이 빈 술잔을 건네면 두 손으로 받고 그가 술을 가득 채워줄 때까지 기다려라"는 것이다. 그리고 고개를 한쪽으로 돌려서 마신 다음에 곧장 "술잔에 입술이 닿은 부분을 물이나 휴지로 닦고서 다시 어른에게 드린 다음, 술을 가득 따르라." 이것이 술잔을 채워주는 한국인의 독특한 음주 문화에서 한 층 더 '예'를 갖춰 지켜온 '수작(酬酢)'의 음주 예절이다.

1	오래된 술잔 돌리기의 역사

‘수작’은 술잔을 주고받는다는 뜻을 지닌 용어로, 술을 마실 때 상대방
이 나의 술잔을 채워줄 때까지 기다렸다가 마시는 방식을 말한다. 수작
의 ‘수(酬)’는 주인이 손님에게 술을 권한다는 것이고, ‘작(酌)’은 액체를
따른다는 글자로, 손님이 답례로 주인에게 술을 따른다는 뜻을 담고 있
다. 본래 중국에서는 이 ‘작’의 한자를 ‘醋’으로 썼다.[2] 이 독특한 음주
문화와 관련하여 지구상에서 수작의 방식으로 술을 즐기는 민족은 한
국인이 유일하다는 주장이 널리 퍼져 있다.[3]

그런데, 한국 외에도 이런 수작, 즉 ‘술잔 돌리기’ 관습이 남아 있는
곳이 있다. 널리 알려지지 않은 이야기지만 일본 오키나와현(沖繩縣)의
최남단에 위치한 미야코지마(宮古島)라는 섬에 사는 사람들도 술을 마
실 때 술잔을 돌린다고 한다. 이곳 사람들은 매우 슬픈 일이 있을 때를
빼고는 언제나 술잔을 돌리면서 술을 마시는 ‘오토리(オトーリ)’라는 이름
의 회식을 자주 갖는다.[4] 오토리 회식은 두 사람만 모여도 가능하지만,
그래도 10명 이상인 게 더 좋다.

회식은 참석자 중 한 사람이 “오토리를 돌려볼까요?”라는 말을 하면
서 시작된다.[5] 이렇게 잔을 권하는 역할은 보통 오토리 회식 주최자가

맡는다. 주최자는 오토리를 하는 이유를 간명하게 설명한 뒤, "오토리를 돌립니다"라고 말하고서는 맨 먼저 자신의 술잔에 있는 술을 단숨에 마신다. 이렇게 주최자가 술잔을 비우면 참석자들은 박수를 치며 회식의 흥을 돋운다. 첫 잔을 비운 주최자는 자신의 술잔에 술을 가득 채워 옆 사람에게 건넨다. 이것을 '오토리를 보낸다'고 하는데, 여기서 오토리는 옆 사람에게 돌리는 술잔을 가리킨다.

오토리를 받은 사람은 바로 술잔을 비우고 다음 사람에게 다시 술잔을 돌린다. 이렇게 한 순배가 돌면, 참석자들은 다시 오토리를 시작할 사람을 지목한다. 그러면 다시 순서대로 오토리 돌리기가 반복된다. 만약 참석자가 10명이라면 10번의 오토리 돌리기가 진행된다. 다만, 한 순배 돈 다음에 다시 술을 권하는 역할을 같은 사람이 여러 차례 맡아도 상관없다. 오토리 회식 때는 말을 잘하는 사람이 인기가 많기 때문에 이곳 사람들은 회식 자리에서 할 말을 미리 준비하곤 한다. 그리고 오토리 참석자들은 각자 술을 한 병씩 들고 와야 한다.

오토리의 어원과 기원에 대해서는 아직까지 정설이 없다.[6] 다만, 16세기경 중국에 가서 책봉을 받았던 류큐왕국(琉球王國)의 관료들이 귀국하여 중국식 건배를 흉내 내면서 생겼다는 주장이 널리 퍼져 있다.[7] 특히 20세기 초반까지 거주지의 이동이 제한되었던 미야코지마에서는 무료한 시간을 오토리를 즐기면서 보냈다고 한다.

그런데 눈에 띄는 점은 오토리 회식에서 주로 마시는 술이 '아와모리(泡盛)'라는 증류주라는 것이다. 아와모리는 인디카(indica) 계통의 쌀로 밥을 짓고 거기에 검은 누룩을 넣고 발효시킨 후 증류한 술로, 알코올 도수가 50도나 된다. 이 술로 오토리를 몇 순배 돌리고 나면 쓰러지지 않을 주당이 없다. 그렇지만 오토리는 평등주의를 바탕으로 공동체의

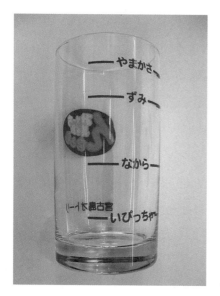

과도한 음주를 막기 위해 미야코지마에서 개발된 '오토리' 전용 술잔. 주량에 따라 '야마카사(やまかさ, 넘치게[산봉우리]), '주미(ずみ, 가득)', 나카라(なから, 절반), 이핏챠(いぴっちゃ, 적게)'라는 표시를 해 두었다.

연대감을 강화시켜준다는 명분으로 지금까지도 지속되고 있다.[8] 최근에는 독주인 아와모리 대신 맥주로 오토리를 하는 사람이 많아졌다.[9]

오키나와에서만 '술잔 돌리기' 관습이 있는 것은 아니다. 일본 본섬에서도 예전에는 술자리에서 잔을 돌려가며 술을 마셨다고 한다. 일문학자 노성환은 1980년대에 시코쿠(四國) 고치현(高知縣) 모노베무라(物部村)의 산간 마을과 나가노현(長野縣)의 가미무라(上村) 시모구리(下栗), 그리고 나라시(奈良市)의 중심가 술집에서도 술잔을 돌리는 모습을 볼 수 있었다고 한다.[10] 근대 이후 서양식 위생 관념이 확산되면서 일본본섬의 '술잔 돌리기'는 폐지되었지만, 그 영향이 오키나와에까지는 미치지 못했던 것이다.

남태평양 서부 멜라네시아의 남동부에 위치한 피지에도 술잔을 돌려가며 술을 마시는 관습이 있다.[11] 귀한 손님이나 친구가 집에 오면 사람들이 모여서 '카바(Kava)'라는 술을 마시는데, 이때 '술잔 돌리기'가 행해진다. 이곳 사람들은 이런 회식을 술 이름을 그대로 따와서 '카바'라고 부른다. 또 '카바'라고 부르는 술은 여러 가지 술과 다른 음료를 섞어서 만들며, 야자 껍질로 만든 '피로'에 가득 담아서 낸다.

카바 회식은 연장자나 지위가 가장 높은 사람이 주도한다.[12] 그리고 참석자 가운데 가장 젊은 사람이 회식 주도자 앞에 앉아서 카바가 가득 채워진 피로를 받아 손님에게 갖다 준다. 참석자들이 박수를 치면 피로를 받은 손님은 단숨에 다 마셔야 한다. 빈 피로를 주도자에게 건네면 다시 카바를 가득 채워 다음 손님에게 전달한다. 술잔을 돌리는 회식에 익숙지 않은 외지인일지라도 카바 규칙을 따라야 한다. 이것은 피지의 오래된 문화 규칙이기 때문이다.

한편, 서유럽 문화의 고향이라고 일컬어지는 고대 메소포타미아와 이집트에서는 술잔을 주고받는 수작과는 전혀 다른 아주 독특한 음주 문화가 있었다. 이 지역에서는 아예 '자작(自酌)'과 '대작(對酌)'의 관습이 없었다. 다만 이 지역 지배층은 보리술(맥아로 빚은 술이지만, 오늘날의 맥주 제법과는 차이가 있다) 단지에 갈대 줄기로 만든 빨대(straw)를 꽂고서 술을 마셨다.[13] 심지어 여러 명이 술 단지 하나에 각자 빨대를 꽂고 술을 마시기도 했다. 고대 메소포타미아와 이집트의 유적에 남아 있는 그림에는 이렇게 술을 마시는 장면이 많이 나온다. 그들이 왜 이런 방식으로 술을 마셨는지에 대해 자세하게 알려주는 자료는 지금까지 찾지 못했다.

빨대 음주의 관습은 1950년대까지 쓰촨성 북부의 산악지대에 사는 치앙족(羌族)의 마을 잔치에서도 볼 수 있었다.[14] 그들은 잔치가 열리기 7~8일 전에 큰 항아리에 누룩과 옥수수즙을 넣고 발효시켜 술을 만들었다. 이렇게 만든 옥수수술은 알코올 도수가 1~3도 정도 되는데, 이

기원전 3000년경 수메르인들이 빨대로 보리술을 마시는 모습.

정도는 술이라고 말하기 어려울 정도로 순한 술이다. 그런 탓에 이 지역에서는 남녀노소를 가리지 않고 마치 음료수처럼 옥수수술을 마셨다. 다만 술을 마실 때 순서도 없이 마음대로 빨대를 꽂고 마실 수 있는 것은 아니었다. 먼저 잔치의 주관자가 대나무 빨대를 여러 개 술 항아리에 꽂아놓으면 지위가 높은 사람부터 술 항아리에 둘러서서 빨대를 잡고 술을 마셨다. 이들이 마시고 나면 그다음 지위가 높은 사람들이 둘러서서 같은 빨대로 마시는 것이다. 이처럼 '잡주(咂酒)' 방식의 음주에서는 개인용 빨대를 따로 두지 않고 몇 개의 빨대를 여럿이 공동으로 사용하는데, 이 과정에서 공동체의 연대감이 강화된다고 믿었다.

음주용 빨대는 대나무로 만들었다. 깨지기 쉬운 도자기는 식기로 사용할 생각조차 할 수 없는 척박한 환경의 산악지대에 사는 이들에게 대

1930년대 쓰촨성 북부의 치앙족이 잔칫날 옥수수로 만든 술을 여럿이 둘러앉아 대나무로 만든 빨대로 마시고 있다. 이 술의 알코올 도수는 1~3도밖에 되지 않아 남녀노소를 가리지 않고 즐겨 마셨다.

나무 빨대는 술잔을 대신하는 아주 좋은 도구였다. 1950년대까지도 중국의 윈난(雲南)·광시(廣西)·쓰촨·티베트, 그리고 동남아시아 오지의 소수민족들은 잔칫날 잡주 방식으로 술을 마셨다.

과거에 잡주 관습을 가지고 있던 중국 쓰촨성 량산의 롤로족은 빨대를 꽂아서 술을 마시는 것보다 좀 더 편리하고 진화된 술병을 만들어냈다. 현지어로 '산라보'라고 불리는 이 술병은 원형이나 편형의 나무 몸통에 빨대를 고정시켜놓았다. 술병의 윗부분은 뚜껑을 닫아놓은 것처럼 보이지만 실제로는 뚜껑처럼 보이는 술병 장식이다. 아랫부분은 바닥에 놓아도 넘어지지 않도록 받침이 붙어 있다. 이 술병을 처음 본 사람들은 술을 어떻게 채우는지 궁금해한다. 술을 넣는 곳은 술병의 아랫

쓰촨성 량산 롤로족의 원형 술병 '산라보'. 사진
필자 제공.

원형 술병 '산라보'의 내부 구조.

부분 밑바닥에 있다. 즉, 술병을 거꾸로 뒤집은 다음 밑바닥에 나 있는 구멍으로 술을 넣는다. 술을 채우고 나서 술병을 바로 세우면 신기하게 도 술이 새지 않는다. 비밀은 밑바닥의 구멍에 있다. 이 구멍은 밑바닥 을 그냥 파 낸 것이 아니라, 또 다른 빨대를 몸통 안으로 꽂은 입구이 다. 빨대 덕분에 밑바닥 구멍으로 술을 채우고 바로 술병을 세워도 술 이 새지 않는다. 이 술병은 롤로족 남성들이 목축을 하러 초지로 나갈 때 휴대하기에 안성맞춤이다.[15]

요즘 사람들에게 익숙한 자작이나 대작의 술 마시는 방식은 한 사회 가 문명화의 길을 걷게 된 이후에 생겨난 것이다.[16] 자작은 글자 그대로 스스로 술잔에 술을 부어 마시는 것을 가리킨다. 이런 방식을 선호하는 문화권에서는 다른 사람의 술잔이 비었는지 어떤지 별로 신경 쓰지 않는다. 본인이 더 마시고 싶으면 직접 따라 마시면 된다. 요사이 서유럽인들과 미국인, 그리고 일본인 들은 아무리 많은 사람이 모여도 건배(toast)의 술 외에는 대개 스스로 알아서 마신다. 즉, 다른 사람의 눈치를 보며 억지로 마실 필요가 없는 음주 방식이 바로 자작이다.

대작은 같은 식탁에 앉은 사람과 술잔을 부딪혀가며 술을 마시는 방식이다. 주로 중국인과 러시아인이 이런 방식으로 술을 마신다. 중국의 한족은 연회에서 주최자가 첫 번째 '간바이(乾杯)'를 한다. 참석자들에게 술도 주최자가 직접 따라준다. 모두 동시에 간바이를 하고 나면 그 다음부터는 개인별로 간바이를 한다.[17] 보통 한 사람을 지명하고 그와 간바이를 하는 이유를 말하고 나서 함께 단숨에 술잔을 비운다. 상대방은 다시 답례로 간바이를 청한다. 이처럼 중국인들은 고량주 같은 독주를 단숨에 마시는 습관 탓에 술잔도 크기가 매우 작다. 하지만 술잔이 작다 하더라도 이런 방식의 대작은 주량이 약한 사람의 입장에서는 매우 부담스럽다.

조선시대 선비들은 '원샷'이 기본

앞의 9장에서 조선왕실의 진연·진찬 때 왕이나 왕비, 혹은 대비를 위하여 아랫사람들이 헌수(獻酬)·헌주·진작을 통해서 술을 올리는 과정에 대해 설명했다. 이때 사용한 술잔은 어떠했을까? 영조 때 4대 문장가 중 한 사람인 황경원(黃景源, 1709~1787)이 남긴 시 가운데 술잔 모양을 짐작할 수 있는 내용이 있다.[18]

때는 1751년 영조가 즉위한 지 27년째 되는 해였다. 당시 우부승지(右副承旨)였던 황경원은 오늘날 서울 정동에 있었던 장원서(掌苑署)에서 영조가 주최한 잔치에 참석했다. 잔치가 시작되자 상식이 영조에게 큰 술잔인 '대두(大斗)'를 올렸다. 여기서 '대두'는 술이 한 말이나 들어갈 정도로 큰 술잔을 가리킨다.[19] 그러자 영조가 신하들에게 술을 따라 주라고 일렀다. 신하들은 각자 상아로 만든 '치(觶)'를 들고 있었다. 상식이 영조가 내린 '시유(兕卣)'에 담긴 술을 참석자들에게 따라 주었다.

'시유'는 고대 중국의 천자가 사용했던 주기(酒器)로 쇠뿔로 만든 술잔인 '시굉(兕觥)'의 다른 말이다. 주나라 때의 민요를 모아놓은 《시경(詩經)》에 "나는 아직껏 저 시굉으로 술을 마시고 있다"[20]는 구절이 나올 정도로 아주 오래된 술잔이다. 이익은 시굉이 큰 잔이기 때문에 간혹 벌주를 마시게 했다고《시경》의 이 글을 해석했다.[21] 영조가 주최한 잔치에서 사용된 '시굉'은 아마도 놋으로 만든 것이었으리라.

그렇다면 '치'는 어떻게 생긴 것일까?《세종실록》의 〈오례〉에는 제사용 술잔인 '치'의 그림이 나온다. 원래 '치'는 고대 중국에서 사용한 청동기로 만든 개인용 술잔 가운데 하나인데, 조선에서 사용한 '치'와는 상당히 다른 모양의 술잔이다. 실물을 본 적 없는 조선시대 사람들이 고대 중국의 문헌에만 의지해 술잔을 만들다 보니 그 모양이 달라졌던 것이다. 황경원은 자신이 받은 술잔을 '상치(象觶)'라고 했다. '상치'는 코끼리의 엄니인 상아로 만든 술잔으로, 황경원이 받았던 술잔은《세종실록》에 나오는 '치'와 같은 술잔이다. 한나라 때의《설문해자》에서는 '치'의 용량을 서 되들이라고 했다.[22] 이익은《설문해자》의 한 되[升]는 "우리나라에서 쓰는 되와 비교하면 두 홉이 조금 넘는 것이고, 다섯 되란 한 되 남짓한 것이었다"[23]라고 했다. 그러니 '치'의 용량은 여섯 홉쯤 되는 것이다. 한 홉이 180ml에 해당되니 1l가 넘는 용량의 큰 술잔이다.

'치'는 이렇게 크기가 큰 데다 모양도 독특해서 어디에 놓아두기가 마땅치 않은 탓에 술을 다 마시지 않았으면 계속 들고 있어야 했다. 건강이 좋지 않았던 황경원은 상식에게 잔을 가득 채우지 말라고 부탁했다. 그러자 다른 신하들이 "우리는 취했는데 공만 홀로 취하지 않았구려" 하며 흉을 보았다. 이 말을 들은 영조가 그릇된 일을 바로잡는 일을 하는 '사정(司正)'을 황경원 옆에 세워두고 술잔을 가득 채웠는지, 혹시 입 속의 술을 뱉지는 않는지 지켜보도록 했다. 그러자 황경원은 감히 영조가 내린 술을 한번에 다 마시지 않을 수 없었다. 무려 1l나 되는 술을 말이다.

결국 다른 신하와 마찬가지로 황경원도 술에 취했다. 잔치가 끝난 뒤

시굉.

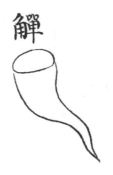

《세종실록》의 〈오례〉 부분에 소개된 제사용 술잔인 '치'.

중국 베이징의 수도박물관에 소장되어 있는 '치'.

에도 정신이 몽롱하여 동편의 층계를 내려올 때 새벽인지 저녁인지 분간도 되지 않을 정도였다. 거나하게 취한 황경원은 기분이 좋아져 조선시대 관료답게 임금의 은혜가 참으로 두텁다고 생각했지만, 한편으로는 영조가 자신에게 '사정'을 붙여 억지로 술을 마시게 한 것이 못마땅했던지 '감음(監飮, 술 마시는 것을 감독하다)'이란 제목의 시를 지었다. 즉, 영조가 승지 두 사람을 시켜 자신이 술 마시는 것을 감시하도록 했다는 말이다. 사실 술잔인 '치'를 받게 되면 과음을 피하기가 힘들었다. 황경원은 요사이 말로 하면 1l가량의 술을 '원샷(one shot)'[24] 했던 것이다.

이처럼 잔을 한번에 다 비우는 식으로 술을 마시는 조선의 관습은 식민지 시기에 일본인이 쓴 책에도 나온다. 오카다 미쓰기(岡田貢, 1879~?)는 서울에 사는 일본인에게 조선인의 관습을 소개하는 글에서 "술을 마시는 방법도 내지[일본]와 다르다. 내지인[일본인]이 아주 소량의 술을 혀끝에 얹어서 조금 조금씩 마시는 데 비해, (조선인은) 맥주·사이다를 마시는 것처럼 한번에 다 마셔 해치운다."[25]

오카다 미쓰기는 1916년에 서울 남대문공립심상소학교에서 교사로 재직했던 인물로, 당시에 보기 드문 '조선통'이었다. 그렇다고 조선의 술 마시는 관습이 오카다 미쓰기가 서울에서 지내던 1910~20년대에 형성되었다고 보기는 어렵다. 이미 황경원의 사례에서 보았듯이 한번에 술잔을 다 비우는 방식은 조선시대 혹은 그 이전부터 지속되어온 오래된 관습이었다.

이런 음주 방식은 '향음주례'라는 행사에서 행해졌다. '향음주례'는 어른이 아랫사람을 모아놓고 예법을 가르치는 의례이다. 조선시대 양반들은 서인의 잘못된 '민속(民俗)'을 교화할 때 가장 중요한 행사로 '향음주례'를 꼽았다. 원래 '향음주례'는 고대 중국의 예법서인 《의례》에 나오는 '연음지례(宴飮之禮)', 곧 '술 마시는 예법' 중의 하나였다.[26] '향음주례'는 문자 그대로 지방에서 술을 마시는 예법이라는 뜻이다. 하지만 고대 중국에서는 지방의 백성들을 대상으로 행한 행사가 아니라, 지방의 인재를 중앙에 천거할 때 그 대상자들을 대접하는 행사였다.

지방의 대부(大夫)는 이 연회의 주인이 되어 27번의 절차에 따라 인재로 뽑힌 학생들에게 술을 대접하는 연회를 베풀었다. 주인은 덕과 능력에 따라 학생들을 '빈(賓)→개(介)→중빈(衆賓)'의 세 등급으로 나눈다. 방과 방 사이에 큰 술병 두 개와 고깃국인 육갱(肉羹), 그리고 여러 가지 음식을 차린다. 주인은 먼저 '빈'을 불러서 자리에 앉도록 한다. 주인이 친히 술잔을 물이 담긴 대야에서 한 번 씻어 '빈'에게 넘겨주면, '빈'은 절을 하며 감사를 표시한다. 이어서 주인은 '빈'에게 술을 따르고, '빈'은 다시 한 번 절을 올린다. 차려진 음식으로 먼저 제사를 올린 후, 주인은 '빈'에게 술을 권하고, '빈'은 술을 한번에 다 마신다. 그리고 감사의 절을 올리고 제자리로 돌아가 앉는다. 주인은 '개'와 '중빈'에게도 같은 절차로 술을 내린다. 이렇듯이《의례》의 '향음주례'에서는 주인이 아랫사람에게 술을 내려주면 '졸치(卒觶)', 즉 '원샷'으로 마셨다.

그렇다면 조선에서 받아들인 '향음주례'는 어떠했을까?《세종실록》,〈오례〉의 '향음주의(鄕飮酒儀)'에 그 대강의 내용이 나온다. 즉, "해마다 맹동(孟冬, 음력 10월)에 한성부와 여러 도의 주·부·군·현에서 길일을 골라서 그 예를 행한다"[27]고 했다. 그러나 이 책에는 '졸치'가 나오지 않는다. 사실 '향음주례'는 조선 초기에 잠깐 정기적으로 시행되었을 뿐, 그 이후에는 제대로 행해지지 않았다. 국자감(國子監)의 책임자로 새로 부임한 이민적(李敏迪, 1625~1673)은 국자감에서조차 '향음주례'가 시행되지 않고 오랫동안 폐지된 것을 보고 탄식하기도 했다. 그래서 관리들을 모아 '고례(古禮)', 즉 옛날 예법을 재현했더니 서울 사람들이 몰려들어 구경을 했다는 것이다.[28] 사정이 이러했으니 17세기가 되면 '향음주례'는 이미 과거의 일이 되어버렸다. 다만, '향음주례'의 절차가 나오는《의례》와《예기》를 중하게 여겼던 조선시대 선비들이 '졸치'의 예법을 읽고서 술을 마실 때 한번에 잔을 다 비우는 식으로 술을 마시게 된 건지도 모른다.

조상 제사에서도 음복술을 마실 때는 한번에 잔을 다 비우는 것이 격에 맞는 행동이었다. 조상 제사를 주관했던 '초헌관'은 조상에게 올린 술을 음복할 때 그 술이 마치 조상이 내려준 술인 것처럼 단숨에 들이켰다. 그래야 조상에 대한 '효(孝)'를 행하는 것이라 여겼다. 이언적(李彦迪, 1491~1553)은 제사 지침서인《봉선잡의(奉先雜儀)》에서 "주인이 술을 자리 앞에 두고 홀을 빼어 들고 엎드렸다가 일어나 재배한다. 홀을 꽂고 꿇어앉아 밥을 받고 맛보고서 술을 가져다가 다 마신다"[29]고 했다. 이 책에서는 술잔을 한번에 다 비우는 것을 가리켜 '졸음(卒飲)'이라고

서울 남산골 한옥마을에서 열린 향음주례 재연 행사. 한 주류회사에서 전통문화 체험의 일환
으로 이 행사를 주최했다.

적었다. 이처럼 제사에서 행해진 '졸음' 또한 조선시대 음주 방식을 관
습화하는 데 큰 영향을 미쳤을 것이다.

그렇다면 조선시대 양반들도 오늘날처럼 '원샷'을 한 뒤에 자신의
잔을 상대방에게 주는 '술잔 돌리기'를 했을까? 오늘날 한국인의 술잔
돌리기 관습이 조선시대의 '향음주례'에서 유래했다는 주장도 있다.[30]
과연 그런지 다시 '향음주례'의 절차를 살펴보자. 《세종실록》의 〈오례·
향음주의(鄕飮酒儀)〉에서는 집사자가 따라준 술을 주인이 받아서 손님
에게 주고〔헌獻〕, 손님이 다시 주인에게 술을 드린다〔작酢〕고 했다.[31] 그
런데 이 부분의 한글 번역본에는 이 '헌'과 '작'을 '술잔 돌리기'로 옮겼
다.[32] 왜냐하면 "평소의 예법과 같다〔如常禮〕"는 내용이 이 말 뒤에 붙어
있기 때문이다. 만약 이 번역이 옳다면 조선의 주당들은 평상시에 '술

잔 돌리기'의 방식으로 술을 마셨다는 말이 된다.

그러나 오카다 미쓰기는 1910~20년대 조선의 선비들이 '술잔 돌리기'를 하지 않았다고 했다. "술잔을 권하는 방법은 먼저 주인이 술잔을 가득 채워서 가지고 온다. 그러고 나서 앉은 순서대로 손님에게 돌린다. 주인은 '술잔을 드리겠습니다' 하고 말하지, 손님 앞에 불쑥 내밀지는 않는다"[33]는 것이다. 이 묘사는 주인이 빈, 즉 손님에게 술을 따라 준다는 '향음주의'의 내용과 거의 유사하다. 따라서 조선시대 '향음주례'에서 주인과 빈이 술잔을 돌리면서 마셨다고 단정하기는 어려워 보인다. 《세종실록》의 '향음주의' 번역과 '술잔 돌리기'가 '향음주례'에서 왔다는 주장은 관련 자료를 좀 더 모아 논증할 필요가 있다.

조선의 '술잔 돌리기' 관습은 오히려 류큐왕국의 관료들이 명나라와 청나라에 가서 배워 온 것이라는 미야코지마 지역의 '오토리'와 유사한 맥락에서 그 유래를 찾는 것이 더 맞지 않을까? 조선의 사신들도 명나라와 청나라의 황제를 정기적으로 만났다. 물론 류큐왕국의 관료들보다 더 고급의 대접을 받았지만 황제가 조선의 사신들에게 술을 내리는 방식은 비슷했을 것이다.

서유문(徐有聞, 1762~1822)은 조선 사신단의 일행으로 청나라에 다녀와서 한글로 된 기행문인 《무오연행록(戊午燕行錄)》을 남겼다. 그때 황제의 연회에 참석한 정사(正使)·부사(副使)로부터 들은 이야기도 기록해놓았는데, 그중 황제가 술잔을 내리는 모습을 묘사한 대목을 보면 이렇다.[34] 1798년 12월 30일 새벽 녘 오경(五更)에 정사와 부사가 역관 둘을 거느리고 자금성(紫禁城)의 연회장인 보화전(保和殿) 정전(正殿)에 도착했다. 먼저 황제에게 '삼궤구고두(三跪九叩頭)', 즉 무릎을 꿇고 양손을 땅에 댄 다음에 머리가 땅에 닿을 때까지 숙이기를 세 번씩 세 차례

절을 하고 탁자 앞에 앉았다. 탁자 위에는 청나라 과자인 발발(餑餑)과 과실이 놓여 있었다. 먼저 정사가 황제에게 술을 올렸다. 황제가 술잔을 받은 뒤 다시 그 잔을 내시에게 주어 정사에게 전달했다. 이 장면이 바로 '오토리'의 기원이 된 '술잔 돌리기'이다.

마찬가지로 조선시대의 '술잔 돌리기' 역시 지위가 낮은 사람이 술잔을 올리면 그것을 받은 윗사람이 다시 술잔에 술을 담아 내리는 식으로 술잔을 주고받았다. 이런 습관이 오늘날 한국뿐 아니라 1980년대 초반에 일본의 일부 지역에 남아 있었던 것이다.[35] 그런데 그사이에 일본은 술잔을 돌리는 관습이 사라지거나 그 방식에 변화가 생겼다. 간혹 일본인을 대접하는 한국인 중에는 한국식으로 먼저 일본 손님에게 술잔을 주고 술을 따라주는 일이 있다. 그러면 일본인들 대부분은 표정이 좋지 않다. 그들은 모임에서 가장 지위가 높은 사람이 아랫사람에게 술을 따라주어야 예절에 맞다고 생각하기 때문이다.

조선의 사신이 청나라 황제에게 하듯이, 아니면 조선의 신하들이 왕에게 하듯이, 먼저 웃어른에게 술잔을 올리는 방식은 고대 중국과 조선에서 가장 고급의 예절에 들었다. 이것이 민간으로 내려와서 아랫사람이 어른에게 술을 올리거나 주인이 손님을 예우하여 술잔을 주었던 것이다. 그러면 술잔을 받은 사람은 답례로 다시 그 잔을 아랫사람이나 주인에게 주고 술을 따랐던 것이다. 이것이 바로 한국인이 술잔을 돌리는 이유이다.

3 │ 술잔 돌리기가 지속되는 이유

오늘날 한국의 많은 음식점에서는 끼니음식을 팔면서 술도 함께 팔고 있다. 이렇게 '술집화'된 밥집에서 사람들은 식사를 하면서 술을 곁들이는데, 이때 어김없이 '술잔 돌리기'가 등장한다. 특히 직장인들 사이에서는 회식 때 관계를 돈독히 한다는 명목으로 술잔을 돌려가며 마시는 음주 관행이 널리 퍼져 있다. 이런 관행을 그냥 보아 넘기지 못하고 부정적으로 평가하는 경우도 없지 않다.

1972년 5월 18일자 《동아일보》에 당시 서울대 의대 교수였던 김진복은 '술잔 안 돌리기'라는 제목의 칼럼을 썼다.[36] 퇴근 시간만 되면 "별로 바쁘지 않으면 한잔하세"라는 전화가 온다. 서너 사람이 함께 술을 마시게 되면 으레 강제성을 띠고 술을 마실 수밖에 없는데, 그것이 바로 술잔 돌리기 때문이다. 그는 술잔 돌리기의 폐해로 '비위생·비경제·비합리'의 세 가지를 꼽았다. 즉, 술잔 돌리기는 자칫 잘못하면 다른 사람에게 병균을 전염시킬 수 있기 때문에 비위생적이라는 것이다. 또 술잔 돌리기를 하면 자신의 주량을 넘어서 매우 많은 술을 무익하게 마시게 된다. 이것이 바로 비경제적이라는 것이다. 이렇게 술잔을 돌리다 보면 너무 많이 마시게 되고, 취한 사람이 주사를 부리게 되어 결국 다툼

술잔을 사용하기 시작하면서 술 마시는 방법과 술잔 처리 방식이 하나의 문화가 되었다. 한국 사회의 '술잔 돌리기'도 독특한 음주 문화라 할 수 있지만, 그 폐해 또한 적지 않다.

이 생기는데, 이것이 바로 술잔 돌리기가 비합리적인 이유라는 것이다.

이러한 주장은 이후에도 끊이지 않고 언론에 나왔다. 심지어 1980년 대가 되면 한국인에게 간염 보균자가 많은 이유가 서로 술잔을 돌리면 서 술을 마시기 때문이라는 의학계의 경고도 계속 이어졌다. 그러나 주 당들 대부분은 술잔 돌리기를 멈추지 않았다.

술잔 돌리기를 이른바 '전통문화'의 '잔존물'이라고 보는 사람도 있 다. 그러나 술잔 돌리기는 한반도에서 독자적으로 생산된 것이 아님을 앞에서 살폈다. 술잔 돌리기는 고대 중국의 술 마시는 예법에서 시작되 었으며, 조선시대 양반들의 조상 제사와 풍속 교화를 통해 지속되었다. 이런 사정은 전 세계가 비슷하다. 인류가 처음으로 술을 만들었을 때 술잔은 없었다. 고대 문명의 발생과 함께 술잔이 사용되기 시작하면서 술 마시는 방법과 술잔 처리 방식이 하나의 문화가 되었다.

한국 사회에서 술잔 돌리기는 개발독재와 민주화 시대를 거치면서 한편으로는 정치적 편향성이 개입되지 않은 독특한 음주 문화를 만들어냈지만, 그 이면에 가려진 폐해 또한 적지 않다. 1970년대 독재를 유지하는 데 앞장섰던 사람들이나, 그것을 막기 위해 죽음을 불사했던 사람들이나, 그들만의 술자리에서 마치 오래된 습관처럼 술잔 돌리기가 이어졌다. 술잔 돌리기는 공동체의 연대감을 강화시켜준다는 믿음이 작용했던 것이다. 그러나 술잔 돌리기에는 1960년대 이후 개발독재시대에 강화된 '집단주의' 의식이 깊이 깔려 있다. 특히 한국의 성인 남성 대부분이 경험하는 군대의 집단주의는 직장 문화로 이어지고, 거기에 술잔 돌리기가 곁들여진다. 장교들 사이에서 시작된 '폭탄주 돌리기'도 마찬가지다. 검사나 판사나 기자나 교수나 술잔 돌리기를 통해서 한국 사회에서 다수를 차지하는 남성들의 집단이기주의를 강화하고 있는지도 모른다.

그러다 보니 21세기 초입에도 한국의 술집에서는 술잔 돌리기가 심심찮게 등장한다. 일문학자 노성환은 1980년대 초반의 한국인의 술잔 돌리기가 마치 일본의 폭력조직인 야쿠자의 음주 문화와 닮았다고 보았다.[37] 직장에서 주종관계에 놓여 있는 사람들이 밤의 회식자리에서 술잔을 돌리면서 퇴근 뒤에도 낮의 주종관계를 이어가는 것이다. 심지어 친구들끼리의 술잔 돌리기마저도 소통이나 관계를 돈독히 하는 구실이 되기보다는 오히려 과도한 음주를 부추기는 수단이 된다. 그럼에도 불구하고 오늘도 한국 사회에서는 술잔 돌리기가 계속되고 있다. 이것이 문제다.

고대 중국과
조선시대의 술잔

음식문화, 그중에서도 술문화를 이야기할 때 음주 전용 술잔의 유무는 한 사회의 문명 수준을 가릴 수 있는 척도이다. 지금으로부터 약 3,000년 전 고대 중국 사회는 비록 지배층에 한정되었지만 개인용 술잔을 사용했다. 고고학 발굴을 통해서 세상에 나온 당시의 개인용 술잔은 동물의 뼈로 만들었거나 도기 혹은 청동기였다.[38] 갑골문자에 기록된 이 개인용 술잔의 이름은 형태에 따라 고(觚)·작(爵)·치(觶) 등으로 불린다.

'고'는 입구가 나팔 모양으로 벌어져 있고, 허리 부분이 짤쏙하다. 손으로 이 짤쏙한 부분을 쥐고 나팔처럼 벌어진 곳에 입을 대고 마시던 잔이다. 이 잔은 아랫부분도 나팔 모양으로 만들어졌는데, 그 부분은 속이 빈 것이 아니라 청동기 뭉치 그 자체이다. 잔이 쉽게 기울어지지 않도록 아랫부분에 무게중심을 둔 것이다.

일반적인 '고'의 형태

고, 높이 27.3cm, 입지름 16.0cm, 상하이박물관(上海博物館) 소장.

'작'은 다리가 세 개 달린 술잔이다. 크기가 큰 '작'은 약 300㎖의 술을 담을 수 있다. '작'의 겉모습에서 특이한 점은 윗부분의 모양이다. 한쪽은 마치 참새의 부리 모양처럼 생겼고, 그 반대쪽은 뒤 꽁지를 닮았다. 이처럼 윗부분이 참새를 닮았다 하여 '작'

이란 이름이 붙었다. 그런데 꽁지처럼 생긴 쪽 중간쯤에 짧은 기둥 같은 것이 두 개 솟아 있다. 이 기둥의 용도를 두고 아직까지 의견이 분분하지만, 꽁지 부분에 입을 대고 두 기둥 사이에 코를 넣어 술을 마셨다는 주장이 가장 유력하다.

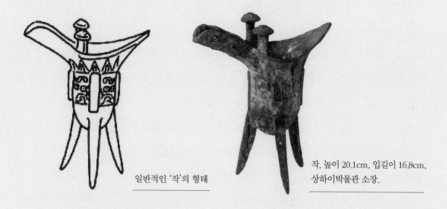

일반적인 '작'의 형태

작, 높이 20.1cm, 입길이 16.8cm, 상하이박물관 소장.

'치'는 '巵(치)'라는 한자를 쓰기도 한다. 뚜껑이 있는 원통형 혹은 다각통형(多角筒形) 잔으로, 뚜껑에 작은 고리 모양의 손잡이가 붙어 있다. 뚜껑이 있다는 점은 술을 받아서 단번에 다 마시지 않았음을 알려준다.

일반적인 '치'의 형태

치, 높이 18.2cm, 배둘레 9.7cm, 베이징 수도박물관 소장.

상나라 때 상층 계급에서만 이런 개인용 술잔을 쓸 수 있었다. 그들은 청동으로 만든 개인용 술잔을 사용함으로써 자신의 정치적·경제적 위세를 과시했을 뿐 아니라, 죽은 후에도 무덤까지 이를 가져갔다. 청동으로 만든 고·작·치는 상나라 상층 계급의 껴묻거리 유물로서, 무덤 속 관 옆에 놓여 있는 상태로 발굴된 경우가 많다.[39] 그러나 그보다 낮은 계급의 사람들은 감히 이 고급 청동 술잔을 개인용으로 마련하기가 어려웠다. 그들은 대부분 술자리에서 술잔 하나를 여럿이 돌려가며 사용했다.[40]

고려시대나 조선시대에 사용했던 술잔은 아쉽게도 오늘날 거의 남아 있지 않다. 조선 왕실에서 사용했던 예기(禮器) 가운데 제기용 술잔은 남아 있는 것이 많지만, 일상생활에서 사용하던 술잔은 거의 없다. 아마도 따로 술잔을 정해놓고 사용하지 않았기 때문일 것이다. 주발이나 사발 혹은 대접 따위가 막걸리를 마실 때 사용되었을 가능성이 많다. 가난한 사람들은 간장 종지를 조상 제사 때 술잔으로 사용했다. 이 종지형 술잔은 고려 말 이후에 생겨난 증류주를 마실 때도 쓰였다.

다행히 고려 때의 것으로 청자 '잔(盞)'이 하나 남아 있다. '잔'은 '소배(小盃)', 즉 작은 술잔을 가리킨다. 이익은 '잔'의 다른 한자로 '琖(잔)'과 '醆(잔)'이 있다고 했다.[41] 이 청자 잔의 표면에는 '鬼(귀)' 자가 새겨져 있는데, 추정컨대 '도철(饕餮)'의 의미를 담고 있는 것으로 여겨진다. 고대 중국에서는 음식을 탐하고 재물에 눈이 어두운 사람을 도철이라고 불렀다. 심지어 도철의 모습을 상상하여 그린 도철문(饕餮文)도 남아 있는데, 그림 속 도철은 머리만 있고 몸이 없다. 도철이 사람을 잡아먹다 스스로 목이 마르자 자신의 몸인 줄도 모르고 먹어버려서 생긴 결과였다. 고대 중국에서는 지배자를 위한 '주기'나 제사용 그릇에 반드시 도철의 얼굴을 새겨 넣었다. 지배자의 탐식을 경계하기 위해서였다. 이 청자 술잔에 새겨진 '귀' 역시 그런 의미였을 것이다.

'鬼(귀)' 자가 새겨진 청자 술잔. 이 '귀' 자는 '도철'의 의미를 담고 있다. 술을 과하게 먹는 것을 경계하여 '귀' 자를 새겨 넣었다. 고려시대, 높이 6.7cm, 입지름 8.7cm, 바닥지름 4.7cm. 국립중앙박물관 소장.

중국 상나라 때의 도철문이다. 도철문은 탐식이 너무 심하여 자신의 다리를 먹은 '도철'의 얼굴을 추상적으로 표현한 무늬이다. 청동기 주기에 그려 넣어 탐식을 경계했다.

조선 왕실에서 왕이 사용한 개인용 '잔'은 주로 은으로 만든 것이었다. 술에 독이 들어 있지 않은지 판별하기 위해서였다. 만약 술에 독이 들었으면 은제 술잔의 색이 변했다. 대한제국 때는 잔에 배꽃 문양을 새겨 넣어 왕실의 술잔임을 표시했다.[42] 양반들이 사용했을 것으로 추정되는 청화백자 술잔도 남아 있다. 이 술잔들의 크기로 보아 대부분 청주나 증류주를 마시는 데 사용했던 것으로 여겨진다.

은으로 만든 이화 문양의 술잔. 입지름 6.7cm, 바닥지름 6.4cm, 높이 2.7cm, 국립고궁박물관 소장.

조선시대 청화백자 술잔. 높이 5.0cm, 입지름 8.8cm, 바닥지름 4.0cm, 국립민속박물관 소장.

조선 왕실의 제례용 술잔은 '작'이 주로 쓰였다. 《설문해자》에서는 '작'을 한 되들이 잔이라고 했다.[43] '작'의 용량도 앞에서 '치'의 용량을 짐작할 때 근거로 삼았던 이익의 해석에 따르면 두 홉, 즉 360ml밖에 되지 않는다. '작'의 생김새는 앞에서 본 고대 중국의 청동기 '작'과 비슷하다. 폭이 약간 더 넓고 기둥이 가운데 달려 있다. 놋으로 만든 '작'은 조선시대 왕실 제사는 물론이고 향교의 제사에서 사용되었다. 하지만 사가(私家)에서는 감히 이 '작'을 사용할 수 없었다.

《세종실록》의 〈오례〉 부분에 소개된 제사용 술잔인 '작'.

양반집에서 사용했던 제례용 술잔은 자기로 만든 작은 종지를 닮은 잔이다. 앞에서 보았던 고려시대의 청자 잔과 비슷한 모양이다. 잔과 함께 잔받침인 '잔반(盞盤)'을 별로 사용했다. 아마도 제주(祭酒)로 청주를 올렸기 때문에 이런 술잔을 사용한 것으로 보인다. 양반들이 평소에 청주를 마실 때도 이런 모양의 술잔을 사용했을 것이다. 신윤복(申潤福, 1758~?)이 그린 〈주사거배(酒肆擧盃)〉에서도 주모가 국자로 '맑은 술'이라 불리던 청주를 따르고 있는데, 부뚜막 위에 놓은 술잔의 모양이 제사 때 사용하는 것과 비슷하다.

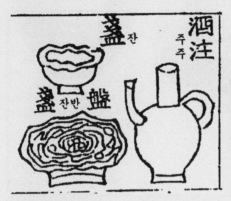

《제기도(祭器圖)》의 술병과 잔·잔반 그림.

〈주사거배〉 부분, 신윤복, 종이에 채색, 28.2× 35.6cm, 간송미술문화재단 제공.

이에 비해 당시 막걸리용 술잔은 대접 크기였다. 도자기로 만든 대접을 막걸리용 술잔으로 사용하거나 각종 박 껍질을 말려서 만든 '포(匏)'라는 바가지를 술잔으로 사용했다. 이익은 '포'는 '박[瓠]'으로 만든다고 했다.[44] 그러면서《시경》에서 "술 마시는 데 바가지를 잔으로 쓴다"고 할 정도로 일반인들이 많이 사용했던 술잔이다. 최근 사극 드라마에 옹기 대접을 막걸리용 잔으로 사용하는 장면이 자주 나오지만, 조선 후기까지도 옹기 대접은 드물었다. 옹기보다는 사기대접이 훨씬 많이 생산되었기 때문이다. 이와 같이 술잔의 모양이나 크기는 술의 종류에 따라, 그리고 시대마다 달랐다.

13장

왜
반주를
할까?

◇◇

태국의 치앙마이에 문을 연 '한국 바비큐(Korean BBQ)' 음식점에서는 소
주나 맥주를 팔지 않는다.[1] 태국인들은 삼겹살을 먹으면서도 술을 마시지
않고 대신 탄산음료나 물을 마신다. 한국인들이 보기에는 낯선 장면이다.
태국인들은 대부분 밥 먹을 때는 밥만 먹고, 술 마실 때는 술만 마신다. 물
론 밥 먹을 때 술 마시는 태국인도 더러 있다. 이들을 두고 태국인들은 '키
마오(ขี้เมา, khii-mao)', 즉 '주정뱅이'라고 부른다. 만약 태국인들이 한국에
서 한식음식점에 들른다면 온통 '키마오' 천지라고 말할지도 모르겠다. 한
식음식점에서는 끼니음식뿐 아니라 술도 함께 팔고, 또 술 좋아하는 손님
들은 식사를 하면서 거리낌 없이 한잔 곁들이지 않는가.

◇◇

1 술마다 어울리는 안주가 있다

산업사회 이전 시대 농민들의 생활에서는 노동과 유흥(play)이 명확하게 구분되지 않았다. 농민들은 노동을 하면서 사이사이 술을 마시곤 했다. 한반도 남쪽의 농민들이 예전부터 고된 노동 중 새참으로 막걸리를 마시며 잠시나마 숨을 돌리던 그런 풍경 말이다. 그런데 산업화와 더불어 노동시간 통제를 비롯해 갖가지 근대적인 노동규율이 적용되는 작업장에서 일하게 되면서 노동자에게 더 이상 술은 허용되지 않았다.

음주는 노동시간이 끝난 뒤에 즐길 수 있는 별도의 유흥이 되었다. 임금 노동자가 등장한 이래 노동자들이 즐겨 마시는 술의 종류도 바뀌었다. 대항해시대 장시간 배를 타야 했던 선원들에 의해 만들어진 싸고 알코올 도수가 높은 럼(rum)주가 육지의 공장 노동자들 사이에 퍼졌다.[2] 노동자들은 퇴근 뒤 혼자서 혹은 무리를 지어 럼주를 파는 '바(bar)'를 즐겨 찾았다.

미국의 사회학자 조셉 거스필드(Joseph Gusfield, 1923~2015)는 미국인에게 술은 크게 두 부류가 있다고 했다.[3] 즉, 식사 때 마시는 저알코올 술과 바나 퍼브(pub), 태번(tavern), 비어홀(beer hall) 같은 전문적인 술집(drinking establishment)에서 마시는 술로 구분할 수 있다는 것이다. 저알코올 술은 주로 샴페인이나 와인이다. 이에 비해 위스키·브랜디·진처럼 알코올 도수가 높은 술은 술집에서만 판매된다. 이런 독주를 판매하는 술집에서는 마른안주 몇 가지를 안주로 내놓을 뿐이다.

오늘날 서유럽에서 술과 함께 먹는 안주는 나라마다 개인마다 차이가 있다. 프랑스인들은 와인을 마실 때 주로 치즈를 안주로 먹는다. 칵테일을 마실 때는 과일이 안주다. 독일인들은 맥주와 함께 소시지를 즐겨 먹는다. 그러나 서양인들 대부분은 고급 양주를 마실 때 안주를 따로 먹지 않는다. 술 본래의 맛을 제대로 즐길 수 없다고 생각하기 때문이다.

이에 비해 일본인들은 술을 마실 때 안주를 매우 많이 먹는다. 메이지시대 이후 요리다옥(料理茶屋)은 요정 같은 고급 술집으로 바뀌었고, '야타이(屋台)'라고 불리던 포장마차는 '이자카야(居酒屋)'로 변신했다.[4] 전문적인 술집의 안주는 '사카나(サカナ)' 혹은 '쓰마미(つまみ, 오츠마미모노おつまみもの의 준말)'라고 불렸다.

일본에서는 술 종류에 따라 그에 어울리는 안주를 만들어내는 요리사도 등장했다. 이런 과정에서 식사용으로 마련되었던 반찬이 안주 요리가 되기도 하고, 아예 예전에 없던 새로운 안주 요리가 개발되기도 했다. 오늘날 일본의 술집인 이자카야에서 맛볼 수 있는 안주 요리는 그 수를 헤아리기 힘들 정도로 종류가 많다. 그럼에도 일본음식에서는 식사를 위한 반찬 요리와 술을 마실 때 먹는 안주 요리의 경계가 분명한 편이다.

한편, 영국에서는 술집이 아닌 음식점에서 주류를 팔기 위해서는 판매 허가를 따로 받아야 한다. 주류 판매 허가를 받은 음식점에서는 만 16세 이상의 고객에게 식사와 함께 맥주나 와인 같은 가벼운 술을 판매할 수 있다.

한국에서는 식품위생법에서 '식품접객업'의 종류에 따라 음주 행위 가능 여부를 정해두었다. 〈식품위생법시행령〉 제21조 제8호[5]에 의하면, '휴게음식점, 일반음식점, 단란주점, 유흥주점, 위탁급식, 제과점' 이렇게 여섯 종류의 식품접객업 가운데 '휴게음식점 영업'으로 분류된 사업장에서는 음주 행위를 할 수 없다. 휴게음식점은 다류(茶類), 아이스크림류 등을 조리·판매하거나 패스트푸드점, 분식점 형태의 영업을 하는 곳이다. 또한 집단급식소(위탁급식)와 제과점에서도 음주 행위를 할 수 없다. 음주 행위가 허용되는 곳은 주류를 조리·판매하는 단란주점과 유흥주점이다. 다만, 시행령에 따르면 음식류를 조리·판매하는 '일반음식점'에서도 식사와 함께 부수적으로 음주 행위가 가능하다고 규정되어 있다. 여기에서 '일반음식점'은 탕반류, 분식류 등의 식사류를 취급하는 한식·일식·중식·분식 음식점과 레스토랑 형태의 음식점을 가리킨다. 이렇게 보면 한국의 음식점은 대부분 일반음식점에 해당하므로, 곧 음주 행위가 가능한 곳이다.

왜 한국의 법규에서는 일반음식점에서도 '부수적'으로 술을 판매할 수 있도록 했을까? '반주(飯酒)'라는 말도 있듯이 음식점에서 술은 부수적인 음료이다. 한국어 사전에서 반주는 "밥을 먹을 때에 곁들여서 한두 잔 마시는 술"[6]이라고 설명하고 있다. 반주라고 특별히 칭하지 않더라도 예전부터 인류는 식사를 하면서 가볍게 술을 마시는 관습이 있었다. 서양의 레스토랑에서도 주요리가 나오기 전에 와인이나 맥주를 마신다. 이렇게 마시는 술을 음료라고 여기는 경향도 있다.[7] 일반적으로 식사 중에 식욕을 돋우기 위해 마시는 술을 '알코올음료(alcoholic beverage)'라고 부르는 이유도 이 때문이다.

<table>
<tr><td>2</td><td># 조선요리옥에서
밥상과 술상이 합쳐지다</td></tr>
</table>

앞에서 소개한 《시의전서·음식방문》에는 술상의 상차림 방식도 나온
다. 술상에는 왼쪽에 주전자, 오른쪽에 잔이 놓여 있다. 잔이 오른쪽에
놓여 있는 것으로 보아, 술상의 왼쪽에 누군가 앉아서 술을 따라주는
모양이다. 김치와 함께, 식초를 섞은 간장인 초장이 식탁 가운데에 놓
여 있다. 앞에서도 설명했듯이 조선시대에 간장과 초장은 입맛에 맞게
음식의 간을 조절해 먹을 수 있도록 항상 식탁에 올렸던 기본양념이었
다. '안주'라는 이름이 붙은 음식은 '마른안주'와 '진안주' 두 가지다. 보

《시의전서·음식방문》의 '술상' 상차림법.

〈기생방에 배반 나고〉, 김준근, 《기산풍속도첩》, 19세기 말, 독일 함부르크민족학박물관 소장.

통 마른안주는 육포나 어포 등 국물이 없는 음식을 가리켰다. 이에 비해 물기가 있는 너비아니나 빈대떡 같은 음식을 진안주라 불렀다. 생과일인 생실과와 과일·연근·인삼 따위를 꿀에 조린 정과도 안주로 안성맞춤이었다.

여기에서 개화기 때 화가 김준근(金俊根, 미상)이 그린 〈기생방에 배반(杯盤)나고〉를 살펴보자. 이미 술 마시고 노는 일이 한바탕 끝난 장면이지만 그림 속 식탁 위에는 여전히 그 흔적이 남아 있다. 양반 남성 네명에 기생 한 명이라 술잔 역시 다섯 개다. 다만, 기생의 술잔은 상 위가 아니라 바닥에 놓여 있는데, '잔대' 위에 술잔이 놓여 있다. 이 술잔과 잔대는 앞 장의 《제기도》에 나온 조상 제사용 술잔과 받침인 '잔반'과 비슷하다(330쪽 참조). 식탁 위의 술잔 중에는 가장 나이가 많아 보이는 맨 오른쪽 양반의 것만 기생의 술잔과 마찬가지로 술잔과 잔대가 갖추어져 있다. 나머지 세 사람의 술잔은 잔대 없이 식탁 위에 놓여 있다. 안주는 모두 네 그릇이다. 밑면에 굽이 달린 제기인 '두(豆)'에 안주가

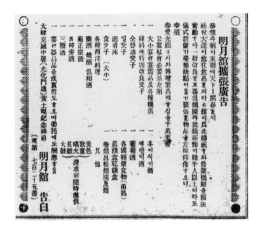

1908년 1월 10일자 《황성신문》에 실린 〈명월관 확장 광고〉. 광고에 명월관의 메뉴가 나오는데, 각종 술도 소개되어 있다.

차려져 있는데, 정과와 숙실과로 보인다.

조선시대 문헌에서는 술상을 한자로 '배반(杯盤, 盃盤)'이라고 적었다. 즉, 잔과 안주를 차린 상이라는 말이다. 술상은 앞에서 소개한 《시의전서·음식방문》의 술상처럼 독상으로 차리는 경우도 있었지만, 대부분은 겸상이었다. 즉, 누군가와 함께 마주 보고 앉아 술을 마셨던 것이다. 그러나 계회연이나 기로연처럼 공식적인 잔치 행사에서는 앞에서도 설명했듯이 독상 형태의 술상을 받았다. 특별한 경우가 아니면, 조선시대 지배층은 밥상과 술상을 어느 정도 구분했다.

그런데 20세기 초반 조선요리옥에서는 밥상과 술상을 구분하면서도 이것을 혼합한 상차림도 있었다. 1908년 1월 10일자 《황성신문》에 실린 오늘날의 서울 광화문 사거리 동남쪽에 있었던 명월관의 확장 광고에서 그러한 사정을 확인할 수 있다.[8] 이 광고에 나오는 명월관의 메뉴는 다음과 같다. '한요리특별개량교자(韓料理特別改良交子), 동보통교자(仝普通交子), 얼교자, 주효상(酒肴床), 식교자(食交子) 대소(大小), 각종 서양 요리' 그리고 여러 나라의 술 등이다.

   한국인은 왜 이렇게 먹을까?

'한요리특별개량교자'의 '한요리'는 한국요리를 가리킨다. 당시가 '대한제국' 때라 줄여서 '한국'이라고 불렀다. 즉, 한국요리를 특별히 개량한 교자상이라는 말이다. '동보통교자'는 '같은〔소〕' 한국요리로 보통의 교자상이다. '얼교자'는 식사가 되는 음식과 안주가 되는 음식을 한데 섞어서 차려놓은 교자상이다. '주효상'은 오로지 술과 안주만 차린 술상이다. 따라서 1908년 명월관에서는 식사 메뉴로 교자상과 식교자를, 술상 메뉴로 주효상을 판매했다. 그런데 특이한 점은 식사와 술을 동시에 할 수 있는 '얼교자'도 메뉴에 포함되어 있다. 밥상과 술상이 구분되어 있던 조선 후기와 달리 명월관에서는 이것을 합친 '얼교자'를 선보였던 것이다.

또, 조선요리옥에서 판매했던 술은 국제적이었다. 조선술인 '약주(藥酒)'와 '소주(燒酒)' 외에 일본술인 '구화주(俱和酒)'와 '국정종주(菊正宗酒)'도 판매했다. 아울러 '각종 맥주'와 '삼편주(三鞭酒, 샴페인)', '후이식기주(위스키)', '뿌란디주(브랜디)', 그리고 '포도주(와인)' 등도 메뉴에 들어 있다. 역사학자 정형지는 대한제국 시기 조선요리옥의 메뉴를 조선음식을 기본으로 하면서 동시에 수입산 술과 외국 음식으로 소비자들의 과시 욕구를 충족시켰다고 보았다.[9]

그러나 1920년대 이후가 되면 조선요리옥의 메뉴는 일본식과 조선식이 혼성되는 과정을 겪는다.[10] 특히 1919년 3·1운동의 실패를 기점으로 사회 전반에 일본 세력이 확대되면서 조선요리옥 또한 그 영향에서 자유로울 수 없었다. 그중 메뉴의 일본화가 눈에 띄는데, 그 변화를 1938년 3월 5일 서울의 조선요리옥 태서관(太西館)에서 열렸던 재조일본인과 조선인의 연회에서 볼 수 있다. 이 연회를 찍은 기념사진이 한 장 남아 있는데, 사진 속 식탁 위에는 오늘날 '니혼슈(日本酒)'라고 불리

1938년 3월 5일 서울에 있던 조선요리옥 태서관에서의 연회 장면. 국립민속박물관 소장.

는 일본 청주가 담겼을 '도쿠리(德利)'가 놓여 있다. 그런데 식탁에 잔뜩 차려진 음식들은 안주라고 보기도 어렵고, 식사를 하기 위한 음식이라고 보기도 애매하다. 즉, 식사용이면서 동시에 안주용인 음식을 차려놓은 것이다.[11]

앞에서도 보았듯이 1900년대 초반만 해도 식사용과 안주용의 상차림이 구분되었던 조선요리옥이었는데, 그즈음에 와서 왜 이런 변화가 일어났을까? 나는 일본화의 구체적인 근거를 일본의 요리다옥에서 찾는다.[12] 애초에 조선요리옥은 이 요리다옥을 모방하여 생겨난 것이었다.[13] 다만 1890년대 말에서 1900년대 중반까지 조선요리옥의 상차림은 조선식이었다. 그러나 1910년대 식민지 이후 점차 일본의 요리다옥의 상차림을 닮아갔다.

그렇다면 일본의 요리다옥에서 음식을 내는 방식을 살펴볼 필요가 있다. 19세기 말의 일본 요리다옥에서는 먼저 술과 안주를 내고, 주연이 끝나갈 무렵 밥과 국을 냈다. 안주는 주로 미소스이모노(味噌吸物, 된장국), 구치토리자카나(口取肴, 간단한 안주), 우마니(甘煮, 조린 음식), 야키자카나(燒肴, 생선구이), 사시미(刺身, 생선회), 스마시스이모노(すまし吸物, 맑은국), 차완모노(茶碗もの, 찻물) 등이었다. 이런 안주와 술이 먼저 나오고, 한참 뒤에 식사거리가 나왔던 것이다. 식사는 밥 한 그릇에 국과 반찬 한 가지씩 '일즙일채(一汁一菜)'이거나, 밥 한 그릇에 국 한 그릇, 그리고 반찬 두 가지의 '일즙이채(一汁二菜)'였다. 여기에 소금·쌀겨·된장·술지게미 등에 채소를 절인 음식인 고우노모노(香の物)가 보태졌다. 손님들이 식사를 거의 다 끝낸 것 같으면, 음식점 주인은 찻잎을 넣고 끓인 센차(煎茶)와 과자인 구치토리가시(口取り菓子)를 냈다.

만약 최근에 한정식음식점에서 식사한 적이 있다면, 요리다옥의 음식 내는 방식이 어딘지 모르게 익숙할지 모르겠다. 앞에서 본 태서관의 교자상 위에는 밥과 국이 없다. 신선로를 비롯한 접시에 담긴 음식들은 모두 안주다. 기념촬영을 한 시점은 연회 참석자들이 식탁에 막 앉았을 때였을 것이다. 이들이 '도쿠리'에 담긴 술을 몇 순배 돌리고 나면, 밥과 국, 그리고 김치가 나왔을 것이다.[14]

3 | 조선 후기부터 이어져온
반주 습관

밥을 먹으면서 술을 마시는 것이 조선시대 사람들에게는 그다지 생소한 일이 아니었다. 조선 후기 인물인 심노숭(沈魯崇, 1762~1837)은 식사 때마다 소주를 마셨다고 한다. "밥 먹을 때 소주를 마신다. 큰 효능이 있다. 오랫동안 위장에 노폐물이 쌓이는 담증(痰症)이 있었는데, 이후 없으니 소화가 잘되었다는 뜻이다. 예전부터 복약을 한 덕택에 효험이 생겼으니 어찌 멈출 수 있겠는가."[15] 이처럼 심노숭은 식사 때 술을 마시면 자신의 질병도 치유될 것이라고 믿었다.

영조의 건강을 담당했던 관료들도 식사 때 술을 마시라고 권했다고 한다. 1737년(영조 13) 음력 윤9월 16일 오전에 약방의 도제조 김흥경(金興慶, 1677~1750)과 제조 윤순(尹淳, 1680~1714) 등이 영조의 건강 상태를 살피기 위해 영조의 집무실에 들어갔다. 영조는 염식(厭食) 증상이 약간 있다고 했다. 염식은 혈액 순환이 좋지 않아 식욕이 떨어지는 병이다. 그러자 윤순이 그럴 때는 술을 조금 드시면 속이 편해진다고 말했다. 김흥경도 "만약 주량만 된다면 반주가 실로 위장을 편안하게 해줍니다"[16]라고 말했다.

나는 김흥경이 영조에게 반주로 권한 술이 홍소주(紅燒酒)라고 생각한다. 홍소주를 식사 때 한두 잔 마시면 혈액 순환에 좋다는 보고가 있기 때문이다.[17] 당시의 소주는 알코올 도수 40도 이상의 독주였다. 그래서 김홍경이 '주량만 된다면'이라는 말을 했던 것 같다. 홍소주를 만드는 방법은 허준(許浚, 1539~1615)의 《동의보감(東醫寶鑑)》에 나온다. "소주를 달일 때 먼저 자초(紫草)를 얇게 썰어 항아리에 넣는다. 소주 한 병에 자초 다섯 돈이나 일곱 돈을 기준으로 한다. 뜨거운 소주를 자초를 넣은 항아리에 붓고 오래 두면 먹음직스럽게 선홍색이 된다."[18] 홍만선(洪萬選, 1643~1715)은 《산림경제(山林經濟)》에서 홍소주를 '홍로주(紅露酒)'라고 적고, 내국(內局, 내의원)에서 만든다고 했다.[19] 이로 미루어보아 홍소주는 왕실에서만 마셨던 비장의 반주였을 가능성이 많다. 이렇듯 조선시대에 반주용 술은 약의 반열에 들었다. 그래서 '약주(藥酒)'라는 말도 생겨났다.

20세기 이후, 예전에 비해 술을 구하기가 수월해지자 식사 때 반주를 곁들이는 사람들이 많아졌다.[20] 심지어 질병 치료를 목적으로 반주를 마시는 사람도 있었다. 식사 때 반주를 마시는 사람이 늘자, '반주 약효설'이 신문에 등장했다. 즉, 조선시대 '약용(藥用) 반주'의 관념이 지속되었던 것이다. 그러나 그 당시 서양의학으로 무장된 의사들은 이런 주장이 의학적 근거가 없다고 질책했다.[21] 그렇다고 '반주 약효설'이 식민지 조선 사회에서 사라지지는 않았다. 근대 의학의 혜택을 받을 수 없던 조선인들은 조선시대식 '약용 반주'를 지속했다.

이에 비해 일본에서는 반주 문화가 메이지 유신 이후에 생겨났다. 일본 민속학의 비조(鼻祖)로 알려진 야나기타 구니오(柳田国男, 1875~1962)는 저녁식사 때 가장이 혼자서 술을 마시는 '반사쿠(晩酌)'[22]가 메이지 시대에 생겨난 새로운 관습이라고 보았다.[23] 그가 새로운 관습이라고 본 반사쿠는 초기에 도시의 샐러리맨 가정에서만 볼 수 있는 광경이었다.[24] 퇴근 후 가장은 저녁식사 때 반사쿠를 곁들여 마시며 직장에서의 긴장감을 풀고 하루의 노고를 보상받았다.

1960년대 초·중반에 한국에서도 대도시 샐러리맨들 사이에서 일본식 '반사쿠'가 유행했다. 다만, 한국의 샐러리맨들은 가정에서 저녁식사 때 반주를 마시는 것을 좋아하지는 않았다. 그들은 곧장 집으로 가지 않고 동료들과 어울려 대폿집에서 여러 가지 안주를 곁들여서 막걸리를 마시며 낮 동안의 스트레스를 풀었다. 엄격하게 말하면 집에서 마시는 일본식 '반사쿠'는 아니지만, 1960년대 한국의 도시 샐러리맨들 사이에 퍼진 반주 문화의 배경은 유사하다 할 수 있다.

1962년 12월 13일자 《동아일보》에 '골목마다 대폿집'이라는 제목의 기사가 실릴 정도로 대폿집은 대유행이었다. 대부분 샐러리맨들로 보이는 손님들이 "대포 한 잔에 5원, 안주가 대개 10원에서 20원 정도" 하는 메뉴를 시켜서 "그저 마시기 위해 마시는 양 연거푸 큰 술잔을"[25] 들이켰다. 사무실에서 근무하든 공장에서 근무하든 상관없이 월급쟁이들은 퇴근 후에 집보다는 대폿집에 가서 술과 함께 배를 채우기 위해 안주를 먹었다.

그러자 1970년대 초반에 의사들은 샐러리맨의 과도한 반주에 대해 경고를 보내기 시작했다. 1970년 11월 21일자 《경향신문》에서는 술은 반주 정도로 알맞게 마셔야 하며, 반주는 식전에 마시기보다 식후에 마셔야 좋다는 캠페인성 기사를 실었다. 이 캠페인이 효과가 있었는지 한국의 샐러리맨들은 점차 회식 자리에서 먼저 밥을 먹고 그다음에 본격적으로 술을 마시게 되었다.

4

1970년대
술집의 쇠퇴와 밥집의 술집화

한국의 막걸리와 청주는 별다른 안주 없이 김치만 있어도 마실 수 있는 술이다. 반면, 막걸리와 함께 한국인이 즐겨 마시는 술인 희석식 소주를 마실 때는 안주가 꼭 필요하다. 알코올 도수 면에서 럼주에 못 미치긴 하지만 희석식 소주도 독주에 속하는 술이라 안주 없이 마시면 자칫 건강을 상할 수도 있다. 희석식 소주에는 끼니음식으로 즐겨 먹는 찌개나 전골, 삼겹살이나 불고기 혹은 족발이나 편육 등이 안주로 어울린다. 그러니 희석식 소주를 마시기 위해서는 전문적인 술집이 아니라 밥집으로 갈 수밖에 없다.

식민지 시기만 하더라도 한반도에 전문적인 술집이 꽤 많았다. 1916년 9월 1일 조선총독부가 시행한 주세령으로 인해서 집에서 마음대로 술을 빚을 수 없게 되자, 도시와 농촌을 가리지 않고 술집이 생겨났다. '품주가(品酒家)'라고 불린 술집에서부터 주점(酒店)과 선술집, 그리고 내외주점까지 그 종류도 매우 다양했다.[26] 1920년대에 들어오면 본래 술값만 받던 선술집에서 안주에 값을 매기고, 잔술 값도 5전에서 7전으로 올렸다.[27] 1930년대 말 일본 제국주의에 의해 조선이 황폐화되어가던 시기에도 오히려 술집은 경기가 더 좋았다. 도시에는 동네마다 술집이 즐비했다. 심지어 농촌에 흘러들어간 도시 출신 주모는 농민의 쌈짓 돈까지 쓸어 담았다.[28] 쇠락한 식민지인들은 "조선 사람이 술밖에 먹을 것이 또 있나"[29]라는 푸념을 하며 시대의 스트레스를 술집에서 풀었다.

해방 이후 본격적으로 생겨난 대폿집도 전문 술집이었다.[30] 1960~ 80년대 초반까지 유행했던 실비집도 그랬다. 서울 무교동 낙지골목도 1960년대 중반 실비집 형태로 시작해 인기를 끌며 상권을 형성한 곳이 다. 드럼통만 놓인 술집에서 도시 샐러리맨들은 선 채로 술을 마셨다.[31] 그런데 1970년대 후반 들어 무교동 실비집에서는 대표 안주였던 낙지 볶음을 밥과 함께 먹는 식사용 반찬 겸 안주로 바꾸어 판매했다. 한국 전쟁 이전에 서울 견지동의 '돼지뼈다귀' 술집에서 팔던 감자탕이 일반 음식점의 밥반찬으로 등장한 때도 1970년대 중반이다.[32] 감자탕뿐 아 니다. 전문 술집의 안주였던 수많은 메뉴가 밥집에서 밥반찬 겸 술안주 로 식탁 위에 올랐다. 이렇게 안주가 밥반찬이 된 배경에는 경제 사정 이 좋아지면서 외식을 하는 사람들이 많아지자 전문 술집이었던 대폿 집과 실비집이 일반음식점으로 대거 전환한 영향이 크다.

이처럼 1970년대 이후 한국 사회에 전문 술집이 더 이상 지속되지 못한 데에는 음주와 끼니를 동시에 해결할 목적으로 밥집을 찾는 한국 인의 음주 습관도 크게 작용했다. 특히나 술을 마실 때 끼니를 해결할 만큼 많은 안주를 먹는 한국인에게 술만 마시는 술집은 별로 환영받지 못했다. 1980년 10월, 당시 국내에서 두 번째로 손꼽히는 맥주회사에 서 '맥주목로집'을 선보였다가 1년도 되지 않아 실패한 사례가 있는데, 가장 큰 이유는 안주 때문이었다.[33] 당시 사람들은 서서 마시는 맥주집 의 100원짜리 값싸고 간단한 안주보다는 끼니가 되는 안주를 판매하는 밥집을 더 선호했다.

1990년대부터 유행하기 시작한 '치킨호프집'은 생맥주에 안주로 금방 튀겨낸 닭고기를 푸짐하게 내놓으면서 한국인의 안주 즐기는 음주 습관에 부응했다. 농촌사회학 연구자 정은정은 "혹자는 안주를 먹으면서 술을 먹는 것이 한국인만의 독특한 음주 습관이라고 하지만, 따지고 보면 별로 술맛이 없어서 그런 것이다"라고 주장했다.[34] 일견 타당한 의견이다. 어쩌면 한국인은 안주를 즐기기 위해 술을 마시는지도 모를 일이다.[35]

　　이러다 보니 한국인에게 술은 마실 거리가 아닌 먹는 음식이다. 조선 시대 여러 한문 문헌에서도 '술을 먹는다'는 표현인 '식주(食酒)'가 자주 나온다.[36] 요사이 한국인도 마찬가지다. 술은 분명 음료인데도 불구하고 한국인은 '마신다'고 하지 않고 '먹는다'고 한다.[37] 심지어는 술을 마시자면서 장소를 정할 때는 안주 메뉴부터 따지곤 한다. 이런 한국인의 음주 습관으로 인해 1970년대 이후 전문 술집은 점점 사라지고, 결국 밥집에서 술을 마시는 문화가 이어지고 있다.

한국인은 왜 이렇게 먹을까?

에필로그

밥 한번 같이 먹읍시다

"언제 밥 한번 같이 먹자." 이 말만큼 한국인이 자주 사용하면서도 잘 지키지 않는 '빈말'도 드물다. 소설가 박완서(朴婉緒, 1931~2011)는 환대하고 싶은 사람, 우의를 표하고 싶은 사람에게 실제로 집밥을 대접할 요량으로 밥 한번 같이 먹자는 소리를 아무렇지도 않게 잘하는 편이라고 했다.[1] 자신이 늘 먹는 집밥에 숟가락 하나 더 놓으면 된다는 생각에서 했던 말이지만, 막상 초대를 받은 사람들은 진수성찬이라도 대접받을까 걱정하여 응하지 않는 경우가 많았단다. 예전 어머니들의 마음도 그랬다. 어려운 살림에도 불구하고 집에 온 손님에게 끼니때를 따지지 않고 "진지 잡수셨는지?" 하고 물었다. 어머니들만 그랬던 것은 아니다. 이웃이나 친구 등 자주 만나는 사람들도 볼 때마다 "밥 먹었냐?"고 물었다. 이 말은 사람들 사이에 일종의 인사말이었다. 친구로 지내고 싶은 사람이 있으면 설령 나중에 빈말이 될지라도 "언제 밥 한번 먹자"는 말을 빠뜨리지 않았다. 이런 습관은 먹을거리가 지천에 깔린 21세기 초입의 한국 사회에서 여전히 지속되고 있다. 많은 한국인은 지금도 "언제 밥 한번 같이 먹자"는 말을 인사말로 건네고 있다.[2]

인간은 '함께 식사'하는 동물이다

한국인이 자주 쓰는 "밥 한번 같이 먹자"는 말은 '함께 식사'를 전제한 표현이다. 영어에서는 '커멘셜리티(commensality)'라는 단어가 이런 의미를 담고 있다.[3] 본래 이 단어는 세상을 떠난 망자를 기념하여 식사를 차린 '돌로 만든 식탁'을 가리키는 중세 라틴어 '멘사(mensa)'에서 유래했다. '멘사'는 가톨릭교회의 미사에서 사용하는 '제대(祭臺)'를 가리키는 용어이기도 하다.[4] 그것이 '함께'라는 의미의 'com'과 결합하여 'commensality'가 되었다.[5] 따라서 이 단어에는 '여럿이 함께 식사하기'라는 뜻을 담고 있으며, 다른 말로 '친교'로 번역되기도 한다. 여러 사람이 함께 식사를 하면 참석자들 사이의 유대가 강화되기 때문에 그것이 곧 '친교'인 것이다.[6]

이 '커멘셜리티'는 인류가 다른 동물과 구별되는 특징이기도 하다. 인류는 다른 영장동물류와 마찬가지로 생명을 유지하기 위해서 생물학적 식사를 꼭 해야 한다. 그러나 인류의 식재료 확보와 식사 준비, 그리고 식사 과정은 분명 동물과는 다르다. 남아프리카의 !쿵족(부시맨)은 이러한 차이를 가장 잘 인식한 사람들이다. 그들은 혼자 식사를 하는 사람들을 사자나 늑대처럼 여긴다.[7] 그들이 보기에 혼자 식사하는 동물은 사자나 늑대뿐이기 때문이다.

인류는 공동체의 구성원들이 서로 협력하여 식재료를 확보하고 요리를 만든다. 당연히 식사도 음식물을 마련하는 데 협력한 공동체가 함께한다. 한국어의 '식구(食口)'라는 말도 '한솥밥을 함께 먹는 사람들'을 일컫는 표현이다. 사회문화적인 시각에서 음식을 연구하는 학자들은 이것을 '생물학적 기능의 초월(transcending biology)'이라고 규정한다.[8] 즉, 인류는 단순히 생명을 유지하기 위한 목적에서 생물학적 기능의 식사를 하는 것이라 아니라, 그것을 뛰어넘는 무엇인가를 실현하기 위해서 식사를 한다는 것이다.

그 무엇인가 중에서 가장 중요한 것은 '함께 식사'를 함으로써 참여자 사이의 유대감이 강화된다는 점이다. 이 유대감은 "당신이 먹는 것이 당신이다(You are what you eat)"라는 말과 통한다. 한 문화권에서 같은 음식을 함께 먹는다는 것은 마치 동일한 살과 피를 만드는 것처럼 여겨질 수도 있다. 우연히 만난 사람임에도 불구하고 특정 음식에 대해 비슷하게 좋은 기억을 가지고 있다면, 그들은 분명 같은 지역에서 생활했던 경험이 있을 것이다. 같은 음식을 먹어본 경험만으로도 잘 모르는 사람들 사이에서 심리적 유대감이 생기는데, 실제로 '함께 식사'를 한다면 그 유대감은 더욱 강력해질 수밖에 없다.

공동체 구성원의 탄생·혼인·장례·제사 같은 기념일과 종교적 축일(祝日, feast, festivitas)의 '함께 식사'는 사회적 관계망을 강화하거나 새로운 관계망을 형성하기도 한다.[9] 같은 자리에서 같은 음식을 함께 먹는 사람들은 이념과 정서가 연결된 공동운명체라고 인식하게 된다.[10] "밥 한번 같이 먹자"라는 말 속에는 '함께 식사'하며 공동운명체가 되어보자는 심리적 욕구가 깔려 있다.

프랑스의 사회인류학자 클로드 피슐러(Claude Fischler, 1947~)는 미국의 콜럼버스(Columbus, Ohio), 프랑스의 렌(Rennes), 그리고 덴마크의 오덴세(Odense)에 사는 여성 800여 명을 조사해 도시 사람들 역시 혼자서 식사하는 것보다는 동료와 함께 먹는 것을 더 좋아한다는 사실을 확인했다.[11] 그는 연구 과정에서 파리의 한 여성이 빵집에서 산 빵을 거리를 걸으면서 먹는 것을 결코 식사 행위로 여기지 않는다는 사실도 알았다. 그 여성이 생각하는 식사란 정해진 시간과 장소에서 요리된 음식을 다른 사람과 함께 먹는 것이었다.[12] 이와 같이 대부분의 사람은 같은 장소에서 '함께 식사'를 해야만 공동체의 소속감을 느낄 수 있다고 생각한다. '함께 식사'는 인류의 역사에서 오랫동안 지속되어온 일종의 숙명과도 같은 관습이다.

한편, '함께 식사'에는 반드시 식사 매너가 요구된다. 식사 매너는 식탁에서 개인적인 욕망을 절제하도록 만들어준다. 즉, 식탁에서의 좌석 배치와 식사 예절은 생물학적인 개인의 욕구와 사회적 관계 사이의 갈등을 조정해주는 역할을 한다.[13] 미국의 인류학자 메리 더글러스(Mary Douglas, 1921~2007)는 "식사는 앉는 순서가 정해져 있는 테이블을 필요로 하고, 움직임을 제한한다"고 했다.[14] 이처럼 '함께 식사'에 참여한 사람들은 한 문화권이 오랫동안 합의하고 지속시켜온 암묵적인 규칙의 틀 안에서 서로 소통하게 되는 것이다.[15]

변화 중인 한국인의 '함께 식사' 규칙들

이 책의 1장에서부터 13장까지 살핀 내용 역시 한반도에 존재했던 공동체가 개인적 욕망과 이기심을 제어하면서 만들어내고 적용시켜온 한국인의 식사 방식에 관한 것이다.[16] 식사 공간과 앉는 자세, 식탁의 형태와 좌석 배치, 다양한 형태와 재질의 식기, 세상에서 유일하게 한 손으로 번갈아가며 사용하는 숟가락과 젓가락, 식탁 위의 상차림 방식, 그리고 후식과 반주 등 식탁 위의 메뉴를 제외한 한국인의 모든 식사 문화를 다루었다. 이제 책을 마무리하면서 오늘날 한국인의 식사 방식에 나타나고 있는 새로운 변화에 대해 살펴보려 한다.

먼저 신발을 벗고 방에 들어가서 책상다리로 앉아 식사하는 자세이다. 오랫동안 이 행위는 한국인에게 아주 자연스러운 식사 자세였다. 그러나 최근 서울과 수도권을 중심으로 많은 한식음식점의 실내 구조가 책상다리 자세로 앉아서 식사하는 좌식 대신 서양식 식탁과 의자를 갖춘 입식으로 바뀌었다. 1980년대 이후 아파트 같은 공동주택이 한국인의 주된 살림집이 되면서 사람들의 신체 습관이 서양화된 결과다. 오늘날 한식음식점의 서양식 식탁은 식사를 하는 손님은 물론이고 그동안 좌식 식탁에 맞춰 쪼그렸다 일어섰다 하는 반복된 노동을 해온 종업원들에게도 환영받고 있다.

식탁의 형태가 교자상에서 서양식 식탁으로 바뀌는 변화와 함께, 상차림 또한 '주요리' 위주의 〈일품요리+공통반찬〉으로 굳어지고 있다.[17] 그러나 여전히 '한상차림'이라고 불리는 한정식 메뉴도 인기를 유지하고 있다. 기성세대는 반찬을 비롯한 여러 가지 음식을 한 상 가득 차려 놓아야 제대로 된 상차림이라고 생각한다. 이런 상차림은 20세기 초반 조선요리옥에서부터 생겨난 것이다. 조선요리옥의 '한상차림'은 식민지와 한국전쟁, 그리고 산업화 과정을 거치면서 정치적·경제적 권력을 지닌 집단의 독점적인 향유 대상이었다. 그런데 1990년대 이후 '한상차림'의 평준화가 이루어지면서 대다수의 중산층이 누릴 수 있는 상차림이 되었다. 그런데 문제는 음식의 가짓수가 많은 '한상차림'일수록 메뉴 사이의 조화라는 '퀴진의 문법'을 찾기 어렵다는 점이다.[18]

나는 앞에서 한국인의 '밥〉국〉반찬'의 식사 방식이 붕괴될 것이라고 전망했다. 한 상 가득 차려내는 〈공간전개형〉의 상차림과 〈밥+국+반찬〉의 오래된 식사 방식을 어떻게 오늘날 한국 사회의 현실에 맞추어 맛과 건강에 어울리도록 만들 것인가가 앞으로 고민해야 할 과제이다. 한갓 만들어진 단어에 지나지 않는 '식약동원(食藥同源)'[19]에 기대어 한식이 무조건 건강에 좋다는 막연한 주장을 펼치는가 하면, 오래된 상차림과 식사 방식의 붕괴만을 걱정하여 조선시대의 '전통음식'을 복원해야 한다는 주장만 할 일은 아니다. 그보다는 현재 한국인의 식사 방식에 숨어 있는 문제점을 드러내는 작업이 더 시급하다.

한식의 '전통'을 강조할 때 빠트리지 않고 언급되는 대상이 식기다. 오늘날 한식음식점의 식탁 위에는 국적 불명의 각종 도자기와 멜라민 수지로 만든 그릇, 스테인리스 스틸 그릇이 놓여 있다. 그리고 최근에는 다시 놋그릇과 놋수저도 등장하고 있다. 나는 이러한 현상을 '잡종적 식기'라고 규정했다. 식탁에 앉아서 식사를 하는 고객의 입장에서는 이 '잡종적 식기'가 못마땅할 수 있다. 그러나 한식음식점을 운영하는 입장에서는 경제적인 문제를 비롯해 상차림과 정리정돈 등 일의 효율성 측면에서 이런 식기를 지속할 수밖에 없는 사정이 있을 것이다.

식기와 관련해 더 혼란스러운 상황은 가정에서 벌어지고 있다. 일반 가정에서는 냉장고가 가정의 식탁을 지배하는 경우가 많은데, 손님이 온다든가 하는 특별한 경우가 아니면 대부분 냉장고에 넣어둔 반찬통을 그대로 꺼내 식탁 위에 놓고 상을 차린다. 이처럼 냉장고용 반찬통을 빈번하게 사용하는 가정에서는 '잡종적 식기'마저 식탁 위에 오를 기회가 드물다. 이와 같은 식탁의 혼란 혹은 무질서는 '혼자 식사'하는 '혼밥족'의 식탁으로 가면 더욱 심해진다.

2010년대 중반 이후 한국 사회에서 시사용어로 자리 잡을 정도로 갑자기 주목받게 된 '혼밥'과 '혼술' 현상은 세대 간의 극단적인 인식 차이를 드러내기도 한다.[20] 일부 기성세대는 공동체 의식이 무너진다는 걱정과 우려의 목소리를 내지만, 젊은 층에서는 규범적인 '함께 식사'로부터의 해방과 자유를 강조한다.[21] 한국 사회가 공동체의 연대를 강화하는 데 필요하다는 명분만을 내세워 집단주의적 '함께 식사'를 강조해온 결과이다. 이처럼 오랫동안 한반도에서 생겨나 변용되거나 새로 자리를 잡았던 '함께 식사'의 규칙들이 21세기 초입의 오늘날 급격한 변화의 국면을 맞이하고 있다.

밥 한번 같이 먹읍시다

나는 1960~70년대에 지방 소도시의 한옥에서 살았다. 넓지는 않았지만 마루와 마당이 있던 그 집에는 할아버지를 찾아오는 손님들의 발길이 끊이지 않았다. 더욱이 시골의 본가와 외가에서 온 친척 두세 명이 아예 기숙하고 있었기에 우리 집은 늘 사람들로 붐볐다. 그야말로 매일 매일 잔칫집 같았다.

그러나 산업화와 도시화가 대도시를 중심으로 거의 완성된 1980년대 후반 이후에는 더 이상 이런 모습을 보기가 어려워졌다. 더욱이 부모의 출퇴근 시간과 자녀들의 등하교 시간이 서로 맞지 않아 식구들이 끼니때 한자리에 모여서 함께 식사하는 일도 드물어졌다. 여기에 맞벌이 생활이 생계유지의 필수조건이 된 1990년대 이후, 친지들의 방문이나 누군가를 집으로 초대하는 일은 '특별한' 일이 되고 말았다. 이제 가족들의 '함께 식사'는 물론이고 손님 초대까지도 외식에 의존할 수밖에 없게 된 것이다.[22]

미국 사회에서도 1980년대 이후 '혼자 식사'라는 '식사의 개별화(individualisation)'가 빠르게 확산되었다.[23] 심지어 1992년 이후 미국에서는 "음식은 가족과 함께 먹을 때 더 맛있습니다!(Food tastes better when you eat it with your family!)"라는 구호를 내세운 운동이 전개되고 있을 정도로 가족 식사의 감소를 사회적으로 걱정하고 있다. 이러한 현상은 2010년대 이후 한국 사회에서도 비슷하게 나타나고 있다. 가정에서의 식사마저도 가족이 함께 하는 경우보다 따로따로 혼자 식사하는 경우가 더 많아졌다.[24] 급기야 2016년 한국의 보건복지부에서도 〈국민공통식생활지침〉으로 "가족과 함께하는 식사 횟수를 늘리자"는 내용을 포함했다.[25] 얼마나 '식사의 개별화' 현상이 심해졌으면 이렇게 정부 차원에서 지침을 마련했겠는가.

가족의 '함께 식사'가 중요하긴 하지만 여기서 한 가지 짚고 넘어가야 할 점이 있다. 바로 주방에서의 '성 역할((gender role)', 즉 누가 요리를 하느냐의 문제다. 맞벌이 가정이 증가하면서 육아·가사노동·경제활동 등 가정생활을 유지하기 위한 부부의 역할에 새로운 인식이 요구되는 시대임에도 불구하고, 현실은 여전히 여성에게 그 책임을 떠넘긴 채 답보 상태에 있다. 아내가 가사노동을 전적으로 맡을 수 없는 상황이라면 남편이 분담하거나 책임져야 하지만, 그런 경우는 아주 드물다. 현실이 이러한데 누가 자신 있게 "밥 한번 같이 먹읍시다" 하고 가족이나 친척, 동료들을 초대할 수 있겠는가.

"인간은 요리하는 동물이다(Man is a Cooking Animal)"라는 말이 있다. 이 말은 스코틀랜드 작가 제임스 보즈웰(James Boswell, 1740~1975)이 쓴 《사무엘 존슨의 전기(Life of Samuel Johnson, LL.D.)》(1791)에 나온다. 보즈웰은 털 없이 두 다리로 걷는 동물, 생각하는 동물, 도구를 만드는 동물 등과 같이 고대 철학자들의 인간에 대한 정의를 읊조리고 나서 자신의 새로운 정의를 큰소리로 외쳤다. 즉, "인간에 대한 나의 정의는 요리하는 동물이라는 것이다."[26] 좀 과격한 표현이지만, 부엌에 들어가서 요리하지 않는 사람은 인간이 아니라고 할 수 있다. 그러니 다른 사람에게 "밥 한번 같이 먹읍시다"는 말을 자신 있게 하려면 적어도 스스로 요리할 수 있어야 한다.

나는 이 책의 원고를 마무리하면서 앞에서 소개했던 키이스 킴에게 그가 홈페이지에 쓴 글을 이 책에 인용해도 되는지 문의하는 메일을 보냈다. 나의 부탁을 흔쾌히 수락한 키이스 킴은 자신이 본 한국인의 식사 방식에 대해서 왜 그러한지 이유를 알고 싶다고 했다. 아마도 키이스 킴은 물론이고 한식과 한국인의 식사 방식에 관심이 많은 외국인이라면 이 책을 다 읽은 지금쯤 이유를 꽤 분명하게 알게 되었을 것이다. 또한, 의식하지 않은 채 식탁에서 이런저런 행동을 했던 한국인도 '왜 우리가 그렇게 먹고 마실 수밖에 없었는지'에 대해 어느 정도 해답을 얻었을 것이라 여겨진다.

마지막으로 독자들에게 한 가지 부탁이 있다. 한국인은 물론이고 외국인 친구가 있다면 그들을 자신 있게 '함께 식사'에 초대하라는 것이다. 빈말처럼 '언제 한번'이라고 하지 말고 "다음 주말에 꼭 밥 한번 먹읍시다"처럼 '참말'로 초대하면 좋겠다. 집밥이든 외식이든 상관없이[27] '밥 한번 같이 먹으면서', 이 책을 통해서 알게 된 다양한 식사 방식을 두고 많은 이야기를 나누었으면 하는 바람이다. 한식을 먹으면서 서로 '한국인은 왜 이렇게 먹을까'라는 질문을 둘러싸고 대화를 나눈다면 식탁이 더욱 풍성해질 것이다.

프롤로그 한식당에서 현지인처럼 식사하는 방법

1 법무부 출입국·외국인정책본부,《출입국·외국인정책 통계월보(2017년 10월호)》, 법무부, 2017.

2 https://seoulistic.com/korean-culture/how-to-eat-in-a-korean-restaurant-in-korea-like-a-local// (2016년 7월 19일 검색)

3 반이정,〈서민 냅킨의 표정을 보라〉,《한겨레21》제581호, 2005.

4 《동아일보》1977년 11월 19일자.

5 《동아일보》1977년 11월 30일자.

6 《매일경제》1985년 6월 1일자.

7 《헬스조선》2016년 4월호.

8 이 문제를 고민한 한식음식점 중에서는 몇 년 전부터 일명 '수저받침용 세팅지'를 사용하는 곳도 있다. 대전에 위치한 '대박수저세팅지'라는 회사에서는 2011년에 ㈜디자인엔더씨티엘에서 특허출원을 한 '수저받침용 세팅지 세트'를 상품으로 판매한다. 이 회사의 홈페이지(http://www.prpaper.net)에서는 '수저 세팅지'에 대해 다음과 같은 설명글을 올려놓았다. "누구나 한번쯤 식당에서 냅킨 위에 수저를 놓은 적이 있으실 겁니다. 식탁의 청결을 위해 식탁과의 접촉을 막고 전염성 질환을 예방하는 취지로 먼지 나는 냅킨 대신 식탁 위에 까는 위생적이고 정갈한 느낌을 주는 수저받침용 종이 세팅지입니다." 일부 고급 음식점에서는 예전부터 세팅지를 제공해왔지만, 대중적인 한식음식점에서는 비용 부담 때문에 그동안 거의 신경 쓰지 않았던 것이다.

9 여기서 중국인이 빠진 이유는 한국인처럼 중국인도 같은 식탁에 앉은 사람들끼리는 한 접시에 담아낸 음식을 다 함께 먹기 때문이다.

10 심한 위축성 위염을 앓는 노년층은 위액이 거의 분비되지 않기 때문에 식사 후에 물을 마

시면 안 된다. 이런 질병을 가지지 않은 사람은 식사 후에 한 컵 정도의 물을 마시면 음식
속에 함유된 염분, 자극적인 양념, 각종 유해물질의 농도를 희석하는 데 도움이 된다. 식
사 중에 생수를 한 컵 정도 마시는 것도 위장 건강에 좋다는 의학적 판단도 있다. 《헤럴드
경제 인터넷판》 2015년 3월 13일자.

11 김미혜, 〈서양인의 조선 여행 기록문을 통한 근대 식생활사(食生活史) 연구〉, 《한국식생
활문화학회지》 31권 5호, 2016, 381～399쪽. 이 글의 내용은 대부분 음식에 관한 것이다.
다만, 마지막에 '낮은 밥상과 젓가락의 마술사'에서 소반과 수저에 대한 외국인들의 언급
을 소개하고 있다.

12 Park, Hannah., *Korean Culture for Curious New Comers*, Pagijong Press, 2009;
The Korea Foundation, *Korean Food Guide*, The Korea Foundation, 2014.

13 전근대의 철학적·윤리적 담론의 영향을 받은 식사 방식을 현대에 적용하려는 시도는 달
라진 사회문화 시스템을 반영하려는 의지가 담겨 있지 않다. 결국 일방적인 계몽적 지
침에 그칠 가능성이 크다. 박현모(〈전통시대 '밥상머리 교육' 콘텐츠 개발 및 활용방안 연구〉,
《2010년 기초연구과제총서》, 율촌재단, 2010, 239～305쪽)의 연구가 그 대표적인 사례이
다. 심지어 북한에서 출판된 《조선향토백과 18. 민속》에서도 〈식사례절〉 부분에서 현대의
모습이 아니라 '옛날'의 것을 다룬다. 한국평화문제연구소·조선과학백과사전출판사 공
동편찬, 《조선향토백과 18. 민속》, 평화문제연구소, 2005.

14 Fischler, Claude., 'Commensality, Society, and Culture', *Social Science
Information 50(3-4)*, 2011, p.537.

15 《조선일보》 1927년 11월 30일자.

16 《조선일보》 1937년 2월 4일자.

17 Mallery, Garrick., 'Manners and Meals', *American Anthropologist,* 1(3), 1888,
p.195.

18 Erasmus of Rotterdam(Tr. Merchant, Eleanor.), *A Handbook on Good Manners
for Children*, London:Preface Publishing, 2008, p.49.

19 페르낭 브로델 지음, 주경철 옮김, 《물질문명과 자본주의 I -1, 일상생활의 구조 상》, 까
치, 1995, 282쪽.

20 노르베르트 엘리아스 지음, 박미애 옮김, 《문명화과정 I》, 한길사, 1996, 239～240쪽.

21 노르베르트 엘리아스 지음, 박미애 옮김, 《문명화과정 I》, 한길사, 1996, 246쪽.

22 박미애, 〈결합태와 문명화과정의 역동적 구조〉, 노르베르트 엘리아스 지음, 박미애 옮김,
《문명화과정 I》, 한길사, 1996, 276쪽.

23 게오르그 짐멜 지음, 김덕영 외 옮김, 〈식사의 사회학〉, 《짐멜의 모더니티 읽기》, 새물결,
2005, 145～149쪽.

24 게오르그 짐멜 지음, 김덕영 외 옮김, 〈식사의 사회학〉, 《짐멜의 모더니티 읽기》, 새물결,

2005, 148쪽.

25 왕런샹 지음, 주영하 옮김, 《중국음식문화사》, 민음사, 2010, 186~190쪽.

26 페르낭 브로델 지음, 주경철 옮김, 《물질문명과 자본주의 I-1, 일상생활의 구조 상》, 까치, 1995, 284쪽.

27 윤인숙, 《조선 전기의 사림과 〈소학〉》, 역사비평사, 2016.

28 한미경, 《〈사소절〉 현전본에 대한 연구》, 《한국문헌정보학회》 제49권 제3호, 2015, 60~61쪽.

29 Mead, Margaret, "Dietary Patterns and Food Habits", *Journal of the American Dietetic Association 19(January)*, pp.1~5.

30 노르베르트 엘리아스 지음, 박미애 옮김, 《문명화과정 I 》, 한길사, 1996, 246쪽.

1   왜 신발을 벗고 방에서 식사를 할까?

1 http://blog.naver.com/zolotze/220822900674

2 《국가통계포털》, 〈주택의 종류별 주택〉, 자료 갱신일: 2011-08-19, 수록 기간: 2010.

3 石毛直道, 《食卓文明論-チャブ台はどこに消えた?》, 中公叢書, 2005, 75쪽.

4 로이 스트롱 지음, 강주헌 옮김, 《권력자들의 만찬》, 넥서스BOOKS, 2005, 161쪽.

5 Baumgarthuber, Christine., 'A Short History of the Dining Room(Part 1)', The New Inquiry, http://thenewinquiry.com/blogs/ (2017년 7월 22일 검색)

6 로이 스트롱 지음, 강주헌 옮김, 《권력자들의 만찬》, 넥서스BOOKS, 2005, 163쪽.

7 石毛直道, 《食卓文明論-チャブ台はどこに消えた?》, 中公叢書, 2005, 76쪽.

8 〈梁林故居, 没了!〉, 《克拉玛依日报》 2012年 2月 6日.

9 '한옥'이란 용어는 서구의 건축이 한반도에 전래된 이후에 "재래의 건축과 외래의 건축을 구분하기 위하여 새롭게 만들어진 용어"(전봉희·권용찬, 《한옥과 한국 주택의 역사》, 동녘, 2012, 19쪽)이다. 전봉희·권용찬의 연구에 의하면, 1908년 대한제국의 재실재산정리국에서 발행한 〈가사(家舍)〉에 관한 조복문서(照復文書)에서 한옥과 양옥의 초기 용례가 나온다고 한다. 나는 이 책에서 '한옥'을 조선 후기부터 전래된 살림집을 통틀어 가리키는 말로 사용한다.

10 윤진영, 〈조선시대 계회도(契會圖)연구〉, 한국정신문화연구원 한국학대학원 박사학위청구논문, 2003, 40쪽.

11 유옥경, 〈1585년 〈선조조기영회도(宣祖朝耆英會圖)〉 고찰: 동원 선생(東垣先生) 기증 〈기영회도(耆英會圖)〉를 중심으로〉, 《국립박물관동원학술논문집(國立博物館東垣學術論文

集)》제3집, 2000, 33쪽.

12 전봉희·권용찬, 《한옥과 한국 주택의 역사》, 동녘, 2012, 101~102쪽.

13 전봉희·권용찬, 《한옥과 한국 주택의 역사》, 동녘, 2012, 102쪽.

14 김남응, 《문헌과 유적으로 본 구들 이야기 온돌 이야기》, 단국대학교출판부, 2004, 241~273쪽.

15 김준봉·옥종호, 〈온돌과 구들의 용어 정의와 그 유래에 관한 연구〉, 《건축역사연구》 제23권 제2호, 2014, 114쪽; 최덕경, 〈온돌(溫堗)의 구조 및 보급과 생활문화에 끼친 영향〉, 《농업사연구》 제7권 제2호, 2008, 57쪽.

16 이익(李瀷), 《성호사설(星湖僿說)》 권16, 〈인사문(人事門)·침어판청(寢於板廳)〉: "曾聞諸耆 舊退計百年前 公卿貴家廣宅中 有煖堗不過一二間 爲老病所處 餘皆板架上寢處 其廳中圍以屛障 藉以重茵 各爲諸子女之室"(이종서, 〈고려~조선 전기 상류 주택의 방한(防寒) 설비와 취사(炊事)도구〉, 《역사민속학》 제24호, 2007, 44쪽에서 번역문 옮김).

17 이종서, 〈고려~조선 전기 상류 주택의 방한 설비와 취사도구〉, 《역사민속학》 제24호, 2007, 44쪽; 최덕경, 〈온돌의 구조 및 보급과 생활문화에 끼친 영향〉, 《농업사연구》 제7권 제2호, 2008, 55쪽.

18 심지어 온돌이 깔리지 않은 외국 주택에 살면서도 한국인은 실내에서 신발을 벗고 책상다리로 앉아서 식사를 한다. 건축학자 이희봉은 1990년대 재미교포들이 미국식 주택에서 살면서도 한국에서 배운 습관대로 생활한다는 사실을 밝혀냈다(이희봉, 〈재미교포 주거 건축을 통한 사용자 문화 현장연구: 광역 아틀란타 시를 중심으로〉, 《대한건축학회논문집: 계획계》 4-11, 1998, 110~111쪽). 즉, 신발을 벗지 않도록 설계된 미국의 주택에 사는 재미교포들이 출입 시 주택의 정문으로 드나들지 않고 차고와 연결된 뒷문을 이용한다는 것이다. 그들은 이 뒷문 입구에 따로 신발장을 두고 여기에서 신발을 벗은 다음에 실내화로 바꾸어 신고 집 안으로 들어간다. 만약 정문에서 이런 행동을 하면 미국인 이웃들이 이상하게 볼 수도 있기 때문이다. 그들은 미국식 주택에 살면서도 마치 한옥에서 사는 것처럼 행동했던 것이다.

19 김홍식(金鴻植), 〈제3장 주생활(住生活)〉, 《한국민속종합조사보고서-경기도 편(韓國民俗綜合調査報告書-京畿道篇)》, 문화공보부문화재관리국(文化公報部文化財管理局), 1978, 316쪽.

20 1977년 '조국 근대화'를 외쳤던 정부에서는 모내기철에 논두렁에서 새참을 먹는 모습을 보고서 농촌에 '공동취사장'을 두는 방안을 내놓았다. 모내기를 하는 동안 70~80가구의 한 마을이 일정한 식단을 정해서 공동으로 취사를 하여 경비 부담과 부인들의 일손을 줄이겠다는 정책으로, 농촌 마을 곳곳에 공동부엌을 설치했다. 그러나 공동의 '다이닝룸'을 만들 수는 없었다. 식사 장소야 어디든지 문제가 없다고 여겼기 때문이다. 이 정책은 막강한 권한으로 행정력을 동원할 수 있었던 그 당시에만 시행되었고, 그 이후 흐지부지 되

었다(〈농촌 새 풍속도 12〉,《경향신문》1977년 6월 9일자).

2 왜 양반다리로 앉아서 식사를 할까?

1 〈'양반앉음새'가 큰 고통〉,《경향신문》1986년 6월 16일자.
2 1992년 재래식 부엌을 입식 주방으로 바꾼 경기도 이천시 율면 고당리의 Y씨의 부인은 싱크대나 입식 식탁을 음식 재료를 놓아두는 곳으로 여긴다. 그녀는 나물 같은 채소나 생선이나 육류를 손질할 때 부엌 바닥에 앉아서 한다. 그녀는 싱크대에 서 있거나 식탁의 의자에 앉아서 이런 일을 하는 것이 익숙지 않다(주영하, 〈식구론〉,《음식인문학: 음식으로 본 한국의 역사와 문화》, 휴머니스트, 2011, 52쪽).
3 石毛直道,《食卓文明論－チャブ台はどこに消えた》, 中公叢書, 2005, 72쪽.
4 2016년 9월에 한국문학번역원의 번역아카데미 강의에서 만난 영국계 아랍인은 한국에서의 좌식 식사 방식이 별로 불편하지 않다고 했다.
5 2016년 1학기 때 내가 강의한 서울대 대학원 인류학과의 〈음식의 인류학〉 강좌에 청강생으로 참여한 야쿠트인 사르다나 루미얀체바는 앉은뱅이 의자에 앉아서 식사를 해야 편안함을 느낀다고 했다.
6 하이드룬 메르클레 지음, 신혜원 옮김,《식탁 위의 쾌락》, 열대림, 2005, 106쪽.
7 Alcock, Susan E., 'Power Lunches in the Eastern Roman Empire', *Michigan Quarterly Review*, Volume XLII, Issue 4, Fall 2003.
8 山内 昶,《食具(しょくぐ)》, 法政大学出版局, 2000, 30쪽.
9 山内 昶,《食具(しょくぐ)》, 法政大学出版局, 2000, 30쪽.
10 왕런샹 지음, 주영하 옮김,《중국 음식문화사》, 민음사, 2010, 239~240쪽.
11 잠잘 때가 아니면 신발을 벗지 않는 습관 때문에 이런 가옥 구조가 만들어진 것인지, 아니면 이런 가옥 구조로 인해서 잠잘 때가 아니면 신발을 벗지 않게 되었는지에 대한 토론은 마치 "닭이 먼저냐, 달걀이 먼저냐" 하는 문제처럼 끝나지 않는 논쟁이다.
12 서긍(徐兢),《선화봉사고려도경(宣和奉使高麗圖經)》제22권, 〈잡속(雜俗)·향음(鄕飮)〉: 麗俗. 重酒醴. 公會. 唯王府與國官. 有床卓盤饌.
13 李景生, 〈说"案"和"桌"〉,《德州学院学报》第25卷第1期, 2009, 21쪽.
14 百度漢語 : 椅始源于魏晋和隋朝, 初名为胡床或马扎, 直至唐明宗时期开始形成有靠背的椅子, 到宋代出现交椅, 是至高无上权力的象征, 成语正襟危坐也是源于历代皇帝在交椅上的坐姿. (2016년 7월 20일 검색)
15 주영하, 〈벽화를 통해서 본 고구려의 음식풍속〉,《고구려연구(高句麗研究)》제17집, 2004.

16 서긍, 《선화봉사고려도경》제22권, 〈잡속·향음〉 : 餘官吏士民. 唯坐榻而已.

17 《후한서(後漢書)》권66, 〈진왕열전(陳王列傳)·진번(陳蕃)〉; 서긍, 《선화봉사고려도경》제22권, 〈잡속·향음〉 : 東漢豫章太守陳蕃. 特爲徐稚設一榻. 則知前古. 亦有此禮.

18 《퇴계선생문집(退溪先生文集)》권28, 〈답김돈서(答金惇敍)〉 : 嘗觀朱子跪坐說云. 兩膝著地. 伸腰及股而勢危者爲跪. 兩膝著地. 以尻著蹠而稍安者爲坐. 然則今所謂危坐. 卽古之坐. 今所謂跪. 古亦謂之跪. 而古別無危坐盤坐之稱也. (중략) 故朱子有盤坐何害之說. 蓋能收斂身心. 齊莊整齊. 則有時盤坐. 雖不如危坐之嚴肅. 自不害義理. 故可以通謂之正坐端坐而可行也.

19 홍낙명(洪樂命), 《풍산세고(豐山世稿)》권5, 〈궤계(跪戒)〉; 이종묵, 《글로 세상을 호령하다》, 김영사, 2010, 191~193쪽.

20 《영조실록(英祖實錄)》52권, 영조 16년(1740) 12월 26일 2번째 기사 : 平生習跪坐, 故若平坐則反覺不安矣.

21 《퇴계선생문집》권28, 〈답김돈서〉 : 椅坐. 恐是出於中古. 古之禮. 坐皆席地而坐. 故古塑像. 皆爲地坐. 朱子考辨甚詳矣.

22 이규태, 〈무의자 음식점〉, 《조선일보》1993년 7월 21일자. 마침 그때 한국에 진출했던 미국의 패스트푸드점에서 서서 먹는 한국인이 생겨난 광경을 두고 이규태는 예전에는 거지만 서서 먹었다고 하면서, "역사와 전통도 유구한 좌식 문화권에서의 일인지라 기록해두고 넘어갈 문화이변"이라고 보았다.

23 김광연, 〈김광연 박사의 지상진단 — 치질〉, 《동아일보》1973년 2월 23일자.

24 김광연, 〈김광연 박사의 지상진단 — 치질〉, 《동아일보》1973년 2월 23일자.

25 이헌진, 〈일등국민〉, 《경향신문》1983년 1월 15일자.

26 베버 신부는 이 자세를 두고 요사이 한국인이 부르는 '양반다리' 혹은 '양반앉음새'라고 지칭하지는 않았지만 그가 겪었을 고통은 짐작이 가고 남는다. Weber, Norbert., *Im Lande der Morgenstille. Reiseerinnerungen an Korea*, München:Seidel, 1915; 노르베르트 베버 지음, 박일영·장정란 옮김, 《고요한 아침의 나라》, 분도출판사, 2012, 271쪽.

27 노르베르트 베버 지음, 박일영·장정란 옮김, 《고요한 아침의 나라》, 분도출판사, 2012, 270~273쪽.

3   왜 낮은 상에서 식사를 할까?

1 퍼시벌 로웰 지음, 조경철 옮김, 《내 기억 속의 조선, 조선 사람들》, 예담, 2001, 224쪽.

2 미국의 천문학자인 퍼시벌 로웰은 1883년 5월에 여행 삼아 일본에 왔다가 주일 미국 공

사의 소개로 조선 왕실의 미국수호통상사절단을 미국으로 안내하는 일을 맡게 되었다. 이 일이 인연이 되어 그는 고종의 초청을 받아 조선에 오게 되었는데, 1883년 12월부터 다음 해 2월까지 약 3개월 동안 한양에서 지냈다. 이후 미국에 돌아간 그는 1885년 조선 방문기《Chosön, The land of the morning calm; a sketch of Korea》(Ticknor)를 펴 냈다. 이 책의 한국어판 제목은《내 기억 속의 조선, 조선 사람들》(조경철 옮김, 예담, 2001) 이다.

3 케네스 벤디너 지음, 남경태 옮김,《그림으로 본 음식의 문화사》, 예담, 2007, 152쪽.

4 로이 스트롱 지음, 강주헌 옮김,《권력자들의 만찬》, 넥서스BOOKS, 2005, 239~240쪽.

5 하이드룬 메르클레 지음, 신혜원 옮김,《식탁 위의 쾌락》, 열대림, 2005, 229쪽.

6 하이드룬 메르클레 지음, 신혜원 옮김,《식탁 위의 쾌락》, 열대림, 2005, 304쪽.

7 나선화,《소반》, 대원사, 1989, 81~96쪽.

8 서긍,《선화봉사고려도경》제22권,〈잡속·향음〉: 今麗人. 於榻上. 復加小俎.

9 이외에 고기를 올린 제기(祭器)를 모두 가리킬 때도 '조(俎)'라는 글자를 사용했다(羅慧 君,〈卜辭「尊俎」釋義〉,《第十五屆中區文字學學術研討會》, 2013, 1~2쪽). 도마라는 뜻으로 '조궤(俎几)'라고도 불렀다.

10 식민지 시기에 조선의 소반에 대해 관심을 가졌던 아사카와 다쿠미(淺川巧, 1891~1931) 는 소조에서 소반이 나왔지만, 조선의 소반은 중국의 영향을 받지 않았다고 주장했다(淺 川巧,《朝鮮の膳》, 工政會出版部, 1929〔淺川巧,《淺川巧著作集 朝鮮の膳》, 八潮書店, 1978, 9~10쪽〕). 그가 살았던 시기에 직접 본 중국 한족들의 식탁이 입식이었기 때문에 이런 주장을 펼쳤을 가능성이 크다. 그는 당나라 이전의 고대 중국인들이 소조나 소반을 식탁 으로 사용한 사실을 몰랐을 것이다.

11 서긍의《선화봉사고려도경》에는 두 사람이 좁은 평상 위에 소조를 사이에 두고 마주 앉 아서 식사를 하는데, 소조 위에 놓인 "기명(器皿)은 구리〔銅〕로 만든 것이다"라고 적어두 었다.

12 일본의 전통 식탁은 다카아시젠(高足膳), 네코아시젠(猫足膳), 히라젠(平膳)으로 나눈다.

13 국립청주박물관에서 소장하고 있는 고려시대 청동 젓가락의 길이는 27.5cm이다. 무덤에 서 나온 수저 중에는 제사용으로 쓰였던 것이 다수 있는데, 일상의 수저에 비해 그 길이 가 길다(정의도,《한국 고대 숟가락 연구》, 경인문화사, 2014, 266쪽).

14 정의도,《한국 고대 숟가락 연구》, 경인문화사, 2014, 576쪽.

15 정의도,《한국 고대 숟가락 연구》, 경인문화사, 2014, 512쪽.

16 나선화,《소반》, 대원사, 1989, 97~98쪽.

17 서유구(徐有榘),《임원경제지(林園經濟志)》,〈섬용지(贍用志)·취촌지구(炊爨之具)〉에서 는 소반을 두고 다음과 같이 적었다. "소반의 제도는 나무를 돌려서 네 다리를 아래에 두 었는데, 크고 작은 것 등 크기가 같지 않다. 아주 작아 단지 두세 그릇을 벌여놓을 수 있

는 것을 속칭 수반(手槃)이라 하는데, 가히 한 손으로 들 수 있기 때문이다. 대소를 막론하고 모두 휴칠(髹漆)한다. 시중에서 구입하는 것은 칠이 매우 잡스러워 약을 사용하기도 하는데, 얼마 안 있어 칠이 변변히 벗겨져 떨어지므로 처음 구입한 것은 다시 진생칠(眞生漆)로 두껍게 칠하면 십 년이 지나도 바래지 않는다. 삼남양서(三南兩西, 충청도·전라도·경상도·황해도·평안도)에서 만든 것은 혹 18각, 12각으로 만들고, 혹 타방형으로도 만드는데, 모두 휴칠하고 네 다리가 반과 합하여진 곳은 황동(黃銅) 광두정(廣頭釘)으로 장식한다. 정 또한 자못 오래 견디어 틀을 유지한다. 통제영(統制營)에서 만든 문목 소반 중에 황칠한 것 또한 아름답다"(손지인, 〈조선시대 회화에 보이는 소반〉, 서울대학교 대학원 석사학위청구논문, 1999, 8쪽에서 번역문 옮김).

18 서유구,《임원경제지》,〈섬용지·취촌지구〉:〔槃〕華人皆椅坐, 故每食數三人共一卓, 東人席地坐, 故一人專一槃. ; 손지인, 〈조선시대 회화에 보이는 소반〉, 서울대학교 대학원 석사학위청구논문, 1999, 8쪽.

19 조극선(趙克善),《야곡일록(冶谷日錄)》영인본(影印本) 1, 1624(인조 2) 추7월(秋七月) 3일(三日), 한국학중앙연구원 장서각, 2012 : 先生分食余.

20 왕런샹 지음, 주영하 옮김,《중국 음식문화사》, 민음사, 2010, 124~144쪽.

21 조자호 지음, 정양완 풀어씀,《조선 요리법: 75년 전에 쓰인 한국 전통음식문화의 정수》, 책미래, 2014, 264쪽.

22 《후한서》권83,〈양홍열전(梁鴻列傳)〉:為人賃舂, 每歸妻為具食, 不敢於鴻前仰視, 舉案齊眉.

23 《한서(漢書)·외척전(外戚傳)》에는 황후가 황태후를 알현할 때에도, 직접 밥상을 높이 들고 가서 음식을 올렸다고 적혀 있다. 왕런샹 지음, 주영하 옮김,《중국 음식문화사》, 민음사, 2010, 236쪽.

24 이색(李穡),《목은시고(牧隱詩稿)》제22권,〈즉사(卽事)〉:曉窓聞雨興難裁, 況有比鄰送酒來, 舉案齊眉方進食, 導行和氣似春臺.

25 박세당(朴世堂),《서계집(西溪集)》제4권,〈석천록하(石泉錄下)·약천서(藥泉書). 유등도지유(有登徒之喻). 희작 사절(戲作 四絶).〉:堂前不肯下糟妻, 頭白鴛鴦愛並棲, 不是東隣無美色, 心憐舉案與眉齊.

4 왜 집집마다 교자상이 있을까?

1 Century Magazine Jan., 1918, p.396(Wikipedia "Lazy Susan"에서 재인용).

2 Sean Hsiang-lin Lei, "Habituating Individuality: The Framing of Tuberculosis and

Its Material Solutions in Republican China", *Bulletin of the history of medicine 84(2)*, 2010, p.249.

3   Gross, Daniel A., "The Lazy Susan, the Classic Centerpiece of Chinese Restaurants, Is Neither Classic nor Chinese", *smithsonian.com*, February 21, 2014. (http://www.smithsonianmag.com/)

4   Gross, Daniel A., "The Lazy Susan, the Classic Centerpiece of Chinese Restaurants, Is Neither Classic nor Chinese", *smithsonian.com*, February 21, 2014. (http://www.smithsonianmag.com/)

5   Gross, Daniel A., "The Lazy Susan, the Classic Centerpiece of Chinese Restaurants, Is Neither Classic nor Chinese", *smithsonian.com*, February 21, 2014. (http://www.smithsonianmag.com/)

6   Gross, Daniel A., "The Lazy Susan, the Classic Centerpiece of Chinese Restaurants, Is Neither Classic nor Chinese", *smithsonian.com*, February 21, 2014. (http://www.smithsonianmag.com/)

7   조자호 지음, 정양완 풀어씀,《조선 요리법: 75년 전에 쓰인 한국 전통음식문화의 정수》, 책미래, 2014, 378쪽.

8   조극선,《인재일록(忍齋日錄)》, 1620년(광해군12) 12월 13일, 한국학중앙연구원 장서각, 2012 : 與朴郎對食.

9   이덕무(李德懋),《청장관전서(靑莊館全書)》제27~29권,〈사소절 1(士小節一)〉: 各對一案; 與人共食一卓; 與衆人共食一卓.

10   김상보,〈20세기 조선왕조 궁중연향 음식문화〉,《조선 후기 궁중연향문화 3》, 민속원, 2005, 433쪽.《조선왕조실록》에는 '교상(交床)'이란 말도 나온다. 이 교상은 '가마'를 가리키는 말이다.

11   지규식(池圭植),《하재일기(荷齋日記)》, 임진년(壬辰年) 8월 22일 : 歸川金判書宅, 交子床二坐去.

12   "교자 꾸미는 음식 목록 : 신선로·실과·정과·숙실과·회·잡누르미·떡볶이·잡채·양지머리·전유어·배숙·찜·만두·편·약밥·화채"(저자 미상,《규곤요람》, 농촌진흥청영인본, 1896; 농촌진흥청 편역,《규곤요람》, 농촌진흥청, 2010, 22쪽).

13   1880년대 후반부터 서울의 일본인 거주 지역에 일본요리옥이 등장해 성행하자 이후 이를 모방한 조선요리옥도 문을 열었다. 1890년대에 혜천관이란 조선요리옥이 광교 근처에서 영업을 했다(주영하,《식탁 위의 한국사: 메뉴로 본 20세기 한국 음식문화사》, 휴머니스트, 2013, 169~173쪽).

14   原田信男,《江戸の料理と食生活》, 小学館, 2004, 152~153쪽.

15   주영하,《그림 속의 음식, 음식 속의 역사》, 사계절, 2005, 183~145쪽; 주영하,〈식탁 위

의 근대: 〈조일통상장정 기념 연회도〉를 중심으로〉, 《음식인문학: 음식으로 본 한국의 역사와 문화》, 휴머니스트, 2011, 163~191쪽.

16 퍼시벌 로웰 지음, 조경철 옮김, 《내 기억 속의 조선, 조선 사람들》, 예담, 2001, 74쪽.

17 주영하, 《식탁 위의 한국사: 메뉴로 본 20세기 한국 음식문화사》, 휴머니스트, 2013, 42~50쪽.

18 주영하, 《식탁 위의 한국사: 메뉴로 본 20세기 한국 음식문화사》, 휴머니스트, 2013, 43~44쪽.

19 《학부내거문(學部來去文)》 통첩(通牒) 제4호(국사편찬위원회 한국사데이터베이스, 각사등록 근대 편).

20 주영하, 《식탁 위의 한국사: 메뉴로 본 20세기 한국 음식문화사》, 휴머니스트, 2013, 71쪽.

21 아지노모토의 신문 광고에 관해서는 다음 논문을 참조하기 바란다. 조희진, 〈조선인의 식생활 이미지를 이용한 아지노모도 광고: 1925~39년 동아일보를 중심으로〉, 한국학중앙연구원 한국학대학원 석사학위청구논문, 2014; 주영하, 〈동아시아 식품산업의 제국주의와 식민지주의: 깃코망형 간장, 아지노모토, 그리고 인스턴트라면〉, 《아시아리뷰》 제5권 제1호, 2015.

22 淺川巧, 《朝鮮の膳》, 工政會出版部, 1929, ⅩⅩⅩⅠⅠ.

23 〈음력 설 명절과 곳처야 할 풍속〉, 《동아일보》 1927년 2월 2일자.

24 〈국민의식생활개선〉, 《동아일보》 1949년 8월 27일자.

25 1960년대에도 "시골의 전통 있는 반가에서는 방에 친구와 둘만이 있음에도 따로 소반에 각상을 차려주는 집도 있었"다는 증언이 있다(장인용, 《식전》, 뿌리와 이파리, 2010, 298쪽).

26 한국평화문제연구소·조선과학백과사전출판사 공동편찬, 《조선향토백과 18. 민속》, 평화문제연구소, 2005, 127쪽. 북한에서는 지금도 가정에서 두레반을 많이 사용하지만, 이 책에 실린 내용이 지금의 북한 가정의 식사 예절이라고 보기는 어렵다. 북한 학자들 역시 '전통문화'를 강조하여 현재의 모순을 가리려 하고 있음을 이 내용을 통해서 알 수 있다.

27 《동아일보》 1962년 5월 11일자.

28 1977년 8월 건축학자 김홍식이 조사한 경기도의 한옥 살림집에서는 교자상에 음식을 차려놓고 가족이 둘러앉아 식사를 했다(김홍식, 〈제3장 주생활(住生活)〉, 《한국민속종합조사보고서 9. 경기도 편》, 문화공보부문화재관리국, 1978, 316쪽). 그러나 서울 동대문구 이문동의 한옥에서 살던 사람들은 '긴 네모꼴의 상'을 이용했다(김홍식, 〈제4편 의식주(衣食住)〉, 《한국민속종합조사보고서 10. 서울 편》, 문화공보부문화재관리국, 1979, 319쪽).

29 국가중요무형문화재 제99호 소반장은 1992년 11월 10일에 서울의 이인세(李仁世, 1928~2009)가 기능보유자로 인정되었다. 통영의 천상원(千相源, 1926~2001)은 소반만 만드는 장인이 아니었지만, 1974년 11월 10일 장롱과 통영반으로 국가중요무형문화재 제56호 소목장(小木匠)이 되었다.

30 전봉희·권용찬,《한옥과 한국 주택의 역사》, 동녘, 2012, 186쪽.

31 《매일경제》 1971년 6월 10일자.

32 일본의 도구학자(道具學者) 야마구치 마사토모(山口昌伴)는 차부다이가 1891년에 '탁자 (卓子) 절각(折脚)'이란 이름으로 특허 신청이 이루어졌음을 확인했다(石毛直道,《食卓文明論-チャブ台はどこに消えた?》, 中公叢書, 2005, 153쪽). 여기서 한 가지 짚고 넘어가야 할 사실이 있다. 김수성의 〈차부다이(チャブ台)의 수용과 이데올로기〉(《한일어문논집(韓日語文論集)》 제11집, 2007)라는 논문이 있다. 이 논문은 앞의 책을 그대로 번역한 글인데도 불구하고 마치 김수성 본인의 연구 결과인 것처럼 출판되었다. 이 논문의 참고문헌에는 앞의 책이 나오지 않는다. 따라서 명백한 표절이다.

33 '차부다이'의 어원에 대해서는 이외에도 '차부다이(茶袱台), 차부다이(茶部台), 차부다이(食机)'에서 왔다는 주장도 있다.

34 石毛直道,《食卓文明論-チャブ台はどこに消えた?》, 中公叢書, 2005, 153쪽.

35 차부다이는 일본의 가정에서 '공통형+공간전개형'의 단란한 가족 식사를 실현시켰다(石毛直道,《食卓文明論-チャブ台はどこに消えた?》, 中公叢書, 2005, 158~164쪽).

36 박부진, 〈거주 공간의 이용 관행과 가족관계〉, 《성, 가족, 그리고 문화: 인류학적 접근》, 집문당, 1997, 153쪽.

37 주영하, 〈경기북부의 식생활〉, 〈경기동부의 식생활〉, 《경기민속지Ⅳ-의·식·주 편》, 경기도박물관, 2001, 236~344쪽; 주영하, 〈이천의 생활문화〉, 《이천시사》, 이천시사편찬위원회, 2001.

38 전남일, 〈한국 주거내부공간의 근대화요소에 관한 연구-주거사회학적, 문화인류학적, 페미니즘적, 공간구조적 관점에서 본〉, 《한국가정관리학회지》 제20권 4호, 2002, 8쪽.

5 왜 회식 자리에 명당이 따로 있을까?

1 Chaillé-Long, Charles, *La Corée ou Tchôsen*, Ernest Leroux, Éditeur, 1894, p.52(샤이에 통 지음, 성귀수 옮김, 〈코리아 혹은 조선〉, 《조선기행》, 눈빛, 2001, 294쪽) : De la salle de réception où je me trouvai obligé d'accepter un verre de sal, nous passâmes à la salle à manger, où notre hôte nous plaça à table: à côté de chacun de nous se tenait une de ces singulières créatures, les kisangs. 샤를 샤이에 롱 베가 조병식의 집에서 접견실과 식당을 구분한 이유는 아마도 자신의 입장에서 보았기 때문일 것이다. 조병식은 외국인 손님을 접대하기 위해서 사랑채에 접견실을 만들고, 안채의 대청에 식당을 조성했을 가능성이 크다.

2 〈회식에도 '명당자리' 있다〉,《중앙일보》2008년 5월 20일자.

3 하이드룬 메르클레 지음, 신혜원 옮김,《식탁 위의 쾌락》, 열대림, 2005, 118쪽.

4 하이드룬 메르클레 지음, 신혜원 옮김,《식탁 위의 쾌락》, 열대림, 2005, 118쪽.

5 하이드룬 메르클레 지음, 신혜원 옮김,《식탁 위의 쾌락》, 열대림, 2005, 170쪽.

6 하이드룬 메르클레 지음, 신혜원 옮김,《식탁 위의 쾌락》, 열대림, 2005, 177쪽.

7 로이 스트롱 지음, 강주헌 옮김,《권력자들의 만찬》, 넥서스BOOKS, 2005, 405쪽.

8 西澤治彦,〈中國における宴會〉,《アジア遊學: 世界の宴會》, 勉誠出版, 2004, 63쪽.

9 유희춘(柳希春),《미암집(眉巖集)》제4권,〈정훈내편(庭訓內篇) · 존비장유 제1(尊卑長幼第一)〉: 凡公館. 有北壁座. 主座也. 當窓而坐. 客座也. 正向東西者. 主座也. 依北邊而坐者. 客座也. 依南邊而坐者. 主座也. (한국고전번역DB)

10 유희춘,《미암집》제4권,〈정훈내편 · 존비장유 제1〉: 凡衆坐. 必有北壁東西壁南行. 非定定之四方. 乃運用之四方也. 初入處爲南行. 最卑者居之. 南向仰之處爲北壁. 最尊者居之. 無隔等則虛其位 其次. 分東西坐. 若尊卑同壁. 則卑者差後. (한국고전번역DB)

11 이날의 좌석 배치에 대해《정조실록(正祖實錄)》번역문에는 '자궁의 자리 동쪽에 어좌를 설치(設御座於慈宮座東)'라고 적었다. 그러나 이때의 동쪽은 자궁의 오른쪽을 뜻한다. 원래 고대 중국과 조선에서는 왕자의 자리를 동쪽으로 인식했다. 그런데 이날 정조는 어머니 혜경궁 홍씨의 서쪽에 앉았다. 그 이유를 알 수 없으나 사관은 오른쪽이란 의미를 가진 '동(東)'으로 표기하여 이 혼란을 해결한 듯하다.《정조실록》42권, 정조 19년(1795) 윤2월 13일 : 御奉壽堂, 進饌于惠慶宮. 前一日, 尙寢帥其屬, 設慈宮座於行宮內殿北壁南向, 印案於座東, 香案二於前楹左右. 設御座於慈宮座東, 拜位於階上北向, 褥位於殿內當中北向. 典贊設內外命婦侍位於前楹簾內, 北上相向, 拜位於殿前左右, 外位於庭中, 俱北向相對. 又設儀賓, 戚臣侍位於前楹簾外左右, 北上相向, 拜位於殿前左右, 北上相對. 이 그림에 대한 상세한 내용은 주영하,《그림 속의 음식, 음식 속의 역사》, 사계절, 2005, 116~123쪽을 참조하기 바란다.

12 이 그림에 대한 상세한 내용은 주영하,《그림 속의 음식, 음식 속의 역사》, 사계절, 2005, 186~193쪽을 참조하기 바란다.

13 《논어(論語)》,〈위정(爲政)〉: 子曰爲政以德譬如北辰居其所而衆星共之.

14 지현주,〈『주자가례(朱子家禮)』에 내재된 방위관(方位觀)과 질서의식(秩序儀式)에 관한 연구-통례(通禮) 및 관례(冠禮)와 혼례(昏禮)를 중심으로〉,《동양철학연구》제7집, 2013, 121~128쪽.

15 왕런샹 지음, 주영하 옮김,《중국음식문화사》, 민음사, 2010, 231~233쪽.

16 사마천(司馬遷),《사기(史記)》권99,〈유경 · 숙손통열전(劉敬叔孫通列傳)〉: 漢五年, 已並天下, 諸侯共尊漢王爲皇帝於定陶, 叔孫通就其儀號 高帝悉去秦苛儀法, 爲簡易. 群臣飮酒爭功, 醉或妄呼, 拔劍擊柱, 高帝患之. 叔孫通知上益厭之也, 說上曰夫儒者難與進

取, 可與守成. 臣原徵魯諸生, 與臣弟子共起朝儀. 高帝日得無難乎? 叔孫通曰五帝異
樂, 三王不同禮. 禮者, 因時世人情為之節文者也. 故夏'殷' 周之禮所因損益可知者, 謂
不相複也. 臣原頗采古禮與秦儀雜就之. 上日可試為之, 令易知, 度吾所能行為之.

17 왕런샹 지음, 주영하 옮김,《중국음식문화사》, 민음사, 2010, 231~233쪽.

18 사마천,《사기》권99,〈유경·숙손통열전〉: 漢七年, 長樂宮成, 諸侯群臣皆朝十月. 儀:
先平明, 謁者治禮, 引以次入殿門, 廷中陳車騎步卒衛宮, 設兵張旗志. 傳言「趨」. 殿下
郎中俠陛, 陛數百人. 功臣列侯諸將軍軍吏以次陳西方, 東鄉 ; 文官丞相以下陳東方,
西鄉.

19 이규보(李奎報),《동국이상국집(東國李相國集)》제5권,〈차운오동각세문정고원제학사삼
백운시(次韻吳東閣世文呈誥院諸學士三百韻詩)〉: 累聖享雍熙, 肇制宮懸樂, 初陳蔌纂儀.

20 사마천,《사기》권99,〈유경·숙손통열전〉: 遂與所徵三十人西, 及上左右為學者與其弟
子百餘人為綿蕞野外.

21 나는 이 그림의 좌석 배치에 대해 다음의 글에서 잘못 설명했다. 주영하,《그림 속의 음
식, 음식 속의 역사》, 사계절, 2005, 183~145쪽; 주영하,〈식탁 위의 근대:〈조일통상장정
기념 연회도〉를 중심으로〉,《음식인문학: 음식으로 본 한국의 역사와 문화》, 휴머니스트,
2011, 163~191쪽. 다행히 한국음악학자 이정희가 박사학위논문(이정희,〈개항기 근대식
궁정연회의 성립과 공연문화사적 의의〉, 서울대학교 대학원 한국음악학 전공 박사학위청구논문,
2010)에서 나의 오류를 지적해주었고, 이 글에서 수정하였다.

22 식탁의 가운데 놓인 고임음식은 조선식이다(주영하,〈식탁 위의 근대: 1883년 조일통상조약
기념 연회도를 통해서〉,《사회와 역사》통권 66호, 2004, 23~24쪽).

23 주영하,〈식탁 위의 근대: 1883년 조일통상조약 기념 연회도를 통해서〉,《사회와 역사》
통권 66호, 2004, 14~19쪽.

24 이정희,〈개항기 근대식 궁정연회의 성립과 공연문화사적 의의〉, 서울대학교 대학원 한국
음악학 전공 박사학위청구논문, 2010, 87쪽.

25 《연회도(宴會圖)》《서울대학교 규장각한국학연구원 소장, 奎 15261: 1889년 2월부터 1894년 9
월 사이에 있었던 각종 연회에서의 좌석을 배치한 그림) 1쪽.

26 이정희,〈개항기 근대식 궁정연회의 성립과 공연문화사적 의의〉, 서울대학교 대학원 한국
음악학 전공 박사학위청구논문, 2010, 88쪽.

27 《대한예전(大韓禮典)》권5, 한국학중앙연구원 장서각 소장, 藏K2-2123, 403쪽.

28 텔레비전이 잘 보이는 자리에 집안의 어른이 앉아 식사하는 모습은 1980년대 이후 아파
트와 텔레비전이 보편화되면서 생겨난 도시 가정의 일반적인 풍경이다. 나는 삼형제 가
운데 막내이다. 명절 때 부모님과 형들 가족까지 모두 모여서 식사를 하면 나를 비롯해
우리 가족의 자리는 언제나 텔레비전을 등진 곳이다. 하지만 처가에서는 내가 맏사위라
서 장인어른과 나란히 텔레비전이 잘 보이는 자리에 앉는다. 명절 당일 아침식사 때는 말

석, 저녁식사 때는 상석이 나의 자리다(주영하, 〈식구론: 주택과 가족제도의 변화가 음식 소비에 미친 영향〉, 《음식인문학: 음식으로 본 한국의 역사와 문화》, 휴머니스트, 2011, 58~63쪽).

29 浅野久枝, 〈招かれる客招かれざる客〉, 《アジア遊學: 世界の宴會》, 勉誠出版, 2004, 26~27쪽.

6 왜 그 많던 도자기 식기가 사라졌을까?

1 Hesse-Wartegg, Ernst von., *Korea: Eine Sommerreise nach dem Lande der Morgenruhe 1894*, Dresden, Carl Reissner, 1895(에른스트 폰 헤세 바르텍 지음, 정현규 옮김, 《조선, 1894년 여름》, 책과함께, 2012, 297쪽).

2 게오르그 짐멜 지음, 김덕영 외 옮김, 〈식사의 사회학〉, 《짐멜의 모더니티 읽기》, 새물결, 2005, 145쪽.

3 "화남의 여기저기에서 가마 안에서 땔감인 나무가 타면서 재가 그릇 표면에 우연히 달라붙어 후에 유리처럼 광택이 있고 방수의 효과가 있는 것을 발견하였다"(방병선, 《중국도자사 연구》, 경인문화사, 2012, 10쪽).

4 방병선, 《중국도자사 연구》, 경인문화사, 2012.

5 Valenstein, Suzanne G., A Handbook of Chinese Ceramics, *Wayback Machine*(Metropolitan Museum of Art) September 9, 2016, p.22.

6 詹嘉, 〈15~18世紀 景德鎮 陶瓷 對歐洲 飮食文化的 影響〉, 《江西社會科學》 2013年 第1期, 2013.

7 영국의 토머스 프라이(Thomas Frye)는 1748년 런던 동쪽의 보우(Bow) 지역에 있는 도자기 공장에서 백토 대신에 소의 뼛가루를 넣은 본차이나(bone china)를 개발했다.

8 주영하, 〈어떤 그릇에 담아 먹을 것인가〉, 《신동아(新東亞)》 2008년 7월호.

9 이색, 《목은시고》 제10권, 〈동지(冬至)〉: 豆粥如酥翠鉢深.

10 이강한, 《고려의 자기, 원제국과 만나다》, 한국학중앙연구원출판부, 2016, 134쪽.

11 《태종실록(太宗實錄)》 13권, 태종 7년(1407) 1월 19일 갑술 2번째 기사: 金銀器皿, 除內用國用外, 下令中外, 一切禁止, 國中皆用沙漆器.

12 《태종실록》 14권, 태종 7년(1407) 10월 24일 갑진 1번째 기사: 금과 은은 우리나라에서 나지 않는 것으로, 국가에서 매번 공물을 수집할 때마다 값을 배나 주고 사들인다고 해도 이를 바치는 자가 적습니다. 이 때문에 궁내(宮內)에서 쓰는 것과 나랏일에 쓰는 것을 제외하고는 일절 금지한다는 명문화된 법령이 이미 있는데도, 관리들이 이를 잘 지키지 않습니다. 이제부터는 각 품(品)의 품대(品帶)와 양부(兩府) 이상의 은호병(銀胡瓶)·은선

배(銀鐥杯) · 은시저(銀匙筯), 4품 이상의 은선배(銀鐥杯) · 은시저(銀匙筯), 사대부가(士大夫家)의 명부(命婦)의 수식(首飾), 외방 각 관(官)의 은선배(銀鐥杯) 외에는 사사로이 금은기명(金銀器皿)을 쓰지 못하게 하면, 사람들이 모두 용도가 간절하지 않은 것을 알아서, 그것을 구할 때 모두 나라에 바칠 것이고, 또 풍속이 순박하고 검소한 것을 숭상하게 될 것입니다(金銀, 本國不産之物. 國家每當貢獻之時, 倍價收買, 鮮有納之者. 是以除內用國用外, 一切禁止, 已有著令, 有司不肯擧行. 自今各品品帶及兩府以上銀胡甁鐥杯匙筯, 四品以上銀鐥杯匙筯, 士大夫家命婦首飾, 外方各官銀鐥杯外, 毋得私用金銀器皿, 則人皆知其不切於用, 貿易之際, 皆納於公, 而且令俗尙淳儉矣).

13 주영하, 〈문화체계로서의 기술(technology): 중국 이족의 옻칠 기술을 중심으로〉, 《비교문화연구》 제5호, 245쪽.

14 《세종실록(世宗實錄)》 11권, 세종 3년(1421) 4월 16일 무신 5번째 기사 : 진상하는 그릇은 대개 마음을 써서 튼튼하게 제조하지 아니하였기 때문에 오래 가지 않아서 파손되니, 지금부터는 그릇 밑바닥에 만든 장인의 이름을 써넣어서 후일의 참고로 삼고, 마음을 써서 만들지 않은 자에게는 그 그릇을 물어넣게 하소서(工曹啓: "凡進上器皿, 不用心堅緻造作, 緣此不久破毁. 今後於器皿底, 書造作匠名, 以憑後考, 其不用心者, 徵其器皿." 從之).

15 성현 지음, 김남이 · 전지원 외 옮김, 《용재총화》, 휴머니스트, 2015, 489쪽.

16 방병선, 〈왕실의 식기〉, 《조선왕조 궁중음식 고문헌 아카이브 구축, 조선왕조 궁중음식 고문헌 자료집 8, 대중서 기본 원고》, 한국학중앙연구원조선왕조궁중음식고문헌연구단, 2012, 43쪽.

17 성현 지음, 김남이 · 전지원 외 옮김, 《용재총화》, 휴머니스트, 2015, 489~490쪽.

18 성현 지음, 김남이 · 전지원 외 옮김, 《용재총화》, 휴머니스트, 2015, 489~490쪽.

19 《세조실록(世祖實錄)》 34권, 세조 10년(1464) 8월 7일 무자 3번째 기사 : 全羅道敬差官丘致峒採順天府回回靑相似石, 畫沙器燔造, 竝採康津縣靑鐵以進.

20 《예종실록(睿宗實錄)》 8권, 예종 1년(1469) 10월 5일 을묘 2번째 기사 : 康津縣所産回回靑, 曾已採取試驗, 間有眞實者. 卿可訪問, 公私沙器燔造時, 須用回回靑, 疑似沙土, 試驗以啓. 邑人得此彩色以進者, 或賞職, 超資敍用, 或賞布五十匹, 廣諭本道居民.

21 《광해군일기(光海君日記) [중초본]》 139권, 광해 11년(1619) 4월 17일 경오 1번째 기사 : 己未四月十七日庚午以回回靑貿來事. 傳曰: "此彩色, 命下累年, 無意貿來矣, 而李弘虬盡心貿來, 極爲可嘉, 參酌施賞."

22 사사키초우(佐佐木忠右), 〈부업(副業)의 성(盛)한 도야미리(道也味里)-경기도(京畿道) 시흥군(始興郡) 북면(北面) 도림리(道林里)의 일부락(一部落)〉, 《조선(朝鮮)》, 1924년 1월~6월.

23 개화기 조선 왕실에서는 서양식 연회를 도입하면서 식기 또한 서양 식기를 쓰게 되었다. 특히 외무를 맡은 관리들은 서양의 외교관들을 맞이하는 연회를 자주 베풀었는데, 이때

주로 서유럽에서 직접 수입한 도자기와 일본에서 제작된 도자기를 사용했다. 현재 국립
고궁박물관의 수장고에는 그 당시 사용한 서양식 도자기 식기가 다수 보관되어 있다. 이
와 관련된 문헌자료로는《농상공부내거문(農商工部來去文)》3책(서울대학교 규장각한국학
연구원 소장, 奎 17802-v.1-11);《학부내거문》통첩 제4호(국사편찬위원회 한국사데이터베이
스, 각사등록 근대 편) 등이 있다.

24 흙으로 그릇 형태를 만들어 불에 구워낸 것이 질그릇이며, 여기에 유약으로 잿물을 바른
뒤 말려서 구운 것이 오지그릇이다. 그래서 질그릇의 색깔은 회색에 가깝고, 오지그릇의
색깔은 짙은 밤색에 가깝다. 당연히 오지그릇이 질그릇에 비해 값이 더 나간다. 아울러
유약을 바른 오지그릇은 질그릇에 비해 내구성이 더 낫다(주영하,《그림 속의 음식, 음식 속
의 역사》, 사계절, 2005, 67쪽).

25 주영하, 〈수공업〉,《경기민속지VI 생업기술 · 공예 편》, 경기도박물관, 2003, 279~280쪽.

26 Andrady AL and Neal MA(July 2009), "Applications and societal benefits of
plastics", *Philos. Trans. Roy. Soc. Lond., B, Biol. Sci.*, 364(1526): 1977–84.
doi:10.1098/rstb.2008.0304. PMC 2873019. PMID 19528050.

27 Foodservice Packaging Institute, "A Brief History of Foodservice
Packaging", 2006(http://www.fpi.org/fpi/files/fpiLibraryData/
DOCUMENTFILENAME/000000000252/A_Brief_History_of_Foodservice_Packaging.pdf)

28 1970년 3월 13일자《동아일보》의 〈플라스틱 식기 사용 금지〉라는 기사에서 "시중에 범
람하고 있는 합성수지 제품인 일부 플라스틱 식기구에서 인체에 해로운 포르말린이 검출
되어 서울시 당국은 각 제조업자에게 플라스틱 식기를 다른 용구로 전환 제조토록 지시
하고 각 요식업소에서는 이를 일절 사용하지 말도록 지시했다"는 내용을 실었다.

29 1972년 3월 17일자《동아일보》의 〈유해 플라스틱 식기 나돌아 수거 폐기 지시, 서울시〉
라는 기사에서 "이 타르 색소가 인체에 들어가면 간장 기능을 저해시키고 암까지 유발시
킬 가능성이 있다는 것인데, 시 당국은 이 유해 식기를 만든 제조업소의 소재를 찾았으나
17일 현재까지 소재 파악을 못하고 있다"는 내용을 실었다.

30 1973년 8월 16일자《동아일보》의 〈편리하지만 유해 플라스틱제 용기〉라는 기사에서 "우
리나라에서도 70년 3월 플라스틱 식기에 몸에 해로운 포르말린이 검출되어 그 사용을 금
지한 적이 있었지만 플라스틱 그릇은 변함없이 널리 애용되고 있다"는 내용을 실었다. 그
러면서 음식점에서 사용하는 대표적인 플라스틱 식기는 접시 · 대접 · 공기 · 간장 그릇 등
이라고 했다.

31 도예가 신한균은 일본의 근대적 요리와 식기의 미학적 맥락을 완성한 기타오지 로산진
(北大路魯山人, 1883~1959)이 1919년 평양 기생집 식탁에 놓인 멋진 조선 도자기에 반
한 점을 강조했다. 조선의 막사발에 감동했던 야나기 무네요시(柳宗悅)도 많은 한국인 도
자학자가 자주 언급하는 인물이다. 오늘날 한국의 도예가들은 사라진 조선의 자기 식기

를 재생하려고 노력하고 있다(신한균·박영봉,《로산진 평전》, 아우라, 2015, 11쪽).

32 이 책이 출판되기 전에 이 글의 초고는 문화체육관광부·한국문화원연합회,《한식문화사전》, 2017, 72~78쪽에 전제되었다.

33 강진형·안빈·홍종숙,《이야기가 있는 아름다운 우리 식기》, 교문사, 2006, 31쪽.

34 한국평화문제연구소·조선과학백과사전출판사 공동편찬,《조선향토백과 18. 민속》, 평화문제연구소, 2005, 103쪽.

35 한국평화문제연구소·조선과학백과사전출판사 공동편찬,《조선향토백과 18. 민속》, 평화문제연구소, 2005, 103쪽.

36 한국평화문제연구소·조선과학백과사전출판사 공동편찬,《조선향토백과 18. 민속》, 평화문제연구소, 2005, 102~103쪽.

37 한국평화문제연구소·조선과학백과사전출판사 공동편찬,《조선향토백과 18. 민속》, 평화문제연구소, 2005, 103쪽.

38 조자호 지음, 정양완 풀어씀,《조선요리법: 75년 전에 쓰인 한국 전통음식문화의 정수》, 책미래, 2014, 264쪽.

39 강진형·안빈·홍종숙,《이야기가 있는 아름다운 우리 식기》, 교문사, 2006, 35쪽.

40 《승정원일기(承政院日記)》92책 (탈초본 1746책) 정조 19년 6월 18일 기사 : 畵唐甫兒芥子一器, 畵唐甫兒醋醬一器, 畵唐甫兒燒酒三鐥.

41 강진형·안빈·홍종숙,《이야기가 있는 아름다운 우리 식기》, 교문사, 2006, 32쪽.

42 한국평화문제연구소·조선과학백과사전출판사 공동편찬,《조선향토백과 18. 민속》, 평화문제연구소, 2005, 104~105쪽.

43 강진형·안빈·홍종숙,《이야기가 있는 아름다운 우리 식기》, 교문사, 2006, 34쪽.

44 한국평화문제연구소·조선과학백과사전출판사 공동편찬,《조선향토백과 18. 민속》, 평화문제연구소, 2005, 104쪽.

45 한국평화문제연구소·조선과학백과사전출판사 공동편찬,《조선향토백과 18. 민속》, 평화문제연구소, 2005, 105쪽.

46 강진형·안빈·홍종숙,《이야기가 있는 아름다운 우리 식기》, 교문사, 2006, 34쪽.

47 《매일경제》1971년 2월 2일자.

7 왜 밥을 스테인리스 스틸 그릇에 담을까?

1 Ducrocq, Georges., *Pauvre et Douce Corée*, H. Champion, 1904, p.22(Un pâté de maisons est occupé par les quincailliers. Leurs petites échoppes sont étincelantes, les

marmites, les bols, les tasses de cuivre poli reluisent comme des miroirs. Le Coréen aime cette batterie de cuisine clinquante qui lui donne l'illusion d'une vaisselle d'or.); 조르주 뒤크로 지음, 최미경 옮김《가련하고 정다운 나라, 조선》. 눈빛, 2001, 86쪽.

2 Fleming, Stuart J., *Roman Glass: Reflections on Cultural Change*, University of Pennsylvania Museum of Archaeology and Anthropology, 1999.

3 Carter, C. Barry & Norton, M. Grant., *Ceramic Materials: Science and Engineering*, Springer, 2013, p.26.

4 페르낭 브로델 지음, 주경철 옮김,《물질문명과 자본주의 I -1, 일상생활의 구조 상》, 까치, 1995, 281쪽.

5 페르낭 브로델 지음, 주경철 옮김,《물질문명과 자본주의 I -1, 일상생활의 구조 상》, 까치, 1995, 281쪽.

6 홍정실,《유기》, 대원사, 1989, 70쪽.

7 홍정실,《유기》, 대원사, 1989, 70쪽.

8 홍정실,《유기》, 대원사, 1989, 71쪽.

9 정의도,《한국 고대 숟가락 연구》, 경인문화사, 2014, 586~588쪽.

10 정의도,《한국 고대 숟가락 연구》, 경인문화사, 2014, 586~588쪽.

11 《연려실기술 별집》제11권, 〈정교전고(政敎典故)·전화(錢貨)와 면포(綿布)〉(출처: 한국고전번역종합DB).

12 《연려실기술 별집》제11권, 〈정교전고·전화와 면포〉(출처: 한국고전번역종합DB).

13 강만길,《고쳐 쓴 한국근대사》, 창비, 2006, 151~153쪽.

14 이규경(李圭景),《오주연문장전산고(五洲衍文長箋散稿)》, 〈금은동광변증설(金銀銅鑛辨證說)〉: 銅鑛亦但記所聞. 嶺南淸道郡雲門山雲門寺東十餘里上余巖近處産銅. 品如倭銅. 關東寧越府上洞斗巖. 距府百餘里産銅. 性硬且濁. 湖西永春縣爐銀峙越三里許. 産銅而濁. 延豊縣松洞距五佳鬼洞十五里許. 有銅鑛二穴.

15 유득공(柳得恭),《경도잡지(京都雜誌)》권1, 〈풍속(風俗)·기집(器什)〉: 俗重鍮器, 人必具飯湯蔬炙, 一卓之用, 至類盆夜壺, 皆以鍮鑄.

16 서유구,《임원경제지》, 〈섬용지〉: 東俗最貴鍮器, 朝夕登盤之器, 皆用鍮器, (중략) 古則惟豪富之家, 如用鍮器, 今則荒村織戶之中. 無不鍮, 盂鍮碗數三四矣. 處處鍮匠開爐鼓治, 湖南求禮者, 名於國中, 近年松都人亦善爲.

17 홍정실,《유기》, 대원사, 1989, 71쪽.

18 Cobb, Harold M., *The History of Stainless Steel*, ASM International, 2010, p.41.

19 《경향신문》1958년 2월 3일자.

20 《동아일보》1933년 12월 19일자.

21 문경석탄박물관 소장품 중에 월급봉투가 있다.

22 《매일경제》1967년 6월 24일자.

23 제기의 경우 1980년대 초반에도 '스텐 그릇'으로 바꾸는 가정이 많았다.

24 "인기가 좋은 물건일수록 가짜가 많고 조악품도 많이 나돌기 마련이지만 유기그릇에다 「메끼」를 해서 「스테인레스」라고 공공연히 팔고 있는 유사품도 벌써부터 시중에 나돌기 시작했다"(〈스테인레스〉, 《매일경제》1967년 2월 14일자).

25 《경향신문》1970년 11월 12일자에 실린 독자 투고 가운데 일부다. 이 기사는 경상북도 영덕군 병곡면 송천1동 권수향이 보낸 사연이다. 노모 혼자 있는 집에 그릇 장사가 와서 '메끼'를 칠한 불량 '스텐 그릇'을 팔고 놋그릇으로 바꾸어 갔다며 그 울분을 담은 글을 신문사에 투고했다.

26 〈음식점(飮食店)선 공기밥만 팔게〉, 《동아일보》1974년 12월 4일자.

27 〈12일까지 계몽(啓蒙) 식당(食堂)의 '공기밥' 의무화(義務化)〉, 《동아일보》1976년 6월 29일자.

28 다만 비빔밥·볶음밥·잡채밥·짜장밥·덮밥·카레라이스·오므라이스·하이라이스 등은 스텐 밥공기를 사용하지 않아도 되었다.

29 〈음식점 밥그릇 공기로 바뀐다〉, 《동아일보》1980년 12월 26일자.

30 2015년 12월 1일 '스텐 공기' 전문 생산업체인 남양주 내셔널스텐 박영환 사장과의 인터뷰.

31 황교익, 〈[황교익의 미식생활(味食生活)] 공깃밥 값은 꼬박꼬박 받으면서… 밥은 유료, 빵은 무료〉, 《주간동아》738호, 2010, 84쪽.

32 심지어 스텐 밥공기는 한국의 관광기념품으로 소개되기도 한다. 비록 정부의 강제적인 절미운동으로 만들어진 그릇이지만, 지금의 한국 문화를 설명하는 데 의미 있는 관광상품이라는 것이다. 그런데 황교익은 스텐 밥공기를 매우 부정적인 시선으로 본다(황교익, 〈[황교익의 미식생활] 기념품 스테인리스 공기 외국인 시선 왜곡하라〉, 《주간동아》786호, 2011, 70쪽). 타당한 주장이라고 할 수도 있지만 스텐 밥공기가 지난 100여 년 동안 한국 사회가 겪어온 역사적 산물이라는 점도 부정할 수 없다.

33 프랑스의 사회학자 부르디외는 학력자본, 상징자본, 사회관계자본 등이 각 계층별로 불평등과 차별을 만든다고 하면서 음식이 그것을 구별 짓는 중요한 요소라고 보았다. 한국인의 식탁에서 계층별 식기의 '구별짓기'가 거의 없다는 점은 무엇을 말하는 것일까? 삐에르 부르디외 지음, 최종철 옮김, 《구별짓기: 문화와 취향의 사회학(상)》, 새물결, 2005.

8 왜 숟가락과 젓가락을 함께 사용할까?

1 　노르베르트 베버 지음, 박일영·장정란 옮김, 《고요한 아침의 나라》, 분도출판사, 2012, 271쪽.

2 　Weber, Norbert., *Im Lande der Morgenstille. Reiseerinnerungen an Korea*, München:Seidel, 1915; 노르베르트 베버 지음, 박일영·장정란 옮김, 《고요한 아침의 나라》, 분도출판사, 2012, 270쪽.

3 　페르낭 브로델 지음, 주경철 옮김, 《물질문명과 자본주의 I-1, 일상생활의 구조 상》, 까치, 1995, 281~282쪽.

4 　왼손은 화장실에서 용변 볼 때 사용하는 손이기 때문에 오른손만으로 식사를 한다. 음식을 집은 손가락을 입으로 잘 빨아야 식사가 마무리된다. Kalmanp, Bobbie, *India: The Culture*, Crabtree Publishing Company, 2009, p.29.

5 　왕런샹 지음, 주영하 옮김, 《중국음식문화사》, 민음사, 2010, 52~55쪽.

6 　Q. 에드워드 왕 지음, 김병순 옮김, 《젓가락: 동아시아 5,000년 음식문화를 집어 올린 도구》, 따비, 2017, 105쪽.

7 　Q. 에드워드 왕 지음, 김병순 옮김, 《젓가락: 동아시아 5,000년 음식문화를 집어 올린 도구》, 따비, 2017, 56쪽.

8 　Q. 에드워드 왕은 밀가루 음식이 유행하기 시작한 1세기쯤부터 젓가락이 숟가락의 최고 자리를 넘보기 시작했다고 보았다(Q. 에드워드 왕 지음, 김병순 옮김, 《젓가락: 동아시아 5,000년 음식문화를 집어 올린 도구》, 따비, 2017, 57~58쪽).

9 　Q. 에드워드 왕 지음, 김병순 옮김, 《젓가락: 동아시아 5,000년 음식문화를 집어 올린 도구》, 따비, 2017, 87쪽.

10 　조익(趙翼), 《해여총고(陔餘叢考)》 권43, 〈청건륭55년담이당각본(清乾隆五十五年湛貽堂刻本)〉: 呼箸爲快; 俗呼箸爲快子, 陸容菽園雜記謂, 起於吳中, 凡舟行諱住諱翻, 故呼箸爲快子.

11 　石川寬子(編著), 《食生活と文化》, 弘學出版, 1989, 234쪽.

12 　石毛直道, 〈食事と酒 タバコ〉, 《日本人の生活》, 研究社. 1976, 65쪽.

13 　石川寬子(編著), 《食生活と文化》, 弘學出版, 1989, 234쪽.

14 　젓가락에 대한 일본인의 인식은 거의 종교에 가깝다. 심리학자 야마시타 도시오(山下俊郎, 1903~1982)는 1941년 일본 어린이를 대상으로 한 연구에서 젓가락을 사용하면 손의 기능이 발달한다는 연구 결과를 보고했다(山下俊郎, 〈幼児における用箸運動の発達段階〉, 《心理學研究》 Vol.16, No.2, 1941). 심지어 최근에는 젓가락을 사용하는 생활습관을 일본인의 정신성으로 연결하려는 학자도 있다(向井由紀子·橋本慶子, 《箸(はし)》, 法政大学出版局, 2001). 과거 동아시아 여러 나라 중에서 스스로 서양에 가장 먼저 자국의 문

화를 알린 일본 지식인들은 이제 현대과학의 심리학과 아동학까지 동원하여 일본인의 젓가락 관습을 특수화하려 하고 있다.

15 정의도,《한국 고대 숟가락 연구》, 경인문화사, 2014, 605쪽.

16 정의도,《한국 고대 숟가락 연구》, 경인문화사, 2014, 605쪽.

17 1905년 무렵 제2대 주한 프랑스 공사로 근무했던 클레르 보티에(Madame Claire Vautier)와 이폴리트 프랑뎅(Hippolyte Frandin) 두 사람이 쓴 《한국에서(En Coree)》에서는 조선인이 젓가락을 사용하는 모습이 마치 '마술사' 같다고 했다. 끌라르 보티에 · 이쁘리트 프랑뎅 지음, 김상희 · 김성언 옮김,《프랑스 외교관이 본 개화기 조선》, 태학사, 2002, 57쪽.

18 Morris, Harriett., *Korean recipes*, Wichita, 1945, p.4.

19 1866년 2월 아산만 일대 탐사를 시작으로 같은 해 6월에 충청도 해미, 그리고 1868년 4월에 충청도 예산을 방문했던 독일계 유대인 오페르트는 독일로 돌아가서 조선에 대한 책을 썼다(Ernst J. Oppert, *Ein verschlossenes Land: Reisen nach Corea*, Leipzig:F. A.Brochhaus, 1880). 이 책의 영어 번역본 141쪽에 숟가락과 젓가락을 사용하여 식사하는 조선인의 모습을 묘사한 내용이 나온다. "They do not, however, eat with chopsticks, but with wooden or earthenware spoons with very long shafts, and with two-pronged forks and knives, which they handle very well; and their way of eating is decidedly preferable to, and not so disgusting to look at, as the Chinese custom, of putting the rice-bowl close to the mouth, and shoving its contents into the same with a rapidity really astonishing"(Oppert, Ernst., *A Forbidden Land: Voyages to the Corea*, With an Account of Its Geography, History, Productions and Commercial Capabilities, Etc., Kessinger Publishing, 2007, p.141). 그런데 한국어 번역본에서는 이 단락을 매우 이상하게 번역해놓았다. "조선 사람들은 중국인들처럼 식봉(食棒)을 쓰지 않고 나무나 흙을 빚어 만든 숟가락과 두 갈래의 젓가락을 능숙하게 사용하여 식사를 한다. 중국인들처럼 식기를 직접 입에 대고 음식물을 되도록 빨리 식봉으로 끌어넣는 식으로 먹는 것이 아니라 숟가락으로 음식물을 떠서 입으로 가져가기 때문에 식사하는 모습이 중국보다는 훨씬 우아하고 아름답다"(E. J. 오페르트 지음, 신복룡 · 장우영 옮김,《금단의 나라 조선》, 집문당, 2000, 121쪽). 조선 후기와 개화기 때 조선을 방문한 뒤 영어 · 프랑스 · 독일어 · 이탈리아어 등으로 기행문을 쓴 저자들이 매우 많다. 이 기행문들 중 대부분은 1990년대 후반부터 국내에서 번역 · 출판되어 한국 독자들의 많은 관심을 받았다. 그러나 일부 번역본은 전문적인 번역이 이루어지지 않아 원문을 확인하지 않을 경우 큰 오류를 범하기 쉽다.

20 《동몽수지(童蒙須知)》, 〈제5 잡세사의(雜細事宜)〉: 凡飮食, 擧匙必置箸, 擧箸必置匙. 食已, 則置匙箸于案.

21 《예기(禮記)》권8, 〈제5 음식〉: 子能食食, 教以右手.

22 주강현, 《왼손과 오른손: 좌우 상징, 억압과 금기의 문화사》, 시공사, 2002, 111쪽.

23 周達生, 《中國の食文化》, 創元社, 1989, 134쪽.

24 Q. 에드워드 왕 지음, 김병순 옮김, 《젓가락: 동아시아 5,000년 음식문화를 집어 올린 도구》, 따비, 2017, 56~57쪽.

25 주영하, 〈도구의 닮음과 문화의 다름〉, 《음식인문학: 음식으로 본 한국의 역사와 문화》, 휴머니스트, 2011, 347~348쪽.

26 Q. 에드워드 왕은 젓가락에 관한 글을 쓰기 위해 중국인은 물론이고 일본인, 베트남인, 한국인을 만났다. 그는 이들 모두가 비슷한 젓가락 사용법을 가지고 있다고 보았다(Q. 에드워드 왕 지음, 김병순 옮김, 《젓가락: 동아시아 5,000년 음식문화를 집어 올린 도구》, 따비, 2017, 331~332쪽). 그러나 좀 더 세밀하게 살폈다면, 한국인의 젓가락 사용법이 조금 다르다는 것을 확인했을 것이다.

9 왜 한 상 가득 차려놓고 먹을까?

1 Lee, Cecilia Hae-Jin, *Eating Korean: from Barbecue to Kimchi, Recipes from My Home*, Houghton Mifflin Harcourt, 2005.

2 Bratskeir, Kate., "A Guide To Banchan, Those Delicious Side Dishes Served At Korean Restaurants", *Thef Huffington Post*, 2014년 11월 14일(http://www.huffingtonpost.com/).

3 石毛直道, 《食卓文明論-チャブ台はどこに消えた》, 中公叢書, 2005, 88쪽.

4 石毛直道, 《食卓文明論-チャブ台はどこに消えた》, 中公叢書, 2005, 88쪽.

5 2014년 2월, 나는 가고시마현(鹿児島縣)의 가고시마시 교외에 있는 일본인 친구의 집을 가족과 함께 방문한 적이 있다. 나와 아내가 마련한 한국음식과 친구의 부인이 준비한 일본음식을 '공통형'으로 차려서 점심을 함께 먹었다. 그런데 식사를 하면서 나도 모르게 어느 순간부터 내 젓가락으로 직접 공통의 음식을 집어 와서 먹고 있었다. 모든 음식에 도리바시가 놓여 있었음에도 불구하고 나는 '공통형'에 너무 익숙하여 한국식으로 먹고 있었던 것이다.

6 石毛直道, 《食卓文明論-チャブ台はどこに消えた》, 中公叢書, 2005, 88쪽.

7 南　直人, 《ヨーロッパの舌はどう変わったか: 十九世紀食卓革命》, 講談社選書メチエ, 1998, 178쪽.

8 南　直人, 《ヨーロッパの舌はどう変わったか: 十九世紀食卓革命》, 講談社選書メチエ,

1998, 179~182쪽.

9 南 直人,《ヨーロッパの舌はどう変わったか: 十九世紀食卓革命》, 講談社選書メチエ, 1998, 160~173쪽.

10 페르낭 브로델 지음, 주경철 옮김,《물질문명과 자본주의 I -1, 일상생활의 구조 상》, 까치, 1995, 282쪽.

11 노르베르트 엘리아스 지음, 박미애 옮김,《문명화과정 I 》, 한길사, 1996, 246쪽.

12 Raffald, Elizabeth., *The Experienced English Housekeeper*, R. Baldwin, 1775, p.399.

13 하이드룬 메르클레 지음, 신혜원 옮김,《식탁 위의 쾌락》, 열대림, 2005, 318쪽.

14 케네스 벤디너 지음, 남경태 옮김,《그림으로 본 음식의 문화사》, 예담, 2007, 194쪽; 하이드룬 메르클레 지음, 신혜원 옮김,《식탁 위의 쾌락》, 열대림, 2005, 318~319쪽.

15 하이드룬 메르클레 지음, 신혜원 옮김,《식탁 위의 쾌락》, 열대림, 2005, 319쪽.

16 하이드룬 메르클레 지음, 신혜원 옮김,《식탁 위의 쾌락》, 열대림, 2005, 320쪽.

17 댄 주래프스키 지음, 김병화 옮김,《음식의 언어》, 어크로스, 2015, 63쪽.

18 천주교명동교회 편,《뮈텔 주교 일기 1》, 한국교회사연구소, 1986, 361쪽.

19 국문학자 이철은 조선 후기 진연·진찬의 목적이 '효'를 강조하여 왕실의 가(家)적 종법질서를 구축하는 데 목표를 두고 있다고 보았다(이철, 〈조선 진연 의례 연구: 주권의 재현을 중심으로〉, 경희대학교 대학원 박사학위청구논문, 2013).

20 조선시대 왕실 음식과 의례 양상에 대해 평생 연구한 식품학자 김상보의 글을 보기 바란다. 대표적인 논저로 김상보,《한국의 음식생활문화사》, 광문각, 1997; 김상보,《조선왕조 궁중연회식 의궤 음식의 실제》, 수학사, 2004; 김상보,《다시 보는 조선왕조 궁중음식: 『원행을묘정리의궤』를 중심으로》, 수학사, 2011 등이 있다. 진연·진찬의 다양한 측면을 알려주는 책으로는 한국정신문화연구원(편),《조선 후기 궁중연향 문화》(1~3), 민속원, 2003~2005 등이 있다. 또 진연·진찬 행사를 기록한 관련 의궤도 참고할 수 있다. 진연·진찬 의궤를 가장 많이 소장하고 있는 규장각한국학연구원과 한국학중앙연구원 장서각 홈페이지에서 원문을 직접 볼 수 있다. 번역서로는 송방송·고방자 공역,《국역 영조조갑자진연의궤(英祖朝甲子進宴儀軌)》, 민속원, 1998; 송방송·박정련 외,《국역 숙종조기해진연의궤(肅宗朝己亥進宴儀軌)》, 민속원, 2001 등이 있다.

21 《국조속오례의(國朝續五禮儀)》권2, 〈진연의(進宴儀)〉; 김상보,《한국의 음식생활문화사》, 광문각, 1997, 310~312쪽.

22 《[정해]진찬의궤》, 서울대학교 규장각한국학연구원 소장, 奎 14405 : 1887년(고종 24)

23 김상보,《한국의 음식생활문화사》, 광문각, 1997, 310~315쪽.

24 《[기축]진찬의궤》, 서울대학교 규장각한국학연구원 소장, 奎 14370 ;《순조실록(純祖實錄)》30권, 순조 29년(1829) 2월 12일 병자 1번째 기사.

25 20세기 초반 프랑스에서 유통되었던 사진엽서다. 1900년대 전후로 제국주의 국가의 식

민지 경영이 본격화되던 시기에 식민지의 생활 풍습이나 원주민들의 독특한 모습을 사진으로 찍어 전시회를 열거나 박람회 등지에서 기념품으로 판매하는 일이 유행하였다. 당시 조선에 들어온 서구인들도 조선 사람들을 사진으로 찍어 기념품처럼 만든 사진엽서를 유통시켰다(주영하, 《식탁 위의 한국사: 메뉴로 본 20세기 한국 음식문화사》, 휴머니스트, 2013, 60~62쪽).

26 이 책은 저자도 알려지지 않았을 뿐 아니라, 현재 전하는 책은 지질이 조선 후기에 사용되던 한지도 아니다. '대구인쇄합자회사인행(大邱印刷合資會社印行)'과 '상주군청(尙州郡廳)'이란 글자가 붉은색으로 인쇄되어 있는 근대 종이인 미농지(美濃紙)의 괘지(罫紙)에 써서 묶은 책이다. 대구인쇄합자회사는 1911년 일본인이 대구에 설립한 인쇄회사였다. 지금의 책이 전해진 사연은 이렇다. 1919년 경상북도 상주 군수로 부임한 심환진(沈晥鎭, 1872~1951)이 그곳 양반가에 소장되어 있던 요리책 한 권을 빌려서 부하 직원에게 필사를 시켰다. 그 부하 직원은 앞에서 밝혔던 상주군청에서 사용하던 행정용지에 그 내용을 붓으로 옮겨 적었다. 이렇게 옮겨 적어 묶은 책은 심환진의 며느리 홍정(洪貞, 1903 ~1955)에게 전해졌다가 1970년대에 지금은 고인이 된 식품학자 이성우(李盛雨, 1928~ 1992)의 눈에 띄어 세상에 알려졌다. 현재 이 책은 개인이 소장하고 있다(주영하, 《식탁 위의 한국사: 메뉴로 본 20세기 한국 음식문화사》, 휴머니스트, 2013, 66쪽).

27 국어학 연구자 신하영은 이 책의 첫 페이지에 '병정'이란 표기가 있는 것을 두고 병자년과 정축년으로 추정해 1876년과 1877년 2년 사이에 원본이 집필되었을 것이라는 의견을 내놓았다(신하영, 〈『시의전서』와 『반찬등속』의 국어학적 연구〉, 《어문학(語文學)》 제117집, 2012, 123쪽). 아울러 그는 1919년에 심환진이 상주 군수로 부임해 필사를 시켰다는 사실에 근거하면 필사자의 언어가 반영되었을 가능성도 완전히 배제하지 않는다. 다만 19세기 후반기 이후의 국어가 현대국어와 유사한 점이 많다는 점을 들어서 이 책의 원본이 작성된 시기를 19세기 후반인 1877년 전후로 본다는 것이다(신하영, 〈『시의전서』와 『반찬등속』의 국어학적 연구〉, 《어문학》 제117집, 2012, 105쪽). 그러나 내가 가지고 있는 필사본 사진에는 첫 페이지에 '병정'이란 글자가 나오지 않는다.

28 조극선, 《인재일록》, 1620(광해군 12) 12월 13일, 한국학중앙연구원 장서각, 2012 : 與朴郎對食.

29 이덕무, 《청장관전서》 제27~29권, 〈사소절 1〉 : 與人共食一卓, 若肉若餠已欲食者, 雖左毋援置于前.

30 이덕무, 《청장관전서》 제27~29권, 〈사소절 1〉 : 與衆人共食一卓, 勿蹲而攫焉.

31 이덕무, 《청장관전서》 제27~29권, 〈사소절 1〉 : 與衆人共食一卓, 勿蹲而攫焉, 雖礙毋免笠, 人或爭取四邊, 我只徐取當前而已.

32 이덕무, 《청장관전서》 제27~29권, 〈사소절 1〉 : 各對一案, 我食旣訖毋加食人之所食.

33 지금은 주인이 바뀌었다.

34 〈시계열형〉한식 상차림의 개발과 관련하여 또 다른 주장도 있다. 1981년 1월 1일부터 7년 넘게 청와대 주방장의 한식조리실장을 지낸 하원철(1939~)은 자신이 청와대에서 근무하던 당시에는 한식을 양식처럼 코스별로 차려냈다고 한다. 겨자채를 먼저 내고 그 다음에 잣죽, 삼색전, 갈비찜 혹은 너비아니, 그리고 밥과 국, 반찬을 낸 뒤에 마지막으로 과일이나 전통음료를 후식으로 내는 방식이었다(김혜숙, 〈주방장의 구술사〉, 《구술사를 통해서 본 1960년대 이후 한국 식생활사: 식품·외식업계 종사자를 중심으로》, 한국학중앙연구원한국문화심층연구 공동연구과제(AKSR2017-C03) 보고서, 2017).

35 왕런샹 지음, 주영하 옮김, 《중국음식문화사》, 민음사, 2010, 169쪽.

36 정약용(丁若鏞), 《목민심서(牧民心書)》, 〈예전(禮典)·빈객(賓客)〉: 古者. 燕饗之饌. 原有五等. 上自天子. 下至三士. 其吉凶所用. 無以外是也.

37 정약용, 《목민심서》, 〈예전·빈객〉: "내가 일찍이 《제례고(祭禮考)》를 편찬할 적에 〈빙례(聘禮)〉·〈공식례(公食禮)〉·〈소뢰례(少牢禮)〉·〈특생례(特牲禮)〉와 〈예기(禮器)〉·〈옥조(玉藻)〉·〈사상례(士喪禮)〉·〈사우례(士虞禮)〉 등 여러 편을 모으고 조사하여 그 수를 알게 된 것이다."

38 정약용, 《목민심서》, 〈예전·빈객〉: 我邦儀文. 皆降天子一等. 則觀察使巡到列邑. 法當少牢. 無以加矣.

39 그런데 정약용은 왜 태뢰 상등에게 국그릇인 형(鉶)을 일곱 개, 구이를 올린 조(俎)를 아홉 개, 나물을 올린 두(豆)를 여덟 개, 그리고 과일을 담은 변(籩)을 여덟 개를 제공하는지에 대해서는 설명하지 않았다.

40 정약용, 《목민심서》, 〈예전·빈객〉: 饗禮用少牢. 俗謂之茶啖. 則食禮. 宜用特牲. 俗謂之進支.

41 주영하, 《장수한 영조의 식생활》, 한국학중앙연구원출판부, 2014, 165쪽.

42 조자호 지음, 정양완 풀어씀, 《조선 요리법: 75년 전에 쓰인 한국 전통음식문화의 정수》, 책미래, 2014, 378쪽.

43 그러나 조선 왕실의 요리법을 정리한 한희순(韓熙順, 1889~1972)은 '십이첩반상'이란 용어를 사용하지 않았다(한희순·황혜성·이혜향, 《이조궁정요리통고(李朝宮廷料理通攷)》, 학총사, 1967, 2~3쪽).

44 식품학자 김상보는 《시의전서·음식방문》의 '반상식도'가 19세기의 문화적 혼란 시기에 잘못 집필된 것이라고 보았다. 그는 《원행을묘정리의궤》에 등장한 정조의 칠첩반상을 《시의전서·음식방문》 식으로 적용하면 삼첩반상에 불과하다고 주장했다(김상보, 《한식의 도(道)를 담다》, 와이즈북, 2017, 192~197쪽). 그러나 《원행을묘정리의궤》에서도 정조가 받은 상차림을 칠첩반상이라고 표기하지는 않았다. 이런 주장은 오히려 조선시대 상차림 규칙을 더욱 혼란스럽게 만든다. 조선시대 왕실이나 양반가에서는 음식의 종류까지 정해둔 《시의전서·음식방문》 식 상차림 규칙을 잘 모르고 있었을 가능성도 많다.

10 왜 밥·국·반찬을 한꺼번에 먹을까?

1 Gold, Jonathan., "kind of mindbending in its simplicity. And so good."(https://mobile.twitter.com/thejgold/status/388462988589424641); Gold, Jonathan., "Best Bibimbap: Okay, Maybe Not the Best, or The Happiness of Cham", *LA Weekly*, Monday, July 26, 2010; Gold, Jonathan., "Jonathan Gold's 60 Korean Dishes Every Angeleno Should Know", *LA Weekly*, Thursday, March 1, 2012. 한편, 조나단 골드는 2012년 3월 1일의 글에서는 비빔밥이 끔찍한 적도 있다고 했다. 갈가리 찢긴 채소와 밥, 매우면서도 달콤한 고추장, 튀긴 달걀이 함께 섞인 불균형은 마치 어제 샐러드 바에서 남은 음식을 마구 섞어놓은 듯하다고도 했다.

2 石毛直道, 《食の文化地理—舌のフィールドワーク》, 朝日新聞社, 1995, 5~6쪽.

3 댄 주래프스키 지음, 김병화 옮김, 《음식의 언어》, 어크로스, 2015, 335~336쪽.

4 (漢)정현(鄭玄), 《예기(禮記)》 권13, 사부총간경성본(四部叢刊景宋本), 중국기본고전적(中國基本古典籍): 不能食粥羹之以菜可也, 謂性不能者可食飯菜羹.

5 한국고전종합DB에서는 '可食飯菜羹'을 '밥과 채소국'이라고 번역했지만, 이것은 밥과 반찬과 국을 가리킨다. 여기에서의 한자 채(菜)는 반찬을 의미한다.

6 《예기》의 〈내칙〉에 열거된 천자와 귀족의 음식 가운데 찰기장·메기장·벼·조·기장·메조·늦벼·풋벼 등 여덟 가지로 지은 밥이 소개되어 있다. 그다음이 쇠고깃국·양고깃국·돼지고깃국이다. 또 《주례》에는 반찬으로는 다섯 가지 채소를 잘게 썰어 양념한 오제(五齏)와 일곱 가지 동물의 살코기를 소금에 절인 칠해(七醢), 그리고 일곱 가지 채소를 그대로 소금에 절인 칠저(七菹)가 갖추어졌다(왕런상 지음, 주영하 옮김, 《중국 음식문화사》, 민음사, 2010, 102~107쪽).

7 Q. 에드워드 왕 지음, 김병순 옮김, 《젓가락: 동아시아 5,000년 음식문화를 집어 올린 도구》, 따비, 2017, 152~153쪽.

8 篠田統, 《中国食物史》, 柴田書店, 1976, 54~56쪽.

9 왕런샹 지음, 주영하 옮김, 《중국 음식문화사》, 민음사, 2010, 225쪽.

10 오늘날 중국인들은 요리를 많이 차린 상차림에서 제일 마지막에 탕을 내놓는다. '밥+국+반찬'의 구도가 바뀌면서 생겨난 결과이다.

11 지금까지 발견된 한국의 문헌자료 가운데서 비빔밥 만드는 방법이 처음 기록된 책은 앞의 9장에서 자세하게 설명한 한글 필사본 《시의전서·음식방문》이다(주영하, 《식탁 위의 한국사: 메뉴로 본 20세기 한국 음식문화사》, 휴머니스트, 2013, 66쪽).

12 조자호 지음, 정양완 풀어씀, 《조선요리법: 75년 전에 쓰인 한국 전통음식문화의 정수》, 책미래, 2014, 264쪽.

13 유몽인(柳夢寅, 1559~1623)이 지은 《어우야담(於于野談)》 가운데 〈김인복(金仁福)의 빼

어난 입담)에도 상추쌈과 관련된 일화가 나온다. "지금 그대가 앉아 있는 밭은 땅이 기름 지고 비옥해 상추 심기에 딱 맞지요. 3, 4월이 바뀔 즈음에 개간하여 분뇨로 거름을 주고 비와 이슬이 적시면 파초처럼 커다란 이파리가 연하고 또 부드러운데, 그 파릇한 것을 붉 은 소반에 넘치게 담는다오. 봄볕이 바야흐로 따뜻해져서 열 지어 있는 항아리에 흐르는 장(醬)은 달기가 꿀 같고 색깔은 말의 피처럼 붉다오. 인천과 안산의 바다에서 그물로 밴 댕이를 잡아 시장에 내다 파는데, 그것을 사다가 굽고 그 위에 기름장을 바르면 그 향기 가 코를 찌른다오. 이에 손바닥에 상추 잎을 올려놓고, 올벼로 지은 밥을 숟가락으로 떠 서, 달짝지근한 붉은 장을 끼얹고, 거기에 잘 구운 밴댕이를 올려놓는다오. 상추쌈을 싸는 데 부산포에서 왜놈이 보따리를 묶듯이 하고, 양손을 모아 그 쌈을 들어올리기를 혜임령 (惠任嶺) 장사꾼이 짐바리를 들어올리듯이 하고, 입술이 째질 만큼 입을 꽉 벌리기를 종 루(鍾樓)에서 파루(罷漏) 후 숭례문이 활짝 열리듯이 한다오"(유몽인 지음, 신익철·이형 대·조융희·노영미 옮김, 《어우야담》, 돌베개, 2006, 630~631쪽).

14 이옥 지음, 실시학사 고전문학연구회 옮김, 《완역 이옥 전집 3. 벌레들의 괴롭힘에 대하 여》, 휴머니스트, 2009, 324~326쪽.

15 이옥 지음, 실시학사 고전문학연구회 옮김, 《완역 이옥 전집 3. 벌레들의 괴롭힘에 대하 여》, 휴머니스트, 2009, 324~326쪽.

16 이덕무는 《사소절 1》, 〈복식(服食)〉에서 쌈의 재료를 손바닥에 올려놓고 먹는 행동은 '설 만(褻慢)'하다고 했다. 곧 무례하고 방자한 행동이라는 것이다. 그가 제시한 예의 바르게 먹는 방법은 다음과 같다. "상추·쉬·김 따위로 쌈을 쌀 적에는 손바닥에 직접 놓고 싸지 말라. 무례하고 방자한 행동이 좋지 않기 때문이다. 쌈을 싸는 순서는 반드시 먼저 숟가 락으로 밥을 뭉쳐 떠 그릇 위에 가로놓은 다음 젓가락으로 쌈 두세 잎을 집어다가 뭉쳐놓 은 밥 위에 단정히 덮은 다음 비로소 숟가락을 들어다 입에 넣고 곧 장을 찍어서 먹는다. 그리고 입에 넣을 수 없을 정도로 크게 싸서 볼이 불거져 보기 싫게 말라." (한국고전종합 DB 참고)

17 서유구, 《임원경제지》, 〈정조지(鼎俎志)·취류지류(炊餾之類)〉: 낱알이 깨끗한데, 부드러 우면서도 향기롭고 기름지다.

18 이 내용은 서유문(徐有聞, 1762~1822)이 동지사(冬至使)의 서장관(書狀官) 신분으로 1798년(정조 22) 10월부터 5개월에 걸쳐 중국 베이징을 다녀오면서 쓴 한글 일기인 《무 오연행록(戊午燕行錄)》 제4권 1799년(정조 23) 1월 21일자에 나온다. 원문의 내용은 다 음과 같다. "월사(月沙) 이상공(李相公)이 명나라에 사신으로 들어왔을 때에, 한 재상이 날을 기약하여 집으로 찾아오라 하였더니, 기약한 날 그 재상이 공무가 있어 궐내(闕內) 에 들어가고 집안 식구에게 이상공을 붙들어서 그 재상이 궐에서 나오기를 기다리라 하 였는지라. 월사가 식사 전에 가니 집안 식구들이 그 재상의 말을 전하고 술과 안주로 대 접하더니, 날이 늦으니 식사 전이라 하고 돌아가고자 하거늘, 또 떡과 과일로 대접하되,

밥을 아직 먹지 못한지라 굳이 가기를 청하니, 집안 식구들이 그가 시장할까 하여 오전
에 네다섯 번을 음식을 먹이되, 끝내 식전이라 하고 돌아가니, 그 재상이 돌아와 집안 식
구의 말을 듣고 뉘우쳐 말하기를, '조선 사람은 밥을 아니 먹으면 굶는다 이르나니, 내 밥
을 대접하란 말을 잊었노라' 하더라 하니, 대체로 중원 사람은 밥을 중히 여기지 않고 각
색 떡과 과일로 조석을 대신하니 우리나라 사람이 서너 끼를 큰 그릇에 밥 먹는 것을 극
히 위태롭고 끔찍이 여기는가 싶더라." (한국고전번역DB)

19 《조선무쌍신식요리제법》에서는 "일본 사람은 국을 즙(汁)이라 하는 것이 근사한 말이니
라"고 덧붙였다. 아마도 사람들이 '탕갱(湯羹)'의 한자를 어떨 때는 탕, 어떨 때는 국, 어떨
때는 탕국이라고 쓰는 것을 두고 차라리 일본의 즙이 더 좋겠다는 판단을 한 모양이다(이
용기,《증보조선무쌍신식요리제법(增補朝鮮無雙新式料理製法)》, 영창서관, 1943, 61쪽).

20 국립국어연구원 표준국어대사전.

21 이용기,《증보조선무쌍신식요리제법》, 영창서관, 1943, 157쪽.

22 이익,《성호전집(星湖全集)》권48,〈잡저(雜著)〉: "특생삼정(特牲三鼎)과 소뢰오정(少牢
五鼎)의 예법을 고찰해보니, 삼정(三鼎)은 곧 상사(上士)의 예이다. 희생(犧牲) 한 정(鼎),
생선 한 정, 포육(脯肉)이 한 정이다. 희생은 돼지를 쓰고, 생선은 붕어를 쓴다. 포육으로
는 대부(大夫)에게 큰 사슴을 쓰고, 사(士)에게 토끼를 쓴다. 그런데 산골에 살 경우 생선
과 자라를 올리면 되고, 늪 근처에 살면 큰 사슴과 돼지를 올리면 된다. 이것을 두고 군자
는 예법을 모르는 행위라고 했다. 만약 큰 사슴, 돼지, 토끼, 붕어의 종류가 희귀하여 구하
기 어렵다면, 다른 것으로 바꿔 쓰더라도 안 될 것이 없다. 지금은 관포(官庖)에서는 소를
도살하여 백성들과 함께 먹는 것을 허락하고 있다. 비록 희생이라 하지만, 제사를 위해
서 특별히 죽인 것은 아니다. 그러나 생전에 이미 그것으로써 봉양을 하였으니, 돌아가신
뒤에 그것으로써 제사를 지내지 못할 이유가 없다. 생선도 꼭 붕어일 필요는 없고, 개천
에 사는 물고기 종류라면 모두 괜찮다. 예에 계생(雞牲)을 한음(翰音)이라고 한 글이 있
으니, 이것으로써 토끼를 대신하여 써서 삼정의 수를 맞추되, 우(杅)에다 담는다. 이것이
옛날의 이른바 형갱(鉶羹)이라는 것으로, 지금의 이른바 탕갱(湯羹)이다(按特牲三鼎少牢
五鼎. 則三鼎乃上士之禮也. 牲鼎一魚鼎一腊鼎一. 牲用豕魚用鮒腊. 大夫用麋士用兔. 然居山
以魚鼈爲禮. 居澤以麋豕爲禮. 君子謂之不知禮. 或麋鹿兔鮒之類. 稀貴難得. 替用他物. 未爲不
可. 今官庖宰牛. 許民共食. 雖曰牲. 非特殺. 生旣以養. 死未有不可以祭之理. 魚亦未必鮒. 凡
川禽之族皆可. 禮有雞牲翰音之文. 以此代兔用. 當三鼎之數. 盛之於杅. 此古之所謂鉶羹. 今之
所謂湯羹也.)" (한국고전종합DB)

23 배영동은 일상 음식과 제사 음식을 비교하여 각각에 나타난 유교적 인식과 실천의 차이
를 조망한 바 있다. 즉, 일상 음식은 어른 본위로 남성이 우선시되며, 부부유별이 강조된
다는 점을 밝혔다(배영동,〈안동 지역의 일상 음식과 제사 음식의 비교〉,《민속연구》제9집, 안동
대민속학연구소, 1999).

24 주영하, 〈음식문화에 나타난 유교적 질서와 일상화〉, 《음식인문학: 음식으로 본 한국의
    역사와 문화》, 휴머니스트, 2011, 378~384쪽.

25 김귀영, 〈한국 식문화에 있어서의 국(湯)〉, 《동아시아식생활학회지》 제13권 제5호, 2003,
    21~22쪽.

26 20세기 이후에 출판된 요리책에 소개된 음식을 보면 실제로 그 당시 사람들이 자주 요리
    해 먹던 음식이었다고 보기는 어렵다. 조선 후기의 문헌을 참조하고 집필자 자신의 지식
    을 덧붙여 백과전서 형식으로 대상 음식을 선정했을 가능성도 있다. 근대 인쇄술의 발달
    로 책이 대량 출판되면서 오히려 책을 통해 많은 요리법이 사람들에게 알려지고 확산되
    었을 가능성도 배제할 수 없다.

27 나의 베트남 출신 제자는 입 속에 쌀밥이 들어 있는 상태에서 여러 가지 반찬과 국을 넣으
    면 왠지 이상한 것을 먹고 있다는 기분이 든다고 했다. 비빔밥이 홍콩이나 베트남에서 인
    기가 있는 이유도 알고 보면 입 속에 넣기 전에 미리 여러 가지 재료를 비비기 때문이다.

28 Levi-Strauss, Claude, *Totemism*, Boston: Beacon Press, 1962.

29 요즘 시중에서 판매되는 즉석밥 한 개의 중량이 210g이다. 만약 이 정도 양의 쌀밥을 세
    끼 꼬박 365일 동안 먹는다면 약 230kg이 된다. 그러나 2013년 1인당 쌀과 보리의 소비
    량은 즉석밥을 1년 내내 매끼마다 먹는 양의 3분의 1도 되지 않는 양이다. 그만큼 한국인
    들이 밥을 적게 먹고 있는 것이다.

30 田中則雄, 《醤油から世界を見る―野田を中心とした東葛飾地方の対外関係史と醤
    油》, 東京:崙書房出版, 1999, 431~432쪽.

31 1980년대 중반부터 쌀이 남아돌기 시작하면서 식품학계는 물론이고 농식품 관련 정부
    부처와 정치가들이 나서서 쌀 소비 증대에 대한 방안을 내놓았으며, 현재도 진행 중이다.
    그런데 2016년부터는 국내산 쌀이 남아도는 데도 불구하고 '밥쌀용' 쌀을 억지로 수입해
    야 하는 무역규제 상황에 놓여 있다. 남아도는 쌀의 문제는 분명 쌀 생산을 농정의 중심
    에 두면서도 쌀밥 소비를 통제해온 1970년대 이후 정부의 잘못된 정책에서 기인한다. 쌀
    밥을 적게 먹는 최근의 현상을 외면한 채 쌀 가공식품을 개발해 소비하면 된다는 제안 역
    시 탁상공론에 지나지 않는다. 전문가라면 쌀밥이 중심인 오래된 한국식 식사 구조의 지
    속 여부에 대해서 고민해야 한다.

11 왜 식사 후에 꼭 커피를 마실까?

1 https://www.youtube.com/watch?v=aCJEmMh7ias&app

2 댄 주래프스키 지음, 김병화 옮김, 《음식의 언어》, 어크로스, 2015, 322쪽. 그런데 주래프

스키는《옥스퍼드 영어사전(Oxford English Dictionary)》에 '디저트'란 단어가 처음 등장한 때를 1895년이었다고 밝혀놓았다(같은 책 367쪽의 미주 19). 이 사실을 근거로 주래프스키는 본문의 다른 부분에서는 디저트라는 단어가 영국식 영어와 미국식 영어에 모두 도입된 때를 18세기라고 설명했다(같은 책 329쪽).

3 로이 스트롱 지음, 강주헌 옮김,《권력자들의 만찬》, 넥서스BOOKS, 2005, 400쪽.

4 댄 주래프스키 지음, 김병화 옮김,《음식의 언어》, 어크로스, 2015, 330쪽.

5 로이 스트롱 지음, 강주헌 옮김,《권력자들의 만찬》, 넥서스BOOKS, 2005, 400쪽.

6 비슷하면서도 약간 다른 두 가지 개념의 디저트는 음식의 다양한 양상을 언어학적 이론으로 분석하는 댄 주래프스키의 연구에서도 혼란을 야기했다. 그는 디저트의 역사를 살피면서 기원전 5세기의 페르시아까지 거슬러 올라갔다. 19세기 말 이후에 서유럽인과 미국인 들이 인식했던 달콤하고 부드러운 맛의 웨이퍼(wafer, 밀가루 · 콘스타치 · 우유 · 달걀노른자 등과 같은 부드러운 원료를 잘 혼합해서 유동성의 묽은 반죽을 만들어 오븐에 구운 비스킷) 같은 디저트는 본래 페르시아에서 유래된 것이라고 보았기 때문이다(댄 주래프스키 지음, 김병화 옮김,《음식의 언어》, 어크로스, 2015, 323쪽).

7 디저트 개념에 대한 혼란은 '디저트'라는 말을 모르고 살았던 한국에서 근래 만들어진 식품학 관련 사전에도 그대로 나타난다. 한국의 영양학 사전에서는 디저트를 "서양 요리의 메뉴 중, 주요리가 끝난 후에 제공되는 과자, 과일 등의 단맛이 있는 요리 코스를 이르는 말"(채범석 · 김을상,《영양학사전》, 아카데미서적, 1998〔http://terms.naver.com/〕)이라고 했다. 그러면서 "서양에서의 디저트는 종류도 단맛이 나는 팬케이크인 크레페(crepe) 같은 과자나 아이스크림이다. 물론 푸딩이나 젤리 따위도 디저트가 될 수 있다. 서양의 디저트에는 식사 후 입안을 개운하게 해주는 감미요리가 주로 쓰인다"고 했다. 그런데 식품과학 관련 사전에서는 조금 다른 내용이 나온다. 디저트는 "식사 끝의 코스명, 또는 그때 내놓은 감미요리"(한국식품과학회,《식품과학기술대사전》, 광일문화사, 2004〔http://terms.naver.com/〕)라고 했다. 그러면서 과일, 커피를 말하는 경우도 있다고 했다. 국립국어연구원의《표준국어대사전》에서는 "식사 뒤에 먹는, 과일이나 아이스크림 따위의 간단한 음식"(http://stdweb2.korean.go.kr/main.jsp)이라고 정의했다.

8 헬렌 세이버리 지음, 이지윤 옮김,《차의 지구사》, 휴머니스트, 2015, 148쪽.

9 시드니 민츠 지음, 김문호 옮김,《설탕과 권력》, 지호, 1998, 183~200쪽.

10 시드니 민츠 지음, 김문호 옮김,《설탕과 권력》, 지호, 1998, 69~70쪽.

11 Hassan, Ahmad Y,, *Transfer Of Islamic Technology To The West*, FSTC, 2006, p.27.

12 Galloway, J.H., "Sugar", *The Cambridge World History of Food*, Cambridge University Press, 2000, p.437.

13 시드니 민츠 지음, 김문호 옮김,《설탕과 권력》, 지호, 1998, 230쪽.

14 Mintz, Sideney, W., "Time, Sugar, and Sweetness", *Food and Culture: A*

Reader(Third Edition), Routledge, 2013, p.94.

15 댄 주래프스키 지음, 김병화 옮김, 《음식의 언어》, 어크로스, 2015, 331쪽.

16 댄 주래프스키 지음, 김병화 옮김, 《음식의 언어》, 어크로스, 2015, 322~327쪽.

17 댄 주래프스키 지음, 김병화 옮김, 《음식의 언어》, 어크로스, 2015, 331~332쪽.

18 댄 주래프스키 지음, 김병화 옮김, 《음식의 언어》, 어크로스, 2015, 333~336쪽.

19 이 책은 현재 국립중앙도서관에 소장되어 있다. 조선어와 영어를 대조했다고 하여 '선영 대죠'라는 말을 붙였다. 경성서양부인회 편, 《(선영 대죠) 셔양료리법(The Seould women's club cook book)》, 조선야소교서회(朝鮮耶穌敎書會), 1930.

20 모리시(慕理施), 《서양요리제법(西洋料理製法)》, 이화여자전문학교(梨花女子專門學校), 1937.

21 모리시, 《서양요리제법》, 이화여자전문학교, 1937, 139쪽.

22 심지어 이 책의 다른 편에는 '후===식(Cookies)'라는 항목도 나온다. 쿠키를 후식으로 보았기 때문이다. 모리시, 《서양요리제법》, 이화여자전문학교, 1937, 133쪽.

23 高野新太郎編, 《欧米料理法全書》, 中央堂, 1905, 493쪽.

24 《자유신문》 1947년 7월 4일자.

25 장명숙, 〈한국식 전채와 후식〉, 《새가정》 12월호(통권 198호), 1971, 106~109쪽.

26 조자호 지음, 정양완 풀어씀, 《조선 요리법: 75년 전에 쓰인 한국 전통음식문화의 정수》, 책미래, 2014, 323쪽. 이 내용은 그가 1976년에 세상을 떠나기 전에 썼을 것으로 여겨진다.

27 나는 2015년 6월 3일 문화인류학자 안티 렙배넨(Antti Leppänen)과 이에 관해 토론한 적이 있다. 안티 렙배넨은 한국인 여성과 결혼한 핀란드 출신의 연구자로, 한국의 동네 가게를 연구해 박사학위를 받았고, 최근 한국의 떡집을 현지 연구하고 있다. 그는 자신의 핀란드 친구들에게 한국의 '떡케이크'를 소개한 적이 있는데, 떡케이크만 먹어본 핀란드 사람들은 케이크와 비슷한 맛이 난다는 평을 했다. 그런데 밥을 먹고 난 뒤에 같은 떡케이크를 주니 디저트라 생각하지 않고, 밥과 같은 주식으로 받아들였다고 한다. 한국인의 주식인 쌀로 만든 떡이 서양인에게 익숙한 디저트 규칙과 어울리지 않았기 때문이다.

28 미국에서 활동하는 한국음식 전문가들 역시 이러한 과도한 대응에서 자유롭지 못하다. 미국에 거주하는 요리연구가 정순영은 《Korean Cooking》에서 대추초(Honey dates), 화전(Sticky pancakes), 식혜(Rice and malt drink), 오미자차(Berry punch), 배숙(Nadhi pear dessert), 매작과(Cinnamon cookies), 수정과(Cinnamon fruit punch with dried persimmon) 등을 대표적인 한국 후식으로 꼽았다(Soon Young Chung, Korean Cooking, Periplus, 2002, pp.113~119). 서양에 의해 재구성된 동양에 대한 인식을 '오리엔탈리즘(Orientalism)'이라고 한다면, '옥시덴탈리즘(Occidentalism)'은 동양에 의해서 재구성된 서양에 대한 인식이다. 이에 비해 미국인 미카엘 펩티드(Michael J. Pettid)는 《Korean Cuisine: An Illustrated History》에서 한국음식의 후식을 별도로 다루지 않았다(Michael

J. Pettid, *Korean Cuisine: An Illustrated History*, Reaktion Books, 2008). 그는 한국학중 앙연구원의 《한국민족문화대백과사전》 영문판 감수를 맡아 일한 적이 있었는데, 이후 자 신의 책을 집필하면서 감수 과정에서 얻은 많은 자료를 이용했다. 하지만 이에 관해 따로 언급하지 않은 점은 좀 아쉽다.

29 식품의약안전처식품기준과, 《식품공전》, 식품의약안전처, 2015.

30 2011년판 《식품공전》에서 "조제커피는 볶은 커피 또는 인스턴트커피에 식품 또는 식품 첨가물을 혼합한 것을 말한다"고 설명했으며, "액상커피는 볶은 커피의 추출액 또는 농축 액이나 인스턴트커피를 물에 용해한 것, 또는 이에 당류, 유성분, 이유크림 등을 혼합한 것을 말한다"고 밝혀두었다(식품의약품안전처, 《식품공전》, 식품의약품안전처, 2011).

31 주영하, 《음식전쟁 문화전쟁》, 사계절, 2000, 148~149쪽.

32 남주형·최홍식·권태완, 〈숭늉의 향미(香味) 성분에 관한 연구 1. 취반시(炊飯時) 온도 에 따라 생성되는 누른밥의 성분 변화에 대하여〉, 《한국식품과학회지》 v.5 no.3, 1973; 최홍식·남주형·김택제·권태완, 〈숭늉의 향미 성분에 관한 연구 2. 숭늉 향기 성분 중 pyrazine 및 carbonyI 화합물에 관하여〉, 《한국식품과학회지》 v.7 no.1, 1975.

33 조자호 지음, 정양완 풀어씀, 《조선요리법: 75년 전에 쓰인 한국 전통음식문화의 정수》, 책미래, 2014, 264~265쪽.

34 전기밥솥이 대중화되기 위해서는 전기 발전량이 안정되어야 한다. 1969년에 전기 발전 량이 증가하면서 동력 공업이나 전력을 이용한 생활의 이기(利器)들이 선보이기 시작했 다. 일제 전기밥솥은 비록 값이 비싸긴 했지만 다루기가 쉬워서 부잣집의 필수품이 되었 다(〈전기밥솥〉, 《매일경제신문》 1969년 12월 4일자).

35 "숭늉은 서양의 음료처럼 식사에 따라다니는 음료로 오래도록 우리가 애용해온 것이다. 이 숭늉이 다시금 식품공업계의 관심을 모으는 것은 여러 가지 이유가 있다. 사실 무쇠솥 이 사라져가면서 그 구수하던 숭늉 맛에 맹물 냄새가 돌게 되고 그나마 전기밥솥, 밥 눋 지 않는 솥 등의 출현으로 숭늉이 보리차로 대용되었다"(〈『구수한 맛』의 이색개발 숭늉을 현 대음료화〉, 《동아일보》 1971년 7월 30일자).

36 농업공무원교육원에서 서울을 비롯한 10대 도시의 주부를 대상으로 양곡 소비 실태를 조사한 결과를 1982년 1월 9일 발표한 내용이다(〈도시 가정 쌀 편식 줄었다〉, 《경향신문》 1982년 1월 9일자).

37 《매일경제신문》 1977년 6월 15일자.

38 동서식품주식회사, 《동서식품 30년사》, 동서식품주식회사, 1998, 31쪽.

39 동서식품주식회사, 《동서식품 30년사》, 동서식품주식회사, 1998, 35~36쪽.

40 "중국차나 일본 엽차는 일반 내객이나 식사 때에 한층 더 맛을 즐길 수 있다. 홍차는 약간 오랫동안 지체하는 손님에게 대접하고 보기에 피로한 손님에게 더욱 환영을 받을 수 있 는 차이다. 커피는 식후의 음료로서 좋은데 보통 때의 커피잔보다 약간 작은 것이 좋다"

((〈메모〉,《동아일보》1960년 6월 18일자).

41 1960년 4·19혁명 후 학생들에 의해 전개되고 있던 신생활운동에 대한 비판론과 옹호론을 소개하며 정부의 대책을 촉구하는 기사가 실렸는데, 기사 내용 중에 이런 비판 사례가 소개되었다. "그 첫째는 학생운동원들이 다방이나 '캬바레' 내에까지 뛰어들어 '양담배'나 '커피'를 버리라고 강요하는가 하면 손님에 대하여 '당신은 무엇 하는 사람이기에 대낮부터 여기 앉아 외국산 커피를 마시고 있느냐'고 일장의 설교를 퍼부었다는 점이다"(〈여적〉,《경향신문》1960년 7월 15일자).

42 1964년부터 설탕은 정부의 통제가격 대상에서 빠졌다. 비록 매점매석으로 설탕 값이 폭등하기도 했지만, 1960년대 후반이 되면 설탕은 그전에 비해 훨씬 쉽게 구할 수 있게 되었다.

43 〈커피 맛은 물 끓이기에 좌우〉,《경향신문》1991년 9월 27일자.

44 음식점뿐 아니라 안경점이나 개인 병원에서도 미니커피자판기를 설치한 곳이 많다.

45 편집부,〈미국을 중심으로 본 자판기와 커피 서비스의 역사〉,《벤딩인더스트리》7(1), 2007, 88쪽.

46 〈커피·음료·담배·차표·빵… 자동판매기 시대가 열린다〉,《조선일보》1979년 11월 9일자; 강준만·오두진,《고종 스타벅스에 가다: 커피와 다방의 사회사》, 인물과사상사, 2005, 153쪽.

47 편집부,〈불황의 끝은 과연 언제일까-2007년 자판기 산업 통계 분석〉,《벤딩인더스트리》8(1), 2008, 46쪽.

48 편집부,〈불황의 끝은 과연 언제일까-2007년 자판기 산업 통계 분석〉,《벤딩인더스트리》8(1), 2008, 52쪽.

49 1989년 동구전자를 비롯한 몇몇 업체가 미니커피자판기를 생산하기 시작해, 1992~93년에 경쟁체제에 들어갔다(편집부,〈회원사 탐방 ㈜동구전자〉,《벤딩인더스트리》10(2), 2010, 20쪽). 미니커피자판기 중에서 가장 많이 알려진 브랜드는 동구전자의 '티타임'이다.

50 인류학자 박상미는 한국 소비자들이 스타벅스 매장에 가는 이유는 커피 자체를 마시기 위해서라기보다는 누군가 아는 사람을 만나서 대화를 나누기 위해서라고 보고 있다. 미국의 스타벅스 손님들은 혼자서 줄을 서서 커피를 기다리면서 잘 알지 못하는 사람과 쉽게 대화를 나눈다. 그런데 한국의 스타벅스에서는 아는 사람들끼리 앉아서 대화를 나눈다. 그래서 "월(wall)이라고 부르는 칸막이가 군데군데 쳐 있는 내부는 한국 스타벅스 매장의 특색이 되었다"는 것이다. 21세기 초입에 마치 아파트처럼 자리를 잡고 있는 한국의 커피전문점은 1970년대 이전의 다방이 변신한 측면을 무시할 수 없다. 박상미,〈커피의 소비를 통해 본 한국 사회에서의 미국적인 것의 의미〉,《우리 안의 외국 문화: 관광과 음식을 통해 본 문화 소비》, 소화, 2006, 250~253쪽.

51 이 자료는 온라인 리서치기업 두잇서베이가 조사한 결과이다(편집부,〈한 집 걸러 커피숍인

시대 그래도 자판기 커피를 주로 마신다〉,《벤딩인더스트리》11(2), 2012, 72쪽).

52 편집부, 〈한 집 걸러 커피숍인 시대 그래도 자판기 커피를 주로 마신다〉,《벤딩인더스트리》11(2), 2012, 72쪽.

53 "Real daily life in Korea: Food, Lifestyle, Travel"(http://www.luckyturtles.com/)

54 인류학자 강윤희는 최근 한국 사회에서 붐이 일고 있는 바리스타 교육에서 영어로 된 향미 용어에 수강생들이 집착하는 경향이 강하다는 사실을 밝혔다. 수강생들은 향미 용어를 익숙하게 표현하는 것으로 원두커피의 맛과 향의 특징에 대한 자신의 높은 지식을 드러내려 한다는 것이다(강윤희, 〈"커피 배우기": 언어, 향미, 그리고 감식안의 습득 과정〉,《비교문화연구》제21집 2호, 2015, 18~21쪽).

55 음식비평가 이용재는 서양 디저트가 대중화된 상태에서 오로지 한과와 떡을 한식 디저트로 인식하는 것이 문제라고 보았다. 그는 한식 디저트의 개념 정립과 개발에 대한 구체적인 방법론이 절실하다고 주장했다(이용재,《한식의 품격: 맛의 원리와 개념으로 쓰는 본격 한식 비평》, 반비, 504쪽).

56 다른 한편에서 보면, 이러한 시도는 일본이 개발하여 세계적인 인기를 모은 녹차아이스크림과 녹차라떼와 많이 닮았다. 서양인들의 입맛에 맞게 개발된 일본식 디저트는 19세기 말부터 시도된 양과자(洋菓子)에 대한 연구에서 나온 것이다. 1990년대 이후 또 다른 디저트 상품으로 개발된 '스이츠(スイーツ, sweets)' 붐 역시 일본의 오래된 양과자 생산기술에서 나온 것이다.

12 왜 술잔을 돌릴까?

1 https://seoulistic.com/korean-culture/korean-drinking-culture-follow-these-rules-so-youre-not-rude/

2 정민 외,《살아있는 한자 교과서 2》, 휴머니스트, 2011, 143쪽.

3 이규태,《한국인의 생활구조》, 조선일보사, 1984, 105쪽.

4 渋谷 研, 〈沖縄の宴—シチエン(七宴)とオトーリの間—〉,《アジア遊學: 世界の宴会》, 勉誠出版, 2004, 49쪽.

5 오토리의 전체 과정은 다음 글을 참조했다. 渋谷 研, 〈沖縄の宴—シチエン(七宴)とオトーリの間—〉,《アジア遊學: 世界の宴会》, 勉誠出版, 2004, 49~50쪽.

6 渋谷 研, 〈沖縄の宴—シチエン(七宴)とオトーリの間—〉,《アジア遊學: 世界の宴会》, 勉誠出版, 2004, 49쪽.

7 《ウィキペディア》, 〈オトーリ〉.

8 渋谷 研, 〈沖縄の宴—シチエン(七宴)とオトーリの間—〉,《アジア遊學: 世界の宴会》, 勉誠出版, 2004, 49쪽.

9 최근 미야코지마 사람들 중에서 이 '오토리'를 부정적으로 보는 사람도 적지 않다. 맥주잔에 아와모리를 가득 채워서 단숨에 들이켜야 하는 '오토리'가 건강을 해치는 '폐습(弊習)'이라는 것이다. 1970년대 이후 현지의 아와모리 주조회사에서 판촉을 목적으로 '오토리'를 장려한 결과다(沖縄県宮古福祉保健所,《宮古地域における飲酒の実態調査(中間報告)》, 沖縄県宮古福祉保健所, 2013).

10 노성환, 〈술의 비교민속학적 연구〉,《비교민속학》제13집, 1996, 529~530쪽.

11 丹羽典生, 〈終りなき酩酊-フィジ-カヴァ文化と歡待の宴〉,《アジア遊學: 世界の宴会》, 勉誠出版, 2004, 184~193쪽.

12 丹羽典生, 〈終りなき酩酊-フィジ-カヴァ文化と歡待の宴〉,《アジア遊學: 世界の宴会》, 勉誠出版, 2004, 187쪽.

13 *Social and Cultural Aspects of Drinking*, SIRC, 1998, p.20.

14 庄学本,《庄学本全集》, 中华书局, 2009.

15 周永河, 〈中國四川凉山彝族傳統漆器研究〉, 中央民族大學博士學位論文, 1998, 52~54쪽.

16 일부 한국인의 글에서는 이러한 내용이 미국의 문화인류학자 에드워드 홀(Edward T. Hall, 1914~2009)에 의해서 정리되었다는 주장이 나온다(남태우, 〈한국민의 독특한 음주법 '수작문화(酬酌文化)'〉,《삶과 술》, 2016; http://blog.naver.com/silver8681/220757661271). 그러나 에드워드 홀은 문화권마다 다른 사람과 사람 사이의 '공간의 역학'에 대해 설명했을 뿐(에드워드 홀 지음, 최효선 옮김,《숨겨진 차원》, 한길사, 2002, 177~195쪽), 술 마시는 방식에 대해 분류한 적은 없다.

17 西澤治彦, 〈中国における宴会〉,《アジア遊學: 世界の宴会》, 勉誠出版, 2004, 65쪽.

18 황경원(黃景源),《강한집(江漢集)》권2,〈苑中侍讌. 命承旨二人. 監飲 辛未〉: 上林侍淸讌. 初筵獻大斗. 擧旅升奠筐. 行酬拜稽首. 微臣多疾病. 虞爵不崇酒. 羣僚相顧言. 我醉公獨否. 乃請立可正. 盡觥俾勿嘔. 一人執象觶. 一人注兕卣. 於焉監其飲. 君賜敢不受. 昏冥下阼階. 不辨辰與酉. 陶然一氣和. 聖澤諒云厚.

19 이익은《성호사설》권4,〈만물문(萬物門)·주기보(酒器譜)〉에서 "《시경(詩經)》에 말처럼 큰 잔으로 술을 마신다(詩曰酌以大斗)"는 말이 나온다고 했다.

20 《시경》권1〈국풍·주남·권이(國風·周南·卷耳)〉: 我姑酌彼兕觥.

21 이익,《성호사설》권4,〈만물문·주기보〉: 詩云我姑酌彼兕觥則又非罰也, 盖觥爵之大者故罰當用此耳.

22 허신(許愼),《설문해자(說文解字)》,〈문칠·중일(文七·重一)〉: 三升曰觶.

23 이익,《성호사설》권4,〈만물문·주기보〉: 我國今時二合强五升恰為一升有餘也.

24 '원샷(one shot)'은 한국식 영어이다. 술자리에서 사용하는 말로 술잔을 들고 한번에 남김없이 마시는 경우를 말한다. '잔털기'라는 말이 제안되었지만, 거의 사용하지 않는다.

25 岡田貢,《日常生活上より見たる內鮮融化の要諦》, 朝鮮事情調查會, 1928, 33쪽.

26 《의례(儀禮)》,〈향음주의조(鄕飮酒義條)〉.

27 《세종실록》,〈오례(五禮)·향음주의(鄕飮酒儀)〉: 每年孟冬, 漢城府諸道州府郡縣擇吉辰, 行其禮.

28 이의현(李宜顯),《도곡집(陶谷集)》,〈대사헌죽서이공신도비명(大司憲竹西李公神道碑銘)〉: 其長國子也. 歎古禮不行. 學政久廢. 與諸生講行鄕飮酒禮. 同春以祭酒參席. 傾都聳觀.

29 이언적(李彦迪),《봉선잡의(奉先雜儀)》,〈수조(受胙)〉: 取酒卒飮 ; 이언적 지음, 김순미 옮김,《조선시대 최초의 제사 지침서: 풀어 쓴『봉선잡의』》, 민속원, 2016, 124쪽.

30 김영복,〈향음주례(鄕飮酒禮)와 회음(回飮:술잔 돌리기)〉(http://blog.naver.com/blisskim47/).

31 《세종실록》,〈오례·향음주의〉: 執事者設卓酌酒, 主人獻賓, 賓酢主人如常禮.

32 국사편찬위원회,《조선왕조실록》(http://sillok.history.go.kr/id/kda_20005045).

33 岡田貢,《日常生活上より見たる內鮮融化の要諦》, 朝鮮事情調查會, 1928, 24쪽. 그러면서 이러한 조선인의 술 권하는 모습은 일본인과 다르고 했다. 즉, 일본인은 "다른 사람이 내민 술잔을 받거나 혹은 자기가 가지고 있는 술잔에 다른 사람이 술을 따라준다. 향기롭고 맑은 술 방울을 쪽 하고 작은 소리를 내서 마시는 습관이 있다"는 것이다. 사실 이런 방식은 수작에 가깝다. 그러니 일본인의 자작 방식은 20세기 중반 이후에 생겨난 것일 가능성이 많다.

34 서유문,《무오연행록》제3권, 무오년 12월 30일 : 관에 머물다. 오경 초에 상사, 부사가 수역(首譯), 부역(副譯)을 거느려 중화문(中華門)으로 좇아 보화전에 입시하니, 나는 들어가지 아니하니라. 상사, 부사가 관에 돌아온 뒤에 절차를 들은 즉, 보화전은 건청궁 앞이요 중화궁 뒤라. 정전(正殿)에 이르러 반열을 따라 삼궤구고두(三跪九叩頭)의 예를 행하고 통관이 인도하여 한 탁자(卓子) 앞에 앉히니, 탁자에 이미 보보(寶寶)와 실과를 벌였으되 어제와 같이 하였더라. 이윽하여 전상(殿上)에서 술을 드리는 일이 있더니, 상사, 부사를 나오라 하거늘, 나아가니, 전 위에 3층 탁자를 베풀고 돌난간을 사면으로 둘렀으니 돌 빛이 옥과 다름이 없고, 용호(龍虎)와 사자를 새겨 기교(奇巧)함이 귀신의 재주 같더라. 탑(榻) 곁에 이르러 동편으로 앉히니 황제 전좌(殿坐)한 곳에서 옷 기슭이 닿을 듯한지라, 어탑 아래 이미 술잔을 놓았다가 황제가 손으로 잡아 내시로 하여금 상사, 부사를 먹이니, 상사, 부사가 처음 전상에 오를 때에 헤아리되 이 또한 태상황의 명(命)인가 하였더니, 이어서 술을 주매 비로소 신황(新皇)이 주는 것임을 알았으며, 앉은 곳이 매우 가까운지라, 비록 감히 머리를 우러러보지 못하나, 술잔을 줄 때에 손길이 심히 가늘고 희어

옥 같으며, 황급한 가운데 위의를 자세히 살피지 못하나, 처음에 채찍 소리가 땅을 움직이더니, 전상이 엄숙하고 매우 무섭고 신하가 발을 옮겨놓는 소리도 없으며, 황제의 음성을 하나도 듣지 못할러라. 술을 먹은 후, 물러와 처음 반열에 나아가 음식을 먹을 때, 그릇들이 다 극히 공교(工巧)하고 보보와 실과가 또한 모를 것이 많으며, 희자 놀음을 차례로 내보이다가 잠깐 사이에 다 물리라 하더라.

35 노성환, 〈술의 비교민속학적 연구〉, 《비교민속학》 제13집, 1996, 529~530쪽.

36 〈술잔 안 돌리기〉, 《동아일보》 1972년 5월 18일자.

37 노성환, 〈술의 비교민속학적 연구〉, 《비교민속학》 제13집, 1996, 527쪽.

38 왕런샹 지음, 주영하 옮김, 《중국음식문화사》, 민음사, 2010, 65쪽.

39 왕런샹 지음, 주영하 옮김, 《중국음식문화사》, 민음사, 2010, 87쪽.

40 술잔도 귀했지만, 술 역시 아무나 마실 수 있는 음료가 아니었다. 맥아보리로 만든 고대 이집트와 메소포타미아의 술이나 포도가 스스로 당화되어 알코올로 변이된 포도주도 누구든 쉽게 마실 수 있는 술이 아니었다. 고대사회에서 술은 주로 지배층만이 향유할 수 있었던 음료였다. 곡물에 누룩을 넣고 술을 빚었던 동아시아에서는 그 가치가 더욱 높았다. 비교적 복잡한 과정을 거쳐서 만들어진 술은 고대 동아시아 사회에서 일종의 권력의 상징물이었다. 술을 마실 수 있는 기회도 신에게 제사를 지낼 때나 공동체의 경사스런 행사 때로 한정되었다.

41 이익, 《성호사설》 권4, 〈만물문·주기보〉: 琖與觳盞同小盃.

42 나는 1989년 강릉 선교장의 당시 종부 성기희(成耆姬, 1920~2002) 여사로부터 송순주 석 잔을 대접받은 적이 있다. 그때 배꽃 문양이 들어간 은으로 만든 술잔을 성기희 여사로부터 선물받았다. 그녀는 이 술잔을 왕실로부터 하사받은 것이라고 말했다.

43 허신, 《설문해자》, 〈문칠·중일〉: 一升曰爵.

44 이익, 《성호사설》 권4, 〈만물문·주기보〉: 匏瓠屬詩云酌之用匏.

13 왜 반주를 할까?

1 http://cafe.naver.com/lovelovecm/40 (태국 술문화 '반주를 하지 않는 태국인')

2 댄 주래프스키 지음, 김병화 옮김, 《음식의 언어》, 어크로스, 2015, 111~112쪽.

3 Gusfield, Joseph, "Passage to Play: rituals of drinking time in American society", *Constructive Drinking: Perspectives on Drink from Anthropology*, Cambridge:Cambridge University Press, 1987, pp.81~82.

4 西村大志, 《夜食の文化誌》, 青弓社, 2010, 58쪽; マイク・モラスキー, 《日本の居酒屋文

化: 赤提燈の魅力を探る》, 光文社, 2014, 97～103쪽; 飯野亮一,《居酒屋の誕生: 江戸
の呑みだおれ文化》, 筑摩書房, 2014, 37～43쪽.

5 〈식품위생법시행령〉(2015년 12월 31일 개정).

6 국립국어연구원 표준국어대사전.

7 Gusfield, Joseph, "Passage to Play: rituals of drinking time in American
society", *Constructive Drinking: Perspectives on Drink from Anthropology*,
Cambridge:Cambridge University Press, 1987, p.81.

8 《황성신문》1908년 1월 10일자.

9 정형지, 〈대한제국기 조선요리옥의 출현〉, 《이화사학연구》 제45집, 2012, 221쪽.

10 1921년 4월 4일자《동아일보》의 〈가정생활의 개조〉라는 기사에서 조동원은 "한갓 이익
에만 눈을 뜨고 다시는 조선 요리의 본질과 조선 요리의 특색을 보존하여서 영원히 조선
요리의 맛가로운 지위를 지속하여가자는 생각을 못하는 결과 조선 요리가 서양 그릇에
아무렇게나 담기며, 조선 신선로 그릇에 얼토당토 아니한 일본 요리 재료가 오르는 것은
실로 아는 사람의 안목에는 도저히 그것을 순연한 조선 요리라고는 할 수 없는 가석한 지
경에 이르고 말았소"라는 비판을 했다. 실제로 신선로를 제외하면 태서관의 모든 그릇은
일본식 접시이다. 비록 신선로와 함께 밤고임과 사과로 보이는 과일고임이 조선 축하음
식의 면모를 보이고 있지만, 이미 일본식과 조선식이 '혼성된' 조선요리옥 음식이었을 가
능성이 크다.

11 사실 나는 〈조선요리옥의 탄생: 안순환과 명월관〉이란 논문에서 이 사진의 상차림을 조
선식 축하연으로 보았다. 상의 한가운데 놓인 신선로와 그 옆에 놓인 각종 과일의 고임
을 보고서 그렇게 추정했던 것이다(주영하, 〈조선요리옥의 탄생: 안순환과 명월관〉, 《동양학》
50권, 2011, 157쪽). 인류학자 전경수도 "태서관 메뉴에서 '일본음식'을 찾는 것은 무리라
고 생각한다"고 했다(전경수, 〈조선민속학회와 《朝鮮民俗》의 식민지와 은항책-식민지 혼종론
의 가능성〉, 《민속학연구》 33, 2013, 37쪽). 그러나 대부분의 그릇이 일본식이라는 점과 앞
의 조동원의 주장, 그리고 재조일본인이 연회의 주인공이라는 점 등은 이 사진의 상차림
을 조선식이라고 단정하기 어렵게 만드는 요인이다.

12 주영하, 《식탁 위의 한국사: 메뉴로 본 20세기 한국 음식문화사》, 휴머니스트, 2013, 168
쪽; 江原絢子·石川尚子·東四柳祥子, 《日本食物史》, 吉川弘文館, 2009, 155쪽.

13 《식탁 위의 한국사》에서 조선요리옥의 발생 과정에 대해 다룬 적이 있다(주영하, 《식탁 위
의 한국사: 메뉴로 본 20세기 한국 음식문화사》, 휴머니스트, 2013, 167～169쪽).

14 한국에 대한 망언으로 악명 높은 일본 언론인 구로다 가쓰히로(黒田勝弘, 1941～)는
1980년대 초반에 한국인은 밥부터 먹고 나서 술을 마신다고 했다(구로다 가쓰히로 지음,
조양욱 옮김, 《한국인 당신은 누구인가》, 모음사, 1983, 230쪽).

15 심노숭(沈魯崇), 《일일백성집(一日百省集)》하권 : 飯時燒酒之飮, 大有功效. 伊來宿苦痰

症, 果有轉動消散之意, 遠勝服藥, 以此爲驗, 不可止之.

16 《승정원일기》, 영조 13년(1737) 윤 9월 16일 기사 : "興慶曰, 若有酒量, 則飯酒實合開胃矣."

17 Min, Ji KYUNG, 〈Isolation of Lihtospermum erythrorhizon and Development of an Analytical Method by HPLC-UV(자근의 성분 분리 및 HPLC-UV 동시분석법 개발)〉, 중앙대학교 약학과 석사학위청구논문, 2015, 57~58쪽.

18 허준(許浚), 《동의보감(東醫寶鑑)》, 〈잡병편(雜病篇)〉 권9, '조홍소주법(造紅燒酒法)' : 凡燒酒煮取時先將紫草細切納於缸中一瓶燒酒則紫草五錢或七錢爲准乃承取熱燒酒於紫草缸中停久則其色鮮紅可愛.

19 홍만선(洪萬選), 《산림경제(山林經濟)》 권2, 〈치선(治膳)〉 : 內局紅露酒.

20 〈누흔(淚痕) 속(續)〉, 《동아일보》 1923년 12월 10일자 : 1923년 《동아일보》에 연재된 극작가 이서구(李瑞求, 1899~1982)의 소설 〈누흔 속〉에 반주로 위스키를 마시는 등장인물의 이야기가 나온다. 주인공 철호가 한낮에 일어나서 세수를 하고 있는데, 친구 둘이 집에 들어선다. 철호는 젊은 부인에게 손님이 왔으니 반찬거리를 사오라고 내보낸다. 밥상을 차리려면 시간이 필요한 것을 알아차린 친구 한 명이 입고 있던 조끼에서 작은 병의 위스키를 꺼내면서 '자, 그러면 우선 반주나 한잔하지'라고 한다.

21 1931년 11월 6일자 《동아일보》의 〈지상병원(紙上病院)〉이란 칼럼에 폐가 좀 약한 독자가 술을 반주로 조금씩 마시면 소화도 잘되고 혈액 순환도 잘되지 않겠느냐고 문의하는 글이 실렸다. 독자의 이 질문에 세브란스의전 내과 의사 오한영(吳漢泳)은 "술을 잡수시면 일시적으로는 다소간 소화를 도울 수가 있습니다"라고 말문을 연 다음에 "그러나 오래 계속하시면 술의 분량을 올리지 아니하면 아니 됩니다. 결국 만성 알콜 중독이 되어서 후일에는 술을 아니 잡수면 소화가 아니 되게 될 것입니다. 아마도 시작을 아니 하시는 것이 제일 좋을 듯합니다"라고 답했다(〈지상병원〉, 《동아일보》 1931년 11월 6일자).

22 반사쿠의 한자 '만작(晩酌)'은 중국 당나라 때 시인 백거이(白居易, 772~846)의 '만작취즉휴(晩酌醉即休)', 곧 '저녁식사 때 한잔하고 취해서 곧바로 쉬었다'는 시구에서 왔다는 주장이 있다. 하지만 오늘날 중국어에서 '만작'이란 말은 쓰이지 않는다. 조선시대 문헌에서도 아주 드물게 몇 편의 시에서 '만작'이란 말이 나온다. 서거정(徐居正, 1420~1488)은 명나라 사신의 〈용두산만작(龍頭山晩酌)〉이란 시의 운을 차운(次韻)하여 '만작'이란 단어가 들어간 제목의 시를 지었다(서거정, 《사가집(四佳集)》, '次韻副使重過安興舘') 하지만 서거정의 시에서도 저녁식사 때 마시는 술의 의미로 '만작'이란 단어가 사용된 것은 아니다. 명나라 사신이 지었다는 〈용두산만작〉 역시 황제의 은덕을 칭송하며 그로 인해 저녁에 편히 쉴 수 있다는 내용이지 술과 관련된 내용은 아니다. 일본식 반주인 '만작'은 저녁식사 때 술을 마신다는 의미로 근대 일본 사회에서 만들어낸 말로 보아야 한다.

23 야나기타 구니오는 가장의 '반사쿠'가 '독작(獨酌)'이라고 했다. 柳田国男, 《明治大正史:

世相 篇》, 平凡社, 1967, 172쪽.

24 熊倉功夫·石毛直道 編,《日本の食·100年〈のむ〉》, 東京: ドメス出版, 1996, 70쪽.

25 〈저무는 서울의 밤 ②〉,《동아일보》1962년 12월 13일자.

26 주영하,《식탁 위의 한국사: 메뉴로 본 20세기 한국 음식문화사》, 휴머니스트, 2013, 303
~308쪽.

27 〈5전을 7전으로 잔술 갑을 올린다〉,《동아일보》1924년 3월 9일자.

28 〈농촌의 요조조모(6) 주막(酒幕) 경기(景氣)가 백(百)%! 고급 식료품이 대량소비〉,《동아
일보》1938년 2월 8일자.

29 이갑기,〈가두 풍경·(5) 선술집 풍년〉,《중외일보》1930년 4월 16일자.

30 주영하,《식탁 위의 한국사: 메뉴로 본 20세기 한국 음식문화사》, 휴머니스트, 2013, 301
~303쪽.

31 1975년 12월 28일자《조선일보》의 〈서울 무교동 '낙지골목'이 사라진다〉 기사에 따르면,
1975년 현재 무교동 낙지골목에서 가장 오래된 가게는 실비집이다. 1964년 개업 당시
낙지집은 네 곳뿐이었으며, 드럼통을 세워놓은 선술집이었다고 한다. 실비집의 명함에는
'since 1965'라고 인쇄되어 있는데,《동아일보》2000년 9월 1일자 기사에서는 실비집의
시작을 1966년이라고 보도한 적이 있어 정확한 시기를 알기 어렵다.

32 〈겨우살이 지혜 ④ 돼지고기(조리) ④〉,《경향신문》1972년 11월 3일자. '겨우살이의 지
혜'로 돼지고기 요리를 소개하면서 술안주인 감자탕도 밥반찬이 될 수 있다고 했다.

33 주영하,《식탁 위의 한국사: 메뉴로 본 20세기 한국 음식문화사》, 휴머니스트, 2013, 501
쪽.

34 정은정,《대한민국 치킨전: 백숙에서 치킨으로, 한국을 지배한 닭 이야기》, 따비, 2014,
231쪽.

35 사실 술맛을 탐해서 '깡소주'나 '깡술'을 마시는 사람은 별로 없다. 단지 술에 빨리 취하
기 위해서 '깡소주'나 '깡술'을 마시는 것이다. 1970년대만 해도 안주 없이 '깡소주'나 '깡
술'을 마시는 사람들이 있었다. 음식점이나 술집에 갈 돈이 없던 주당들은 '새우깡'이라
는 과자 한 봉지만 놓고도 희석식 소주를 몇 병씩 들이켰다. 이처럼 별다른 안주 없이 새
우깡만 안주로 먹었기 때문에 '깡소주'라는 말이 생겼다는 주장도 있지만, 국어사전에서
는 안주 없이 먹는 소주는 '강소주'라고 해야 옳단다. '강술'이란 말도 있다. 이것 역시 안
주 없이 마시는 술을 가리킨다. 그러나 안주 없이 마시는 술을 '강'이라고 발음하기에는
왠지 부족한 듯하다. 그래서 '깡소주' 혹은 '깡술'이란 말이 생겨난 것이다. 고등학교 국
어 교사인 김홍석은《국어생활백서》에서 이렇게 설명했다. "'안주 없이 먹는 소주'로 일
명 '생소주'를 일컬을 때는, '강소주'가 옳다. '강'은 일부 명사 앞에 붙어, '다른 것이 섞이
지 않은'의 뜻을 더하는 접두사이다. 이를 된소리로 표현하는 것은 청각적으로 강한 인상
때문인 것으로 보이나, 잘못된 표현이다"(김홍석,《국어생활백서: 틀리기 쉬운 우리말 1260가

지》, 역락, 2007, 35쪽).

36 이익(李瀷, 1681~1763)은 그 이유를 이렇게 설명했다. "우정국(于定國)의 식주(食酒)는 여러 섬에 이르러서도 취하지 않는다[于定國食酒至數石不醉]. 유종원(柳宗元) 역시 '서음(序飲)'이란 글에서 '내가 비병(痞病, 가슴과 옆구리가 그득한 것과 속이 막히는 병)에 걸려서 술을 잘 먹지 못하다가[不能食酒] 나은 후에야 취했다'고 말했다. 사람들은 술이란 먹는다[食]고 말해서는 안 된다고 의심한다. 내 생각으로는 음(飲)이란 글자는 육서(六書)로 보면 바로 해성(諧聲)이니, 훈은 식(食) 변을 따르고 흠(欠)은 성(聲)이다. 옛날에 이 글자가 없었는데 흠(欠)자를 추가하여 물을 마시는 음(飲)이 되었다. 흠(欠)은 기(氣)를 들이마시는 것이니 기(氣)로써 들이마셔서 먹는 것이 음(飲)이므로 역시 식(食)에서 이탈하지 못한다. 이를테면 일식(日蝕)의 식(蝕)도 충(虫)자를 가(加)했지만 일식(日食)이라 이르는 것이니, 어찌 이와 다르겠는가? 공자(孔子)는 '고주(沽酒)와 시포(市脯)는 먹지 않는다[沽酒市脯不食]' 하였으니 경전에도 이미 있는 것이다." 그러나 이익의 이 주장은 옳지 않다. 공자는 시장에서 파는 술과 육포를 하나의 음식으로 보고 불식(不食)이란 말을 사용했을 뿐이다. 공자가 살던 시대에는 식(食)과 음(飲)이 혼용되었다. 적어도 당나라 때까지 이런 혼용이 지속되었다. 이익이 앞의 글에서 언급한 우정국은 후한 때의 사람이고, 유종원은 당나라 때 사람이다. 이들이 술을 먹는다는 뜻의 '식주'라는 단어를 사용했다지만, 그것은 공자 이래 계속 이어진 두 한자의 혼용 사례 가운데 하나다. 당나라 때의 안사고(顏師古, 581~645)는 우정국의 '식주' 이야기가 나오는 《한서(漢書)·우정국전(于定國傳)》의 역주에서 "식주라는 말은 술을 많이 마시는 것을 가리킨다. 술에 온갖 힘을 다 쏟기에 오히려 식(食)이라고 말한다[食酒者 , 謂能多飲 , 費尽其酒 , 犹云食言焉]"라고 했다. 그러니 '식주'는 술을 과하게 마시는 행동을 두고 사용한 용례이지 정확한 표현은 아니라는 말이다. 《한국문집총간》에 나오는 '식주'의 용례도 주로 '선식주(善食酒)', 곧 '술을 잘 먹는다'고 할 때 나온다. 이익이 밝혔듯이 조선 후기에도 '식주'라는 표현이 잘못되었다고 의심하는 학자들이 제법 많았던 모양이다. 그런데 왜 한국인들은 술을 마신다는 말과 함께 술을 먹는다는 표현을 지금까지도 사용할까? 공자도 사용했기 때문일까? 그럴 수도 있다. 국물도 먹는다고 표현하니 술도 마찬가지 아닐까?

37 이런 인식의 이유는 술을 음료로 보지 않고 음식으로 보기 때문이다. 또한 술에는 안주가 따라야 한다는 인식도 술을 먹는 것이라고 여기게 된 요인 가운데 하나다. 게다가 한국인은 안주를 많이 먹기 때문에 알코올 중독자가 미국에 비해서 적다는 주장도 나왔다. 그래서 그런지 한국인들은 밥을 먹다가 술에 취하더라도 이를 크게 문제 삼지 않는다(인태정, 〈술과 중독: 매일 끊는 술〉, 《술의 사회학: 음주공동체의 일상문화》, 한울아카데미, 1999, 225~226쪽 ; 편집부, 《한국인과 술에 관한 48가지 리포트》, 서지원, 1997, 220~227쪽).

에필로그 밥 한번 같이 먹읍시다

1 박완서, 《못 가본 길이 더 아름답다》, 현대문학, 2010, 84~85쪽.

2 인사말로 이 말을 건네는 사람들 중에서 적어도 1960년대 이전에 태어난 한국인들은 식사를 하게 되면 말을 먼저 꺼낸 사람이 식사비를 전부 내야 한다고 믿는 경우가 많다. 요즘도 기성세대 가운데는 식사 후에 자신이 식사비를 계산하겠다고 서로 다투는 경우가 종종 있다. 그러나 앞으로 한국어 "밥 한번 같이 먹자"는 인사말 속에는 "각자 내기(dutch pay)로 합시다"라는 뜻도 포함되어야 할지 모르겠다. 최근 10~30대 사이에서는 '각자 내기'가 당연한 일로 받아들여지고 있다. 기성세대도 2016년 가을에 시작된 '청탁금지법'에 익숙해지면 '각자 내기'를 당연하게 여길 것이다.

3 Kerner, Susanne. & Chou, Cynthia., *Commensality: From Everyday Food to Feast*, Bloomsbury Academic, 2015, p.1.

4 가톨릭 신학자들은 '멘사'가 고대 로마의 가톨릭 지하 묘소인 카타콤의 순교자들 무덤에서 미사를 지내던 관습에서 유래되었다고 본다. 그래서 미사 전례의 핵심적인 장소인 제대를 '멘사'라고 부른다(백민관, 《가톨릭에 관한 모든 것》, 가톨릭대학교출판부, 2007).

5 〈Dictionary.com〉

6 생물학에서는 종이 다른 동물이 한곳에 모여 함께 사는 삶인 공처(共棲) 혹은 공생(共生)을 '커멘셜리즘(commensalism)'이라고 부른다. 간혹 이 말이 '공식(共食)'으로 번역되기도 하지만, 엄격하게 말하면 '공식'에 해당하는 영어 표현은 'commensality'다.

7 Marshall, L., Sharing, talking, and giving: Relief of social tensions among !Kung Bushmen, *Africa: Journal of the International African Institute 31(3)*, 1961, p.236.

8 Fischler, Claude., 2011, "Commensality, Society, and Culture", *Social Science Information 50(3-4)*, p.530.

9 삐에르 부르디외 지음, 최종철 옮김, 《구별짓기: 문화와 취향의 사회학(상)》, 새물결, 2005, 323쪽.

10 김광억, 〈음식과 현대 한국 사회: 음식의 생산과 문화의 소비〉, 《한국문화인류학》 26권, 1994, 17쪽.

11 Fischler, Claude., 2011, "Commensality, Society, and Culture", *Social Science Information 50(3-4)*, pp.539~540.

12 Fischler, Claude., 2011, "Commensality, Society, and Culture", *Social Science Information 50(3-4)*, p.539.

13 Fischler, Claude., 2011, "Commensality, Society, and Culture", *Social Science Information 50(3-4)*, p.541.

14 Douglas, M., "Deciphering a meal", *Daedalus 101(1)*, 1975, p.65.

15 식탁의 대화는 '함께 식사'에 참여한 사람들이 동등하게 의견을 교환하고 화합하고 충돌하며 종내는 사람 냄새가 넘치는 하나의 완전함을 이루는 핵심 요소이다(미리엄 와이스타인 지음, 김승환 옮김, 《가족식사의 힘》, 2006, 31쪽).

16 나의 이 생각은 프랑스의 사회학자 클로드 피슐러(Claude Fischler, 1947~　)의 작업과도 일정한 관련이 있다. 그는 세계화된 현대 도시인의 일상적인 식사 방식과 라이프 스타일에 대해 통계학과 심층 인터뷰라는 상반된 두 가지 방법을 사용하여 연구하고 있다 (Fischler C, Masson E., *The OCHA9 Survey*, Paris:Odile Jacob, 2008). 그는 2000~2002년에 걸쳐 프랑스·스위스·이탈리아·독일·영국·미국의 6개국 4개 언어를 사용하는 약 7,000명의 사람을 대상으로 그들의 식사 행태에 대한 조사자료를 수집했다. 이 연구를 통해서 '혼자 식사'는 공동체 내부에서 제로섬(zero-sum)이 되고 만다는 사실을 확인했다. 즉, '혼자 식사'를 할 수밖에 없는 사람들은 공동체로부터 얻을 수 있는 사회적 이익 (social benefits)을 놓칠 수 있고, 이로 인해서 부당한 손해를 볼 수도 있다는 것이다. 나는 한국연구재단의 학제간융합연구지원사업 〈솔로 이코노미: 식행태 및 건강에 미치는 영향〉(NRF-2015S1A5B6037369)의 공동연구원으로 참여하여 현대 한국인의 식사 방식에 대한 심층 인터뷰와 이론적 연구를 했다(주영하, 〈혼자 식사의 사회문화적 의미〉, 대한지역사회영양학회 하계 심포지엄, 2016년 6월 9일). 아울러 일본학계에도 나의 연구를 발표했다(周永河, 〈韓国人のテーブルマナー: 歴史人類学的視角からのアプローチ〉, 《社会システム研究》 特集号(2017年7月), 立命館大学, 2017).

17 그런데 서양식 식탁에서는 교자상과 달리 많은 음식을 한꺼번에 차릴 수 없다는 문제가 있다. 즉, 좌식 식탁을 사용할 경우에는 식탁이 복잡하면 수저통·냅킨통·양념단지, 심지어 다 먹고 난 빈 접시 등을 종업원의 도움 없이 방바닥에 내려놓고 식탁 위의 음식을 편하게 먹을 수 있다. 그러나 서양식 식탁에서는 이렇게 할 수 없어 음식을 차릴 때 신경을 많이 쓰게 된다. 그래서 개발된 것이 바로 서랍식 수저통이 달린 식탁이다. 2006년 12월에 특허청에 출원된 '테이블용 수저통 거치대'(대한민국특허청, 〈공개특허공보(공개번호: 10-2008-0049880)〉, 2008년 6월 5일)가 그 출발점이었다. 하지만 이 특허제품은 기존 식탁에 결합하기가 어렵고, 또 나중에 분리해 세척하기도 불편했다. 이 문제를 해결한 실용신안이 바로 2014년 8월에 출원된 '다용도 보관함이 구비된 테이블'(대한민국특허청, 〈공개실용신안공보(공개번호: 20-2016-0000712)〉, 2016년 3월 3일)이다. 최근 많은 한식음식점에 사용하고 있는 서랍식 수저통이 달린 식탁은 모두 이 실용신안에서 발전된 것이다.

18 이용재는 실제로 가짓수가 많은 상차림일수록 '주요리'와 반찬 사이에 어떤 질서도 없이 메뉴가 구성되어 있을 뿐 아니라, 때로는 온통 고춧가루나 캡사이신액으로 양념된 음식이 다수를 차지한다고 비판했다(이용재, 《한식의 품격: 맛의 원리와 개념으로 쓰는 본격 한식 비평》, 반비, 289~292쪽).

19 '식약동원(食藥同源)'이나 '약식동원(藥食同源)'이란 개념은 중국의 중의학이나 한국의 한의학 문헌에 나오지 않는다. 단지 청나라 황궁수(黃宮綉, 1720~1817)가 1769년에 편찬한 《본초구진(本草求真)》에 비슷한 논리의 글이 나올 뿐이다. 즉, 그는 "음식이 입에 들어가면, 약의 치병 원리와 같은 원리를 보인다(食物入口, 等於藥之治病, 同為一理)"고 했다(洪裕強, 〈食用中藥材之典籍研究〉, 《中醫藥年報》第 23 期第 8 冊, 2005, 349쪽). 이 개념을 일본의 임상의학자 아라이 히로유키(新居裕久)가 1972년 9월에 NHK의 《오늘의 요리(きょうの料理)》(1972년 9월호)에서 '의식동원(医食同源)'이란 조어로 바꾸어 발표하면서 유행하게 된 것이다(新居裕久, 〈40歳からの食事〉, 《NHKきょうの料理》, 1972年 9月). 그 뒤 한국에도 이 유행이 수입되어 오늘에 이르렀다.

20 '혼밥'과 '혼술' 현상을 만들어낸 가장 큰 사회적 배경으로 2010년대 이후 급속하게 증가한 '1인 가구'를 들 수 있다. 1995년만 하더라도 전국의 일반 가구 중 '1인 가구'의 비중은 12.7%에 지나지 않았다(김혜영, 〈유동하는 한국 가족: 1인 가구를 중심으로〉, 《한국사회》 15권 2호, 2014, 268~272쪽). 이들 '1인 가구'도 독거노인과 결혼하지 않은 독신가구가 주류였다. 그런데 2010년 '1인 가구'의 비중은 23.9%로, 2015년에는 27.2%로 급속하게 늘어났다. 세 가구 중 한 가구가 '1인 가구'인 시대로 한국 사회가 치닫고 있는 것이다. 여기에 취업 준비를 하는 청년들과 비정규직 아르바이트로 돈벌이를 하는 청년들이 늘어나면서 '혼밥'과 '혼술'은 더욱 대세가 되었다.

21 일본 음식만화 《고독한 미식가》의 작가 구스미 마사유키(久住昌之, 1958~2017)는 이 만화의 주인공 이노가시라 고로가 항상 '혼자 식사'를 하는 이유를 "그에게는 먹는다는 행위 자체가 위안이었으며, 그것도 혼자서, 누구의 방해도 받지 않고 누구에게도 신경 쓰지 않고 무언가 결핍된 상태에 있는 자신의 육체적·정신적 허기를 메워갈 때, 그는 언제나 자유를 느꼈을 것"이라고 설명했다(구스미 마사유키 원작, 다니구치 지로 지음, 박정임 옮김, 《고독한 미식가 2》, 이숲, 2016, 209쪽). 즉, 시간이나 사회적 규범에 얽매이지 않고 '혼자 식사'를 한다는 것은 자신을 치유하는 행위일 수 있다는 것이다.

22 2017년 봄에 한 라디오 방송 프로그램에서 우연히 들은 이야기다. 시골에서 시어머니가 서울 며느리 집에 왔는데, 며느리가 시어머니를 자신의 집에 모시지 않고 고급 호텔에 모셨단다. 이 이야기를 전하던 진행자는 세상이 참 이상해졌다고 말했다. 하지만 그 며느리가 이해되지 않는 것도 아니다. 아파트 공화국에 살면서 식구들마다 각자 방이 정해져 있는 상황이다 보니 며칠간 시어머니를 모시기가 여간 어렵지 않다. 아들 내외가 맞벌이라도 하고 있으면 사정은 더욱 심각해진다. 며느리 입장에서는 가족 끼니 준비도 어려운데, 어떻게 시어머니를 위해 요리를 할 수 있겠는가. 시어머니 입장에서도 며느리와 같은 고민을 했을 것이다. 잠자리도 불편하고 식사도 제대로 하기 힘들 게 뻔했을 테니 말이다. 그래서 시어머니도 며느리의 제안에 동의했을지 모른다. 매우 특이한 사례지만, 오늘날 한국 사회의 변화를 읽을 수 있는 이야기다.

23 Mennell S, Murcott A, van Otterloo AH., "The Sociology of Food : Eating, Diet and Culture", *Sage*, International Sociological Association, 1992, p.116.

24 한국 사회의 '가족 식사' 횟수는 어떨까? 질병관리본부의 '국민건강영양조사' 결과를 토대로 한 조사에 의하면, 2014년의 경우 19세 이상의 남성 57.1%, 여성 67%가 가족과 함께 식사를 한다고 했다(윤성하 · 김지희 · 오경원, 〈우리나라 성인의 식생활 현황: 국민건강영양조사 결과를 중심으로〉, 《주간 건강과 질병》 제10권 제7호, 2017, 157쪽). 2005년에 남성의 72.8%가 가족과 함께 '저녁식사'를 했는데, 점차 그 비율이 줄어들어 2015년에 58.2%가 되었다. 이러한 현상은 여성 역시 비슷하여 2005년에 74.4%였던 비율이 2015년에 63.6%로 줄어들었다. 특히 가족 식사의 비율이 낮은 연령대는 19~29세였다. 2015년의 경우, 이 연령대의 남성이 47.4%, 여성이 43.8%로 가장 낮았다. 이에 비해 직장인들은 가족 식사 횟수가 매우 적다. 취업 포털 사이트 '커리어'가 2014년에 조사한 자료에 의하면, 조사 대상자인 직장인 741명은 가족과의 식사 횟수가 일주일에 평균 2.4회에 지나지 않았다(취업 포털 사이트 '커리어', 〈보도자료: 직장인 가족 식사 일주일 평균 '2.4회'〉, 2014년 2월 4일. http://www.career.co.kr/).

25 보건복지부, 〈국민공통식생활지침〉, 2016.

26 Symons, Michael., *A History of Cooks and Cooking*, University of Illinois Press, 2004, p.34.

27 서양에는 '포트럭 파티(potluck party)'라는 식사 문화도 있다. 한 사람이 장소를 제공하면 참석자들이 각자 음식을 가져와서 '함께 식사'하면서 담소를 나누는 것이다. 최근 한국에서도 한식 '포트럭 파티'를 즐기는 사람들이 있다. 특히 '1인 가구'의 '함께 식사'에 좋은 방식이다.

참고문헌

1 고문헌

· 《국조속오례의(國朝續五禮儀)》
· 《규곤요람》
· 《논어(論語)》
· 《농상공부내거문(農商工部來去文)》
· 《대한예전(大韓禮典)》
· 《동몽수지(童蒙須知)》
· 《사기(史記)》
· 《설문해자(說文解字)》
· 《승정원일기(承政院日記)》
· 《시경(詩經)》
· 《시의전서(是議全書)·음식방문(飮食方文)》
· 《연회도(宴會圖)》
· 《예기(禮記)》
· 《의례(儀禮)》
· 《〔기축〕진찬의궤(〔己丑〕進饌儀軌)》
· 《〔정해〕진찬의궤(〔丁亥〕進饌儀軌)》
· 《학부내거문(學部來去文)》
· 《한서(漢書)》
· 《후한서(後漢書)》

· 《광해군일기(光海君日記)》

- 《세조실록(世祖實錄)》
- 《세종실록(世宗實錄)》
- 《순조실록(純祖實錄)》
- 《영조실록(英祖實錄)》
- 《예종실록(睿宗實錄)》
- 《정조실록(正祖實錄)》
- 《태종실록(太宗實錄)》

- 서거정(徐居正), 《사가집(四佳集)》
- 서긍(徐兢), 《선화봉사고려도경(宣和奉使高麗圖經)》
- 서유구(徐有榘), 《임원경제지(林園經濟志)》
- 서유문(徐有聞), 《무오연행록(戊午燕行錄)》
- 심노숭(沈魯崇), 《일일백성집(一日百省集)》
- 유득공(柳得恭), 《경도잡지(京都雜誌)》
- 유몽인(柳夢寅), 《어우야담(於于野談)》
- 유희춘(柳希春), 《미암집(眉巖集)》
- 이규경(李圭景), 《오주연문장전산고(五洲衍文長箋散稿)》
- 이규보(李奎報), 《동국이상국집(東國李相國集)》
- 이긍익(李肯翊), 《연려실기술(燃藜室記述)》
- 이덕무(李德懋), 《청장관전서(靑莊館全書)》
- 이색(李穡), 《목은시고(牧隱詩藁)》
- 이언적(李彥迪), 《봉선잡의(奉先雜儀)》
- 이의현(李宜顯), 《도곡집(陶谷集)》
- 이익(李瀷), 《성호사설(星湖僿說)》
- 이황(李滉), 《퇴계선생문집(退溪先生文集)》
- 정약용(丁若鏞), 《목민심서(牧民心書)》
- 조극선(趙克善), 《인재일록(忍齋日錄)》
- 조익(趙翼), 《해여총고(陔餘叢考)》
- 지규식(池圭植), 《하재일기(荷齋日記)》
- 허준(許浚), 《동의보감(東醫寶鑑)》
- 홍낙명(洪樂命), 《풍산세고(豊山世稿)》
- 홍만선(洪萬選), 《산림경제(山林經濟)》
- 황경원(黃景源), 《강한집(江漢集)》
- 황궁수(黃宮綉), 《본초구진(本草求真)》

2 국문 문헌

- 강만길,《고쳐 쓴 한국근대사》, 창작과비평사, 2006.
- 강영환,《집의 사회사》, 웅진출판, 1992.
- 강윤희, 〈"커피 배우기": 언어, 향미, 그리고 감식안의 습득 과정〉,《비교문화연구》제21집 2호, 2015.
- 강준만·오두진,《고종 스타벅스에 가다: 커피와 다방의 사회사》, 인물과사상사, 2005.
- 강진형·안빈·홍종숙,《이야기가 있는 아름다운 우리 식기》, 교문사, 2006.
- 경성서양부인회 편,《(선영 대죠) 셔양료리법(The Seould women's club cook book)》, 조선야소교서회(朝鮮耶蘇敎書會), 1930.
- 게오르그 짐멜 지음, 김덕영 외 옮김,《짐멜의 모더니티 읽기》, 새물결, 2005.
- 구로다 가쓰히로,《한국인 당신은 누구인가?》, 모음사, 1983.
- 구스미 마사유키 원작, 다니구치 지로 지음, 박정임 옮김,《고독한 미식가 2》, 이숲, 2016.
- 국립국어연구원,《표준국어대사전》(stdweb2.korean.go.kr)
- 김광억, 〈음식과 현대 한국 사회: 음식의 생산과 문화의 소비〉,《한국문화인류학》26권, 1994.
- 김광연, 〈김광연 박사의 지상진단 – 치질〉,《동아일보》1973년 2월 23일자 .
- 김귀영, 〈한국 식문화에 있어서의 국(湯)〉,《동아시아식생활학회지》제13권 제5호, 2003.
- 김남웅,《문헌과 유적으로 본 구들 이야기 온돌 이야기》, 단국대학교출판부, 2004.
- 김미혜, 〈서양인의 조선 여행 기록문을 통한 근대 식생활사(食生活史) 연구〉,《한국식생활문화학회지》31권 5호, 2016.
- 김상보,《한국의 음식생활문화사》, 광문각, 1997.
- 김상보,《조선왕조 궁중의궤음식문화》, 수학사, 2004.
- 김상보, 〈20세기 조선왕조 궁중연향 음식문화〉,《조선 후기 궁중연향문화 권3》, 민속원, 2005.
- 김상보,《다시 보는 조선왕조 궁중음식: 원행을묘정리의궤를 중심으로》, 수학사, 2011.
- 김상보,《한식의 도를 담다》, 와이즈북, 2017.
- 김영복, 〈향음주례(鄕飮酒禮)와 회음(回飮:술잔 돌리기)〉(http://blog.naver.com/blisskim47/).
- 김준봉·옥종호, 〈온돌과 구들의 용어 정의와 그 유래에 관한 연구〉,《건축역사연구》제23권 제2호, 2014.
- 김홍석,《국어생활백서: 국어생활백서 틀리기 쉬운 우리말 1260가지》, 역락, 2007.
- 김홍식, 〈제3장 주생활(住生活)〉,《한국민속종합조사보고서 9. 경기도 편》, 문화공보부문화재관리국, 1978.

· 김홍식, 〈제4편 의식주(衣食住)〉,《한국민속종합조사보고서 10. 서울 편》, 문화공보부문화
재관리국, 1979.

· 끌라르 보티에·이뽀리트 프랑뎅 지음, 김상희·김성언 옮김,《프랑스 외교관이 본 개화기
조선》, 태학사, 2002.

· 나선화,《소반》, 대원사, 1989.

· 남주형·최홍식·권태완, 〈숭늉의 향미(香味) 성분에 관한 연구 1. 취반시(炊飯時) 온도에 따
라 생성되는 누른밥의 성분 변화에 대하여〉,《한국식품과학회지》v.5 no.3, 1973.

· 남태우, 〈한국민의 독특한 음주법 '수작문화(酬酌文化)'〉,《삶과 술》, 2016.

· 노르베르트 베버 지음, 박일영·장정란 옮김,《고요한 아침의 나라》, 분도출판사, 2012.

· 노르베르트 엘리아스 지음, 박미애 옮김,《문명화과정 I》, 한길사, 1996.

· 노성환, 〈술의 비교민속학적 연구〉,《비교민속학》 제13집, 1996.

· 농촌진흥청 편역,《규곤요람》, 농촌진흥청, 2010.

· 대한민국특허청, 〈공개특허공보(공개번호: 10-2008-0049880)〉, 2008년 6월 5일.

· 대한민국특허청, 〈공개실용신안공보(공개번호: 20-2016-0000712)〉, 2016년 3월 3일.

· 댄 주래프스키 지음, 김병화 옮김,《음식의 언어》, 어크로스, 2015.

· 동서식품주식회사,《동서식품 30년사》, 동서식품주식회사, 1998.

· 로이 스트롱 지음, 강주헌 옮김,《권력자들의 만찬: 유럽을 지배한 사람들의 은밀하고 특별
한 연회문화》, 넥서스BOOKS, 2005.

· 리햐르트 반 뒬멘 지음, 최용찬 옮김,《역사인류학이란 무엇인가》, 푸른역사, 2001.

· 마르셀 프루스트 지음, 김희영 옮김,《잃어버린 시간을 찾아서 1: 스완네 집 쪽으로1》, 민음
사, 2012.

· 모리시(慕理施),《서양요리제법(西洋料理製法)》, 이화여자전문학교(梨花女子專門學校),
1937.

· 미리엄 와이스타인 지음, 김승환 옮김,《가족식사의 힘》, 2006.

· 박미애, 〈결합태와 문명화과정의 역동적 구조〉, 노르베르트 엘리아스 지음, 박미애 옮김,
《문명화과정 I》, 한길사, 1996.

· 박부진, 〈거주 공간의 이용 관행과 가족관계〉,《성, 가족, 그리고 문화: 인류학적 접근》, 집문
당, 1997.

· 박상미, 〈커피의 소비를 통해 본 한국 사회에서의 미국적인 것의 의미〉,《우리 안의 외국 문
화 - 관광과 음식을 통해 본 문화소비》, 소화, 2006.

· 박완서,《못 가본 길이 더 아름답다》, 현대문학, 2010.

· 박현모, 〈전통시대 '밥상머리 교육' 콘텐츠 개발 및 활용방안 연구〉,《2010년 기초연구과제
총서》, 율촌재단, 2010.

· 반이정, 〈서민 냅킨의 표정을 보라〉,《한겨레21》 제581호, 2005.

· 방병선, 〈왕실의 식기〉, 《조선왕조 궁중음식 고문헌 아카이브 구축, 조선왕조 궁중음식 고문헌 자료집 8, 대중서 기본 원고》, 한국학중앙연구원조선왕조궁중음식고문헌연구단, 2012.

· 방병선, 《중국도자사 연구》, 경인문화사, 2012.

· 배영동, 〈안동 지역의 일상 음식과 제사 음식의 비교〉, 《민속연구》 제9집, 안동대민속학연구소, 1999.

· 백민관, 《가톨릭에 관한 모든 것》, 가톨릭대학교출판부, 2007.

· 보건복지부, 《국민공통식생활지침》, 보건복지부, 2016.

· 삐에르 부르디외 지음, 최종철 옮김, 《구별짓기: 문화와 취향의 사회학 (상)》, 새물결, 2005.

· 샤이에 롱 지음, 성귀수 옮김, 〈코리아 혹은 조선〉, 《조선기행》, 눈빛, 2001.

· 성현 지음, 김남이 · 전지원 외 옮김, 《용재총화》, 휴머니스트, 2015.

· 송방송 · 고방자 공역, 《국역 영조조갑자진연의궤(英祖朝甲子進宴儀軌)》, 민속원, 1998.

· 송방송 · 박정련 외, 《국역 숙종조기해진연의궤(肅宗朝己亥進宴儀軌)》, 민속원, 2001.

· 시드니 민츠 지음, 김문호 옮김, 《설탕과 권력》, 지호, 1998.

· 식품의약안전처식품기준과, 《식품공전》, 식품의약안전처, 2015.

· 신하영, 〈『시의전서』와 『반찬등속』의 국어학적 연구〉, 《어문학》 제117집, 2012.

· 신한균 · 박영봉, 《로산진 평전》, 아우라, 2015.

· 안대회, 〈18, 19세기의 음식취향과 미각에 관한 기록 -심노숭(沈魯崇)의 『효전산고(孝田散稿)』와 『남천일록(南遷日錄)』을 중심으로-〉, 《동방학지》169, 2015.

· 에드워드 홀 지음, 최요선 옮김, 《숨겨진 차원》, 한길사, 2002.

· 에른스트 폰 헤세 바르텍 지음, 정현규 옮김, 《조선, 1894년 여름》, 책과 함께, 2012.

· 왕런샹 지음, 주영하 옮김, 《중국 음식문화사》, 민음사, 2010.

· 유몽인 지음, 신익철 · 이형대 · 조융희 · 노영미 옮김, 《어우야담》, 돌베개, 2006.

· 유옥경, 〈1585년 〈선조조기영회도(宣祖朝耆英會圖)〉 고찰: 동원 선생(東垣先生) 기증 〈기영회도(耆英會圖)〉를 중심으로〉, 《국립박물관동원학술논문집(國立博物館東垣學術論文集)》 제3집, 2000.

· 윤성하 · 김지희 · 오경원, 〈우리나라 성인의 식생활 현황: 국민건강영양조사 결과를 중심으로〉, 《주간 건강과 질병》 제10권 제7호, 2017.

· 윤인숙, 《조선 전기의 사림과 《소학》》, 역사비평사, 2016.

· 윤진영, 〈조선시대 계회도(契會圖) 연구〉, 한국정신문화연구원 한국학대학원 박사학위청구논문, 2003.

· 이갑기, 〈가두 풍경 - (5) 선술집 풍년〉, 《중외일보》 1930년 4월 16일자.

· 이강한, 《고려의 자기, 원제국과 만나다》, 한국학중앙연구원출판부, 2016.

· 이규태, 《한국인의 생활구조》, 조선일보사, 1984.

· 이언적 지음, 김순미 옮김, 《조선시대 최초의 제사 지침서: 풀어 쓴 『봉선잡의』》, 민속원,

2016.

- 이옥 지음, 실시학사 고전문학연구회 옮김,《완역 이옥 전집 3. 벌레들의 괴롭힘에 대하여》, 휴머니스트, 2009.
- 이용기,《증보조선무쌍신식요리제법(增補朝鮮無雙新式料理製法)》, 영창서관, 1943.
- 이용재,《한식의 품격: 맛의 원리와 개념으로 쓰는 본격 한식 비평》, 반비, 2017.
- 이정희,〈개항기 근대식 궁정연회의 성립과 공연문화사적 의의〉, 서울대학교 대학원 한국음악학 전공 박사학위청구논문, 2010.
- 이종묵,《글로 세상을 호령하다: 조선의 문학과 예술을 꽃피운 명문장가들의 뜨겁고도 매혹적인 인생예찬》, 김영사, 2010.
- 이종서,〈고려~조선 전기 상류 주택의 방한(防寒) 설비와 취사(炊事) 도구〉,《역사민속학》제24호, 2007.
- 이철,〈조선 진연 의례 연구: 주권의 재현을 중심으로〉, 경희대학교 대학원 박사학위청구논문, 2013.
- 이희봉,〈재미교포 주거 건축을 통한 사용자 문화 현장연구: 광역 아틀란타 시를 중심으로〉,《대한건축학회논문집: 계획계》4-11, 1998.
- 인태정,〈술과 중독: 매일 끊는 술〉,《술의 사회학: 음주공동체의 일상문화》, 한울아카데미, 1999.
- 장명숙,〈한국식 전채와 후식〉,《새가정》12월호(통권 198호), 1971.
- 장인용,《식전》, 뿌리와 이파리, 2010.
- 잭 구디 지음, 김지혜 옮김,《잭 구디의 역사인류학 강의: 요리 사랑 문자로 풀어낸 동서양 문명의 발달사》, 산책자, 2010.
- 전경수,〈아시아의 신(神)들은 빨간 쌀을 좋아한다: 의례용(儀禮用) 적미(赤米)와 적미박멸(赤米撲滅)의 식민정책(植民政策)〉,《한국문화인류학》제42집 1호, 2009.
- 전경수,〈조선민속학회와《朝鮮民俗》의 식민지와 은항책 – 식민지 혼종론의 가능성〉,《민속학연구》33, 2013.
- 전남일,〈한국 주거내부공간의 근대화요소에 관한 연구 – 주거사회학적, 문화인류학적, 페미니즘적, 공간구조적 관점에서 본〉,《한국가정관리학회지》제20권 4호, 2002.
- 전봉희·권용찬,《한옥과 한국 주택의 역사》, 동녘, 2012.
- 정민 외,《살아있는 한자 교과서》, 휴머니스트, 2011.
- 정연식,〈조선시대 이후 벼와 쌀의 상대적 가치와 용량〉,《역사와 현실》통권69호, 2008.
- 정은정,《대한민국 치킨전: 백숙에서 치킨으로, 한국을 지배한 닭 이야기》, 따비, 2014.
- 정의도,《한국 고대 숟가락 연구》, 경인문화사, 2014.
- 정형지,〈대한제국기 조선요리옥의 출현〉,《이화사학연구》제45집, 2012.
- 조르주 뒤크로 지음, 최미경 옮김《가련하고 정다운 나라, 조선》. 눈빛, 2001.

- 조자호 지음, 정양완 풀어씀, 《조선요리법: 75년 전에 쓰인 한국 전통음식문화의 정수》, 책 미래, 2014.
- 조희진, 〈조선인의 식생활 이미지를 이용한 아지노모도 광고: 1925~39년 동아일보를 중심 으로〉, 한국학중앙연구원 한국학대학원 석사학위청구논문, 2014.
- 주강현, 《왼손 과 오른손: 좌우 상징, 억압과 금기의 문화사》, 시공사, 2002.
- 주영하, 〈문화체계로서의 기술(technology): 중국 이족의 옻칠 기술을 중심으로〉, 《비교문 화연구》 제5호, 1999.
- 주영하, 《음식전쟁 문화전쟁》, 사계절, 2000.
- 주영하, 〈경기북부의 식생활〉, 〈경기동부의 식생활〉, 《경기민속지IV-의·식·주 편》, 경기도 박물관, 2001.
- 주영하, 〈이천의 생활문화〉, 《이천시사》, 이천시사편찬위원회, 2001.
- 주영하, 〈수공업〉, 《경기민속지VI 생업기술·공예 편》, 경기도박물관, 2003.
- 주영하, 〈식탁 위의 근대: 1883년 조일통상조약 기념 연회도를 통해서〉, 《사회와 역사》 통권 66호, 2004.
- 주영하, 〈벽화를 통해서 본 고구려의 음식풍속〉, 《고구려연구》 제17집, 2004.
- 주영하, 《그림 속의 음식, 음식 속의 역사》, 사계절, 2005.
- 주영하, 〈어떤 그릇에 담아 먹을 것인가〉, 《신동아(新東亞)》 2008년 7월호.
- 주영하, 〈조선요리옥의 탄생: 안순환과 명월관〉, 《동양학》 50권, 2011.
- 주영하, 《음식인문학: 음식으로 본 한국의 역사와 문화》, 휴머니스트, 2011.
- 주영하, 《식탁 위의 한국사: 메뉴로 본 20세기 한국 음식문화사》, 휴머니스트, 2013.
- 주영하, 《장수한 영조의 식생활》, 한국학중앙연구원출판부, 2014.
- 주영하, 〈동아시아 식품산업의 제국주의와 식민지주의: 깃코망형 간장, 아지노모토, 그리고 인스턴트라면〉, 《아시아리뷰》 제5권 제1호, 2015.
- 주영하, 〈혼자 식사의 사회문화적 의미〉, 《대한지역사회영양학회하계심포지엄》, 2016.
- 주영하, 〈한식이란 무엇인가〉, 《한식문화사전》(문화체육관광부·한국문화원연합회), 2017.
- 주영하, 〈1609~1623년 충청도 덕산현(德山縣) 사대부가(士大夫家)의 세시음식(歲時飲食): 조극선의 《인재일록(忍齋日錄)》을 중심으로〉, 《장서각(藏書閣)》 53집, 2017.
- 주영하·김혜숙·양미경, 《한국인, 무엇을 먹고 살았나: 한국현대식생활사》, 한국학중앙연구 원출판부, 2017.
- 지현주, 〈『주자가례(朱子家禮)』에 내재된 방위관(方位觀)과 질서의식(秩序儀式)에 관한 연 구-통례(通禮) 및 관례(冠禮)와 혼례(昏禮)를 중심으로〉, 《동양철학연구》 제7집, 2013.
- 채범석·김을상, 《영양학사전》, 아카데미서적, 1998.
- 천주교명동교회 편, 《뮈텔주교일기 제1권》, 한국교회사연구소, 1986.
- 최덕경, 〈온돌(溫堗)의 구조 및 보급과 생활문화에 끼친 영향〉, 《농업사연구》 제7권 제2호,

2008.

· 최홍식·남주형·김택제·권태완, 〈숭늉의 향미 성분에 관한 연구 2. 숭늉 향기 성분 중 pyrazine 및 carbonyl 화합물에 관하여〉,《한국식품과학회지》v.7 no.1, 1975.

· 케네스 벤더너 지음, 남경태 옮김,《그림으로 본 음식의 문화사》, 예담, 2007.

· 퍼시벌 로웰 지음, 조경철 옮김,《내 기억 속의 조선, 조선 사람들》, 예담, 2001.

· 페르낭 브로델 지음, 주경철 옮김,《물질문명과 자본주의 I -1, 일상생활의 구조 상》, 까치, 1995.

· 편집부,《한국인과 술에 관한 48가지 리포트》, 서지원, 1997.

· 하이드룬 메르클레 지음, 신혜원 옮김,《식탁 위의 쾌락》, 열대림, 2005.

· 한국식품과학회,《식품과학기술대사전》, 광일문화사, 2008.

· 한국평화문제연구소·조선과학백과사전출판사 공동편찬,《조선향토백과 18. 민속》, 평화문제연구소, 2005.

· 한국학중앙연구원(편),《조선 후기 궁중연향 문화 1》, 민속원, 2003.

· 한국학중앙연구원(편),《조선 후기 궁중연향 문화 2》, 민속원, 2004.

· 한국학중앙연구원(편),《조선 후기 궁중연향 문화 3》, 민속원, 2005.

· 한미경,《《사소절》 현전본에 대한 연구〉,《한국문헌정보학회》 제49권 제3호, 2015.

· 한희순·황혜성·이혜향,《이조궁정요리통고(李朝宮廷料理通攷)》, 학총사, 1967.

· 헬렌 세이버리 지음, 이지윤 옮김,《차의 지구사》, 휴머니스트, 2015.

· 홍정실,《유기》, 대원사, 1989.

· E. J. 오페르트 지음, 신복룡·장우영 옮김,《금단의 나라 조선》, 집문당, 2000.

· Q. 에드워드 왕 지음, 김병순 옮김,《젓가락: 동아시아 5,000년 음식문화를 집어 올린 도구》, 따비, 2017.

3   영문 문헌

· Alcock, Susan E,, "Power Lunches in the Eastern Roman Empire", *Michigan Quarterly Review*, Volume XLII, Issue 4, Fall 2003.

· Andrady Anthony L,, and Mike A. Neal. "Applications and societal benefits of plastics", *Philosophical Transactions of the Royal Society B: Biological Sciences*, 2009.

· Baumgarthuber, Christine. "A Short History of the Dining Room(Part 1)", *The New Inquiry*(http://thenewinquiry.com/blogs/)

· Bratskeir, Kate. "A Guide To Banchan, Those Delicious Side Dishes Served At Korean Restaurants", *Thef Huffington Post*(http://www.huffingtonpost.com/)

- Carter, C. Barry, and Norton, M. Grant. "Ceramic Materials: Science and Engineering", *Springer*, 2013.
- Cornell University Library. *Century Magazine*(http://ebooks.library.cornell.edu/c/cent/cent.html)
- Chaillé-Long, Charles. *La Corée ou Tchôsen*, Ernest Leroux, Éditeur, 1894.
- Chung, Soon Young. *Korean Cooking*, Periplus, 2002.
- Cobb, Harold M., "The History of Stainless Steel", *ASM International*, 2010.
- Douglas, M., "Deciphering a meal", *Daedalus 101(1)*, 1975.
- Ducrocq, Georges. *Pauvre et Douce Corée*, H. Champion, 1904.
- Erasmus, Desiderius.(Tr. Merchant, Eleanor.). *A Handbook on Good Manners for Children*, Preface Publishing, 2008.
- Fischler, Claude, and Masson, Estelle. *The OCHA9 Survey*, Odile Jacob, 2008.
- Fischler, Claude. "Commensality, Society, and Culture", *Social Science Information 50(3-4)*, 2011.
- Flandrin, Jean-Louis, and Montanari, Massimo(eds). Food: *A Culinary History from Antiquity to the Present*, Columbia University Press, 1999.
- Fletcher, Nichola. *Charlemagne's Tablecloth: A Piquant History of Feasting*, St. Martins Press, 2004.
- Fleming, Stuart J., *Roman Glass: Reflections on Cultural Change*, University of Pennsylvania Museum of Archaeology and Anthropology, 1999.
- Foodservice Packaging Institute. "A Brief History of Foodservice Packaging"(http://www.fpi.org/)
- Galloway, J.H., "Sugar", *The Cambridge World History of Food*, Cambridge University Press, 2000.
- Gold, Jonathan. "Best Bibimbap: Okay, Maybe Not the Best, or The Happiness of Cham", *LA Weekly*, Monday, July 26, 2010.
- Gold, Jonathan. "Jonathan Gold's 60 Korean Dishes Every Angeleno Should Know", *LA Weekly*, Thursday, March 1, 2012.
- Gold, Jonathan. "kind of mindbending in its simplicity. And so good."(https://mobile.twitter.com/thejgold/status/388462988589424641).
- Gross, Daniel A., "The Lazy Susan, the Classic Centerpiece of Chinese Restaurants, Is Neither Classic nor Chinese", *Smithsonian.com*, February 21, 2014.(http://www.smithsonianmag.com/)
- Gusfield, Joseph. "Passage to Play: rituals of drinking time in American society",

Constructive Drinking: Perspectives on Drink from Anthropology, Cambridge University Press, 1987.

- Hassan, Ahmad Y., "Transfer Of Islamic Technology To The West", *FSTC*, 2006.
- Hesse-Wartegg, Ernst von. *Korea: Eine Sommerreise nach dem Lande der Morgenruhe 1894*, Carl Reissner, 1895.
- Jacob, Dianne. *Will Write for Food: : The Complete Guide to Writing Cookbooks, Blogs, Memoir, Recipes, and More*, Da Capo Lifelong Books, 2015.
- Joo, Young-ha, "Imperialism and colonialism in the food industry in East Asia: focusing on instant Ramen", *The Newsletter(International Institute for Asian Studies) 75*, 2016.
- Kalmanp, Bobbie. *India: The Culture*, Crabtree Publishing Company, 2009.
- Kerner, Susanne, and Chou, Cynthia. *Commensality: From Everyday Food to Feast*, Bloomsbury, 2015.
- Lee, Cecilia Hae-Jin. *Eating Korean: from Barbecue to Kimchi, Recipes from My Home*, Houghton Mifflin Harcourt, 2005.
- Lei, Sean Hsiang-lin. "Habituating Individuality: The Framing of Tuberculosis and Its Material Solutions in Republican China", *Bulletin of the History of Medicine*, 84(2), 2010.
- Levi-Strauss, Claude. *Totemism*, Beacon Press, 1962.
- Liebling, Abbott Joseph. Between Meals: *An Appetite for Paris*, North Point Press, 2004.
- Mallery, Garrick. "Manners and Meals", *American Anthropologist*, 1(3), 1888.
- Marshall, L., "Sharing, talking, and giving: Relief of social tensions among !Kung Bushmen", *Africa*, 31(3), 1961.
- Mead, Margaret. "Dietary Patterns and Food Habits", *Journal of the American Dietetic Association*, 19, 1943.
- Mennell, Stephen, and Murcott, Anne, and Otterloo, Anneke H., "The Sociology of Food: Eating, Diet and Culture", *Current Sociology*, 40, 1992.
- Mintz, Sideney. "Time, Sugar, and Sweetness", *Food and Culture: A Reader(Third Edition)*, Routledge, 2013.
- Morris, Harriett. *Korean recipes*, Wichita, 1945.
- Oppert, Ernst J., *Ein verschlossenes Land: Reisen nach Corea*, F.A.Brochhaus, 1880.
- Oppert, Ernst. *A Forbidden Land: Voyages to the Corea, With an Account of Its Geography, History, Productions and Commercial Capabilities, Etc.*, Kessinger

Publishing, 2007.

· Park, Hannah. *Korean Culture for Curious New Comers*, Pagijong Press, 2009.

· Pettid, Michael J., *Korean Cuisine: An Illustrated History*, Reaktion Books, 2008.

· Pilcher, Jeffrey(ed). *The Oxford Handbook of Food History*, Oxford University Press, 2012.

· Raffald, Elizabeth W., *The Experienced English Housekeeper*, R. & W. Dean, 1807.

· SIRC. *Social and Cultural Aspects of Drinking, A report to the European Commission*, The Social Issues Research Centre, 1998.

· Symons, Michael. *A History of Cooks and Cooking*, University of Illinois Press, 2004.

· The Korea Foundation. *Korean Food Guide*, The Korea Foundation, 2014.

· Valenstein, Suzanne G., "A Handbook of Chinese Ceramics", *Wayback Machine(Metropolitan Museum of Art) September 9*, 2016.

· Weber, Norbert. *Im Lande der Morgenstille. Reiseerinnerungen an Korea*, Seidel, 1915.

4 일문 문헌

· 江原絢子・石川尚子・東四柳祥子,《日本食物史》, 吉川弘文館, 2009.

· 岡田貢,《日常生活上より見たる內鮮融化の要諦》, 朝鮮事情調査會, 1928.

· 高野新太郎編,《欧米料理法全書》, 中央堂, 1905.

· 南　直人,《ヨーロッパの舌はどう変わったか: 十九世紀食卓革命》, 講談社選書メチエ, 1998.

· 丹羽典生,〈終りなき酩酊-フィジ-カヴァ文化と歡待の宴〉,《アジア遊學: 世界の宴会》, 勉誠出版, 2004.

· 柳田國男,《明治大正史: 世相 篇》, 平凡社, 1967.

· 飯野亮一,《居酒屋の誕生: 江戶の呑みだおれ文化》, 筑摩書房, 2014.

· 山内 昶,《食具(しょくぐ)》, 法政大学出版局, 2000.

· 山下俊郎,〈幼児における用箸運動の発達段階〉,《心理學研究》Vol.16, No.2, 1941.

· 渋谷 研,〈沖縄の宴―シチエン(七宴)とオト―リの間―〉,《アジア遊學: 世界の宴会》, 勉誠出版, 2004.

· 西村大志,《夜食の文化誌》, 青弓社, 2010.

- 西澤治彦,〈中国における宴会〉,《アジア遊學: 世界の宴会》, 勉誠出版, 2004.
- 石毛直道,〈食事と酒 タバコ〉,《日本人の生活》, 研究社. 1976.
- 石毛直道,《食の文化地理—舌のフィールドワーク》, 朝日新聞社, 1995.
- 石毛直道,《食卓文明論—チャブ台はどこに消えた》, 中公叢書, 2005.
- 石川寛子(編著),《食生活と文化》, 弘學出版, 1989.
- 篠田統,《中国食物史》, 柴田書店, 1976.
- 新居裕久,〈40歳からの食事〉,《NHKきょうの料理)》, 1972年9月.
- 熊倉功夫・石毛直道 編,《日本の食・100年〈のむ〉》, ドメス出版, 1996.
- 原田信男,《江戸の料理と食生活》, 小学館, 2004.
- 田中則雄,《醤油から世界を見る—野田を中心とした東葛飾地方の対外関係史と醤油》, 崙書房出版, 1999.
- 佐佐木忠右,〈副業의 盛한 道也味里—京畿道 始興郡 北面 道林里의 一部落〉,《朝鮮》, 1924년 1월~6월.
- 周達生,《中國の食文化》, 創元社, 1989.
- 周永河,〈韓国人のテーブルマナー: 歴史人類学的視角からのアプローチ〉,《社会システム研究》特集号(2017年7月), 立命館大学, 2017.
- 浅野久枝,〈招かれる客・招かれざる客〉,《アジア遊學: 世界の宴會》, 東京:勉誠出版, 2004.
- 淺川巧,《朝鮮の膳》, 工政會出版部, 1929.
- 淺川巧,《淺川巧著作集 朝鮮の膳》, 八潮書店, 1978.
- 沖縄県宮古福祉保健所,《宮古地域における飲酒の実態調査(中間報告)》, 沖縄県宮古福祉保健所, 2013.
- 向井由紀子・橋本慶子,《箸(はし)》, 法政大学出版局, 2001.
- マイク・モラスキー,《日本の居酒屋文化: 赤提燈の魅力を探る》, 光文社, 2014.

5 중문 문헌

- 羅慧君,〈卜辭「尊俎」釋義〉,《第十五屆中區文字學學術研討會》, 2013.
- 李景生,〈说"案"和"桌"〉,《德州学院学报》第25卷第1期, 2009.
- 庄学本,《庄学本全集》, 中华书局, 2009.
- 周永河,〈中國四川凉山彝族傳統漆器研究〉, 中央民族大學博士學位論文, 1998.
- 詹嘉,〈15-18世紀景德鎮陶瓷對歐洲飲食文化的影響〉,《江西社會科學》2013年 第1期, 2013.
- 洪裕強,〈食用中藥材之典籍研究〉,《中醫藥年報》第23期第8冊, 2005.

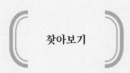

찾아보기

개념과 행위

ㄱ

가부장(家父長) · 89, 93
가부장제 · 93, 94
〈개별형(個別型)〉 · 229~231, 233, 234,
　246, 251, 253, 254
〈개별형+공간전개형〉 · 231, 246~248, 250,
　253, 254
〈개별형+시계열형〉 · 231, 232, 245
거안제미(擧案齊眉) · 90~94
겸상 · 102, 103, 198, 251, 338
경제성 · 201, 203, 255
〈공간전개형(空間展開型)〉 · 229~231,
　234, 236, 240, 251~254, 264~266, 270,
　271, 274, 355
공유 · 20, 21, 29, 228, 255
〈공통형(共通型)〉 · 229~231, 233, 234,
　251, 255
〈공통형+공간전개형〉 · 231, 232, 253~255
〈공통형+시계열형〉 · 231

구별짓기 · 202
구첩반상 · 178, 248~250, 256
국민 의식생활 개선(國民衣食生活改善)
　· 115
군대화 · 156
근대성 · 254

ㄴ·ㄷ·ㄹ

남녀 좌석 배치 · 128~130
남성화 · 156
남행(南行) · 134, 135, 138, 139, 145
내외주점 · 345
대작(對酌) · 310, 313, 314
대폿집 · 344, 346
도철(饕餮) · 328
동벽(東壁) · 134~138, 140, 141, 145, 150,
　151
디저트 작물(dessert crops) · 285
디저트(dessert) · 236, 280~283, 285~289,
　291, 292, 304
러시아식 서비스(service in the Russian
　style) · 236~238, 245, 281, 282, 285

ㅁ·ㅂ

매너 · 15, 24, 25, 27, 202, 203, 353
문명 · 24, 25, 324, 326
문명화 과정(civilizing process) · 26, 234
문화적 혼종(hybridism) · 304
민주화 · 155, 156, 325
반사(頒賜) · 244, 245

반사쿠(晩酌) · 343, 344

반장(盤匠) · 87

반좌(盤坐) · 62, 63, 65

반주(飯酒) · 335, 342~344, 354

밥+국+반찬 · 254, 264, 270, 274, 355

배반(杯盤, 盃盤) · 337, 338

부식 · 263, 265

북벽(北壁) · 133~136, 138, 140, 141, 145, 150, 151, 153, 154, 240

북벽→동벽→서벽 · 136, 141~143, 151

비전분(nonstarch) 음식 · 263, 265

빈례서열(賓禮序列) · 146, 147, 150

ㅅ

산업화 · 36, 71, 159, 202, 203, 233, 234, 254, 284, 333, 355, 357

삼첩반상 · 202, 256

상식(尙食) · 243, 315, 316

상차림 규칙 · 178, 240, 256~259

상차림 방식 · 229, 231, 233, 237, 240, 241, 245, 253, 255, 336, 354

생각하기에 좋은 맛 · 275~277

생물학적 기능의 초월(transcending biology) · 352

서벽(西壁) · 134~138, 141, 145, 150, 151

서열 · 27, 125~132, 134, 135, 138, 141, 143, 146, 149, 154, 155

선술집 · 111, 345

수작(酬酌) · 306, 307, 310

술잔 돌리기 · 307, 309, 310, 320~325

시각적 포만감 · 253

〈시계열형(時系列型)〉 · 229, 230, 236, 239, 245, 252, 253

시빌리테(civilite) · 27

식구(食口) · 50, 103, 115, 116, 352, 357

식기 · 28, 29, 72, 75, 80~82, 92, 110, 144, 158~164, 166, 168~175, 182~188, 191~195, 201~203, 208, 213, 224, 234, 283, 354~356

식사 방식 · 23, 26, 29~31, 51, 202, 203, 212, 228, 231, 232, 275~277, 354, 355, 359

식사 자세 · 49, 51~53, 56, 58, 61, 64, 66, 71, 75, 97, 107, 354

식사도구 · 159, 193, 202, 203, 207, 208, 210, 214, 218, 223, 225

식사의 개별화 (individualisation) · 357, 358

식주(食酒) · 347

신체가구(身體家具) · 121

실천성리학(實踐性理學) · 89

십이첩반상 · 256, 259

ㅇ

아랫목 · 115, 151, 154

알코올음료(alcoholic beverage) · 335

야만 24

약주(藥酒) · 102, 339, 343

양반다리 · 65, 66, 68

얼교자 · 338, 339

에스프레소 커피전문점 · 302

에티켓 · 24~27, 66

열정제도(列鼎制度) · 242, 256~258

영국식 서비스(service in the English style) · 236, 237

예의 · 16, 22, 24, 34, 306

예절 · 15, 23, 24, 27, 28, 146, 198, 306, 322, 353

오른손 · 208, 222, 223, 267, 268

오염(pollution) · 207, 208

오첩반상 · 178, 248, 250, 256

오토리(オトーリ) · 307~309, 321, 322

원샷(one shot) · 317, 319, 320

위생 · 18, 19, 75, 100, 234, 254, 309

유기금단(鍮器禁斷) · 188

유학(Confucianism) · 27, 77~79, 89, 91, 140, 141, 155, 223, 224, 273

음식 습관(food habits) · 30

의좌(椅坐) · 63

ㅈ · ㅊ

자본화 · 156

자작(自酌) · 310, 313, 314

잡종적 식기 · 203, 356

잡주(唖酒) · 311, 312

전분(starch) 음식 · 263, 265, 270

절음식(節飮食) · 258

조정예의(朝廷禮儀) · 142

졸음(卒飮) · 319, 320

졸치(卒觶) · 319

좌석 배치 규칙 · 25, 125~134, 136, 138, 140~145, 147, 150~152, 155, 156

주물상 · 102

주벽(主壁) · 135

주식 · 210, 263~265, 270, 292

진연(進宴) · 86, 143, 239~242, 244~246, 315

진작(進爵) · 242~244, 315

진찬(進饌) · 86, 141, 143, 239~246, 315

집밥 · 350, 359

차완전쟁(다완전쟁, 茶碗戰爭) · 161

책상다리 · 30, 43, 44, 46, 48, 49, 61~67, 75, 107, 112, 153, 206, 218, 354

칠첩반상 · 178, 248~250

ㅋ · ㅌ · ㅍ

카운터 서비스(counter service)형 · 45

퀴진의 문법(The Grammar of Cuisine) · 285, 355

테이블 서비스(table service)형 · 45

편리성 · 171, 203

품주가(品酒家) · 345

프랑스식 서비스(service in the French style) · 234, 236

ㅎ

한국식 후식 · 290~292

함께 식사 · 351~353, 356~359

향음주례(鄕飮酒禮) · 89, 318~321

헌주(獻酒) · 240~242, 315

호좌(胡坐) · 54

혼밥족 · 356

혼자 식사 · 356, 357

효율성 · 171, 201, 203

후식 · 229, 230, 252, 253, 287~292, 304, 354

물건

ㄱ

강원반 · 84

개다리소반 · 76, 82, 83, 92, 113~116, 246

갱기(羹器) · 175, 188

고(觚) · 326

고려청자 · 162, 172

고령토(高嶺土) · 160~162

공고상(公故床) · 83, 85, 116

공깃밥 · 172, 198, 200, 201, 273, 274

공동식탁 · 115

교자상(交子床) · 30, 46, 49, 70, 96, 101, 103, 107, 111~119, 121, 151, 153, 154, 253, 254, 339, 341, 355

구족반(狗足盤) · 76, 85

꺾음집 · 40, 82

ㄴ · ㄷ · ㄹ

나이프 · 25, 26, 193, 206, 207, 222, 233

나주반(羅州盤) · 76, 84, 102, 103, 113, 114, 116, 117, 251

냅킨 · 17~19, 26

놋그릇 · 176, 182, 186~192, 194~196, 202,
203, 213, 224, 356

놋쇠 숟가락 · 214

놋수저 · 175, 216, 224, 356

다이닝 테이블(dining table) · 72

다이닝룸(dining room) · 35~37, 39, 46, 72~74, 114, 117, 118, 120, 152

단각반(單脚盤) · 83

대접 · 162, 172, 176, 179, 184, 185, 195, 206, 213, 247, 328, 330

도리바시(取り箸) · 231, 254

두레반 · 115~118

두레상 · 102, 198, 251

두리반 · 115

레이지 수잔 테이블(lazy Susan table) · 99

ㅁ · ㅂ

막사기 · 166, 168, 169

메뉴판 · 16, 238

메이메이자라(銘銘皿) · 231

멜라민 수지(melamine resin) · 29, 30, 158, 169~172, 203, 355

목기 · 159, 161, 168, 183

믹스커피(mix coffee) · 280, 292~294, 296~300, 302~304

바리 · 173~175

반발(飯鉢) · 174, 175

백자 · 158, 160, 162, 165, 166, 168, 171~173, 175, 187, 215

번상(番床) · 86

보시기 · 173, 176, 177, 179, 247

부엌 · 39, 117, 118, 121, 195, 253, 358

비저(匕箸) · 209

ㅅ

사기 · 82, 92, 163~166, 168, 174, 176~178,
187, 189, 330

사발(沙鉢) · 168, 173~177, 182, 215, 217,
248, 328

사선상(四仙床) · 110

사합원(四合院) · 37, 38, 56,

상(床) · 39, 57~59, 70, 86, 90, 92, 93, 96,
103, 111, 115, 201, 245, 266, 337, 338

소반(小盤) · 29, 44, 67, 68, 70, 75, 76,
79~83, 86~90, 92~94, 96, 97, 102, 103,
111, 113~117, 121, 133, 138, 144, 151,
166, 173, 179, 218, 240, 241, 243~246,
248, 254, 266

소접 · 173

소조(小俎) · 76~81

소판등(小板凳) · 50

수저 · 17~19, 80~82, 187, 188, 198, 216,
224, 251

숟가락 · 17, 20, 27~30, 50, 81, 82, 99, 162,
163, 176, 187, 188, 208~210, 212~217,
220~225, 266, 267, 299, 350, 354

술잎 · 215, 217

술자루 · 215, 217, 225

술총 · 215, 224, 225

숭늉 · 22, 176, 286, 294~296

스테인리스 스틸(stainless steel) · 30, 75,
159, 169, 179, 182, 203, 224

스텐 그릇 · 192, 193, 195, 196

스텐 밥공기 · 197~201, 203, 224

스텐 수저 · 203, 224, 225

시굉(兒觥) · 315~317

시유(兒卣) · 315

시저(匙箸) · 188, 209, 223

식당방 · 35

식도원(食道園) · 112

식상교의(食床交椅) · 110

식상보(食床袱) · 110

식안(食案) · 76, 78, 79

식탁 · 16~20, 26~30, 34, 36~38, 44, 46,
49, 50, 54, 55, 58, 66~68, 70~82, 85, 86,
89, 90, 92, 97~99, 101~121, 124~133,
138, 139, 144~146, 153, 168, 171, 172,
179, 185, 198, 201, 203, 207, 209, 210,
214, 228~232, 234, 236, 238, 240, 245,
251, 254, 255, 262, 264, 281, 282, 284,
296, 314, 336, 337, 339~341, 346, 351,
353~ 356, 359

식탁보(table cloth) · 72~75, 108, 110, 111

싯포쿠(卓袱) · 104~107, 117

ㅇ

애프터눈티(afternoon tea) · 282, 283

양은그릇 · 169, 193, 195

오지그릇 · 169

온돌 · 39, 40, 42, 43, 64, 66, 80, 82, 121

위생식탁(hygienic table) · 99

유기(鍮器) · 170, 178, 186, 189~191

유리 식기 · 183

의자 · 34, 36~38, 43, 46, 48~60, 62~64,

66, 67, 71, 86, 97, 108, 110, 119, 144, 354

일본요리옥 · 104, 107

일주반(一柱盤) · 83, 85

입식 식탁 · 46, 49, 72~74, 97, 98, 104,
110~112, 114, 117~121, 153, 240, 243

입식(立式) · 39, 46, 50, 75, 118, 119, 121,
294, 354

ㅈ · ㅊ

자기 · 159, 160~162, 164~166, 171, 172,
174, 176~178, 203, 210, 213, 224, 330

작(爵) · 326~329

장의자(長椅子) · 45, 55~57, 59, 97, 111

접시 · 20, 21, 25, 52, 67, 99, 106, 171, 173,
178, 179, 183~185, 229, 232, 234, 247,
263, 341

젓가락 · 17, 20, 27~30, 81, 82, 99, 162,
163, 176, 187~189, 206, 208~214,
218~225, 229, 231, 254, 266, 267, 354

정지 · 39

젠(膳) · 81

조선요리옥 · 45, 107, 111, 112, 151,
338~340, 355

종지 · 173, 177~179, 247, 328, 330

좌식(坐式) · 39, 43, 46, 48, 51, 62, 64, 68,
82, 112, 121, 354

좌탑(坐榻) · 59

주(箸) · 211, 212

주발(周鉢) · 174~176, 195, 201, 248, 272,
328

주방 · 35, 36, 38, 39, 45, 50, 99, 119, 152,

153, 294, 358

질그릇 · 165, 169

차부다이(チャブ台, 卓袱台) · 117, 118,
121, 254

청화백자 · 158, 160, 166, 172, 329

치(觶) · 315, 326, 327

칠기 · 159, 161, 163, 164

ㅋ · ㅌ · ㅍ

카바(Kava) · 310

커피자판기 · 298, 300~302

콰이쯔(筷子) · 211, 212

큰상 · 103, 107, 111

키친(kitchen) · 35

탁(卓) · 57, 58

탁복(卓袱) · 104~107, 117

탕기(湯器) · 175

테이블센터(table center) · 75

통각반(筒脚盤) · 79, 80

통구들 · 42, 43

통영반(統營盤) · 76, 84, 102, 103, 113,
114, 117, 251

트리클리니움(triclínium) · 52, 53, 71, 125,
126

포(匏) · 330

포셀린(porcelain) 식기 · 160

포크 · 25~27, 193, 206, 207, 222, 234

풍혈반(風穴盤) · 83

퓨터(pewter) · 184, 185

피혁기(leatherware) · 183

ㅎ

한옥 · 39, 40, 43, 44, 49, 82, 114, 117, 120,
121, 151, 357
해주반(海州盤) · 76, 84, 102, 103, 113,
114, 117, 251
호상(胡床) · 59, 60
호족반(虎足盤) · 76, 83, 85, 92, 242
홍소주(紅燒酒) · 342, 343
회전식탁(revolving table) · 99~101
회회청(回回靑) · 165, 166

인물

ㄱ

개릭 말레리(Garrick Mallery) · 25
게오르그 짐멜(Georg Simmel) · 27, 159
고종(高宗) · 70, 108, 109, 145, 239, 259
공자(孔子) · 27, 28, 53, 63, 97, 142, 209,
222, 263, 264
구영(仇英) · 55, 56
귀스타브 뮈텔(Gustave C. M. Mütel) · 239
김홍도(金弘道) · 44, 87, 92, 93, 166~168

ㄴ · ㄷ · ㄹ

노르베르트 베버(Norbert Weber) · 44, 67,
68, 112, 206, 218~220
노르베르트 엘리아스(Norbert Elias) · 26,

27, 30, 234
댄 주래프스키(Dan Jurafsky) · 238, 263,
264, 270, 286
롤로족(Lolo, 이족彝族) · 49~511, 312, 313
루이 14세(Louis XIV) · 26, 234

ㅁ · ㅂ

마가렛 미드(Margaret Mead) · 30
메리 더글러스(Mary Douglas) · 353
미나미 나오토(南 直人) · 232, 233
바르톨로메오 플라티나(Bartolomeo
Platina) · 73

ㅅ

샤를 샤이에 롱 베(Charles Chaillé-Long-
Bey) · 124
서긍(徐兢) · 57~60, 76~79
서유구(徐有榘) · 86, 191
서유문(徐有聞) · 321
성현(成俔) · 165
숙손통(叔孫通) · 142, 143
슈다세이(周達生) · 223
시드니 민츠(Sidney W. Mintz) · 283
심노숭(沈魯崇) · 342

ㅇ

안순환(安淳煥) · 112
앙투아네트 손탁(Antoinett Sontag) · 109,
110, 239

야마우치 히사시(山内昶) · 52

야쿠트인(Yakut) · 51

에라스무스(Desiderius Erasmus) · 25~27

에른스트 폰 헤세 바르텍(Ernst von Hesse-
　　Wartegg) · 158

엘리자베스 라폴드(Elizabeth Raffald) ·
　　234

영조(英祖) · 62, 63, 66, 258, 315~317, 342

오카다 미쓰기(岡田貢) · 317, 318, 321

오페르트(Ernst Jacob Oppert) · 221

유득공(柳得恭) · 191

유희춘(柳希春) · 133, 134

이규경(李圭景) · 190

이덕무(李德懋) · 28, 102, 251

이삼평(李參平) · 161

이시게 나오미치(石毛直道) · 50, 229, 231,
　　263, 265

이언적(李彦迪) · 319

이옥(李鈺) · 267~269

이용기(李用基) · 272

이익(李瀷) · 42, 43, 272, 273, 315, 316,
　　328~330

이정구(李廷龜) · 270

이황(李滉) · 61~63, 65

ㅈ

장건(張騫) · 54

정약용(丁若鏞) · 257, 258

제임스 보즈웰(James Boswell) · 358

조극선(趙克善) · 86, 102, 251

조나단 골드(Jonathan Gold) · 262

조르주 뒤크로(Georges Ducrocq) · 182

조셉 거스필드(Joseph Gusfield) · 333

조자호(趙慈鎬) · 90, 93, 102, 103, 175,
　　266, 290, 294

주희(朱熹) · 28, 61, 223

ㅋ · ㅍ · ㅎ

Q. 에드워드 왕(Q. Edward Wang) · 208,
　　211, 223, 264

클로드 레비-스트로스(Claude Lévi-
　　Strauss) · 275

클로드 피슐러(Claude Fischler) · 353

페르낭 브로델(Fernand Braudel) · 28,
　　185, 207

펠릭스 클레어 리델(Félix Clair Ridel) · 88

하이드룬 메르클레(Heidrun Merkle) · 126

해리엇 모리스(Harriett Morris) · 287

홍낙명(洪樂命) · 62

황경원(黃景源) · 315~318

!쿵족(부시맨) · 351

문헌과 그림

ㄱ

《가례(家禮)》 · 223, 273

《감계사등록(勘界使謄錄)》 · 173

《국조속오례의(國朝續五禮儀)》 · 240

《국조오례의(國朝五禮儀)》 · 257

〈궤좌설(跪坐說)〉· 61

《규곤요람(閨壼要覽)》· 103

《금단의 땅, 조선 여행(Ein verschlossenes Land: Reisen nach Corea)》· 221

《기산풍속도첩》· 65, 337

〈기영회도(耆英會圖)〉· 40, 80

ㄴ·ㄷ·ㅁ

《능숙한 영국 주부 지침서(The Experienced English Housekeeper)》· 234, 235

《단원풍속도첩》· 87, 167, 215

《대한예전(大韓禮典)》· 146, 147, 149, 150

《동몽수지(童蒙須知)》· 222

〈만경전 내진찬도(萬慶殿進饌圖)〉· 241

《목민심서(牧民心書)》· 258

《무오연행록(戊午燕行錄)》· 321

무용총(舞踊塚)· 58, 59

《미암집(眉巖集)》· 133

ㅂ·ㅅ

반상식도 · 178, 248~250, 265

《병초지(病草紙)》· 212, 213

《봉선잡의(奉先雜儀)》· 319

〈봉수당진찬도(奉壽堂進饌圖)〉· 136, 137

《사례편람(四禮便覽)》· 223

《사소절(士小節)》· 28, 102, 251

《서양 요리제법》· 287

〈선묘조제재경수연도(宣廟朝諸宰慶壽宴圖)〉· 79, 80

《선화봉사고려도경(宣和奉使高麗圖經)》· 57

《설문해자(說文解字)》· 58, 316, 329

《성호사설(星湖僿說)》· 272

《세나 트리말키오니스(Cēna Trimalchiōnis, 트리말키오의 향연)》· 125

《(선영 대죠) 셔양료리법》· 287, 288

《소학(小學)》· 28

《시의전서(是議全書)·음식방문(飲食方文)》· 178, 248~250, 265, 336

ㅇ

《어린이들의 예절에 관하여(De civilitate morum puerilium)》· 25

〈연음도(宴飲圖)〉· 55, 98

연향도(宴饗圖) · 146, 147, 149

연회도(宴會圖)· 145, 146

《예기(禮記)》· 27, 89, 223, 256, 263, 319

〈예절 기준안〉· 198

《의례(儀禮)》· 256, 318, 319

《이원기로회계첩(梨園耆老會契帖)》· 138, 139

《임원경제지(林園經濟志)》· 191, 269

ㅈ·ㅊ

《조선무쌍신식요리제법(朝鮮無雙新式料理製法)》· 271~273

《조선요리법(朝鮮料理法)》· 90, 175, 259, 266, 294

〈조일통상장정 기념 연회도〉· 147, 148

《주례(周禮)》· 89, 223

〈주사거배(酒肆擧盃)〉· 330

〈지란당신원회도(芝蘭堂新元會圖)〉· 106

《참된 즐거움과 건강에 대하여(De honesta
　　voluptate et valetudine)》· 73

〈청명상하도(淸明上河圖)〉· 98

〈춘야연도리원도(春夜宴桃李園圖)〉· 56

ㅋ·ㅎ

《Korean Recipes(조선요리법)》· 219, 220

《하재일기(荷齋日記)》· 103

〈호조낭관계회도(戶曹郎官契會圖)〉· 40,
　　41

〈회혼례도(回婚禮圖)〉· 140, 141

〈후원유연(後園遊宴)〉· 92, 93, 166, 167

《훈몽자회(訓蒙字會)》· 60

한국인은 왜 이렇게 먹을까?

식사 방식으로 본 한국 음식문화사

지은이 | 주영하

초판 1쇄 발행일 2018년 1월 15일
초판 6쇄 발행일 2019년 11월 18일

발행인 | 김학원
편집주간 | 김민기 황서현
기획 | 문성환 박상경 김보희 최윤영 전두현 최인영 김주원 이문경 임재희 이화령
디자인 | 김태형 유주현 구현석 박인규 한예슬
마케팅 | 김창규 김한밀 윤민영 김규빈 송희진 김수아
저자·독자서비스 | 조다영 윤경희 이현주 이령은(humanist@humanistbooks.com)
용지 | 화인페이퍼
인쇄 | 삼조인쇄
제본 | 정민문화사

발행처 | (주) 휴머니스트 출판그룹
출판등록 | 제313-2007-000007호(2007년 1월 5일)
주소 | (03991) 서울시 마포구 동교로 23길 76(연남동)
전화 | 02-335-4422 팩스 | 02-334-3427
홈페이지 | www.humanistbooks.com

ⓒ 주영하, 2018

ISBN 979-11-6080-097-5 03910

* 이 도서의 국립중앙도서관 출판시도서목록(CIP)은 서지정보유통지원시스템 홈페이지(http://seoji.nl.go.kr)와
  국가자료공동목록시스템(http://www.nl.go.kr/kolisnet)에서 이용하실 수 있습니다.(CIP제어번호: CIP2017033004)

만든 사람들

편집주간 | 황서현
기획 | 최인영(iy2001@humanistbooks.com) 김진주
책임편집 | 엄귀영
디자인 | 민진기디자인